저자는 자신을 "교회를 사랑하는 교수"라 부르는데, 이 책은 그런 저자의 자기 정체성을 여실히 보여준다. 그는 교회와 목회에서 구체적으로 드러나야 할 신앙의 여러 특징을 선별하고, 이 주제를 중심으로 목회자 바울의 생각과 실천을 탐색해나간다. 각 주제를 다루는 시선은 이중적이다. 한편으로 성서신학자로서 바울 당시의 역사적·문화적 맥락 속에서 바울이 생각하고 실천했던 것의 의미를 살피면서, 그 의미를 오늘의 교회와 목회 현실 속에서 새롭게 숙고한다. 오래전 바울이 수행하고자 했던 목회의 생김새를 오늘 우리의 말로 능숙하게 풀어내는 셈이다. "목회"가 화두이지만 바울의 목회가 복음 선포라는 점에서, 이 책은 사실상 바울의 복음의 본질에 관한 묵상이기도 하다. 또한 우리가 모두 다양한 방식으로 목회적 관계 속에 있는 만큼, 목회자뿐 아니라 하나님과 교회를 사랑하는 모든 신자를 위한 책이라 할 수 있다. 교회를 사랑하면서도 교회 때문에 아픈 사람들, 그래서 보다 건강한 교회를 꿈꾸고 모색하는 모든 이들에게 유익한 배움이 되리라 생각한다.

권연경 숭실대학교 기독교학과 교수

바울은 이신칭의와 그리스도와의 연합을 가르친 신학자이기도 하고, 이방인들을 위한 선교사이기도 하지만, 동시에 교회를 섬긴 목회자이기도 하다. 우리는 많은 경우 바울을 신학자로 혹은 선교사로 만나왔다. 그러나 스캇 맥나이트는 이 책에서 바울을 교회를 섬긴 목회자로 만나게 한다. 이 책은 목회의 핵심이 그리스도를 닮아가는 문화(christoformity)를 만드는 것이라 설명하고, 이 문화 형성을 위해 바울이 가르치고 보여준 7개의 통찰력 있는 측면을 다룬다. 목회의 본질과 방향을 상실하기 쉬운 이 시대에, 희로애락이 묻어나는 목양의 자리에 서 있는 바울을 만나 밤새도록 그에게 질문하며 목회를 배우기 원하는 목회자와 신학생들이 시간을 쪼개 읽어야 할 책이다.

김경식 웨스트민스터신학대학원대학교 신약학 교수

목회를 한다는 것은 무엇인가? 이 책은 "목회자 바울"을 통해 원초적인 목회의 본질과 방향을 숙고한다. "그리스도를 본받는 삶의 문화를 육성하는 것", 달리 말해 그리스도의 사람들로 그의 장성한 분량에까지 자라면서 그의 일에 참여하도록 하는 것, 어쩌면 다소 평범하고 진부하게 들리는 이 주장이 이 책에서 간절하고도 풍성한 근거를 얻는다. 저자는 그러한 목회가 침공하시는 성령을 향해 자신을 기꺼이 여는 방식으로 가능하다고 말한다. 그 모든 과정을 위해 목회자는 목회하는 "그들의 사람"이어야 한다. 이 책이 우리의 성공주의적 욕망을 거침없이 드러내고 도려내기를 희망해본다. 그래서 "교회적 인간"이 아니라 그리스도의 사람들과 그 문화를 육성하는 목회자들이 더 많아지기를 소망해본다.

김학철 연세대학교 학부대학 교수

목사가 된다는 것은 무슨 의미인가? 이는 목회신학에서 가장 중요한 이슈이며 모든 목사가 자기에게 던져야 할 중요한 질문이기도 하다. 목회는 몇 가지 기술 습득이나 연습으로 될 일이 아니다. 목사는 잘 팔리는 종교상품들을 좌판에 깔아놓고 호객하며 판매하는 종교 행상인도 분명 아니다. 그런데도 현대 목회가 그런 쪽으로 편향된 것만은 부정할 수 없는 불편한 진실이다. 어디서 다시 시작해야 할까? 자본주의적 색채가 강한 미국의 복음주의를 향해 성경적 가르침으로 돌아가자는 외침이 들려온다. 신약학자 스캇 맥나이트가 『목회자 바울』을 펴냈다. 그는 목회자로서 바울의 행적과 가르침에서 목사의 임무가 무엇인지를 밝혀낸다. 물론 그는 목회자 노릇이 교수 노릇보다 열 배나 열두 배쯤 어려울 것이라고 여기는 교수다. 그가 바울을 연구하며 우리에게 제시하는 목회자 상은 교회 안에 "그리스도를 닮아가는 문화를 배양하는" 자다. 달리 말해 그리스도를 닮아가는 문화는 그리스도의 삶과 죽음, 그의 부활과 승천 사건에 의해 형성되는 문화다. 따라서 교회는 그리스도 사건으로 구성되고 형성되는 공동체이며, 이런 공동체가 되도록 가르치고 양육하는 이가 목사라는 것이다. 맥나이트는 목사가 동역자 의식을 갖고 교회 내에 우정의 문화, 형제자매 사랑의 문화, 관대함의 문화, 이야기꾼 문화, 증언의 문화, 세상 변혁의 문화, 지혜 문화를 형성하고 배양해야 한다고 깊이 있게 논한다. 목사는 목양(牧養)하는 자로서 말씀으로 기르고 성장시키고 양육하며 궁극적으로 그리스도의 형상에 일치시키는 것

(Christoformity)을 목적으로 삼는다는 것이다. 그는 교인들이 그리스도를 본받는 삶을 추구하도록 돕는 것이 목회의 근본이며 목표라고 설파한다. 한마디로 교회 내에 그리스도를 닮아가는 문화를 양육하라는 것이다. 목회신학의 교과서로 목사의 서재에 두고두고 읽을 만한 책이다. 스캇 맥나이트의 신학적 신조어(新造語) "그리스도 닮기"(Christoformity)를 반복해서 읊조려 보시라.

류호준 백석대학교 신학대학원 구약학 은퇴 교수

목회자의 역량은 교회의 숨통을 좌우할 정도여서 그 책임감을 계측하기란 쉽지 않다. 스캇 맥나이트는 목회자란 누구이며 무엇을 지향하는지 성서가 밝히는 목사의 직무를 명확히 제시한다. 그는 바울의 사역을 탐색하여 목회자의 본령(本領)이 "그리스도를 본받는 삶의 문화를 형성하고 육성하는 책임"이라고 정의한다. "저자의 논지"와 "오늘의 목회 현장" 사이에는 건널 수 없는 수렁이 놓여 있는데, 경영학 이론과 각종 프로그램의 유령에 빠진 상황이 그것을 잘 보여준다. 성서적 목회를 지향하는 목회자라면 핵심 내용을 곱씹고, 밑줄을 그으면서 읽어야 할 것이다. 저자의 조언을 따르지 않고 목회를 지속하는 것은 위험하기 때문이다.

윤철원 서울신학대학교 신학대학원 신약학 교수

목회에 대한 현대적 개념은 무엇이 문제인가? 스캇 맥나이트는 이 책에서 현대 목회가 중시하는 비즈니스 스타일의 지도력이 성경에 근거가 없다는 사실을 폭로하면서, 바울이 보여준 목회는 어떤 모습이고 목회자가 가져야 할 목표가 무엇인지를 누구나 알기 쉽게 서술한다. 목회자가 아니더라도 이 책은 리더십을 배우고자 하는 이에겐 보물섬과 같다.

이민규 한국성서대학교 신약학 교수

이 책은 바울이 목회자라는 당위적인 명제를 강변하지 않고 어째서, 어떻게 목회자인가를 창의적으로 변증한다. 일찍이 리처드 니버가 유형론적으로 설파한 "그리스도"와 "문화"의 상관관계에 안주하기보다, 저자는 그리스도와 그의 복음을 전하는 목회의 복잡계를 설명하고 동시에 그 안팎을 넘나드는 문화의 복잡계를 수용하면서 바울 당대와 오늘날 목회 현장 사이에 매우 역동적인 소통을 시도한다. 이를 위해 저자는 바울 서신 자체의 일차적 분석뿐 아니라 이에 대한 신약학계의 전문연구 성과들을 광범위하게 활용하면서 바울이 얼마나 풍성한 목회자의 자질과 문화 감각으로 교회공동체를 세우고 어떻게 그 구성원들을 목회적인 대안 문화 속에서 양육해나갔는지 명쾌하게 논증한다. 이 책은 바울의 복음을 신학이란 미명 아래 복잡다단한 잡설의 미로로 만들어가는 오늘날 "바울신학"의 현장에 그 신학의 알곡을 창의적으로 문화화하고 개별적 목회 현장에 튼실하게 뿌려 열매 맺기를 원하는 모든 실천적인 신학자와 목회자, 나아가 모든 그리스도인에게 건강하고 바람직한 목회의 방향을 제시해줄 것이다.

차정식 한일장신대학교 신약학 교수

Pastor Paul

Nurturing a Culture of Christoformity in the Church

Scot Mcknight

목회자 바울

Pastor Paul
*Nurturing a Culture of
Christoformity in the Church*

교회에서 그리스도를 닮아가는 문화 만들기

스캇 맥나이트 지음
김광남 옮김

Friendship

Siblings

Storytellers

Generosity

Witness

World Subversion

Wisdom

새물결플러스

나는 정오에 샤토를 떠났고 즉시 동발쉬르로 출발해야 했다. 돌아오는 길에 넓고 평평한 곳이 보여 숲의 가장자리에서 멈췄다. 그곳에서 바다로 천천히 내려가는 경사지가 눈에 보이지 않을 정도까지 멀리 이어지고 있었다. 나는 마을에서 사온 빵과 버터를 허겁지겁 먹었다. 모든 결정적인 순간, 즉 내 삶의 모든 현실적 시련 후에 느끼는 일종의 무기력이 엄습했다. 불쾌하지 않은 둔감한 사고가 경쾌함과 기쁨이라는 낯선 감정을 함께 안겨주었다. 이건 어떤 종류의 기쁨일까? 나는 답을 찾을 수 없었다. 형태가 없는 기쁨이었다. 존재해야 할 것이 존재했고 이제 더는 존재하지 않는다. 나는 아주 늦게 집으로 돌아갔고 길에서 늙은 클로비스와 만났다. 그는 내게 백작 부인에게서 온 작은 소포 하나를 내밀었다. 나는 그것을 열어 볼 마음을 먹지 못했으나 그 안에 무엇이 들어 있는지 알았다. 그것은 끊어진 줄 끝에 매달려 있는 속이 빈 작은 메달이었다. 편지도 한 통 있었다. 그 내용은 아래와 같다. 기묘한 편지였다.

"신부님, 당신이 저를 떠났을 때 제 마음이 어땠을지 상상할 수 없을 겁니다. 그 모든 심리학적 질문이 당신에게는 아무런 의미가 없었을 테니 말입니다. 제가 당신에게 무슨 말을 할 수 있겠습니까? 저는 아주 무서운 고독 속에서 살아왔습니다. 어린아이의 절망적인 기억만 지니고 말입니다. 그런 제게 또 다른 아이 하나가 다시 삶을 선물해준 것 같습니다. 제가 당신을 아이로 여기는 것을 불쾌해하지 않기를 바랍니다. 왜냐하면 당신은 아이이기 때문입니다! 하나님께서 당신을 영원히 지켜주시기를!…

당신이 오늘 밤에 이 모든 것을 알게 되기를 바랍니다. 저는 당신에게 말을 해야 했습니다. 그리고 다시는 이것에 대해 언급하지 맙시다. 다시는. 이 얼마나 평화로운 소리입니까! 절대 그렇지 않습니다. 이 글을 쓰는 동안에도 저는 숨을 죽여가며 말하고 있습니다. 그것이 당신이 제게 준 평화를 기적적으로, 형언할 수 없을 만큼 근사하게 표하는 것 같습니다."

- 조르주 베르나노스, 『어느 시골 사제의 일기』에서

바울은 오직 목회자로서만 말했다.

- J. D. G. 던, 『바울신학』(CH북스, 2019)에서

그는 목회자였고, 목회자들의 목회자였다.

- N. T. 라이트, 『바울과 하나님의 신실하심』(CH북스, 2015)에서

그들(목회자들)은 궁극적인 것의 청지기들이었다.

- 매릴린 로빈슨, 『홈』에서

차례

서문

이 책의 주제에 호기심이 생긴 것은 고린도 서신 강의에 대해 숙고하던 때였다. 많은 학생이 마주하고 있는 흥미로운 현실이 노던 신학교에서 나와 바울이 말해야 했던 것을 세밀하게 살펴보게 했다. 고린도전서 1-4장을 읽으면서 나는 고린도 사람들의 행동에 대한 바울의 빈정거림, 목회적 예민함의 결여, 심원한 신학적 전복에 당황했다. 우리의 학기는 바울의 목회 방식을 구현하는 방법에 관한 모험적인 대화와 혼란을 만들어냈다. 첫 번째 강의는 새로운 가지를 치면서 다른 강의들로 이어졌다. 고린도전서의 해당 장들에 관해 살펴본 후 바울 서신의 다른 두 부분, 즉 내가 바울의 목회 서신들보다 훨씬 더 목회적이라고 여기는 고린도후서 2:12-7:16과 골로새서 1:24-2:5로 강의를 확대했는데, 그 부분을 살펴보는 데도 상당한 시간이 필요했다. 나는 목회자들 혹은 목회자가 되기 위해 훈련을 받는 이들에게 바울의 목회 전략을 어떻게 설명해야 할지 당황했고 또한 흥분했다. 공식적으로 그런 설명을 할 수 있는 첫 기회는 북아메리카 성공회와 연관된 교회 개척자들과 목회자들의 모임에서 주어졌다(텍사스주 플레이노에 있는 그리스도 교회에서 모임이 열렸는데, 거기에서 데이비드 로즈베리를 만났다). 두 번째 기회는 달라스 인근에 있는 그리스도 교회의 목회자 네트워크에서 주어졌는데, 하이랜드 오크 그리스도 교회의 팻 빌즈 목사가 그 모임을 이끌고 있었다. 세 번째 기회는 다시 팻 빌즈의 네트워크에서 주어졌고, 거기에서 나는 이 책 2장("우정의 문화")에 실려 있는 내용을 탐색하기 시작했다.

나사렛 신학교의 앤디 존슨이 목회자의 날에 성서학에 관한 랄프 얼 기념 강연을 하도록 나를 초청했을 때, 나는 내가 말해야 할 주제가 무엇인지 알았고 앤디가 그것에 동의해줘서 기뻤다. 약 2년 전인 그날 이후 나는 계속해서 목회자 바울에 관해 생각하고, 바울의 본문을 그런 맥락에서 연구하며, 목회자들이 쓴 목회 관련 글을 읽으면서 큰 기쁨을 느끼고 있다. 초청해준 앤디에게 감사하며, 랄프 얼이 수행한 단어 연구를 사용했던 것을 기억할 만큼 나이를 먹은 사람으로서 두 배로 영광스럽다. 이런 초청에는 행정적 지원이 따른다. 행사의 세부 사항을 유능하게 관리해준 목회자 리더십 센터의 에이나 프레쉬 소장에게 감사드린다.

앤디의 초청 이후로 나는 여러 상황에서 목회자로서의 바울에 관한 강연과 설교와 토론을 해왔다. 그것들은 하나하나 언급될 만하고 감사 인사를 받을 만하다. 노던 신학교에서 내 강의를 들어준 학생들에게 감사드린다. 브리스톨에 있는 트리니티 칼리지(저스틴 스트라티스)에도 감사를 전한다. 그 대학에서 나는 J. I. 패커의 낡은 연구실에서 강연할 수 있었다(!). 웨스트민스터 신학교(닉과 루시 페피아트 크로우리)와 브리스톨에 있는 우드랜드 교회(데이브 미쉘)에도 감사드린다. 그렉 마물라와 로빈 스툽이 네브라스카 미국침례교 목회자 모임에 나를 초청해준 것에 고마움을 전한다. 특히 밴쿠버에 있는 리젠트 칼리지는 이 책으로 출판된 일련의 강의 전체에 대한 워밍

업으로 2017년 여름 일주일간 같은 주제로 강의할 기회를 주었다. 2018년 2월 시카고에 겨울이 한창일 때 머물기 좋은 플로리다주 올랜도에서 이런 주제로 넬슨 시어시가 주관한 레너게이드 컨퍼런스의 강연을 맡았다. 언젠가 메어리 카가 현명하게 관찰했듯이, "기억은 기계 속에 있는 핀볼이다."[1] 만약 내가 이 책에서 누군가를 언급하는 일을 망각한다면, 나는 조명이 꺼진 범퍼 사이로 오락가락하는 핀볼과 같은 내 기억력을 탓할 것이다.

앞에서 노던 신학교의 내 학생들에 대해 언급했다. 이번에는 그 학교의 총장 빌 쉬엘이 목회자 바울에 관한 이 연구에 보여준 열정과 노던 신학교의 이사회가 교수로서의 내 시간과 스케줄을 관대하게 보호해준 것에 대해 감사드린다. 바울은 내가 노던 신학교에 재직하는 내내 나의 머릿속과 저술 계획 안에 들어 있었기에, 내가 동료들과 나눈 대화는 자주 바울을 향해 나아갔다. 혹은 동료들의 말이 나를 바울 안으로 방황하며 들어가게 만들었다. 우리 연구실의 서열을 따라 제이슨 길, 로버트 프라이스, 체리스 피 노들링, 데이비드 피치, 샘 햄스트라, 제프 홀스크로우에게 감사한다.

또한 이 원고의 일부를 읽고 피드백을 준 조쉬 케이시, 스벤 소더룬트, 타라 베스 리치, 베키 캐슬 밀러에게 감사드린다. 특히 밀러는 이 책 몇 장의 다양한 버전을 읽은 후 여러 가지 제안을 해주었다. 이 책은 그 조언 덕에 더 나아졌고 나는 그녀의 날카로운 지성과 간단명료한 글쓰기 방법에 감사하고 싶다. 저술 초기에 아만다 홀름

---

1   Mary Karr, *The Art of Memoir* (New York: HarperCollins, 2015), 1.

로젠그렌과 나눈 대화는 몇 가지 버전의 첫 장에 반영되었고 그녀의 제안은 내가 작업을 끝낸 곳을 세련되게 만들어주었다. 다른 누구보다도 제이 그리너가 리디머 교회에서 수행하는 목회가 이 책에 영감을 불어넣었다. 그는 내가 자신의 설교를 휘갈기듯 적어놓은 것이 종종 이 책에서 "자기의 말에 대한 각주"가 아닌 형태로 등장하는 것을 알고 있을 것이나 그렇다고 말한 적이 없다. 제이는—이것은 이 책의 첫 번째 장부터 나온다—사람들을 상대로 목회를 한다. 다루기 힘든 아이들과 엄마들과 아빠들 무리를 상대로 목회를 하는 스테파니도 그렇다.

베이커 출판사의 편집자 밥 호색과 다른 여러 분께 감사드린다. 어떤 이가 말하기를, 편집자는 작가보다 글쓰기에 대해 더 많이 알지만 글쓰기에 대한 충동에서 벗어난 사람이라고 했다. 나는 벗어나지 못했으나 그들은 벗어났다. 그들이 그렇게 벗어난 것에 대해 감사드린다.

나의 모든 책은 우리 집에서 벌어지는 토론으로 끝난다. 아내 크리스는 이 책의 주제가 보다 논쟁적이었던 최근 책과는 다른 환영할 만한 변화를 보여준다고 말했다. 바울과 우정에 관한 장은 내가 터키와 그리스에 있는 바울 관련 성지를 순례하는 여행단에게 들려준 짧은 담화가 되었다. 그런 담화들이 크리스로 하여금 그 주제에 특별한 관심을 기울이게 했고 내가 이 책을 베이커로 보내는 동기가 되었다.

스캇 맥나이트
2018년 사순절에

약어

English Bible Versions

ASV	American Standard Version
CEB	Common English Bible
ESV	English Standard Version
KJV	King James Version
NIV	New International Version
NRSV	New Revised Standard Version

Dead Sea Scrolls

CD	Cairo Genizah copy of the Damascus Document
1QM	War Scroll
1QS	Rule of the Community

Mishnah

m. Avot	Mishnah Avot

Secondary Sources

ABRL	Anchor Bible Reference Library
BBR	*Bulletin for Biblical Research*
BDAG	Bauer, Walter, Frederick W. Danker, William F. Arndt, and F. Wilbur Gingrich. *Greek-English Lexicon of the New Testament and Other Early Christian Literature*. 3rd ed. Chicago: University of Chicago Press, 2000
BNTC	Black's New Testament Commentaries
CBET	Contributions to Biblical Exegesis and Theology
CBQ	*Catholic Biblical Quarterly*
CurBR	*Currents in Biblical Research* (formerly *Currents in Research: Biblical Studies*)
DPL	*Dictionary of Paul and His Letters*. Edited by Gerald F. Hawthorne and Ralph P. Martin. Downers Grove, IL: Inter-Varsity, 1993
ICC	International Critical Commentary

IG	*Inscriptiones Graecae*
JBL	*Journal of Biblical Literature*
JSNT	*Journal for the Study of the New Testament*
JSNTSup	Journal for the Study of the New Testament Supplement Series
JSOTSup	Journal for the Study of the Old Testament Supplement Series
JTI	*Journal of Theological Interpretation*
LCL	Loeb Classical Library. London: Heinemann; New York: Putnam's Sons, 1922
LNTS	The Library of New Testament Studies
NewDocs	*New Documents Illustrating Early Christianity*. Edited by Greg H. R. Horsley and Stephen Llewelyn. North Ryde, NSW: The Ancient History Documentary Research Centre, Macquarie University, 1981-
NICNT	New International Commentary on the New Testament
NIGTC	New International Greek Testament Commentary
NovT	*Novum Testamentum*
NovTSup	Supplements to Novum Testamentum
NPNF1	*The Nicene and Post-Nicene Fathers*, Series 1. Edited by Philip Schaff. 1886-89. 14 vols. Repr., Peabody, MA: Hendrickson, 1994
NTS	*New Testament Studies*
OBT	Overtures to Biblical Theology
SBT	Studies in Biblical Theology
SNTSMS	Society for New Testament Studies Monograph Series
SNTW	Studies of the New Testament and Its World
TLNT	C. Spicq. *Theological Lexicon of the New Testament*. Translated and edited by J. D. Ernest. 3 vols. Peabody, MA: Hendrickson, 1994
TynBul	*Tyndale Bulletin*
WBC	Word Biblical Commentary
WUNT	Wissenschaftliche Untersuchungen zum Neuen Testament

1장

문화를 만드는 자로서의 목회자

나는 교회를 사랑하는 교수다. 그러나 나는 목회자가 아니며 그 점을 안다. 내가 목회를 이해한다고 생각하거나 목회에 대한 특별한 관점을 숙고하게 될 때면, 언젠가 목회자와 나눴던 대화가 다시금 내가 교수라는 사실을 상기시켜준다. 나는 목회자의 소명이 귀하다고 믿는다. 때때로 그런 소명을 부러워하기도 한다. 하지만 나는 교수이며, 그래서 신약성경이 목회적 소명에 관해 말하는 (혹은 말하지 않는) 방식에 매료된다. 우리의 주제는 바울이 어떻게 목회했느냐가 될 것이고, 그 단일한 주제에 관한 7개의 삽화를 살펴볼 것이다. 먼저 목회 신학의 일반적인 주제들에 관해 말하고자 한다. (내가 때때로 1인칭 복수 대명사 "우리"를 사용할 경우—그리스어를 배우기 시작했던 때를 잊었거나 잊고 싶어 하는 이들에게 하는 말인데—당신과 사도 바울을 동일시하는 잘못을 저지르더라도 용서해주기 바란다.)

목회적 삶의 복잡성

목회는 복잡한 소명이다. 그러나 적어도 우리는 그것이 어디에서 시작하는지 알고 있다. 그것은 영성 형성(spiritual formation)에서 시작한다.[1] 많은 이들에게 목회 신학교의 교장 역할을 하는 유진 피터슨 (Eunene Peterson)은 언젠가 신학교에서 교수들—다시 말해 나 같은 사람들—에 의해 이루어지는 전형적인 교육 형태의 부적합성에 대해, 이른바 정상적인 준비가 사역에 얼마나 비효율적인지에 대해 말한 적이 있다. 그의 의견은 이렇게 귀착된다. "삶의 중심이나 근처에서 하나님과 인간, 믿음과 어리석음, 사랑과 무관심이 매일 교통 체증 속에 뒤섞여 있는 이들과 함께 일을 하면 할수록, 그동안 내가 가르쳐왔던 방식이 별다른 변화를 일으키지 못하고 오히려 그들에게 기도하라고 가르치는 편이 훨씬 더 많은 변화를 만드는 것처럼 보였다."[2] 혹은 그가 다른 맥락에서 말했듯이, 목회의 세 가지 행위는 "기도, 성경 읽기, 영적 방향 제시하기"다.[3]

그러므로 영성 형성이 핵심이다. 이어서 복잡한 문제들이 나타나기 시작하는데, 그것은 아주 큰 성취를 이룬 목회자조차 혹시나 그 일이 자신의 능력을 넘어서는 것은 아닌가 하는 의심을 품게 만든다. 바울이 자신을 "질그릇"이라고 부른 것은 놀랄 일이 아니다(고후 4:7). 평범한 목회자들은 종종 자신이 하는 일이 중요한지 의문을

---

1 Philip L. Culbertson, Arthur Bradford Shippee, *The Pastor: Readings from the Patristic Period* (Minneapolis: Augsburg Fortress, 2009); William H. Willimon, *Pastor: A Reader for Ordained Ministry* (Nashville: Abingdon, 2002); Willimon, *Pastor: The Theology and Practice of Ordained Ministry*, rev. ed. (Nashville: Abingdon, 2016).

2 Eugene H. Peterson, *The Contemplative Pastor: Returning to the Art of Spiritual Direction* (Grand Rapids: Eerdmans, 1993), 89. 『목회자의 영성』(포이에마 역간, 2013).

3 Eugene H. Peterson, *Working the Angles: The Shape of Pastoral Integrity* (Grand Rapids: Eerdmans, 1993), 3. 『유진 피터슨의 균형 있는 목회자』(좋은씨앗 역간, 2018).

갖는다. 때때로 (혹은 자주) 과연 자신이 부르심을 받은 것인지 의심한다. 많은 날을 깊은 한숨과 함께 마치고 조각난 희망을 품고서 자리에서 일어난다. 그 희망조차 때때로 희미해진다. 어느 날에 목사들의 주머니는 실용적 확신에 대한 모호함과 반항으로 가득 찬다.[4] 나는 이 모든 것이 그 소명의 일부일 뿐이지 약함의 표시이거나 심지어 소명의 결여라고 믿지 않는다. 사람들은 목회자들을 마모시킨다. 그들이 목회자에게 너무 많은 것을 기대하고 종종 목회자가 제공할 수 없는 것을 필요로 하기 때문이다. 급여에 상응하는 일을 하는 그 어떤 목회자라도 사람들을 살피고 과장된 감정을 드러내면서 자기가 할 수 있는 모든 일을 한다. 물론 그것만으로는 결코 충분하지 않다. 하지만 그것만으로도 충분히 복잡하다.

목회자는 의학적 유비를 사용해 말하자면 전문의가 아니라 일반의다. 그들은 이미지를 바꿔 말하자면 초원 위에 있는 교실 하나짜리 학교에서 가르치는 선생님이다. 마음, 영혼, 정신, 몸으로 이루어진 인간의 복잡성이야말로 목회적 소명이 어째서 그렇게 매력적이고 또한 끊임없이 복잡한지를 설명해준다. 우리는 어떤 이에게 어떤 목회적 돌봄이 필요한지 혹은 목회자가 어떤 안목을 가져야 하는지 결코 알지 못한다. 예수나 바울이나 베드로나 요한과 동행하는 어느 날이 목회적 소명의 핵심에 있는 동일하게 예측불허한 거친 복잡성을 드러낼 수도 있다. 바로 그것이 목다. 10년 이상 목회한 어

---

4   이에 대한 알차고 확실한 책을 위해서는 Graham Buxton, *An Uncertain Certainty: Snapshots in a Journey from "Either-Or" to "Both-And" in Christian Ministry* (Eugene, OR: Pickwick, 2014)를 보라.

느 목회자는 선함과 허튼소리에 관한 이야기를 사회의 그 누구보다도 많이 축적한다. 그 많은 경험은 교수인 나를 놀라게 하는 방식으로 지혜의 벽 뒤로 침투한다. 이것은 목회적 소명이 다중적이라는 것을 의미한다. 혹은 바울의 말을 사용하자면, "여러 사람에게 여러 모습이 되는"(고전 9:22) 것을 의미한다. 바로 그것이 내가 말하고자 하는 복잡성이다. 내가 목회자를 존경하는 이유는 그들이 그런 신비 속으로 들어가기 때문이다.

목회자가 되기 원하는 어떤 이들은 목회가 일주일 내내 설교하고 공부하는 것이라고 여긴다. 하지만 내가 "목회자"(pastor)라는 말로 의미하는 것은 **사람들을 목양하는 목사**다. 미국 교회의 평균 교인 수는 75명이다. 나는 좀 더 큰 교회의 목회자들에게만큼이나 그런 규모의 교회 목회자들을 향해 직접 말하고 싶다. 어째서냐고? 평균적인 크기의 교회 목회자들이야말로 **목양하기** 때문이다. 우리는 전문화 시대를 살아가고 있다. 이것은 어떤 목회자들은 설교자가 되고, 다른 이들은 상담가가 되고, 또 다른 이들은 행정가가 되고, 심지어 어떤 이들은 성경 공부와 교육에 초점을 맞추고 있음을 의미한다. 그러나 대부분의 목회자가 그 모든 것을 한다. 이것은 (교수인 나에게) 그들이 목양한다는 것을 의미한다. 언젠가 A목회자가 B목회자에 관한 말을 시작했다. B는 이른바 '캠퍼스 사역자'로서 오직 주일 아침에만 TV에 출연해 큰 규모의 청중을 상대로 설교를 했다. A는 나에게 B가 질문을 받았을 때, 교회에 주일학교나 제자훈련 프로그램이 있는지조차 알지 못했다고 말했다. 우리 둘은 모두 크게 웃었다. 하지만 그것은 나에게는 슬픈 이야기이기도 했다. 일요일 아침 빅쇼에 출연하는 설교자는 만약 그가 주중에 사람들을 목양하지 않는다면, 목회자가 아니다. B는 목회자가 아니다. 독자들에게 A가 누구인지 말하지 않을 것인데, 그것은 내가 그가 목양하고 있는지에 대해서도 알지 못하기 때문이다.

목회의 특성은 오직 시간이 흐른 후에 목회의 온전한 복잡성 안으로 들어가는 자들에 의해서만 발견된다. 칼 바르트(Karl Barth)는 생애 말년에 40여 년 동안 목회자로 살아온 자신의 동시대인들을 회고하면서 목회적 소명에 관해 이렇게 말했다. "나는 최초의 성체 배령자들에게 가르침을 베풀면서, 무덤가에서 혹은 결혼한 젊은 부부들에게 줄 올바른 영적인 말을 찾으면서, 생각할 수 있는 모든 종류의 사람들에게 목사 노릇을 하면서, 무엇보다도 모든 종류의 고통과 짜증과 적대 앞에서, 시간의, (그중에서도 무엇보다도) 자기 자신의 불신앙으로 인한 의심과 마주한 채 일요일마다 복음을 설명하고 공동체와 오늘의 세상을 위한 구원의 말씀을 선포하면서 40여 년의 세월을 보내는 것이 무엇을 의미하는지 상상할 수 있다."[5]

바르트는 목회자의 소명이 훨씬 덜 복잡했던 시절에 살았다. 오늘날 목회자의 삶이 어떠한지 어림잡아보기 위해서는 바르트의 말에 너댓 문장을 더해야만 한다. 물론 캔자스주나 아이오와주는 예외다. 지금 나는 아이오와주 길리아드에 관한 매릴린 로빈슨(Marilynne Robinson)의 소설에 등장하는 목회자 중 한 명—아마도 존 에임스

---

5   Karl Barth, *Church Dogmatics, III.4: The Doctrine of Creation*, trans. G. W. Bromiley (Edinburgh: T&T Clark, 1961), xi. 『교회 교의학 3/4』(대한기독교서회 역간, 2017).

(John Ames)—에 대해 생각하고 있다. 그 소설에서 그는 사람들이 없을 때 교회에 가는 것을 좋아했다. 그러나 사람들이야말로 그곳을 교회로 만드는 존재들이다. 목회자들과 사람들은 서로에게 속해 있다. 그리고 목회자와 사람들이 함께할 때 복잡성이 나타난다. 나는 목회자 노릇이 교수 노릇보다 열 배 혹은 열두 배쯤 어려울 것이라고 여긴다. 바로 그것이 어떤 목회자들이 교수가 되고 싶어 하는 이유다. 목회자가 되고 싶어 하는 교수들은 종종 그들이 어떤 상황으로 들어가고 있는지 알지 못한다. (만약 당신이 방황하는 중이라면, 나는 그 "열 배나 열두 배"를 위한 통계 자료를 갖고 있지 않다. 하지만 내 생각에 그것은 옳아 보인다.)

목회자, 문화를 만드는 자

이제 이 책의 주제를 살펴보자. **목회자는 그리스도를 본받는 삶의 문화를 육성하도록 부르심을 받았다.** 우리 시대 최고의 사도 바울 학자 마이클 고먼(Michael Gorman)은 "십자가를 본받는 삶"(*cruciformity*)이라는 용어를 유행시켰다. 나는 그에게서 많은 것을 배웠다. 내가 "그리스도를 본받는 삶"(*Christoformity*)이라는 용어를 사용하는 것 역시 그의 영향 때문이다. 그 말은 우리가 그리스도를 본받도록 부르심을 받았음을 의미한다. 목회자들은 바로 그런 의미에서 그리스도를 본받는 삶을 육성하는 자들이다. 우리는 그리스도의 삶과 죽음, 그분의 부활과 승천에 의해 형성된다. 우리는 그저 복음을 믿어야 하는 것이 아니라 그것을 구현해야 한다. 아무도 사용하지 않는 그리스어와 라틴어를 사용해 표현하자면, **삶-본받기**(*bio*-formity), **십자가**-본받기(*cruci*-formity), **부활**-본받기(*anastasi*-formity)라고 할 수 있다. 이것들을 합쳐 보라. **그리스도를 본받는 삶**(Christoformity)이 나온다. 우리가 그리스도를 본받는 것은 그리스도에 대한 참여를 통해서다. 즉 세례를 통해, 믿음을 통해, 그리스도의 내주하심을 통해, 성령을 통해, 그리스도로 옷 입음을 통해, 교제를 통해, 변화를 통해, 그리스도의 삶에서 발생한 모든 사건에 참여하는 것을 통해서다.[6]

그리스도를 본받는 삶은 그 뿌리를 예수 자신의 말씀과 삶에 두고 있다. 예수는 이렇게 말했다.

> 제자가 그 선생보다, 또는 종이 그 상전보다 높지 못하나니 제자가 그 선생 같고 종이 그 상전 같으면 족하도다. 집 주인을 바알세불이라 하였거든 하물며 그 집 사람들이랴(마 10:24-25).

> 인자가 온 것은 섬김을 받으려 함이 아니라 도리어 섬기려 하고 자기 목숨을 많은 사람의 대속물로 주려 함이니라(막 10:45).

만약 두 번째 본문을 먼저 취한다면, 우리는 예수의 사명이 다른 이들을 섬기고 그들을 위해 자신을 내어주는 것이었음을 알 수 있다.

---

6 Michael J. Gorman, *Becoming the Gospel: Paul, Participation, and Mission* (Grand Rapids: Eerdmans, 2015), 26-36을 보라. 『삶으로 담아내는 복음』(새물결플러스 역간, 2019).

첫 번째 본문은 우리가 예수처럼 되면 충분하다고 말씀하는데, 바로 그것이 그리스도를 본받는 삶이다. 만약 그리스도인의 삶이 그리스도를 본받는 것이라면, 목회는 곧 우리 자신과 다른 이들 안에서 그리스도를 본받는 삶을 육성하는 것을 의미한다.[7] 폴 바넷(Paul Barnett)은 목회자로서 바울에 관한 자신의 설명을 요약하면서 이렇게 결론짓는다. "모든 화제에서 그리고 모든 문제에서 바울은…고린도 사람들에게 그들의 공동체 안에서 그리스도의 성품을 재현하라고 끈질기게 가르쳤다."[8]

한 걸음 물러서서 보면, 이것은 **하나님의 선교**다. 목회자이자 목회자들의 교수인 그레이엄 벅스튼(Graham Buxton)은 사역이 실제로 무엇인지를 이해하도록 요구한다. 그것은 하나님이 성령을 통해 그리스도 안에서 행하시는 일에 대한 참여다. 그는 독자들에게 이렇게 강조한다. "오직 그리스도만이 하나님이 우리에게 알려지시게 할 수 있다.…우리의 반응은 하나님의 자기 계시에 기꺼이 참여하는 것이다. 그것이 세상에서 계속되는 하나님의 사역에 참여하는 그리스도의 협력자로서 우리에게 주어진 특권이자 소명이다."[9] 목회자들은 하나님을 **위한** 선교에 참여하기보다는 하나님**의** 선교에 참여한다. 이것은 목회가 하나님이 수행하시는 선교이고 목회자들은 하나님

---

7 이에 관한 학문적인 연구를 위해서는 Colin Kruse, *New Testament Models for Ministry: Jesus and Paul* (Nashville: Thomas Nelson, 1983), 34-51를 보라.

8 Paul Barnett, *Paul: A Pastor's Heart in Second Corinthians* (Sydney, Australia: Aquila, 2012), 114.

9 Graham Buxton, *Dancing in the Dark: The Privilege of Participating in God's Ministry in the World*, rev. ed. (Eugene, OR: Cascade, 2016), 19.

의 일 안으로 들어간다는 것을 의미한다.[10] 그러므로 목회는 하나님이 하시는 일에 참여하는 것이다. 하나님이 하시는 일은 모든 피조물을 노예 상태에서 구출하고 해방시키는 것이다. 이것은 목회가 세상에서 성령을 통해 이루어지는 그리스도의 지속적인 사역에 대한 참여임을 의미한다. 예를 들어 바울이 로마서 15:18-19에서 자신의 사역을 어떻게 이해했는지 살펴보자. "그리스도께서 이방인들을 순종하게 하기 위하여 나를 통하여 역사하신 것 외에는 내가 감히 말하지 아니하노라. 그 일은 말과 행위로 표적과 기사의 능력으로 성령의 능력으로 이루어졌으며 그리하여 내가 예루살렘으로부터 두루 행하여 일루리곤까지 그리스도의 복음을 편만하게 전하였노라."

그것은 바울의 사역이나 사명이 아니라 성령을 통해 이루어지는 그리스도의 사역과 사명이다(살전 1:5-6; 2:13; 4:3-9, 19-21).[11] 골로새의 신자들에게 바울은 자기 안에서 이루어지는 그리스도의 일에 호소하는 방식으로 자신의 사역에 대해 말한다. "이를 위하여 나도 내 속에서 능력으로 역사하시는 이의 역사를 따라 힘을 다하여

---

10 Beverly Gaventa, "The Mission of God in Paul's Letter to the Romans," *Paul as Missionary: Identity, Activity, Theology, and Practice*, ed. Trevor J. Burke, Brian S. Rosner, LNTS 420 (London: T&T Clark, 2011), 65-75. 또한 L. L. Morris, "The Theme of Romans," *Apostolic History and the Gospel: Biblical and Historical Essays Presented to F. F. Bruce on His 60th Birthday*, ed. W. W. Gasque, R. P. Martin (Grand Rapids: Eerdmans, 1970), 249-63를 보라.

11 이에 대한 충실한 논의를 위해서는 Trevor J. Burke, "The Holy Spirit as the Controlling Dynamic in Paul's Role as Missionary to the Thessalonians," Burke and Rosner, *Paul as Missionary*, 142-57를 보라.

수고하노라"(골 1:29).[12] 그러므로 바울은 단지 하나님—성부, 성자, 성령—이 하시는 일에 참여하고 있을 뿐이다. "자녀들아, 너희 속에 그리스도의 형상을 이루기까지 다시 너희를 위하여 해산하는 수고를 하노니"(갈 4:19). 바울의 목회 신학을 이해하기 위해 바울의 본문을 오랫동안 살펴보았던 제임스 톰슨(James Thompson)은 다음과 같이 잘 말한다. "**사역은 그리스도가 오실 때 신앙 공동체가 '흠이 없도록' 그것을 변화시키는 하나님의 일에 참여하는 것이다.**"[13]

그러므로 그리스도를 본받는 삶의 궁극적 목적은 모든 피조물이 하나님의 영광에 이르기까지 그리스도의 통치에 참여하는 것이다.[14] 로마서 8:18-30에서 바울은 영광(18절)을 우주적 구속을 완성하는 거대한 승리의 과정에서 그리스도를 본받는 것(29절)과 연결시킴으로써 이 점을 분명하게 밝힌다. 즉 창세기 1-2장에서 하나님이 인간을 창조하신 의도는 새 하늘과 새 땅에서 실현될 것이다. 그리스도를 본받는 삶은 십자가를 본받는 삶 이상이다. 그러나 십자가는 그리스도를 본받는 삶 전체에서 핵심적이다. 그리스도를 본받는 삶은 목회적 소명만큼이나 복잡하다. 목회자들은 그리스도를 본받는 삶을 만들어내지 않는다. 그것은 하나님이 성령을 통해 그리스

---

12 Kruse, *New Testament Models for Ministry*, 52-64를 보라.

13 James W. Thompson, *Pastoral Ministry according to Paul: A Biblical Vision* (Grand Rapids: Baker Academic, 2006), 19-20(강조는 원저자의 것임).

14 Haley Goranson Jacob, *Conformed to the Image of His Son: Reconsidering Paul's Theology of Glory in Romans* (Downers Grove, IL: IVP Academic, 2018). 바울의 선교적 실천에서 나타나는 하나님의 영광이라는 주제를 위해서는 Brian S. Rosner, "The Glory of God in Paul's Missionary Theology and Practice," Burke and Rosner, *Paul as Missionary*, 158-68를 보라.

도 안에서 하시는 일이다. 목회자들은 그런 삶을 육성하도록, 즉 심고, 물을 주고, 잡초를 제거하고, 보호하고, 부양하도록 부르심을 받았다. 그리스도를 본받는 삶은 복잡하며, 듀크 대학교의 신약학 교수 C. 카빈 로우(C. Kavin Rowe)가 말하듯이, "내러티브적인 삶의 방식"이다.[15] 듀크에서 기독교 사역의 실천에 관해 가르치는 그의 동료 교수 윌 윌리몬(Will Willimon)은 이 내러티브적인 삶의 방식을 "문화"라고 묘사한다.[16] 로우와 윌리몬의 사고에 나는 C. S. 루이스(C. S. Lewis)의 몇 구절을 덧붙이고자 한다.

내가 앞서 말했던 것으로 돌아가도 될까? 이것이 기독교의 전부다. 다른 것은 없다.…같은 방식으로 교회는 오직 사람들을 그리스도께 이끌기 위해, 그들을 작은 그리스도로 만들기 위해 존재한다. 만약 교회들이 그런 일을 하지 않는다면 모든 성당, 성직자, 선교, 설교, 심지어 성경마저도 시간 낭비일 뿐이다. 하나님이 인간이 되신 것은 다른 목적을 위해서가 아니다. 말하자면, 온 우주가 어떤 다른 목적을 위해 창조되었는지조차 의심스럽다. 성경은 온 우주가 그리스도를 위해 창조되었다고, 또한 모든 것이 그분 안에서 하나로 모이게 될 것이라고 말씀한다.[17]

---

15 C. Kavin Rowe, *One True Life: The Stoics and Early Christians as Rival Traditions* (New Haven: Yale University Press, 2016), 215.

16 Willimon, *Pastor: The Theology and Practice of Ordained Ministry*, 203.

17 C. S. Lewis, *Mere Christianity* (New York: Macmillan, 1956), 155. 『순전한 기독교』(홍성사 역간, 2018). 나에게 Lewis의 이 유명한 구절을 상기시켜준 Kevin Vanhoozer에게 감사한다.

내가 기독교 지도자들의 이런 생각을 하나로 묶어서 제시하는 이유는 목회자가 그리스도를 본받는 삶의 문화를 육성한다고 말하기 위해서다. 문화를 만드는 자로서 목회자들은 그리스도를 본받는 삶을 육성한다.

페기 누난(Peggy Noonan)은 로널드 레이건의 전기를 쓰기 위한 조사 과정에서 백악관에서 조지 W. 부시 대통령과 인터뷰를 한 적이 있다. 누난은 부시를 구슬려 레이건에 대해 반추하게 했다. 그때 부시가 대통령들에 관해 한 말은 목회자들에게도 해당한다. "그러나 만약 당신이 정말로 그것에 관해 생각해본다면, 대통령의 일은 국가의 정신을 규정하는 것, 그리고 국가의 영혼을 규정하도록 돕는 것입니다."[18] 나는 목회자의 일 중 하나는 지역 교회의 정신과 영혼을 육성하는 것이라고 믿는다. 가나 출신으로 영국에서 공부한 후 아프리카, 영국, 미국에서 가르치며 목회했던 임마누엘 라티(Emmanuel Lartey)는 "목회 신학자들은…다른 종류의 세계 공동체를 창의적으로 상상하는 여행을 하는 중이다"라고 주장한다.[19] 그 공동체는 그리스도를 본받는 삶이라는 특징을 지닌다. 그런 공동체를 상상하는 것은 곧 그것을 양육하는 것이다.

---

18 Peggy Noonan, *When Character Was King: A Story of Ronald Reagan* (New York: Penguin, 2002), 303.

19 Emmanuel Y. Lartey, *Pastoral Theology in an Intercultural World,* repr. (Eugene, OR: Wipf & Stock, 2013), 149.

교회 안에서 그리스도를 본받는 삶의 문화 형성하기

네 가지 요소

우리는 이렇게 물어야 한다. **우리는 어떻게 문화를 육성하는가?** 교회의 문화는 네 개의 별개이지만 서로 통합된 요소들로부터 출현한다.[20] 이것을 다음과 같은 네 개의 점을 지닌 다이아몬드로 생각해보자. (A) 목회자들과 지도자들, (B) 회중, (C) 목회자들, 지도자들, 회중의 관계, (D) A, B, C를 지배하는 정책, 구조, 시스템.

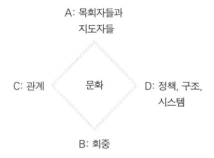

이 모든 것을 설명하기 위해서는 전문가가 필요하며, 그렇게 하기 위해서는 확실히 책 한 권 전체와 내가 아닌 다른 누군가가 필요할 것이다. 그러나 나는 우리가 이 다이아몬드의 관점에서 문화를 만드

---

20 이하의 내용은 내가 Diane J. Chandler, "The Perfect Storm of Leaders' Unethical Behavior: A Conceptual Framework," *International Journal of Leadership Studies* 5 (2009): 69-93에서 배운 것으로부터 발전시킨 것이다. 이 탁월한 연구에 대해 알려준 Diane에게 감사한다.

는 자로서 목회자들에 관해 생각해보기를 원한다. A, B, C, D가 서로 안에 거할 때 목회자들과 회중은 문화를 형성한다. 문화는 단지 A이거나 B일 수 없다. 목회자가 카리스마적이고 독재적일수록, 그는 문화 형성에 큰 영향을 준다. 목회자들은 교회 문화 형성에 영향을 주도록 부르심을 받는다. 좋은 목회자와 나쁜 회중이 문화의 혼합을 낳듯이, 나쁜 목회자와 좋은 회중 역시 종종 같은 혼합을 낳는다. 좋은 목회자와 좋은 회중은 나쁜 목회자와 나쁜 회중이 서로 싸우듯 서로 협력한다. A와 B의 관계는 아무리 강조해도 지나치지 않다. 그러나 나는 A가 실제로 B와 접촉을 적게 갖는 것이 목회자를 위한 **페르소나 형성**으로, 그리고 목회자와 회중의 관계를 위한 **페르소나 문화**로 이어진다고 강조하고자 한다. 이것은 어떤 이의 공적 표현인 페르소나가 거짓과 사기가 되어 부패한 문화를 형성하는 데 강력하게 영향을 줄 수 있음을 의미한다. 그러나 내가 내 삶에서 반복해서 보았듯이 A와 B 사이의 참으로 좋은 관계는 C, 즉 번성하는 좋은 관계를 형성할 수 있다. 교회 안에서 형성되는 문화는 A와 B 사이의 관계의 종류에 의해 결정된다. 교회가 정하고 그 안에서 살아가는 구조, 정책, 시스템은 이런 관계들로부터 분리되어 있지 않다. 그것들은 A, B, C의 표현이다. 다이아몬드 한가운데 있는 문화는 관계와 구조로부터만이 아니라 A와 B로부터도 발생한다. 문화는 이런 요소들 사이에서 발생하는 것으로부터 출현한다. 문화는 의도적으로 만들어지기보다는 존재하는 현실로부터 출현한다.

교회 문화가 하나님이 원하시는 대로 성장하기 위해서는 회중뿐 아니라 목회자들과 지도자들 편에서의 **선함**이 요구된다. 교회 문화는 완벽하게 선하지 않은 인간으로부터 출현하므로 완벽히 **선하지** 않다. 그러나 복음의 능력이 나쁜 문화가 될 수 있는 것을 어느 정도 선하게 바꿀 수 있다. 따라서 교회는 최소한 (얼마간의) 선함의 문화를 만들어낼 수 있는 어느 정도의 기회를 갖고 있는 셈이다. 마지막으로 이 책에서 선함의 문화는 "그리스도를 본받는 삶"이라고 불릴 것이다. 교회에서 "그리스도를 본받는 문화"(a Christoform culture)가 나타나기 위해서는, 그리스도를 본받는 관계 안에서 형성된 C와 그리스도를 본받는 사람에 대한 구조적 표현이 되어가고 있는 D와 함께, A와 B 안에서 나타나는 그리스도를 본받는 삶이 요구된다. 이 중 마지막 주장은 지금까지 말해왔던 것을 반복한다. 다름 아니라 목회자는—목회자들 및 다른 지도자들과 함께—그들의 교회 안에서 그리스도를 본받는 삶의 문화가 나타나게 하기 위해 그리스도를 본받는 삶을 육성하도록 부르심을 받았다는 것이다. (나는 이 말을 반복해야 한다. 그 어떤 교회도 완벽하게 그리스도를 본받을 수는 없을 것이다. 그러나 그리스도를 본받는 삶이라는 목표를 취하는 것이 우리 모두를 옳은 방향으로 이끌어줄 것이다.)

"교회"라고 불리는 복잡한 문화

이제 나는 목회자가 육성할 수 있는 그리스도를 본받는 문화의 10가지 요소를 간략하게 설명하려 한다.

사람의 문화

목회에 대한 내 정의는 이렇다. 목회자는 사람들을 목양한다. 어떤 이들은 종종 나에게 과연 그들이 목회자로 부르심을 받았다고 여기느냐고 묻는다. 그럴 경우 나는 이중 질문으로 답한다. 지금 당신은 누군가를 목양하고 있는가? 누군가가 당신을 자신들의 목회자로 여기고 있는가? 목회는 어떤 이가 엔지니어로서 직업을 얻는 것처럼 신학교를 졸업하고서 얻는 직업(job)이 아니다. 목회는 누군가를 사로잡아 목사가 되도록 방향을 전환시키는 어떤 이에 대한 소명(calling)이다. 목사의 삶의 길이 목회다.

목양한다는 것은 개인과 회중 모두 안에서 그리스도를 본받는 삶을 육성하는 것을 의미한다. 목회자는 그동안 자주 "영혼의 치유"라고 불려온 것, 그리고 언젠가 유진 피터슨이 평범한 삶에 관한 "작은 이야기의 사역"(ministry of small talk)[21]이라고 불렀던 것을 위해 고안되었다. 다른 맥락에서 그는 바울에 관해 쓰면서 이렇게 말했다. "바울이 그것을 따라 살고 그것에 관해 쓰는 목회 신학은 관계적이다. 사람들은 관계 안에 있는 사람들로서 관여한다."[22] 오늘날 마가렛 윕(Margaret Whipp) 같은 많은 이들은 목회 신학을 "돌봄의 신학"으로 정의한다.[23] 그런 정의는 목회를 각 사람이 처한 특별한 현실

---

21 Peterson, *Contemplative Pastor*, 112–16. 『목회자의 영성』(포이에마 역간, 2013).

22 Eugene H. Peterson, "Pastor Paul," *Romans and the People of God: Essays in Honor of Gordon D. Fee on the Occasion of His 65th Birthday*, ed. Sven K. Soderlund, N. T. Wright (Grand Rapids: Eerdmans, 1999), 291.

23 Margaret Whipp, *Pastoral Theology*, SCM Studyguide (London: SCM, 2013), 1.

속에서 목양하는 것으로 이해하기 위한 틈을 연다. 오늘날 목회의 아이러니는 최근에 바나 그룹(Barna Group)이 수행한 "목회자들의 상태"라는 제목의 설문 조사를 통해 드러난다. 목회자로서 가장 하고 싶은 것이 무엇인지에 대한 질문에 응답한 목회자 중 66%가 설교와 교육을 꼽았다. 바나 그룹은 "거기서부터 큰 폭의 수직 하강이 나타난다"라고 결론짓는다. "가장 즐기는 과업이 '다른 리더를 양성하는 것'이라고 답한 이는 10명 중 하나이고(10%) '신자들을 제자화하는 것'이라고 답한 이는 12명 중 하나다(8%). '전도'(6%)와 '목회적 돌봄'(5%)은 목회자들이 가장 하고 싶어 하는 일 중 작은 부분에 불과했다. '교회의 행사, 집회, 혹은 사역을 조직하는 것'을 즐긴다고 답한 이들은 전체 응답자 중 2%에 불과했다."[24]

이것은 바울과 얼마나 다른가.[25] 그는 목회를 "날마다 내 속에 눌리는 일"이라고 했고 자신의 "모든 교회를 위한 염려"에 대해 말했다(고후 11:28).[26] 바울은 에베소 교회—내 생각에 그가 가장 좋아

---

24 Barna Group, *The State of Pastors: How Today's Faith Leaders Are Navigating Life and Leadership in an Age of Complexity* (Ventura, CA: Barna, 2017), 96.

25 바울의 삶에 관해서는 우리 시대의 가장 앞선 바울 학자 두 사람이 쓴 전기를 보라. Douglas A. Campbell, *Paul: An Apostle's Journey* (Grand Rapids: Eerdmans, 2018); N. T. Wright, *Paul: A Biography* (San Francisco: HarperOne, 2018). 『바울 평전』(비아토르 역간, 2020).

26 목회자 바울에 관해서는 다음을 보라. Anthony Tyrrell Hanson, *The Pioneer Ministry: The Relation of Church and Ministry*, Library of History and Doctrine (Philadelphia: Westminster, 1961); Kruse, *New Testament Models for Ministry*; Ernest Best, *Paul and His Converts*, Sprunt Lectures 1985 (Edinburgh: T&T Clark, 1988); Abraham J. Malherbe, *Paul and the Thessalonians: The Philosophic Tradition of Pastoral Care* (repr., Eugene, OR: Wipf & Stock, 2011); J. Thompson, *Pastoral Ministry*; Victor A. Copan, *Saint Paul as Spiritual Director: An Analysis of the Concept of the Imitation of Paul with*

하는 교회―를 떠나면서 그동안 자기가 모든 사람을 "눈물로" 훈계
해왔다고 말한다(행 20:31). 고린도 교회―내 생각에 그가 가장 좋
아하지 않았던 교회―신자들의 반응에 대해 염려하면서는 그들에
게 자기의 "심령이 편하지 못했"고, 또한 자기가 사역을 위한 황금
같은 기회를 놓쳤다고 말한다(고후 2:12-13). 바울은 그들의 "마음"
에 자기를 위한 "여지를 만들어 달라"고 호소한다(7:2). 디도를 통
해 그들이 자신의 메시지에 적극적으로 응답했다는 좋은 소식을 들
었을 때, 그는 하나님이 자기를 "위로해주셨다"고 말하면서 "기뻐했
다"(7:7). 여기서 우리는 목회자 바울의 마음을 느낀다. 그의 감정은
그가 세운 교회들이 그리스도를 닮음(Christlikeness)이라는 측면에서
어떻게 반응하고 성장하는지에 의해 형성된다.

데살로니가 신자들에게 바울은 자기가 그들을 어머니(살전 2:7),
아버지처럼(2:11) 대했다고 쓴다. "너희도 아는 바와 같이 우리가 너
희 각 사람에게 아버지가 자기 자녀에게 하듯 권면하고 위로하고 경
계하노니 이는 너희를 부르사 자기 나라와 영광에 이르게 하시는 하

Implications and Applications to the Practice of Spiritual Direction, Paternoster Biblical
Monographs (repr., Eugene, OR: Wipf & Stock, 2008); Timothy Laniak, *Shepherds
after My Own Heart: Pastoral Traditions and Leadership in the Bible* (Downers Grove,
IL: IVP Academic, 2006); Brian S. Rosner, Andrew S. Malone, Trevor J. Burke, eds.,
Paul as Pastor (New York: Bloomsbury T&T Clark, 2017); Michael B. Thompson,
Owned by God: Paul's Pastoral Strategy in 1 Corinthians (Cambridge: Grove Books,
2017). 바울과 고린도서에 관한 여러 가지 중요한 주장을 담고 있는 또 다른 책은
유감스럽게도 새 관점을 고의적으로 잘못 표현하거나 한심하게도 오해하고 있다.
Barnett, *Paul*, 47-54. Barnett은 고린도에 있는 바울의 반대자들에게서 새 관점을 찾
아내는 데 성공한다.

나님께 합당히 행하게 하려 함이라"(11-12절). 심지어 그는 데살로 니가 신자들이 자신의 가르침을 하나님의 말씀인 것처럼 받았다고 말한다(13절). 아마도 그 편지 중간에 이 멋진 단락에서 나타나는 가 장 흥미로운 목회적 순간에 대한 묘사는 그와 동료들이 그들과 헤어 지는 것이 "고아가 되는" 것과 같았고 자기와 실루아노와 디모데가 "너희 얼굴 보기를 열정으로 더욱 힘썼노라"라고 말하는 장면일 것이 다(17절). 그 헤어짐의 상처가 너무 컸기에 그는 자기의 좋은 친구 디모데를 그들에게 보냈다(3:1-2; 또한 3:5을 보라). 그리고 사랑이 충 만한 목회자는 디모데가 돌아와서 전하는 좋은 소식을 듣고서 "그 러므로 우리가 이제는 살리라"—어떤 상황에서?—"너희가 주 안 에서 굳게 섰기에"(3:8)라고 말할 때 바울이 하는 말의 정확한 의미 가 무엇인지 안다. 바울은 하나님의 백성을 목양했다.[27] 헨리 나우웬 (Henry Nouwen)은 『상처 입은 치유자』(The Wounded Healer)라는 제목의 고전에서 목회를 바로 그 용어로 묘사한다. 목회자는 상처 입은 치 유자들이다. 그들 자신이 상처를 입었다. 그들 자신이 치유를 찾고 있다. 그리고 사역자로서 그들은 세상과 사람들의 고통에 의해 상처 를 입는다. 또 그들은 치유의 은혜를 집행하도록 부르심을 받는다.[28] 그러므로 그리스도를 본받는 문화의 첫 번째 요소는 목회자가 사람

---

27   Best, *Paul and His Converts*, 29-58; Trevor J. Burke, "Mother, Father, Infant, Orphan, Brother: Paul's Variegated Pastoral Strategy towards His Thessalonian Church Family," Rosner, Malone, Burke, *Paul as Pastor*, 123-41.

28   Henri J. M. Nouwen, *The Wounded Healer: Ministry in Contemporary Society* (New York: Doubleday, 1990). 『상처 입은 치유자』(두란노 역간, 2011).

의 문화를 육성한다는 것이다. 프로그램이나 예배당 좌석이나 이런 저런 계획이 아니라 사람이 핵심이다.

개인들의 복잡성은 회중의 복잡성으로 이어진다. 여기서 내가 **사람**이라는 말로 의미하는 것이 단지 개인들만이 아니라 회중이라는 것을 강조해두고자 한다. 바울 사역의 신학은 교회들이, **그리고 따라서 개인들이** 그리스도를 본받는 삶을 살도록 육성하는 것이었다. 단지 개인들만이 아니다. 사실 그것은 오늘날 영적 형성에 관한 너무 많은 책이 지닌 단점이다. 오늘날 영적 형성은 "나와 하나님", "하나님과의 친밀함", "기도하는 법" 혹은 "고독을 실천하는 것" 등으로 이해된다. 나는 그것 중 어느 하나에도 반대하지 않으며 오히려 그것들 각각에 크게 찬성한다. 그러나 성경에서 형성은 먼저 공동체로서, 교회로서, 교제로서 형성되는 것을 의미한다. 그것을 통해 형성은 인격적이고 개인적인 것이 된다. 신약성경에서 근본적이고 주된 형성의 덕은 **사랑**, 즉 하나님에 대한 사랑(개인적)과 다른 이들에 대한 사랑(공동체적)이다. 사실 사랑은 혼자 하는 것이 결코 아니다. 사랑은 타인을 위한 것이다. 제임스 톰슨이 바울과 관련한 그리스도인들의 경우에 "그들의 진보에 대한 시험은 신앙 공동체 안에서 하나의 가족으로 존재하는 능력이 될 것이다"라고 관찰했을 때, 그는 이것을 아주 정확하게 이해했던 셈이다.[29]

마이클 톰슨(Michael B. Thompson) 역시 그러하다. 그는 제임스 톰슨과 유사한 맥락에서 다음과 같이 말한다.

---

29 J. Thompson, *Pastoral Ministry*, 153.

나는 종종 내가 태어난 나라(미국)에서 그토록 많은 교회들이 이름에 "독립된"(Independent)이라는 단어를 붙이는 것이 신기했다. 그런 교회들이 그 단어로 강조하고자 하는 것은 자기들이 어느 큰 교단의 일부가 아니라는 것이다. 그들은 그런 소속을 불이익으로 여긴다. 실제로 우리의 역사 때문에 미국에서 "독립"이라는 개념은 문화적으로 아주 중요하다. 그러나 기독교적 "독립"이 가진 위험은 (그리스도의 넓은 사랑을 제대로 전하지 못할 뿐 아니라) 별 도움이 되지 않는 고립과 오류에 대한 심각한 취약성을 낳는다.…오히려 바울은 고린도 교회가 "의존적인"(Dependent) 교회로, 즉 그리스도와 그들이 속해 있는 그의 나머지 사람들에게 의존하는 교회로 알려지기를 바랐을 것이다.[30]

그러므로 목회는 사람들 안에서 그리스도를 본받는 삶을 육성하는 것이다. 형성의 문제는 보다 깊이 살펴볼 필요가 있다.

형성의 문화

목회자는 설교라는 어떤 역할 혹은 임무를 수행하는 사람 이상의 그리스도인이다.[31] 바바라 브라운 테일러(Barbara Brown Taylor)는 직무

---

30 M. Thompson, *Owned by God*, 17.
31 목회자들을 위한 현명한 범주라는 가내 공업이 존재하며 적지 않은 이들이 모든 새로운 범주에 대해 비판적인 시각을 갖고 있다. Will Willimon이 그중 몇 가지를 훌륭하게 묘사하는데, 그것은 미디어 스타, 정치 협상가, 치료사, 매니저, 거주하며 활동하는 사람, 설교자, 종, 반항자 등이다. Willimon, *Pastor: The Theology and Practice of Ordained Ministry*, 56-70를 보라. 『목회자: 목회의 신학과 실천』(한국기독교연구소 역간, 2017).

와 소명을 구별하면서 이렇게 말한다. "나의 사무실은 교회 안에 있다.…그러나 나의 소명은 세상에 있는 하나님의 사람들을 향한다. 그것이 내가 섬기는 사람들과 나를 동일하게 만들어준다."[32] 목회자의 첫 번째 책임은 사람들을 육성하고 또한 스스로 육성되어 영적 형성에 이르는 것이다. 성경의 위대한 히브리어 단어 중에 "다바크"(*dabaq*)는 종종 "들러붙다", "의지하다" 혹은 "고수하다" 등으로 번역한다. 성경은 이 단어를 아담과 하와가 한 몸이 되는 것을 묘사하는 데 사용한다. 그것은 우리와 하나님의 관계를 표현하는 평범한 단어이기도 하다.

네 하나님 여호와를 경외하여 그를 섬기며 그에게 **의지하고** 그의 이름으로 맹세하라(신 10:20).

너희가 만일 내가 너희에게 명하는 이 모든 명령을 잘 지켜 행하여 너희의 하나님 여호와를 사랑하고 그의 모든 도를 행하여 그에게 **의지하면**(11:22).

너희는 너희의 하나님 여호와를 따르며 그를 경외하며 그의 명령을 지키며 그의 목소리를 청종하며 그를 섬기며 그를 **의지하며**(13:4).

네 하나님 여호와를 사랑하고 그의 말씀을 또 **의지하라**. 그는 네 생명

---

32 Barbara Brown Taylor, *The Preaching Life* (Plymouth, UK: Cowley, 1992), 30.

이시요 네 장수이시니 여호와께서 네 조상 아브라함과 이삭과 야곱에게 주리라고 맹세하신 땅에 네가 거주하리라(30:20).[33]

그 용어는 바짝 쫓음 혹은 추격이라는 의미를 지니며(삼상 14:22), 욥기 41:17에서처럼 꽉 달라붙은 상태를 묘사하기도 한다. "그것들[리워야단의 비늘들]은 서로 이어져 붙었으니 능히 나눌 수도 없구나." 그것의 모든 용례 중 가장 인상적인 것은 예레미야 13:11에서 발견된다. "띠가 사람의 허리에 **속함** 같이 내가 이스라엘 온 집과 유다 온 집으로 내게 **속하게** 하여 그들로 내 백성이 되게 하며 내 이름과 명예와 영광이 되게 하려 하였으나 그들이 듣지 아니하였느니라." 바로 이것이 내가 독자들에게 주의를 환기시키고자 하는 개념이다. 목회자의 책임은 사랑, 숭배, 예배, 순종, 신실함이라는 측면에서 주님께 매달리는 것이다. 남편이 아내를 사랑하듯, 군인이 적을 쫓듯, 속옷이 사람의 몸에 들러붙듯 목회자는 하나님께 매달려야 한다.

유감스럽게도 하나님께 매달리는 것은 많은 이에게 목회 생활의 첫 번째 단계로 보이지 않는다. 나우웬이 잘 말했듯이, "대부분의 목회자는…큰 규모의 조직의 관점에서 생각하고, 교회나 학교나 병원에서 사람들을 한데 모으고, 서커스 감독처럼 쇼를 진행하는 것에 익숙하다."[34] 오늘날 목회는 너무 자주 성녀 마크리나, 성 보나벤투라, 아빌라의 테레사, 레베카 프로텐, 에블린 언더힐, 알렉산더 슈메

---

33 참고. 수 22:5; 룻 1:14; 2:8, 21, 23; 왕하 18:6; 시 63:8; 119:31.
34 Nouwen, *Wounded Healer*, 37-38. 『상처 입은 치유자』(두란노 역간, 2011).

만, 혹은 로버트 멀홀랜드 같은 영적 거장들을 파고들기보다 기업가들의 이론을 따른다. 이들과 다른 많은 이(가령 A. W. 토저 같은 이들)는 내면의 여행 과정에서 하나님의 임재에 의해 불이 붙은 마음으로 목회했다.

영적 형성의 징표는 무엇인가? 그리고 목회자의 영적 형성의 징표는 무엇인가? 이 질문에 대한 답이 무엇이든, 그것은 결국 목회자에 대한 기대에서 그리고 대부분의 경우 목회자 자신의 갈망 속에서 길을 찾는다. 우리는 지복(至福)을 미덕들로 열거하거나, 성령의 열매를 살펴보거나, 성경 구절들을 연결해 몇 개의 복합적이고 거창한 목록을 만들어낼 수 있다. 그러나 나는 그런 식으로 목록을 쌓아올리기보다는 신약성경에 등장하는 다음과 같은 중요한 미덕 목록에 주목할 것을 제안한다. 우리는 그것들 각각을 길게 설명하지 않으면서 다음과 같이 말할 수 있다.

목회자는 사랑하고,
목회자는 거룩하고,
목회자는 의롭고 의를 구현하고,
목회자는 평화를 만드는 자이고,
목회자는 현명하다.

어떻게 그럴 수 있는가? 성령 충만한 사람이 됨으로써, 불가능한 소명을 이루기 위한 은혜와 능력을 얻기 위해 기도하고 성경 읽고 하나님 앞에 무릎 꿇는 사람이 됨으로써다. 예수와 사도들이 살았던 유대 세계에서 이것은 "하시드"(*hasid*, 경건한 목회자)와 "하캄"(*hakam*, 현자)이 되는 것을 의미했다.[35] 바로 이것이 교회가 목회자 혹은 목회자들에게 바라는 것이다. 또한 이것은 목회자가 마땅히 추구해야 할 미덕이다. 교회사에서 이것은 목회자들 사이에서 구별됨의 징표로 유지되는 미덕이었다. 영적 형성의 역사의 초점은 바로 이런 특성에 맞춰졌다.

교황 그레고리오 1세(Gregory the Great)는 지금껏 목회적 삶과 관련해 쓰인 아주 중요한 책 중 하나인 『사목 지침서』(*The Book of Pastoral Rule*)에서 교회에 속한 대부분의 사람의 기대를 말로 옮겼다. 아마도 가장 의미심장한 것은 그 내용이 전통에 속한 것이기도 하고 더 이상 인기가 없기도 하다는 점일 것이다. 그러므로 그의 서론적 주장에서부터 시작해보자. "양치기의 삶이 그를 양떼로부터 분리시키듯, 고위 성직자[주교]의 행위는 사람들의 행위를 훨씬 능가해야 한다." 많은 이들이 이런 말을 좋아하지 않는다. 그리고 나는 그런 사실을 안다. 그럼에도 계속하고 싶다. "사람들이 그의 양떼라고 불릴 정도로 존경을 받는 이는 자기가 청렴한 삶을 유지하는 것이 얼마나 필요한지를 신중하게 생각해야 한다." 그렇다면 청렴한 삶은 무엇으로 이루어지는가? 그는 이렇게 답한다. "그러므로 그는 생각에서 순결해야 하고, 행위에서 모범을 보여야 하며 침묵하는 일에서 분별력을

---

35 목회자들을 위한 한 가지 놀라운 참고 문헌은 하시드 유대교의 목회적 이상인 차디크(Zaddik)에 관한 책이다. Samuel H. Dresner, *The Zaddik: The Doctrine of the Zaddik according to the Writings of Rabbi Yaakov Yosef of Polnoy* (Northvale, NJ: Jason Aronson, 1994).

지녀야 하고, 말할 때 사람들에게 유익을 주어야 하고, 동정하는 일에서 모든 사람의 가까운 이웃이 되어야 하고, 명상하는 일에서 다른 모든 사람보다 뛰어나야 하고, 선한 삶을 살아가는 이들의 겸손한 동반자가 되어야 하고, 죄인들의 악에 맞서 열정적으로 의를 위하는 일에서 곧추서야 한다."[36]

그것으로 충분하지 않은 듯, 그레고리오 1세는 거기에 사람들을 목양하는 일에 따르는 긴장을 덧붙인다. "우리는 외적인 일에 몰두하느라 내면의 삶을 돌보는 일에 태만해서는 안 된다. 또 내면의 삶에 대한 염려 때문에 외부의 것에 관심을 기울이는 데 실패해서도 안 된다."[37] 물론 이것은 완벽주의처럼 보일 수 있다. 그러나 꼭 그럴 필요는 없다.

목회자가 사람들이 그리스도를 본받는 삶을 살아가도록 목양하는 일에서 개인적인 영적 형성의 중요성은 아무리 강조해도 지나치지 않다. 손드라 휠러(Sondra Wheeler)는 도덕 신학자로서의 목회자에 관한 그녀의 멋진 책에서 목회자들은 그저 도덕 신학자에 불과하지 않다고 주장한다. 그것을 넘어서 "사역자들은 계속해서 행동과 모범을 통한 가르침으로 설교할 것이므로, 그들은 또한 특정한 부류의 사람들이 되어야 한다." 어떤 부류의 사람일까? "특정한 지식과 기법을 지닐 뿐 아니라 특정한 방식으로 성품이 형성된 사람"이다.[38]

---

36 Pope Gregory 1, *The Book of Pastoral Rule* 2.1, Culbertson, Shippee, Pastor, 202-3에서 재인용.

37 *Book of Pastoral Rule* 2.1, Culbertson, Shippee, Pastor, 202-3에서 재인용.

38 Sondra Wheeler, *The Minister as Moral Theologian: Ethical Dimensions of Pastoral*

빅터 코판(Vicor Copan)은 『영적 지도자 성 바울』(*Saint Paul as Spiritual Director*)에서 그 이유를 설명해준다. 영적 지도(spiritual direction) — 당분간 나는 이 용어를 사람들을 목양하는 일을 가리키는 데 사용할 것이다 — 는 종종 프로그램과 기술로 포장된다. 코판은 두 가지를 더 깊이 파고든다. "내 주장은…지도자의 전체적인 삶의 모습이야말로 영적 지도에 성공하는 핵심 요소 — 유일한 요소는 아닐지라도 — 라는 것이다. 그리고 영적 지도의 효율성은 일차적으로 기법에서가 아니라 지도하는 이의 성품과 삶의 방식에서 발견되어야 한다."[39]

　　그의 주장의 요점은 훈련 프로그램 배후에, 기법과 훈련들 배후에 사람이 있다는 것, 그리고 목회자의 인격적 형성이 중요하다는 것이다. 모범이 되는 책임을 짊어질 생각이 없는 사람은 목회자가 되어서는 안 된다. 왜냐하면 모범이 되는 것이야말로 그가 그 사실을 알든 모르든, 목회자의 본질이기 때문이다. 사람들은 목회자를 모방할 것이다. 바울이 아마도 (모범이 되는 것을 통해) 경험했던 바는 바울의 세계에서, 즉 유대와 그리스와 로마 세계에서는 일반적이었다.[40] 사실 모방이야말로 모든 형태의 교육의 첫 번째 원리다. 아이

　　　Leadership (Grand Rapids: Baker Academic, 2017), xiii-xiv.

39　Copan, *Saint Paul as Spiritual Director*, 2. Copan은 영적 지도에 관한 일부 신학에서 작동하는 개인주의뿐 아니라 그 용어들(과 터무니없는 주장들)에 대한 신중한 설명과 견고한 평가를 제공한다. 7-39를 보라. Copan은 영적 지도, 영적 안내, 영적 친구, 훈련자, 멘토 같은 용어들을 살핀다.

40　Copan, *Saint Paul as Spiritual Director*, 45-69를 보라. 또한 Best, *Paul and His Converts*, 59-72; Jason B. Hood, *Imitating God in Christ: Recapturing a Biblical Pattern* (Downers Grove, IL: IVP Academic, 2013)를 보라.

들은 부모를 모방하고, 학생은 선생님을 모방한다. 회중과 목회자도 비슷한 관계에 놓여 있다. 사람들에게는 따라야 할 구체적인 모범이 필요하다. 그들은 좋든 싫든 구체적인 모범을 따를 것이다. 확실히 교회 안에서 사람들이 목회자에 대해 알게 되는 것은 투사된 이미지, 즉 설교와 다양한 지도자 역할을 통해 제시되는 목회자의 페르소나일 것이다. 그러므로 어떤 이들은 잘못된 페르소나를 "모방할" 것이다. 심지어 이것은 페르소나가 갖는 영향력을 보여준다. 이 문제에 대해서는 계속 말할 수 있다. 요점은 목회자의 인격 형성이 사람들을 목양하는 데 중요하다는 것이다.

또 우리는 회중이 목회자를 따르는 것은 그들이 이미 목회자가 그리스도를 닮았다고 알기 때문이 아니라는 것을 알아야 한다. 오히려 순서는 반대다. 회중은 목회자를 사랑하거나 그를 본보기로 여기며 존경한다. 결국 그 본보기가 그들에게 그리스도의 형상이 된다. 목회자는 불가피하게 그리스도의 방식으로 참된 경건이 무엇과 같은지를 보여준다고 이해된다. 그러므로 사람들─특히 새 신자들─이 목회자를 따르는 것은 그가 자기들 앞에 그리스도의 방식을 예시한다고 여기기 때문이다. 듀크 대학교 신학부의 신약학 교수 더글라스 캠벨(Douglas Campbell)은 바울에 관한 그의 멋진 책에서 교회가 프로그램이 아니라 모범적인 그리스도인들의 모방을 통해 형성되는, 배우는 공동체가 되어야 한다고 제안한다. "정말 중요한 질문은 우리가 엘리트를 가져야 하는가가 아니다. 오히려 어떤 종류의 엘리트를 가져야 하느냐가 더 중요하다. 기독교 공동체를 위한 답은 다른 모든 이가 본받기 원하는 관계적 자질을 특징으로 하는 기독교 지도자를 가져야 한다는 것이다. 적절한 교회는 지도자들과 추종자들 혹은 제자들(익숙하게 들리는가?)을 지닌, 배우는 공동체로 변화할 것이다."[41]

본받기에 관한 바울의 본문(고전 10:32-11:1; 빌 3:17; 4:9; 살전 1:6)은 각각 특정한 교회를 향한 특정한 울림을 지니고 있다. 하지만 우리는 바울이 특히 빌립보서 4:9에서 제공하는 포괄적인 권면에 대해 논박하지 못한다. "너희는 내게 배우고 받고 듣고 본 바를 행하라. 그리하면 평강의 하나님이 너희와 함께 계시리라." 그는 고린도전서 11:1에서 이 모든 것을 그리스도와 연결시킨다. "내가 그리스도를 본받는 자가 된 것 같이 너희는 나를 본받는 자가 되라." 지혜, 교육, 형성—무엇이든 자신의 용어를 택해보라—그런 것들 각각이, 지금 가장 효과적으로 발생하고 있는 것처럼, 형성될 필요가 있는 사람들에게 삶을 투자하는 구체적인 실례라는 맥락에서 발생했다.

목회자는 그리스도를 본받는 삶의 방향으로 영적 형성의 문화를 육성한다. 얼마 전에 나는 조르주 베르나노스(Georges Bernanos)의 『어느 시골 사제의 일기』(The Diary of a County Priest)라는 책을 읽었다.[42] 그 책에서 가장 감명 깊었던 부분은 이것이다. 프랑스 어느 시골 교회의 신부가 주변 아무에게도 알려지지 않은 채 암으로 죽어가고 있다. 하지만 그의 고통에도 불구하고 교구 사람들의 사소한 요구는 계속된다. 그는 고통스러워하면서도 매일 사람들을 방문하고 그들

---

41 D. Campbell, *Paul: An Apostle's Journey*, 69.

42 Georges Bernanos, *The Diary of a Country Priest: A Novel* (Cambridge: Da Capo Press, 2002).

1장 ▪ 문화를 만드는 자로서의 목회자 **49**

을 목양하는 일을 중단하지 않는다. 나는 그 신부의 병세가 분명해질수록 사람들에게 짜증이 났다. 그리고 그의 겸손과 고통이 커질수록 그에 대한 존경심도 커졌다. 그는 이렇게 말한다. "수사들은 영혼을 위해 고통당한다. 우리의 고통은 영혼을 위한 것이다."[43] 이 신부에게서 보는 것보다 그리스도를 본받는 삶을 더 잘 포착하는 소설은 거의 없다. 그의 이야기는 나에게, 내가 알기로 강렬한 개인적 고뇌—결혼 생활의 어려움, 자녀들에 대한 근심으로 지새우는 고통스러운 불면의 밤, 가족과 교구에서 발생한 결별, 육체적 고통과 질병, 그 모든 것 중에서도 으뜸이며 그 모든 것 속에서 계속되는 자신의 성공에 대한 의심과 실패에 관한 의식—속에서조차 자신들의 회중을 충실하게 섬기고 있는 목회자들을 상기시켜주었다. 베르나노스의 소설에서 그 신부는 목회자들이 보통 하는 질문을 던진다. "나는 우리 주님이 나를 있게 하신 곳에 있는가? 하루에 스무 번씩이나 나는 이 질문을 던진다. 우리가 섬기는 주님은 우리의 삶을 판단하실 뿐 아니라 또한 그것에 참여하고 스스로 그것을 짊어지신다. 기하학적이고 도덕주의적인 하나님을 만족시키는 것은 훨씬 더 쉬운 일이리라."[44] 정확하다.

---

43 Bernanos, *The Diary of a Country Priest*, 28.
44 Bernanos, *The Diary of a Country Priest*, 83-84.

듣기의 문화

목회자는 설교자이고 교사다. 이 단락의 제목이 처음 강의에서는 "말씀의 문화"였다. 목회자는 말을 한다. 어떤 이들은 너무 많이 말한다. 사역의 차원에서 목회자는 자신을 강대상 뒤에 서서 설교하는 자로, 또한 사무실에 앉아 여러 시간 동안 책을 읽고 설교문을 작성하는 사람으로 여긴다.…그리고 그들은 어디를 가든 설교에 관해 생각한다.[45] 그래서 나는 제임스 톰슨(James Thompson)이 "설교는 공동의 의식(corporate consciousness)을 만들기 위한 핵심 활동이다"[46]라고 말할 때 신경이 날카로워진다. "공동의 의식"이 사회 이데올로기 학자들로부터 가져온 말(보통은 "기업의식"이라고 불린다—역주)이라는 것에 대해서는 신경 쓰지 마시라. 그것은 그리스도인들을 하나의 모임으로 구성하는 것을 의미한다. 나는 과연 설교가 핵심적인 활동인지 확신하지 못한다. 설교하기를 좋아하는 이들만 그렇게 말할 뿐이다. 어떤 설교자들은 허풍쟁이다. 어떤 이들은 너무 많이 말하느라 듣는 법을 배우지 못한다. 그들은 단지 자기들이 다음 말을 할 수 있을 때까지 침묵하는 척할 뿐이다. 내가 설교와 교육을 얼마나 귀하게 여기는지와 상관없이, 설교와 교육은 그리스도를 본받는 삶을 육성하는 핵심 활동이 아니다. 그것들은 모두 중요하다. 하지만 그리스도를 본받는 삶은 여러 가지 방식으로 육성되는데, 그 방식들 모

---

45 많은 이들이 목회의 이 요소를 강조한다. Ritva H. Williams, *Stewards, Prophets, Keepers of the Word: Leadership in the Early Church* (Peabody, MA: Hendrickson, 2006); Rosner, Malone, Burke, *Paul as Pastor*.

46 J. Thompson, *Pastoral Ministry*, 153.

두가 직접 설교와 연결되어 있지는 않다. 그리스도를 본받는 문화는 먼저 말하는 문화가 아니라 듣는 문화다.[47] 하나님, 성경, 성찬의 말씀에 귀를 기울이는 것이다. 이 목록은 얼마든지 계속될 수 있다. 하지만 우리의 즉각적인 관심사는 설교다.

　그리스도를 본받는 삶의 문화는 설교나 가르침 이전에 시작된다. 설교자로서 목회자는 자신을 위해 그리고 회중을 위해 하나님이 성경을 통해 말씀하시는 것에 귀를 기울이는 습관을 육성해야 한다. 이것은 설교에 미묘한 변화 이상을 제공한다. 내가 좋아하는 질문 하나가 있다. 당신은 성경을 오직 설교만을 위해서 읽거나 연구하는가? 만약 그렇다면 나는 당신이 성경 말씀을 듣고 있는지 의심하지 않을 수 없다. 맨디 스미스(Mandy Smith)는 설교에 관해 다음과 같이 쓰면서, 아니 고백하면서 이것을 완벽하게 예시한다. "나는 내 일이 삶의 복잡함에서 벗어나 아름다운 결과물을 만들어내는 것이라고 여겼다. 하지만 설교는 언제나 나 자신과 다른 이들의 혼란 속에서 그 결과물의 일부가 되게 한다." 그녀는 하나님의 말씀을 듣기 전까지 설교는 설교가 아니라고 인식한다. 잘 들을 때 그것은 개인적인 것이 된다. "내가 조용히 연구할 때 하나님은 저 세상에 대한 지식을 나에게 나눠주시는 대신 구체적인 것을 구하시며 내 삶을 각각의 설교를 위한 시험장으로 사용하고자 하신다." 이어서 그는 올바른 질문을 제기한다. "만약 내가 회중의 각 사람이 그 주간에 삶과

47　Graham Buxton이 자주 지적하는 요점이다. 그의 책 *Dancing in the Dark*, 249-82를 보라.

본문 사이에서 어떤 연관성을 발견하기를 기대한다면, 어째서 나 자신에게서는 동일한 것을 기대해서는 안 되는가?"[48] 목회자들이 먼저 성경을 통해 각 사람에게 직접 말씀하시는 하나님의 말씀에 매일, 매주, 언제나 귀를 기울이지 않고서는 설교와 교육을 통해 그리스도를 본받는 삶을 육성하는 문화를 만들어내지 못할 것이다.

듣기는 말하기로 이어진다. 듣는 사람이야말로 목회자로서 가장 잘 말하거나 설교하거나 가르칠 수 있다. 목회자가 회중에게 전할 말을 얻을 자격은 오직 이 듣기를 통해서뿐이다. 그러므로 선포되는 말씀은 먼저 들은 말씀이 되어야 한다. 그동안 신학교 훈련의 초점은 늘 미래의 설교자들을 멘토링하는 데 맞춰졌다. 그리고 설교에 관한 적지 않은 이론들이 나타났다. 내 주장의 요점은 그중 어느 한 이론—그것이 내러티브 설교이든, 강해 설교이든, 구도자 친화적 설교이든, 신학적 설교이든[49]—을 샅샅이 살피는 것이 아니라, 설교

48 Mandy Smith, *The Vulnerable Pastor: How Human Limitations Empower Our Ministry* (Downers Grove, IL: IVP Books, 2015), 175.

49 Thomas G. Long, *The Witness of Preaching*, 3rd ed. (Louisville: Westminster John Knox, 2016), 『증언 설교』(CLC 역간, 2013); B. Taylor, *Preaching Life*; Timothy Keller, *Preaching: Communicating Faith in an Age of Skepticism* (New York: Penguin, 2016), 『팀 켈러의 설교』(두란노 역간, 2016); John Stott, *Between Two Worlds* (repr., Grand Rapids: Eerdmans, 2017), 『현대교회와 설교』(생명의샘 역간, 2010); Ellen F. Davis, *Preaching the Luminous Word: Biblical Sermons and Homiletical Essays*, ed. Austin McIver Dennis (Grand Rapids: Eerdmans, 2016); Frederick Buechner, *Telling the Truth: The Gospel as Tragedy, Comedy, and Fairy Tale* (San Francisco: Harper & Row, 1977); Haddon W. Robinson, *Biblical Preaching: The Development and Delivery of Expository Messages*, 3rd ed. (Grand Rapids: Baker Academic, 2014); Fred B. Craddock, *Craddock on the Craft of Preaching* (St. Louis: Chalice Press, 2013). 내 친구 Joe Modica와 나는 최근에 바울을 해석하는 네 가지 관점을 분류하고 그런 관점

와 교육은 성경을 통해 하나님의 말씀을 듣는 것으로부터 나오며 또한 회중이 하나님의 말씀—읽힌 것과 선포된 것 모두—을 듣도록 고무하는 것이라는 점이다.

들기는 자신의 회중을 아는 것을 의미하며, 또한 그것은 현실의 교회에서 사람들에게 그리스도를 본받도록 설교하는 일에는 목회적 예민함이 요구된다는 것을 의미한다. 나는 프레드릭 비크너(Frederick Buechner)에게로 돌아선다. 그는 예일 대학교 리만 비처 강연에서 했던 강연 내용을 모아 펴낸 그의 멋진 책 『진리를 말하다』(*Telling the Truth*)에서 모든 사람을 지향하는 설교에 관해 이렇게 말한다.

자살에 관한 생각을 멈추지 못하는 사람이 있다. 성에 대한 관심을 결코 용서받을 수 없는 죄로 여기는 사람이 있다. 죽음에 대한 두려움이 삶에 대한 더 깊은 두려움을 비추는 스크린일 뿐인 사람이 있다. 미모 때문에 어느 면에서 장애인이 된 여인이 있는데, 이것은 그녀가 결코 누군가를 사랑하거나 누군가에게 사랑받을 만한 사람이 되어야 할 필요도 없이 단지 아름답기만 하면 되었다는 것을 의미했다. 그리고 분노하는 사람이 있다. 외로운 삶이 있다. 설교자가 역사의 큰 문제들을 적절하게 다루기 위해서는 그들 자신의 역사와 무관한 이야기들에 귀를 기울이며 앉아 있는 이들의 큰 문제들에 무심해지는 모험을 해야 한다. 가능한 해결책이 있는 문제를 다루는 것은 인간적으로 말해서

각각을 예시하는 샘플 설교를 제공함으로써 로마서에 대한 설교를 돕도록 고안된 책을 공동으로 편집했다. Scot McKnight, Joseph B. Modica, *Preaching Romans: Four Perspectives* (Grand Rapids: Eerdmans, 2019)를 보라.

해결책이 없는 문제를 회피하는 한 가지 방법이 될 수 있다.[50]

이 책의 관심사는 사도 바울의 목회적 실천에서 목회 신학의 기초를 찾는 것이다. 나는 이 책의 두 장(5장과 6장)을 스토리텔링이라는 주제에 할애할 것이다. 여기서는 독자들에게 로마서 9-11장을 살펴보기를, 이어서 15장으로 건너뛰기를, 그리고 바울 서신의 나머지를 대충 훑어보고, 성경이 바울 서신에 나오는 구약성경의 인용에 대해 알려주는 방식을 살펴보기를 추천한다. 그 후에 리처드 헤이스(Richard Hays)와 로스 와그너(Ross Wagner) 같은 학자들이 "반향" 혹은 "언급"이라고 부르는 것에 귀를 기울이라.[51] 그러면 곧 당신은 바울이 성경 말씀에서 들려오는 하나님의 음성을 듣는 문화 안에 거하고 또한 그런 문화를 예시하지 않고서는 그가 한 일을 결코 하지 못했으리라는 것을 알게 될 것이다. 하나님의 말씀을 듣는 것과 함께 그는 자신의 교회에 속한 이들의 말을 들었다. 그리스도를 본받는 삶의 문화는 하나님과 다른 이들의 말을 듣는 귀를 발전시킨다. 또 그렇게 함으로써 목회자들은 그런 종류의 그리스도를 본받는 삶을 육성한다.

---

50 Buechner, *Telling the Truth*, 34-35. 『진리를 말하다』(비아토르 역간, 2018).

51 Richard B. Hays, *Echoes of Scripture in the Letters of Paul* (New Haven: Yale University Press, 1993), 『바울서신에 나타난 구약의 반향』(여수룬 역간, 2017); Hays, *The Conversion of the Imagination: Paul as Interpreter of Israel's Scripture* (Grand Rapids: Eerdmans, 2005); Hays, *Echoes of Scripture in the Gospels* (Waco: Baylor University Press, 2016); J. Ross Wagner, "The Heralds of Isaiah and the Mission of Paul: An Investigation of Paul's Use of Isaiah 51-5 in Romans," *Jesus and the Suffering Servant: Isaiah 53 and Christian Origins*, ed. William H. Bellinger Jr., William R. Farmer (Harrisburg, PA: Trinity Press International, 1998), 193-222.

예언의 문화

회중 안에서 그리스도를 본받는 삶을 육성하는 과정에서 목회자는 때로는 가르치고 때로는 설교를 한다. 때때로 목회자의 소통은 "예언적"이라고 부르지 않을 수 없을 만큼 성령에 의해 촉발된다. 그런 예언적인 말이 구체화될 때, 그것은 예언적 행동이 된다. 이것은 목회자나 회중 혹은 회중의 각 사람이 하나님을 통해 공동체를 향해, 그리고 아주 자주 공동체의 방식에 맞서 말하는 구체적인 메시지가 된다는 것을 의미한다. 그렇다. 그리스도를 본받는 삶은 때때로 예언적이다.

예언자란 무엇인가? 예언적이라는 것은 무엇을 의미하는가? 엘렌 데이비스(Ellen Davis)는 2011년 듀크 대학교 신학부 졸업생에게 행한 연설에서 목회 사역을 엘리야의 산이라는 렌즈를 통해, 즉 엘리야의 삶이라는 렌즈를 통해 바라보았다. 그녀는 예언자를 다음과 같이 정의했다.

2011년도 졸업생 여러분, 엘리야의 산 위에 서서 사렙다를 내려다볼 때, 우리는 예언적이라고 불릴 수 있는 사역에 관해 무엇을 배웁니까? 이것입니다. 여러분은 가장 형편없는 원자재로부터 서로를 돌보는 공동체를 창조하시는 하나님의 능력을 신뢰해야 합니다. 엘리야처럼 여러분은 절망적인 상황 속으로 부름 받을 때, 그것을 개선할 방법에 대한 아무런 단서도 없이 기꺼이 그 안으로 들어가야 합니다. 엘리야처럼 여러분은 여러분이 신뢰하는 말씀이 하나님으로부터 온다는 것 외에는 제공할 만한 것이 아무것도 없는 상태에서 여러분만큼이나 곤고

하고 여러분보다 더 대책이 없는 낯선 사람들 가운데로 들어가야 합니다. 엘리야처럼 여러분은 하나님을 전혀 알지 못하는 듯 보이는 사람들에게로 가서 그들의 심각하게 막혀 있는 귀―단지 개인들뿐 아니라 문화 전체가 귀가 막혀 있습니다―를 향해 말하기 위해 모든 것을 하나님의 능력에 의지하는 모험을 감행해야 합니다. 여러분은 하나님의 말씀과 성령이 그 사람들 안에서 관대하고 헌신적인 행동을 위한 능력을 일깨울 수 있고 따라서 그 암울한 장소에서 여러분의 사역이 열매를 맺게 하시리라는 것을 믿어야 합니다.[52]

이것은 예언자에 대한 아름다운 스케치다. 오늘날 많은 이에게 예언자는 사회 불의와 구조악을 비판하고 아주 빈번하게 사회 활동가가 되는 사람, 다시 말해 블로그나 트위터 계정을 가진 사람을 의미한다. 이것은 예언자적 소명을 축소시킨다. 성경적 의미에서 예언자가 되기 위해서는 하나님이 자기에게 특별한 환상과 메시지를 위한 영감을 주셨다는 주장이 필요하다. 무언가가 예언적―무언가에 대해 열정적인 것과 다르다―이라고 불릴 수 있기에 앞서, 존중되어야 하고 존재해야 하는 예언의 은사에 대한 성령의 촉구가 존재한다. 때때로 목회자는 하나님과의 교제, 성경 공부, 신학적 비전, 영적 촉구의 결과로서 회중에게 선포할 예언적인 무언가를 갖는다. 목회자는 그것을 발설할 용기를 지녀야 한다. 지금껏 나는 때때로 얼마간이라도 이런 은사의 존재를 드러내지 않는 회중과 함께 예배드리려

---

52   Davis, *Preaching the Luminous Word*, 71.

본 적이 없다. 비록 몇몇 경우에 목회자-설교자-해설자가 그 같은 주장에 대해 조심스러운 반응을 보이기는 했을지라도 말이다.

간단히 말해서, 예수도 사도 바울도 웹사이트에 글을 올리거나 기이한 주장으로 트위터 세계를 달구는 일에 많은 시간을 쓰지 않았다. 그러나 그들은 속속들이 예언자적인 사람들이었다. 예수는 자기를 따를 사람들을 부르고, 주변화된 사람들에게 은혜를 베풀고, 식탁에서 하나님 나라를 구현하고, 도덕적 타락을 질타하는 말씀을 하시면서 그렇게 하셨다. 바울은 예수보다는 제국의 당국자들에 대한 직접적인 언급을 적게 했으나, 그의 선교, 메시지, 그가 구현했던 삶에 관련한 모든 것은 로마의 방식에 대한 대안을 제공했다. 예수와 바울 모두는 하나님의 말씀을 듣고 사람들에게 하나님의 방식에 관해 말했다는 점에서 예언자적이었다. 문화가 그리스도를 본받게 하려면 목회자들이 예언의 은사를 육성할 필요가 있다.

현존의 문화

목회자들은 성령의 촉구를 받아 현존하는 삶을 영위함으로써 사람들을 목양한다. 여기서 목회자들은 자신을 그들의 공동체 안에 심고 그 공동체를 위해 새로운 말들을 찾는다. 그러므로 목회자들은 특정한 공동체 안에서 그 공동체를 위한 통전적이고 구속적인 존재 역할을 한다. 그런 목회자들은—바로 여기에 보다 깊은 요점이 있다—**그 공동체 안에 있는 하나님의 현존으로 드러난다.** 이것이 얼빠진 개념이 아닐뿐더러 하나님의 구체적인 현존으로서 교회의 중요성을 부인하려는 교묘한 시도도 아니라는 것을 이해하기 바란다.

나의 동료 데이비드 피치(David Fitch)는 "신실한 현존"의 세 가지 원에 관해 말한다. 첫째, 목회자와 교회는 "닫힌 원"(close circle, 즉 예배와 교제 안에 있는 교회) 안에 현존한다. 둘째, 그들은 "점선으로 이루어진 원"(dotted circle, 즉 이웃─그들의 이웃이든 교회의 모임 장소 주변의 이웃이든) 안에 현존한다. 셋째, 그들은 "반 원"(half circle, 즉 교회가 환영해야 하는 주변화된 사람들) 안에 현존한다. 데이비드 피치와 함께 나는 목회자와 회중이 성령을 통해 그리스도 안에서 하나님의 신실한 현존을 구현한다고 주장하지만, 현존으로서의 목회자를 회중의 현존의 유일한 예로 강조할 것이다.[53]

마가렛 윕은 목회 신학에 관한 통찰력 있는 연구를 통해 목회는 돌봄이고 돌봄은 무엇보다도 현존에 관한 것임을 알게 되었다. 그녀는 이렇게 쓴다. "목회적 돌봄에는 유용성이 요구된다. 다른 이를 위해 그리고 다른 이와 함께 언약적 사랑의 지속적인 내재 안에 머무는 것이야말로 복음을 현존화하는 것, 즉 그리스도가 그분의 교회에 위임하신 성육신의 확장된 사역을 통해 하나님의 사랑의 직접성 및 그분의 은혜의 가까움을 유형적으로 표현하는 것이다."[54] "현존화하다"(presence)라는 동사가 나에게 그랬던 것처럼 독자들에게도 눈에 띄기를 바란다. 바로 그것이 나의 요점이기 때문이다. 목회자들은

---

53   핵심 요점에 대한 간략한 설명을 위해서는 또한 Gordon Fee, "Paul's Conversion as Key to His Understanding of the Spirit," *The Road from Damascus: The Impact of Paul's Conversion on His Life, Thought, and Ministry*, ed. Richard N. Longenecker (Grand Rapids: Eerdmans, 1997), 168-69를 보라.

54   Whipp, *Pastoral Theology*, 12.

성령을 통해 하나님의 은혜를 "현존화해야" 한다. 하나님을 "현존화한다는 것"은 목회자가—비록 이것이 모든 그리스도인에게 해당되는 것이기는 하나—그들의 구체적인 현존을 통해 그리스도를 구현해야 한다는 것을 인정하는 것이다.

어떤 목회자도 완벽하지 않다. 하지만 모든 목회자는 "당신은 무슨 일을 하시나요?"라는 질문에 "저는 목회자[혹은 신부 혹은 사역자]입니다"라고 답할 때 어떤 일이 발생하는지 알고 있다. 구체적인 현존으로서의 목회자의 중요성과 관련해 내가 좋아하는 이야기는 영화 〈스타워즈 에피소드 4: 새로운 희망〉에서 오비완 케노비 역을 맡아 유명해진 배우 알렉 기니스(Alec Guinness)로부터 온다. 자서전을 통해 그는 〈브라운 신부〉라는 영화에서 신부 역할을 맡아 프랑스 부르고뉴에서 촬영할 때 일어난 일에 대해 전한다. 어느 날 저녁, 그가 촬영하는 장소 부근에 아이들을 포함해 여러 사람이 모여들었다.

촬영장에서 3km 떨어진 작은 스테이션 호텔에 내 방이 배정되었다. 땅거미가 내릴 무렵 나는 지루해졌다. 그래서 사제복을 입은 채 모래투성이의 구불구불한 길을 걸어 올라 마을로 갔다. 광장에서 아이들이 나무막대기를 칼로 삼고 쓰레기통을 방패로 삼아 모의전을 치르며 꽥꽥 소리를 질러대고 있었다. 어느 카페에서 피터 핀치, 버나드 리, 로버트 해머가 그날 저녁의 첫 번째 페르노(Pernod)를 홀짝거리고 있었다. 나는 그들과 합석해 순한 키르(Kir, 칵테일의 일종)를 마셨다. 그러다가 적어도 앞으로 4시간은 내가 필요하지 않을 거라고 여겨 스테이션으로 돌아가려고 했다. 이제 사방이 어두웠다. 얼마 가지 않았을 때 나는 허둥거리는 발소리와 나를 부르는 날카로운 소리를 들었다. "신부님!" 일곱 살이나 여덟 살쯤 되어 보이는 소년 하나가 뛰어와 내 손을 잡았다. 그는 내 손을 단단히 잡아 흔들면서 쉬지 않고 달음질을 쳤다. 잔뜩 흥분한 그 아이는 깡충거리며 점프를 했다. 그러면서도 나를 놓아주지 않았다. 나는 들어주기 힘든 내 프랑스어가 그 아이를 놀라게 할까 두려워 감히 한마디도 하지 못했다. 비록 그에게 나는 완전히 낯선 사람이었으나 그는 분명히 나를 신부로 여겼고 따라서 신뢰하는 것처럼 보였다. 그러다가 그 아이는 갑자기 "안녕히 가세요, 신부님" 하는 말과 함께 서둘러 허리를 옆으로 구부려 인사하더니 울타리에 난 구멍을 통해 사라졌다. 아이는 행복하고 활기찬 걸음으로 집으로 향했다. 그리고 나는 이상할 만큼 차분하게 의기양양해졌다. 계속해서 걸으면서 나는 아이들에게 그런 확신을 불어넣고 신부들을—심지어 그들이 알려지지 않은 사람일지라도—그처럼 쉽게 접근할 수 있는 존재로 만들 수 있는 교회는 종종 그렇게 알려지는 것처럼 교활하고 섬뜩해지지 않을 수도 있겠다는 생각을 했다. 나는 오랫동안 배우고 품어왔던 편견을 떨쳐버리기 시작했다.[55]

물론 이런 이야기를 할 수 있는 사람은 많지 않다. 그러나 이 사건은 기니스가 회고록에서 말하듯이 그의 회심에 기여했다. 이 이야기는 또한 신부에 대한 이전 시대의 존경뿐 아니라 오늘날의 현실도 보여준다. 이 세상에서 목회자들은—그들은 그렇게 되기를 택

---

55 Alec Guinness, *Blessings in Disguise* (New York: Knopf, 1986), 36.

하지도 않고 그렇게 되는 것을 피할 수도 없다—하나님의 형상화
된 현존이다.

제사장의 문화

목회자들이 하나님의 현존을 육성해야 한다는 주장은 목회가 갖고
있는 부인할 수 없는 중재적 책임에 대한 인정을 수반한다. 즉 목회
자들은 세상에 하나님을 매개하며 하나님의 사람들을 하나님 앞으
로 이끌어간다. 이런 의미에서 목회자는 제사장이다. 바바라 브라운
테일러(Barbara Brown Taylor)는 제사장은 "하늘과 땅 사이의 움직이
는 경계선을 따라 걸으면서 사람들에게 하나님을 대표하고 하나님
께 사람들을 대표하면서 상대방의 이름으로 서로를 섬기는⋯대리인
이다"라고 말한다.[56] 옳다. 그녀는 목회자였기에 경험을 통해 이것을
알고 있다.

　목회적 책임(혹은 더 나아가 기쁨) 하나가 제사장적인 것이라는
말은 플래너리 오코너(Flannery O'Connor)가 "캐트릭스"(Catlicks, 가
톨릭교도[catholics]를 비꼬아 부르는 표현—역주)라고 부르는 이들과 개
신교도들(Protestants) 사이의 오랜 논쟁을 제기한다. 그동안 목회자
를 제사장(priest, 가톨릭에서 "신부"를 칭하는 용어이기도 하다—역주)이라
고 부르는 데 맞서는 네 가지 전형적인 주장이 제기되어왔다. (1) 신
약성경에서는 그 어떤 교회 지도자도 제사장이라고 불리지 않는다.
(2) 오직 그리스도만 그리스도인들을 위한 대제사장이시고 중재자

56　B. Taylor, *Preaching Life*, 32.

이시다(딤전 2:5; 히 5:6; 7:11, 15-17, 20-23; 8:6; 9:15; 10:21; 12:24). 그러나 (3) 처음 3세기 동안 그리스도인 목회자들은 "제사장"이라고 불렀다. (4) 이것은 일관된 사도적 가르침의 철로를 뛰어넘는 벗어남이었다.[57] 아이러니컬하게도 제사장이라는 용어에 대해 가장 의심스러워하는 이들은 종종 하나님과 교회 사이에서—지식에서, 경건에서, 모범에서, 구조적 위치라는 측면에서—자신들이 수행하는 중재적 역할을 가장 고집하는 이들이다. 그들은 "제사장"이나 "중재자" 같은 용어를 사용하지 않을 수도 있다. 그러나 정체성이나 기능의 측면에서 그런 존재들이다. 제사장으로서의 목회자에 대한 비판은 초기 교회의 목회자상과 맞물려 있다. 어째서인가? 사도 바울은 분명하게 자신을 제사장적 용어로 묘사하기 때문이다. "하나님께서 내게 주신 은혜로 말미암아 더욱 담대히 대략 너희에게 썼노니 이 은혜는 곧 나로 이방인을 위하여 그리스도 예수의 **일꾼**[*leitourgon*]이 되어 하나님의 복음의 **제사장 직분**[*hierourgounta*]을 하게 하사 이방인을 **제물로 드리는 것**[*prosphora*]이 성령 안에서 **거룩하게 되어**

---

57 이 주제에 관해서는 특히 Bryan A. Stewart, *Priests of My People: Levitical Paradigms for Early Christian Ministers*, Patristic Studies 11 (New York: Peter Lang, 2015)을 보라. 그는 기독교적 제사직직에 대한 종교-정치적 이해를 솜씨 좋게 발전시킨다. 즉 교회를 로마 제국 안에 있는 세상에 대한 제사장적 책임을 지닌 대안적 폴리스로 여긴다. 중요하게도 이런 발전은 그리스도인들이 교회와 그것의 물질적 문화(거룩한 건물들)를 위해 이스라엘의 이야기와 그것의 레위 지파 제사장들을 자신들의 것으로 삼고 그로 인해 자신들의 목회자들을 성소의 거룩함을 수호하는 제사로 보기 시작했을 때 나타났다. 교회의 제사장적 용어의 기원에 초점을 맞추는 Stewart의 연구는 제사장적 목회 신학을 더 발전시킬 수도 있었을 것이다. 나는 이 단락에서 그와 관련해 몇 가지 의견을 제시할 것이다.

[*hēgiasmenē*] **받으실 만하게**[*euprosdektos*] 하려 하심이라"(롬 15:15-16). 이 문장에 강조체로 표현된 다섯 개의 그리스어들은 전례, 거룩한 제사장의 일, 제사장이 제물을 드리는 일, 제사장이 드리는 제물을 하나님이 받으심, 성령께서 그 제물을 거룩하게 하시는 일에 대해 말한다. 우리는 이보다 더 깊은 제사장적 의미로 가득 찬 문장을 상상할 수 없을 정도다. 만약 고린도전서 9:13에 실려 있는 단어들("성전에서"[*ta hiera*]와 "제단"[*thysiastēriō*])이 목회자들의 사역과의 유비를 만들어내는 데 주목한다면, 목회자의 역할을 제사장적이라고 여길 만한 또 다른 예를 취하는 셈이다. 제사장적 목회에 맞서는 주장이 성경과 합치하지 않는 또 다른 이유가 있다. 베드로가 말하듯이(벧전 2:9), 우리 모두는 제사장이다. 이것은 제사장인 목회자가 제사장적 사역을 통해 우리 각자를 대표한다는 것을 의미한다. 우리 모두가 제사장이라는 것은 목회자가 자신을 특별히 제사장적 측면에서 보아야 하며 그렇지 않을 경우 우리를 잘 대표하지 못하리라는 뜻이기도 하다.

목회자는 원하든 원하지 않든, 혹은 의식하든 의식하지 않든, 회중과 제사장적 관계를 맺고 있다. 나는 이것을 다른 방식으로 말하고 싶다. 목회자는 제사장적 직분의 특권을 부여받았다. 어떻게 그런 것인가? 네 가지 방식으로 그렇다. 그것들 각각은 하나님의 임재와 은혜를 다른 이들에게 중재한다는 핵심 개념에서 비롯한다. 첫째, 목회자는 회중에게 복음을 선포하고 가르침으로써, 특별한 교회 건물들과 특정한 조직 및 공동체 안에서 이루어지는 교회의 활동적인 삶을 통해 일함으로써 구속, 성결, 성소를 중재한다. 다시 말해 일

대일 제자훈련, 목회 심방, 교회를 이끄는 일 등은 모두 제사장적 사역의 한 형태다. 둘째, 목회자는 교리교육, 설교, 교육, (때때로) 저술, 그리고 다양한 형태의 소통을 하도록 부르심을 받은 자로서 사람들에게 지식을 중재한다. 셋째, 목회자는 사적으로, 또한 함께 드리는 예배를 이끌면서 중보 기도를 통해 회중과 하나님 사이를 중재한다. 예언자가 하나님을 사람들에게 중재하는 사람이라면, 중보기도하는 제사장은 사람들을 하나님께 중재하는 사람이다.[58] 넷째, (아마도) 목회자가 수행하는 가장 영향력 있는 제사장적 행위는 그가 자리한 어느 곳에서든 하나님의 임재를 중재하는 것이다. 목회자가 어떤 사람인지에 대해, 그리고 출생, 세례, 견신례, 결혼, 실업, 이혼, 질병, 죽음 같은 삶의 중요한 순간에 목회자가 하는 일에 대해 생각해보라.

여기에 하나를 덧붙이고자 하는데, 목회자는 예배를 설계하고 이끈다는 점에서 제사장이다. 예배에는 찬양, 성경 봉독, 말씀 듣기, 성경에 기초한 설교, 신조에 대한 고백, 기도, 죄에 대한 고백과 용서의 선포, 평화를 전함, 예물을 바침, 성찬의 집행, 감사, 축복, 교제, 선교 등이 포함된다. 예배 때 우리는 일어서고, 자리에 앉고, (때때로) 무릎을 꿇고, 빵과 포도주를 통해 용서를 얻기 위해 앞으로 나아간다. 제사장으로서 목회자는 공적 예배의 이런 요소들을 가르치고, 관장하고, 구현하며, 그렇게 함으로써 회중의 예배를 통해 그리스도

---

58 Willimon은 순교자 유스티누스(Justin Martyr)의 「첫 번째 호교론」(*First Apology*)의 유명한 단락에 나오는 예배 때 나타나는 교회의 8중의 실패를 사용해 예배를 이끄는 목회자의 제사장적 역할을 묘사한다. Willimon, *Pastor: The Theology and Practice of Ordained Ministry*, 77-90를 보라.

를 본받는 삶을 육성한다. 유진 피터슨은 그 과업의 진지함을 떠맡으면서 많은 목회자를 전형화한다. "매주 일요일에 나는 여러분을 바라봅니다. 그리고 기도하는 마음으로 여러분에게 무슨 일이 벌어지고 있는지 궁금해합니다. 나는 여러분 대부분을 아주 잘 압니다. 그러나 내가 모르는 것이 아주 많습니다. 나는 매주 이 예배 장소가 지금 여러분이 있어야 할 가장 중요한 자리라는 확신, 그리고 성경과 찬송과 기도와 설교가 여러분의 영혼과 삶 속으로 들어가 여러분이 영원한 삶에 더 깊이 참여할 수 있게 해줄 수 있다는 확신을 갖고 이 자리에 섭니다."[59]

일요일의 예배(worship)는 일요일의 섬김(service) 이상을 의미한다. 바울이 로마서 12:1-2에서 분명하게 가르치듯이, 삶의 모든 것이 예배이기 때문이다. 나뭇잎을 그리는 J. R. R. 톨킨(J. R. R. Tolkien)의 니글(Niggle)[60]이든, 주기율표를 설명하는 공립학교의 화학 선생님이든, 사업을 하는 보험업자이든, 봉사와 독서와 휴식으로 시간을 보내는 은퇴한 노인이든, 혹은 프로 야구 스카우터이든, 각 사람은 자신이 행하는 모든 일을 은혜와 증언과 순종과 사랑의 무대로 제공함으로써 노동이나 일을 소명으로 바꾼다. 제사장으로서의 목회자 역시 소명으로서의 일을 가르치고 관장하고 구현한다.

베드로가 사도였던 것처럼, 목회자는 제사장이다. 베드로는 "동

---

59 Eugene H. Peterson, *As Kingfishers Catch Fire: A Conversation on the Ways of God Formed by the Words of God* (Colorado Springs: WaterBrook, 2017), 119. 『물총새에 불이 붙듯』(복있는사람 역간, 2018).

60 J. R. R. Tolkien, *Tree and Leaf* (Boston: Houghton Mifflin, 1989).

등한 사람 중 첫째"(*primus inter pares*)였다. 모든 그리스도인이 제사장 역할을 하는 것처럼, 목회자 역시 제사장 역할을 하면서—다른 이들과 전적으로 다른 사람으로서가 아니라 다른 이들보다 집중적인 형태의 역할을 지닌 자로서—사람들을 이끌어야 할 책임이 있다. 만약 목회자들이 실제로 행하는 일에서 가장 핵심적인 목회적 과업 하나를 꼽아야 한다면, 무엇보다도 나는 목회자의 제사장적 책임을 꼽을 것이다. 가장 건강한 목회자들은 이것을 알 뿐 아니라 또한 그 것에 따르는 거룩한 부담을 절감하기 때문에 자기가 그 과업을 수행할 만한 가치가 없다고 여긴다. 목회자의 소명은 우리 모두를 그리스도를 본받는 삶을 살도록 형성하는 방식으로 우리 안에서 하나님의 임재를 육성하는 제사장이 되는 것이다.

종됨의 문화

그리스도를 본받는 삶을 육성하는 목회자의 다음 요소를 설명하기 위해, 르네 파디야(René Padilla)가 전하는 존 스토트에 관한 이야기로 시작해보려 한다.

> 나에게 정말로 깊은 인상을 주었던 두 번째 특성은 [존 스토트의] 겸손이었다. 나는 칠레의 국경선 가까이 있는 아름다운 아르헨티나의 도시 바를로체에서 그가 보여주었던 겸손을 결코 잊지 못한다. 우리는 폭우가 쏟아지는 날 밤늦게 도착했다. 밤새 묵을 방으로 가기 위해 꽤 먼 길을 걸어야 했다. 도로는 진창이었고 우리의 구두는 몹시 더러워졌다. 우리는 너무 지쳐서 곧바로 잠에 빠졌다. 다음 날 아침 나는 어

떤 소리에 잠이 깼다. 눈을 떠보니, 존이 침상에 앉아 내 구두에 솔질을 하고 있었다! "존", 내가 말했다, "뭐 하고 있어요?" "르네 씨", 그가 답했다, "예수님은 우리에게 서로의 발을 닦아주라고 하셨지요. 오늘 우리는 예수 시대에 사람들이 했던 것처럼 서로의 발을 닦아주지는 못합니다. 그러나 당신의 구두를 닦는 것은 할 수 있습니다." 몇 차례 존이 겸손에 관해 설교하는 것을 들었다. 여러 차례 나는 그가 그 설교의 내용을 실천하는 것을 보았다.[61]

목회자가 이렇게 행동할 때, 교회는 자기가 자신을 위해서가 아니라 타자를 위해 이곳에 존재한다는 것을 알게 된다.

예수는 자신과 자신의 사명을 종됨이라는 측면에서 말씀하신다(막 10:42-45; 눅 22:24-27). 바울은 자주 종됨의 측면에서 지도자들에 대해 말한다(고후 4:5). 종됨은 예수를 초기 교회를 위한 패러다임으로 삼으면서(빌 2:6-11) 목회 신학과 관련해 특별한 종류의 생기를 지닌다. 종됨을 리더십과 결합하는 것은 지도자들을 거슬리게 만들기도 하고 다른 이들에게 군림하는 것으로부터 그들을 해방시키기도 한다.[62] 그리스도를 본받는 삶에 흠뻑 젖은 그 어떤 형태의 리더십도 종의 리더십이 될 것이다.[63] 예수와 바울의 경우가 그러하다면

---

61   Christopher J. H. Wright, ed., *Portraits of a Radical Disciple: Recollections of John Stott's Life and Ministry* (Downers Grove, IL: IVP Books, 2011), 143.

62   이에 대한 충분한 토론을 위해서는 Andrew D. Clarke, *A Pauline Theology of Church Leadership* (London: Bloomsbury T&T Clark, 2008), 95-102를 보라.

63   Michael J. Gorman, *Cruciformity: Paul's Narrative Spirituality of the Cross* (Grand Rapids: Eerdmans, 2001), 『삶으로 담아내는 십자가』(새물결플러스 역간, 2010);

오늘날의 목회자들도 그러할 것이다. 다른 이들을 섬기는 것이 그리스도의 길이다.

때때로 **종의 리더십**(servant leadership)은 우리를 교회적인 것이든 세속적인 것이든 참된 리더십의 깊은 경지로 이끌어간다.[64] 하지만 다른 경우에 그것은 마치 기독교 지도자들과 목회자들이 섬기는 지도자들이라고 말하는 것이 모든 문제를 해결하고 그들을 리더의 자리에서 해방시키기라도 하는 것처럼, 마법의 물약 같은 역할을 떠맡기도 한다! 기독교 사역의 섬김 지향과 타자 지향을 회피하는 것은 부정확할 뿐 아니라 현명하지도 않으나, 존 콜린스(John Collins)가 수행한 광범위한 연구는 영어 단어 "종"(servant)으로 번역하는 히브리어와 그리스어 성경에서 사용되는 단어들이 종종 종들의 행동과 관련한 의미를 잃어버리고, 대신 중개자(go-between), 대사(ambassador), 혹은 대표(representative)를 의미했음을 예증해주었다. 즉 "종"은 "제사장"과 "예언자"와 함께 목회자에 관한 어휘군에 속한다. 종으로서의 목회자는 중개자, 즉 하나님과 사람, 사람과 하나님 사이의 중

Gorman, *Inhabiting the Cruciform God: Kenosis, Justification, and Theosis in Paul's Narrative Soteriology* (Grand Rapids: Eerdmans, 2009); Gorman, *Becoming the Gospel*, 『삶으로 담아내는 복음』(새물결플러스 역간, 2019).

64 Robert K. Greenleaf, Stephen R. Covey, *Servant Leadership: A Journey into the Nature of Legitimate Power and Greatness*, ed. Larry C. Spears, 25th anniversary ed. (New York: Paulist Press, 2002), 『서번트 리더십 원전』(참솔 역간, 2006); Kent M. Keith, *The Case for Servant Leadership*, 2nd ed. (Westfield, IN: Greenleaf Center, 2015); Keith, *Jesus Did It Anyway* (New York: Putnam Adult, 2005); Keith, *Do It Anyway: Finding Personal Meaning and Deep Happiness by Living the Paradoxical Commandments* (Novato, CA: New World Library, 2008).

개자다. 그러므로 우리는 "종"이라는 용어와 관련해 적어도 "노예", "비천함" 같은 의미를 완화시켜야 하고, 그리스도나 주교, 교회를 대표하도록 부르심을 받은 이들의 위상을 지지해야 한다.[65] 콜린스는 많은 지지자를 매료시켰다. 하지만 그의 요점은 살짝 과장되었다.[66] 설령 어떤 이가 "종의 리더십"에서 종노릇의 요소를 강력하게 강조할지라도, 결국 어떤 이가 손을 번쩍 들고 이렇게 물을 것이다. 언제 "종"에서 "리더"라는 용어로 넘어가는가? 무엇이 종을 "리더"가 되도록 만드는가? 바로 그것이 다음에 다룰 요점이다.

리더십의 문화

사람들을 목양한다는 것은 곧 리더가 된다는 것을 의미한다. 많은 이에게 이것은 외향성과 (흔히 사용하는 용어로) **카리스마**(*charisma*)를 의미하는데, 사실상 "역동적인 성격 유형"을 의미한다. 그러나 주목할 만한 지도자 중 일부는 내향적이며 "타고난 리더"는 결코 아니다. 내가 좋아하는 친구 중에 브라이언 해리스(Brian Harris)가 있다. 목회자이자 호주 퍼스에 있는 어느 신학교의 총장인 그는 『대개 거북이가 이긴다』(*The Tortoise Usually Wins*)라는 책을 썼다. 그 책은 그가 "조용한" 리더십이라고 부르는 주제를 다룬다.[67]

---

65   John N. Collins, *Diakonia: Re-Interpreting the Ancient Sources* (New York: Oxford University Press, 1990).

66   Andrew D. Clarke, *Serve the Community of the Church: Christians as Leaders and Ministers, First Century Christians in the Graeco-Roman World* (Grand Rapids: Eerdmans, 2000), 233-45.

67   Brian Harris, *The Tortoise Usually Wins: Biblical Reflections on Quiet Leadership for*

우리는 초기 교회가 급진적으로 평등주의적이고 민주적이고 카리스마적이고 영적이고 유토피아적이었다는, 그리고 그것이 위계질서와 힘과 권위에 의해 이끌리기보다 오직 영적 은사를 통해 성령에 의해 이끌렸으나 유감스럽게도 훗날 제도화되고 위계적이 되고 가톨릭적이 되었으며 그로 인해 "주교"와 "장로", "집사" 같은 직분들이 발전되었다는 견해를 시대에 뒤떨어진 것으로 여기면서 보류해두어야 한다.[68] 언젠가 조셉 엡스타인(Joseph Epstein)이 시드니 스미스(Sydeny Smith)의 말을 인용하면서 그와 유사한 주장을 펼친 적이 있다. "나쁜 주장에 답하는 최선의 방식은 그 주장을 저지시키는 것이 아니라, 그것이 상식의 경계를 뛰어넘을 때까지 계속되도록 내버려 두는 것이다."[69] 이런 일은 자주 일어나며 오늘날 목회자를 비판하는 이들 사이에서—종종 "제도화"라는 무서운 단어로 더럽혀지면서—표면화되는 것처럼 보인다. 하지만 그것은 학문적으로 신뢰할 만한 연구에서는 이제 더 이상 채택될 수 없다.[70] 바울의 세계에서는 카리스마적인 사람들과 제도적인 사람들이 나란히 살았다.[71]

Reluctant Leaders (Milton Keynes, UK: Paternoster / Authentic Media, 2013).

68　Ernst Käsemann, "Paul and Early Catholicism," *New Testament Questions of Today*, trans. W. J. Montague (Philadelphia: Augsburg Fortress, 1979), 236-51; James D. G. Dunn, *Unity and Diversity in the New Testament: An Inquiry into the Character of Earliest Christianity*, 3rd ed. (London: SCM, 2006), 112-34, 135-63, 372-400.

69　Joseph Epstein, *Pertinent Players: Essays on the Literary Life* (New York: Norton, 1993), 35.

70　Clarke, *Pauline Theology*, 11-16. 이런 주장은 여기서 인용되는 페이지에서 간략하게 논의되지만 그의 작품 전체에서 나타난다.

71　Kevin Giles, *Patterns of Ministry among the First Christians*, 2nd ed. (Eugene, OR: Cascade, 2017)를 보라.

그러므로 인정받은 지도자도 없었다는 개념은 대개 자기네 목회자의 말을 듣지 않아도 되기를 바라는 이들의 희망 사항일 뿐이다. 1세기 그리스도인들의 사회적 세계를 살펴보는 일의 선구자격인 웨인 믹스(Wayne Meeks)는 다음과 같이 옳게 말했다. "그 어떤 그룹도 모종의 리더십, 구성원들 사이의 서로 다른 역할, 갈등을 해결하는 몇 가지 수단, 공유된 가치와 규준들을 표현하는 몇 가지 방법, 그런 규준들에 대한 납득할 만한 정도의 순응을 확보하기 위한 몇 가지 제재 방법 등을 발전시키지 않은 채 주목할 만한 기간 동안 지속할 수는 없다."[72] 나는 15년 전 처음으로 그의 주장을 읽었을 때 그에게 동의했다. 그리고 지금도 동의한다.

영향력과 품위를 지닌 지도자들은 열두 제자로부터 시작해 처음부터 있었다. 의심할 바 없이 우리는 사도 바울에게서 리더십 기술을 발견할 수 있다. 그에 대한 좋은 사례 하나는 바울이 그의 서신에서 지도자를 지칭하기 위해 사용한 기본적인 용어가 "호 프로이스타메노스"(ho proistamenos), 즉 "다스리는 자", "유력한 자" 혹은 "앞선 자"였다는 것이다(예. 롬 12:8; 살전 5:12; 딤전 3:4, 12; 5:17). 바울이 로마 제국에서 지도자를 가리키는 데 사용했던 여러 공통적인 용어

---

72 Wayne Meeks, *The First Urban Christians: The Social World of the Apostle Paul,* 2nd ed. (New Haven: Yale University Press, 2003), 111. 『1세기 기독교와 도시 문화』(IVP 역간, 2021). 상세한 논의를 위해서는 111-39를 보라. 또한 Todd G. Still, "Organizational Structures and Relational Struggles among the Saints: The Establishment and Exercise of Authority within Pauline Assemblies," *After the First Urban Christians: The Social-Scientific Study of Pauline Christianity Twenty-Five Years Later*, ed. Todd G. Still, David G. Horrell (London: T&T Clark, 2009), 79-98를 보라.

들을 회피하고 있는 것도 주목할 만하다. 어째서였을까? 지도자를 가리키는 바울의 용어들은 바울의 공동체를 위한 그의 필요에 의해 만들어졌다. 바울의 교회들은 광장이 아니라 가정에서 모였다. 목회자는 재능이 있거나 지위가 있거나 모범을 보이는 것에 기초해 적절한 자원들로부터 지혜를 구하고 회중 각 사람이 그 문화에 참여하도록 비전, 설교, 교육, 모범을 통해 동기를 부여하면서 그리스도를 본받는 문화를 육성하는 지도자다.[73] 나는 이것을 살짝 재구성할 것이다. 목회자는 사람들이 그들의 말을 들어줄 만한 가치가 있는 자가 될 책임이 있다. 그런 가치가 있을 때, 그들은 자신들의 이끎을 통해 다른 이들이 그리스도를 따르도록 육성하는 문화를 만들어낸다.

브라이언 해리스와 그의 책 『대개 거북이가 이긴다』로 돌아가 보자. 해리스는 지도자의 전형적인 모습을 묘사한 후에 "조용한" 지도자를 향해 돌아선다.

---

[73] 목회자에 대한 정의에서 나는 카리스마적·제도적·도덕적 권위를 결합시킨다. 목회자이자 역사가인 John Dickson은 지도자의 네 가지 요소에 대해 설명하는데, 그중 세 번째와 네 번째가 가장 중요하다. 능력, 권위, 설득, 모범. John Dickson, *Humilitas: A Lost Key to Life, Love, and Leadership* (Grand Rapids: Zondervan, 2011), 37-42를 보라. 지도자는 거룩함과 사명—그리고 나는 거기에 사랑을 덧붙인다—쪽으로 방향을 정함으로써 자기 안에서 이런 요소들을 형성한다. David I. Starling, *UnCorinthian Leadership: Thematic Reflections on 1 Corinthians* (Eugene, OR: Cascade, 2014), 41-42는 그렇게 쓴다. Victor Copan은 다음과 같이 쓴다. "영적 지도는 어떤 이가 다른 사람이나 사람들이 그[혹은 그녀]와 하나님의 관계를 발전시킨다는 목표와 세상에서 그 사람을 위한 하나님의 목적에 유념하면서 그리스도인으로서 그[또는 그녀]의 삶의 발전에 의도적으로 영향을 주는 수단이다." Copan, *Saint Paul as Spiritual Director*, 39.

대조적으로 우리는 대개 조용하고 양심적으로 일하면서 조직이 번성하고 성장하게 하는 지도자들로부터 유익을 얻어왔다. 그들은 결정 과정에서 다른 이들을 포함시키지만 모든 주장에 의해 흔들리지 않는다. 그들은 자기들이 어디로 가고 있는지 알고 있고 길에서 벗어나지 않는다. 그들은 다른 이들을 긍정하고 인정하며, 특히 각 사람이 이루는 공헌에 주목하고 그것이 분명하게 인정되고 가시화되도록 돕는다. 상황이 좋지 않을 때는 그 상황을 철저하게 살핀다. 늘 자기들이 장기적인 일을 하고 있다는 것과 아무리 좋은 해에도 다양한 계절이 있다는 것을 알고 있다. 그들은 조용한 지도자들이다. 그들의 지도를 따르는 이들은 그들이 있다는 사실을 알기에 안정감을 느낀다.[74]

리더십 특히 시끄럽거나 위계적이거나 권위적인 리더십은 목회적 소명 밖으로 표류하기 쉽다. 여기서 오늘날 교회의 삶에서 목회적 소명과 관련한 두 가지 문제에 주목하고자 한다. 하나는 명성이고, 다른 하나는 권력이다.

유명인이 되고자 하는 유혹의 문화

여기서 목회자가 겪는 유혹 중 두 가지에만 초점을 맞추는 것은 그것이 유일한 유혹이라는 의미가 아니다. 물론 여러 가지 유혹이 존재한다. 유혹은 성격상의 결함으로부터 나오는데, 이것은 우리가 위에서 다뤘던 형성의 문화로 되돌아갈 수 있음을 의미한다. 손드라

---

74 Harris, *Tortoise Usually Wins*, 18-19.

휠러(Sondra Wheeler)는 이렇게 말한다. "길을 잃은 대부분의 목회자는 어떤 의미에서 자신을 잃어버리고 자기 공허를 채우기 위해 다른 무언가(인정, 존경, 유명세, 부풀려진 권위, 돈, 섹스, 혹은 자기들이 이끄는 이들에 대한 건강하지 못한 의존)를 붙잡고 있기 때문이다."[75]

지위와 명예와 돈에 대한 갈망보다 더 세속적인 것은 아무것도 없다. 이런 세속성에 대한 부정은 그리스도를 본받는 문화의 중요한 요소다. 유명인으로서의 목회자는 목회자의 마음과 회중의 영혼 속에서 작동하는 세상이다. 지위와 명예는 바울이 그리스도를 본받는 문화에 대한 방해물로 여겼던, 로마 사회가 추구하던 두 가지 대상이었다. 로마의 헛되지만 노련한 연설가였던 키케로(Cicero)는 "자연은…명예보다, 명성보다, 구별됨보다, 영광보다 더 탁월한 아무것도, 더 바람직한 아무것도 제공하지 않는다"라고 말했다(『투스쿨룸에서 벌인 토론』[Tusculan Disputations]). 예수는 영광과 그것에 대한 추구와 맞서셨다(마 23:1-12). 그리고 고린도 신자들에 대한 바울의 지속적인 싸움은 그들의 영광과 지위와 명예에 대한 세속적인 갈망에 의해 형성되었다(고전 1-4장). 1세기에 로도스라는 도시에는 3천여 개의 영광의 기념물이 있었다. 로도스는 로마 세계의 전형적인 도시였다. 이처럼 기념물을 사랑하는 문화는 시민들 사이에 존재하던 위대한 것들에 대한 존중과 명예에 대한 추구 둘 모두에 대한 증거였다. 고대 로마에는 보이는 것이 **존재하는** 전부라는 말이 있었다.

유명인이 되는 것에 대한 유혹은 공연에 대한 유혹과 같다. 윌

---

75 Wheeler, *Minister as Moral Theologian*, xiv.

윌리몬이 말했듯이, "활짝 웃는 비인격적 인물인 공연가로서의 목회자가 회중의 교사, 제사장, 리더의 역할을 대신한다."[76] 적절한 몸짓을 숙달하는 것, 자기 뒤에 있는 화면에 투사되는 이미지를 위해 카메라가 있는 위치를 파악하는 것, 착용할 옷의 올바른 색상을 아는 것, 하나님의 말씀보다 감동적인 이야기에 초점을 맞추는 것, 이런 것들이 일요일 아침을 공연 시간으로 이해하는 유명인 목회자 안에서 작동하고 있는 모든 것이다. 그것은 목회가 아니다. 결정적으로 그것은 그리스도를 본받는 삶이 아니다.

그동안 나는 여러 목회자가 하나씩 차례로 유명인이 되는 것을 보았다. 그렇게 되는 과정에서 그들은 열심히 자신의 이미지와 명성과 브랜드를 키웠다. 그러다가 자신의 지위가 위태로워지면 자기를 비판하는 자들을 파괴하려 했다. 그는 자기가 그 모든 일—자신의 지위를 높이는 것을 포함해—을 하나님의 영광을 위해서 한다고 말할 것이다. 그의 그런 주장에 이의를 제기해보라. 그러면 당신은 문제를 겪게 될 것이다. 교회 역사가이자 목회자인 칼 트루먼(Carl Trueman)은 데이비드 스탈링(David Starling)이 쓴 책 『고린도적이지 않은 리더십』(UnCorinthian Leadership)에 붙인 서문에서 이 문제에 대해 논했다. "카리스마적인 개인에게 초점을 맞추는 유명인 문화가 미국 복음주의 환경에 널리 퍼져 있으며, 최근 몇 년간의 상황이 보여주듯이 이런 유형의 기독교의 보수적이고 개혁적인 진영은 그것

---

76   Willimon, *Pastor: The Theology and Practice of Ordained Ministry*, 57. 『목회자』(한국기독교연구소 역간, 2017).

에 흠뻑 젖어 있다. 더 나아가 보다 넓은 세상에서 경영관리론과 새로 등장하는 유명한 CEO들의 결합이 리더십에 관한 복음주의적 개념을 형성했다. 세상을 모방하는 것은 단지 정보에 밝고 세련된 스키니진 스타일 목회자들뿐만이 아니다. 최신 유행하는 정장을 입고 직설적으로 말하는 강한 남자들도 그럴 수 있다."[77]

목회자들은 유명인이 아니다. 그들은 명성을 추구해서는 안 된다. 그들은 올바른 이미지를 만들려고 연기 수업을 받을 필요도 없고 매주 선탠을 할 필요도 없다. 주 예수님 앞에서 절하는 이들은 스스로 주목을 받으려 해서는 안 된다. 가난했던 분(the Man of Poverty)을 따르는 자들은 돈을 추구해서는 안 된다.

권력에 대한 유혹의 문화

데이비드 포스터 월리스(David Foster Wallace)는 케니언 칼리지의 졸업 연설에서 우리 모두는 누군가를 혹은 무언가를 숭배하며 그것이 누구일지 혹은 무엇일지는 우리의 힘에 달려 있다고 말했다. 『이것은 물이다』(This Is Water)에서 그는 이렇게 말한다. "권력을 숭배하라", "그러면 당신은 연약함과 두려움을 느끼게 될 것이다. 그리고 그 두려움을 저지하기 위해 다른 이들에 대한 더 많은 힘을 필요로 하게 될 것이다."[78] 그가 옳다. 그의 말은 정치인들뿐만 아니라 일부

---

77   Carl Trueman, foreword to Starling, *UnCorinthian Leadership*, ix.
78   David Foster Wallace, *This Is Water: Some Thoughts, Delivered on a Significant Occasion, about Living a Compassionate Life* (New York: Little, Brown, 2009), 109. 『이것은 물이다』(나무생각 역간, 2012).

목회자들을 가리킬 수 있다. 그가 말하는 것은 무언가에 **대한** 권력에 관한 것, "심지어 더 많은 권력"을 필요로 하는 것에 관한 것이다. 우리가 권력을 필요로 하는 이유는 "두려움을 저지하기" 위해서다.

권력은 목회자들이 그리스도를 본받는 삶을 만들어내는 식으로 목양하는 능력을 파괴한다. 얼마 전에 제리 우심(Jerry Useem)은 「아틀랜틱」(*The Atlantic*)에 기고한 글에서 권력과 그것이 권력자의 뇌에 행하는 일에 대해 썼다. 연구를 요약하면서 그는 오랜 시간에 걸쳐 제어되지 않은 권력은 "다른 이들에 대한 명백한 경멸, 현실과의 접촉 결여, 불안하고 무모한 행동, 무능을 드러내는 것"으로 이어진다고 지적했다.[79] 그 기사에서 우심은 헨리 아담스(Henry Adams)를 인용하는데, 그는 권력에 관한 강력한 이미지를 제공한다. 아담스는 권력을 "희생자에 대한 연민을 죽임으로써 끝나는 종류의 종양"이라고 말한다.[80]

이것이 마지막 요점이다. 그리스도를 본받는 삶의 문화는 무언가에 **대한** 권력을 추구하는 사람들이 아니라 무언가(하나님, 타인)를 **위한** 권력을 추구하는 사람들에 의해 육성된다. 권력 그 자체는 선하거나 최소한 중립적이다. 그러므로 우리가 우려하는 것은 무언가를 **위한** 권력이 아니라 무언가에 **대한** 권력이다. 무언가에 대한 권력의 갈망을 촉진하는 두려움은 당신이 통제하지 못할 수도 있다.

79　Jerry Useem, "Power Causes Brain Damage," *The Atlantic*, July/August 2017, https://www.theatlantic.com/magazine/archive/2017/07/power-causes-brain-damage/528711/.

80　Adams, Useem, "Power Causes Brain Damage"에서 인용.

어떤 목회자들은 정면돌파식으로 권력을 쥐고 다른 이들을 조용한 구석으로 몰아붙이기 시작한다. 목회자들은 하나님에 관한 질문을 받으며 또한 대문자 T를 지닌 진리(Truth)에 대한 답을 제시하리라는 기대를 받는다. 데이비드 포스터 월리스는 어떤 이들이 지식이나 지식으로 인한 명성을 추구하는 방식에 의해 드러나는 내재적인 불안감을 지적한다. "당신의 지성, 즉 현명해 보이는 것을 숭배해보라. 그러면 당신은 늘 발각되기 직전의 어리석은 사기꾼처럼 느끼며 끝나게 될 것이다."[81] 목회자들에게 지식과 권력은 하나의 매듭 안에 묶여 있다. 때때로 그 둘은 발각될 것에 대한 두려움 때문에 목회자를 은둔자가 되게 한다. 그 둘은 억압하고 조작하기 위한 도구로 사용될 수도 있다.

지역 교회는 목회자와 회중 혹은 목회자와 당회와 회중이라는 권력 내에서 작용하는 공생 관계를 맺고 있다. 권력이 공유되고 무언가를 **위할** 때 교회 내의 권력은 좋은 것이다. 권력이 어떻게 작동하든 종종 모종의 갈등이 나타난다. 목회자를 지적할 수도 있고, 목회자가 권력을 과시한다고 불평하지만 (아이러니컬하게도) 상황을 통제하고 싶어 하는 평신도를 지적할 수도 있다. 그러나 오히려 나는 이것을 그리스도를 본받는 삶의 측면에서 생각해보자고 촉구하고 싶다. 만약 목회자가 그리스도를 본받는 삶의 문화를 육성한다면, 그리고 그리스도의 방식이 타자 중심의 방식이라면, 참으로 그리스도를 본받는 권력은 다른 이들이 하나님께 능력을 부여받아 하나님

---

81 Wallace, *This Is Water*, 110.

이 그들에게 하라고 요구하시는 일을 할 수 있도록 그들에게 능력을 부여하는 것이다. 나는 바울이 늘 이런 원칙을 따라 살았다고 생각하지는 않는다. 하지만 예수는 그렇게 하셨다. 바울은 최악의 상태에서도 최선을 다했다. 고린도 교회와의 긴장된 관계에서 그는 그들의 비판에 대해 말했고(고후 10-13장을 읽으라) 십자가의 복음, 즉 그리스도를 본받는 삶의 복음으로 그들에게 응답했다. 때때로 그는 이 복음을 그리스도를 본받는 삶을 거의 배반하는 방식으로 전했다(안디옥에서 바울과 베드로, 예루살렘에서 바울과 바나바, 바울과 고린도 교회 신자들에 대해 생각해보라). 그러나 그의 메시지는 그런 상황을 타개해나갔다. 한 예가 고린도후서 10:17-18에서 발견된다. 그것으로 이 장의 주된 논의를 마치려 한다. "자랑하는 자는 주 안에서 자랑할지니라. 옳다 인정함을 받는 자는 자기를 칭찬하는 자가 아니요 오직 주께서 칭찬하시는 자니라."[82]

이어지는 내용은 완전한 목회 신학이 아니며 심지어 바울의 완전한 목회 신학도 아니다. 대신 그리스도를 본받는 삶을 육성하는 것이 어떻게 바울 선교의 핵심을 이뤘는지를 보여주는 일곱 개의 예를 제시할 것이다. 그리스도를 본받는 삶을 육성하는 것을 보여주는 일곱 개의 주제는 다음과 같다. (1) 우정의 문화, (2) 형제자매의 문

82　이 책 전체는 시카고 메트로폴리탄 지역에서 사역하던 국제적으로 유명한 목회자에 대한 공적 비난이 제기되기 전에 쓰였다. 그러므로 이 장과 이 책에 쓰인 내용 어느 것도 그 이야기를 언급하거나 그것에 기초하지 않는다. 심지어 보다 최근에 또 다른 시카고 메트로폴리탄 지역의 어느 목회자에 관한 새로운 이야기가 공개되었다. 두 이야기에 모두 유명인과 권력이 개입되어 있었다.

화, (3) 관대함의 문화, (4) 이야기꾼의 문화, (5) 증언의 문화, (6) 세상을 전복하는 문화, (7) 지혜의 문화. 처음 둘은 서로 특별한 관계를 갖는 반면, 나머지 다섯은 전적으로 개별적인 문제들이다. 아마도 바울의 완전한 목회 신학을 어림이라도 잡으려면 이런 식의 연구가 최소한 40개는 필요할 것이다. 그러므로 이 책은 하나의 주제에 관한 7개의 연구에 대한 샘플에 불과하다. 그 주제는 그리스도를 본받는 삶이다.

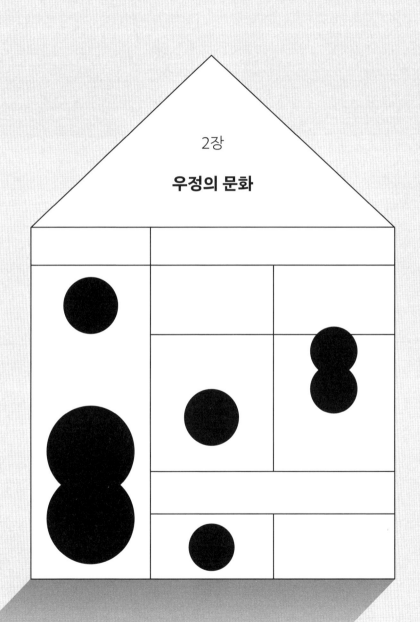

2장

우정의 문화

언젠가 어느 편집자가 나에게 말했다. "절대로 글을 인용문으로 시작하지 마세요." 이미 그 편집자의 말을 인용했으니, 이제 나는 과거의 비길 데 없는―그리고 확신이 부족하지 않은―문장가인 에드워드 기번(Edward Gibbon)에게로 돌아선다. 기번은 『로마제국 쇠망사』(*The Decline and Fall of the Roman Empire*)에서 로마의 쇠퇴가 가속화되고 있던 시기에 젊은 황제 알렉산데르 세베루스의 멘토들에 대해 이렇게 말했다.

> 그러나 [율리아 아비타] 마메아[그의 어머니]와 그녀의 현명한 고문들의 가장 큰 관심사는 그 젊은 황제의 성품을 형성하는 것이었다. 로마 세계의 행복과 불행은 궁극적으로 그의 인격적 자질에 달려 있었다. 다행스럽게도 그의 좋은 자질이 교육을 도왔고 심지어는 앞서기까지 했다. 알렉산데르의 탁월한 이해력은 곧 그에게 덕의 이점, 지식의 기쁨, 노동의 필요에 대한 확신을 갖게 해주었다. 타고난 기질적 온화함과 절제가 열정의 습격과 악의 유혹으로부터 그를 지켜주었다. 어머니에 대한 변함없는 애정과 현명한 [법학자] 울피아누스에 대한 존경

이 그 미숙한 청년을 아침의 독으로부터 보호해주었다.[1]

알렉산데르의 성품이 제국의 행복 혹은 불행을 결정하게 될 것이다. 정형화된 기번의 작품에서는 타락한 그리고 타락하고 있는 황제들이—간혹 덕을 지닌 사람과 함께—연이어 제시된다. 보다 정확하게 말하자면, 황제의 성품이 제국 내부를 형성했다. 어떤 상황이 황제와 밀접하게 연관되어 있으면 있을수록 그의 성품이 그만큼 더 중요했다. 기번의 관심사는 황제들과 제국들이었다.

반면에 우리의 관심사는 목회자들과 교회들이다.

기번의 현명한 관찰이 의미하는 것은 이것이다. 지도자는 문화를 만들고, 형성하고, 육성하고, 유지한다. 좋은 지도자는 좋은 문화를 만들고 유지하며, 나쁜 지도자는 나쁜 문화를 만들고 유지한다. 예수의 말씀을 살짝 비틀어 인용하면, "그들의 문화로 그들을 알 수 있다." 목회자는 문화를 형성하는 자들이다. 이것은 회중이 문화를 세우지 않는다는 의미가 아니다. 회중은 문화를 만들 뿐 아니라 목회자가 문화를 만드는 것을 돕기 때문이다. 그들은 또한 문화를 파괴할 수도 있다. 이것은 이것이냐 저것이냐의 문제가 아니다. 이 책은 목회 신학에서의 하나의 단일한 주제에 관한 것인데, 나는 바로 그 주제를 갖고 시작하고자 한다. 그 주제란 목회자들은 지도자들이며 지도자들은 문화를 육성한다는 것이다. 그렇다면 이제 우리는 어

---

1   Edward Gibbon, *The Decline and Fall of the Roman Empire* (New York: Everyman's Library, 1993), 1:168-69. 『로마제국 쇠망사』(민음사 역간, 2008).

디에서부터 시작해야 할까?

우정을 키우는 것이야말로 목회자들이 문화를 육성할 때 취할 수 있는 첫 번째 단계다. 목회자들은 그리스도를 본받는 문화를 육성하도록 부르심을 받았다. 예수의 삶, 가르침, 죽음, 부활, 승천은 그 문화에 대해 형성적 힘을 갖는다. 그리고 매우 자주 우정은 그 문화 속으로 들어가는 현관이다.

목회자와 우정

앞 장에서 우리는 목회자는 사람들을 목양하지만 목회자 중 66%는 사람들과 함께 일하는 것보다 설교와 교육을 훨씬 더 좋아한다는 것을 살펴보았다! 바나 그룹의 진술을 다시 한번 인용해보자. "거기서부터 큰 폭의 수직 강하가 나타난다. 자기들이 가장 즐기는 과업이 '다른 리더를 양성하는 것'이라고 답한 이는 10명 중 하나이고(10%) '신자들을 제자화하는 것'이라고 답한 이는 12명 중 하나다(8%), '전도'(6%)와 '목회적 돌봄'(5%)은 목회자들이 가장 하고 싶어 하는 일 중 작은 부분에 불과했다. '교회의 행사, 집회, 혹은 사역을 조직하는 것'을 즐긴다고 답한 이들은 전체 응답자 중 2%에 불과했다."[2]

이것은 반복해서 언급할 필요가 있다. 오늘날 많은 목회자가 다

---

2   The Barna Group, *The State of Pastors: How Today's Faith Leaders Are Navigating Life and Leadership in an Age of Complexity* (Ventura, CA: Barna, 2017), 96.

양한 이유로 다른 이들과 깊은 우정을 나누지 **않는다고** 알려져 있기 때문이다.[3] 목회자들은 종종 홀로 목회를 한다(*solo* pastor). 그 문제에 대해 우리는 손가락질이나 하면서 시간을 보낼 수도 있고, 어떤 대안을 제시할 수도 있다. 여기서 나는 친구들의 네트워크로서의 바울의 동역자들을 살펴보면서 대안을 제시해보려 한다. 그것이 우리에게 갖는 의미는 우리가 준비되기도 전에 불쑥 튀어나온다. 오늘날 목회자들은 역사 속 그 어느 때보다도 훨씬 더 동료 목회자들의 네트워크의 일부가 되어야 할 필요가 있다. 오늘날 수많은 목회자가 탈진해 있다. 그중 일부는 만약 그들이 어느 네트워크의 구성원이었다면 그렇게 무너지지 않을 수도 있었을 것이다. 내 친구 목회자 중에서 네트워크에 속한 이들은 많지 않다. 그들은 정기적으로 모여 수련회를 연다. 그들은 다른 이들과 더불어 동일한 주제나 본문으로 설교를 한다. 그리고 동료 간의 우정이라는 네트워크 안에서 이메일로 서로 기도 제목과 소식을 주고받는다. 우리에게는 이런 것이 지금보다 훨씬 더 많이 필요하다.

또한 목회자들은 그들의 일정에 더 많은 여유를 둘 필요가 있다. 우정은 삶의 여백에서만 자라기 때문이다. 우정은 즐거움을 위해 골프를 치거나 독서를 하는 것처럼, 혹은 물들어가는 단풍을 보기 위해 숲속 길을 걷는 것처럼 오직 여가에서만 나타난다. 미국인들은 세계에서 가장 여가를 즐기지 못하는 이들에 속한다.[4] 이 주제

---

3 Barna Group, *State of Pastors*, 38–42.
4 Al Gini, *The Importance of Being Lazy: In Praise of Play, Leisure, and Vacation* (New York: Routledge, 2003). 에세이를 읽는 것에 관해서는 Phillip Lopate, ed., *The Art of*

에 관해서는 많은 이에 의해 아주 많은 것이 언급되었다.[5] 그러나 지금 우리에게는 우정, 여가, 여백 이 셋이 서로 아주 잘 통하는 친구라는 사실을 관찰할 만한 지면밖에 없다. 아마도 지금쯤 목회자들은 나에게 학생들이 신학 훈련 과정에서 우정에 관한 연구 역사에 익숙해지는 것이 바람직한지 묻고 싶어질 것이다. 물론이다.[6]

그런 연구는 우리를 어디로 데려갈까? 아리스토텔레스에게다. 이제 그를 살펴볼 것이다. 그 전에 간단히 한 마디 해두겠다. 고전 세계는 우정을 이후의 우정에 관한 모든 연구의 토대가 되는 방식으로 논의하고, 토론하고, 실천했다. 바울은 우정에 대한 고전적 이상들을 구현했거나 구현하려고 애썼던 세계에서 살았다. 그러므로 우정에 관한 그의 "이론"은 이런 고전적 개념과 상호작용했을 수 있다. 그러나 그는 단순하게 그것을 취하지 않았다. 그는 목회자들 중의 목회자로서 그것을 재구성했다.

the Personal Essay: An Anthology from the Classical Era to the Present (New York: Anchor Doubleday, 1994)를 보라.

5   Robert N. Bellah et al., *Habits of the Heart: Individualism and Commitment in American Life* (New York: Harper & Row, 1985); Robert D. Putnam, *Bowling Alone: The Collapse and Revival of American Community* (New York: Simon & Schuster, 2000). 『나 홀로 볼링』(페이퍼로드 역간, 2016).

6   이와 관련한 광범위하고 즐길 만한 자료를 위해서는 D. J. Enright, David Rawlinson, eds., *The Oxford Book of Friendship* (New York: Oxford University Press, 1991)를 보라. 몇 가지 문헌을 살펴보기 위한 매력적인 소풍을 위해서는 Joseph Epstein, *Friendship: An Exposé* (Boston: Houghton Mifflin, 2006)를 보라.

고전 세계에서의 우정

아리스토텔레스는 자신의 우정 경험에 근거해 우정에 관한 이론을 발전시켰다.[7] 우리의 출발점은 그의 책 『니코마코스 윤리학』(*Nicomachean Ethics*) 중 우정에 관한 탁월한 연구 부분인데,[8] 그것은 오늘날 내가 아는 목회자들 가운데서 읽히는 것보다 훨씬 더 많이 읽힐 만한 가치가 있다. 키케로나 플루타르코스 같은 다른 목소리들 역시 연단으로 초대될 것이다. 나는 단지 고전 세계에서, 즉 아리스토텔레스로부터 플루타르코스에 이르기까지 그리고 그들에 상응하는 로마의 인물들에 이르기까지 우정이 대체로 어떤 모습으로 보였는지를 스케치해보려 한다. 우정에 관한 주요 주제들에 대한 이런 스케치는 사도 바울의 우정과 목회자들의 우정을 위한 비교 대상의 역할을 하게 될 것이다. 이 모든 것은 우리 주장의 첫걸음을 위해 고안되었다. 그 첫걸음이란 목회자들은 신자들이 우정이 번성하는 문화로서의 교회를 만들도록 도울 책임이 있다는 것이다. 비록 이 책의 흐름 안에서 바울이 우정이라는 관계 너머로 움직이는 것을 보게 될지라도 말이다.

---

7   고전 세계에서의 우정에 관한 문헌은 계속해서 늘어나고 있다. 하지만 이 책에서 우리의 출발점은 David Konstan, *Friendship in the Classical World* (New York: Cambridge University Press, 1997)이다.

8   8권과 9권을 보라. 아리스토텔레스의 (아마도) 보다 이른 작품인 *Eudemian Ethics* 역시 우정에 관한 부분이 있다. 하지만 이 책에서는 그것에 대해 논하지 않을 것이다.

정의

첫째, 우리는 **우정**이 무엇인지 정의할 필요가 있다. 나는 아리스토텔레스로부터 시작해 키케로와 플루타르코스로 나아갈 것이다. 『니코마코스 윤리학』에서 아리스토텔레스는 이렇게 쓴다. "그러므로 친구가 되기 위해서 사람들은 (1) 서로에 대한 선의를 느껴야 한다. 즉 서로의 선을 바라야 하고, (2) 서로의 선의를 의식해야 하며, (3) 그들의 선의의 목적은 위에서 언급한 사랑스러운 자질 중 하나[즉, 유용하고 훌륭하고 즐거운 것]여야 한다"(8.2.4, 괄호 안의 숫자는 덧붙인 것임).

아리스토텔레스의 유명한 정의가 내려진 후 몇 세기가 지나서 로마의 법률가이자 총명한 연설가였던 키케로가 "일치"(accord)에 초점을 맞추는 방식으로 아리스토텔레스의 이론을 진척시켰다. "우정은 인간적인 것과 신적인 것을 포함해 모든 것 안에 존재하는, 상호 간의 선의 및 애정과 결합된 일치에 다름 아니다. 나는 지혜를 예외로 하고, 불멸의 신들이 인간에게 준 것 중 그것보다 나은 것은 없다고 생각하는 편이다"(『우정에 관하여』[*On Friendship* 6.20]).

우정은 사랑의 분명한 소통으로 시작된다. 다시 키케로가 말한다.

> [아티쿠스에게 말하면서] 정직, 성실, 양심적임, 꼼꼼함의 참된 성취라는 측면에서 나는 나 자신은 물론이고 다른 그 누구도 자네보다 낫다고 여기지 않네. 반면에 나를 향한 자네의 사랑에 관해서는, 내 동생의 사랑을 제외하고─그런데 그것은 집안에서의 사랑일세─자네에

게 일등 상을 부여하네. 나는…자네의 걱정과 자네의 기쁨…자네의 축하를 보았네.…이제 정말로, 자네가 없을 때, 나는 단지 자네의 가장 큰 장점인 자네의 조언뿐 아니라 우리가 나누는 대화를 가장 그리워하네. 그것은 자네와 함께하는 나에게는 가장 달콤한 것이라네(「아티쿠스에게 보낸 편지들」[*Letters to Atticus*] 17.5-6).

서로를 향한 상호 간의 선의는 행동, 대화, 그리고 일반적인 환경에 의해 시험을 받기도 하고 또한 유지되기도 한다. 활동적인 우정은 우정을 맺고 있는 각 사람이 서로에게 기여하고 필요할 때 서로에게 의지할 수 있음을 의미한다.

담백한 산문을 쓰는 재능을 가졌던 플루타르코스는 그 정의를 다섯 개의 (그리스어) 단어로 축약했다. 우정은 "선의와 덕을 지닌 친절함이다"(「많은 친구들을 갖는 것에 관하여」[*On Having Many Friends*] 3). 그러므로 우정은 사람들이 서로에 대해 좋은 생각을 하고 서로에게 그렇게 말하면서 공유하는 상호 합의된, 헌신하는, 돌보는, 대화하는 관계다.

우정의 목표

고전 세계에서 우정의 목표는 모방을 통해 덕 안에서 성장하는 것이다.[9] 여기서 고전 세계는 우정을 단순한 기쁨과 즐거움의 세계 밖으

---

9   철학자들 가운데서 나타나는 다양한 접근법에 관한 좋은 설명을 위해서는 Abraham J. Malherbe, *Paul and the Thessalonians: The Philosophic Tradition of Pastoral Care*, repr. (Eugene, OR: Wipf & Stock, 2011), 81-88를 보라.

로 몰아내 도덕의 세계로 들어가게 한다. 이에 대해 플루타르코스는 다음과 같이 말한다. "참된 진보의 독특한 징후는 **우리가 行爲를 모방하려 하는** 이들이 보여주는 성향에 대한 사랑과 애정의 느낌 안에서, 그리고 **우리 자신을 그들과 같이 만들고자 하는** 노력에는 언제나 그들에게 명예라는 공정한 보답[보상]을 제공하는 선의가 수반된다는 사실에서 발견된다." 덕 안에서의 성장에 대한 참된 갈망은 질투와 시기심을 제어한다. "그러나 다른 한편으로 만약 어떤 이가 자신보다 나은 이에 대한 논쟁적인 태도와 시기심에 젖어 있다면, 그는 자기가 그저 다른 이의 명성이나 권력에 질투심을 품고 안달하고 있을 뿐 덕을 존중하거나 동경하는 것이 아님을 깨달아야 한다"(『자신의 덕의 진보를 인식하는 방법』[*How a Man May Become Aware of His Progress in Virtue*] 14; 강조는 덧붙인 것임).

덕 안에서의 배움과 성장에 대한 상호 개방성은 고전적인 우정 관계에서 두드러지게 나타난다. 학생이 수용적으로 덕 안에서 교사의 성장에 기여하면서 배워야 하듯이, 교사는 예민하고 솔직하게 가르쳐야 한다. 사람들이 덕스럽게 성장하도록 돕기 위한 매뉴얼이 개발되었다. 플루타르코스의 『영웅전』(*Parallel Lives*)이라는 도덕에 관한 논문들, 테오프라스토스의 『성품론』(*Characters*)이라는 제목이 붙은 연구, 수에토니우스가 쓴 『황제열전』(*De vita Caesarum*) 등이 모두 그러하다. 그러나 우리는 도덕에 관한 논문들보다는 덕을 구현하는 삶을 사는 이들과의 접촉을 통해 도덕에 대해 더 많은 것을 배울 수 있다.

누구를 위해?

고전적 사고에서 그런 우정을 얻을 사람은 덕 때문에 알려진 사람이다. 그러므로 우정은 칭찬할 만하다. 덕을 지닌 사람들은 서로에게 가치가 있다. 다시 말하지만 고전 세계에서 그런 사람들은 남자와 엘리트이며, 남성 엘리트를 위한 우정을 축하하고 그것에 대해 논하는 무대는 시에 대한 사랑이 있는 "향연"(symposium)이다.[10] 토론의 여지가 있기는 하지만, 그 세계에서 남자와 그의 아내는 "친구"(*philoi*)가 아니라고 믿는 것이 일반적이었다.[11]

아리스토텔레스는 덕을 우정과 결부시키는 것의 타당성을 지지했던 초기 인물이다. "그러므로 애정과 우정이 가장 충만한, 최선의 형태로 존재하는 것은 **훌륭한 사람들 사이**에서다." 즉 그런 일은 탁월한 사람들 사이에서나 가능하다는 것이다(『니코마코스 윤리학』 8.3.8). 키케로는 이에 대해 아주 명료하게 말했다. "**훌륭한 사람들**은 **다른 훌륭한 사람들**을 사랑하고 자신과 그들을, 관계와 자연의 그것과 거의 같은 결합 방식으로 연결시킨다"(『우정에 관하여』 13.50, 강조는 덧붙인 것임; 또한 5.18). 우정에 관한 이 고전적이고 엘리트주의적인 이론과 매우 흡사하게 유대인들의 지혜 본문인 잠언은 거의 같은 말을 한다. "지혜로운 자와 동행하면 지혜를 얻고 미련한 자와 사귀면 해를 받느니라"(13:20). 만약 많은 이들이 잠언류의 글을 쓰는 작가가 지배 엘리트 계급에 속해 있다고 여기며 현자의

---

10 물론 이것은 Plato, *Symposium*을 가리키는 말이다. 『향연』(아카넷 역간, 2020). 토론에 관해서는 Konstan, *Friendship in the Classical World*, 44-47를 보라.

11 Konstan, *Friendship in the Classical World*, 71-72.

삶은 오직 유한 계급에게나 가능하다고 이해한다는 것을 안다면(집회서 38:24-25), 우리는 "지혜로운"이라는 표현을 보다 분명하게 이해하게 될 것이다.[12]

같은 맥락에서 이런 고전적 의미에서의 우정 관계는 **동등한 이들**(*isotes*; 참고. 아리스토텔레스, 『니코마코스 윤리학』 8.5)의 관계다. 비록 그 둘이 신분상으로 동등하지 않을지라도, 그들은 동등한 자로서 우정을 실현한다(키케로, 『우정에 관하여』 19.69). 그들의 관계는 대칭적이다. 반면에 고전 세계에서 연인들 사이의 에로스적인 관계는 비대칭적이었다. 한쪽(남성)은 지배적이고, 다른 쪽(여성)은 수용적이었다. 이런 비대칭은 또한 동성 관계, 즉 지배적인 남성과 종속적인 남성(소년, 노예) 관계의 특징이기도 하다. (같은 관계가 레즈비언에는 해당하지 않는다. 사포[13]의 작품에서 그것에 관해 읽을 수 있다. 레즈비언 관계는 종종 에로스적이면서도 보다 대칭적으로 보인다.) 어떤 일반화는 전형적이다. 남성 간의 관계는 동등한 이들의 관계이므로 본래 에로스적인 관계가 아니다. 그러므로 동성 남성의 에로스적인 관계는 에로스적이기에 우정이 아니다.

---

12 Joseph Blenkinsopp, *Sage, Priest, Prophet: Religious and Intellectual Leadership in Ancient Israel* (Louisville: Westminster John Knox, 1995), 32-37.

13 Sappho, Alcaeus, *Greek Lyric: Sappho and Alcaeus*, trans. David A. Campbell, LCL 142 (Cambridge: Harvard University Press, 1982).

우정의 종류

아리스토텔레스는 우정을 세 종류로 나눈 것으로 유명하다.[14] 유용성의 우정, 기쁨의 우정, 덕의 우정이 그것이다(『니코마코스 윤리학』 8.3.1-6).[15] 나는 목회자들에게 "우정"에 대해 숙고하고 그것을 이런 범주 중 하나로 분류해보기를 권한다. 그런 후에 우리는 이렇게 물을 수 있다. 우리의 우정 중 얼마나 많은 것이 참으로 덕의 우정에 해당하는가? 우정에 관한 고전적인 분류와 관련해—그리고 재미를 위해—아래의 예화에서는 어떤 종류의 우정 혹은 관계가 발견되는가? 이 예화는 페기 누난(Peggy Noonan)의 멋진 책 『우리의 삶의 시간』(*The Time of Our Lives*)에서 가져왔다. 누난은 책에서 배우 토니 커티스가 아이 시절에 브루클린에서 창가에 팔을 올려놓은 채 매일 아침 "엘"(el, 고가철도 위를 달리는 기차를 가리키는 말—역주)이 지나가는 모습을 바라보았던 것에 관해 말한다.[16]

소년이었던 그는 아침마다 아파트 창가에 앉아 고가철도 위를 달리는 기차(elevated trains, 여기서 "el"이라는 표현이 나왔다—역주)를 바라보았다. 매일 아침 8시에 그는 어떤 남자가 같은 좌석에 앉아 갈색 모자를 눌

14　여기서 나는 또한 Martin Buber, *I and Thou*, trans. Ronald Gregor Smith, 2nd ed. (New York: Charles Scribner's, 1958)를 떠올린다.

15　이 세 종류의 우정을 구약성경의 유사한 분류와 간략하게 비교하기 위해서는 Saul M. Olyan, *Friendship in the Hebrew Bible*, ABRL (New Haven: Yale University Press, 2017), 107를 보라.

16　Peggy Noonan, *The Time of Our Lives: Collected Writings* (New York: Twelve, 2015), 217.

러쓰고 「헤럴드 트리뷴」(*Herald Tribune*)을 읽는 모습을 보았다. 기차가 멈추면 어린 토니는 그 사람을 흘끗 보았고, 그 사람은 토니를 흘끗 보았다. 그 후 그는 다시 신문을 읽기 시작했고 기차는 기적을 울리며 떠났다. 그는 늘 그 자리에 앉아 있었다. 다음 날 그가 보이지 않았다. 그 다음 주에도 보이지 않았다. 그렇게 10여 일이 지난 후 그가 신문을 들고 갈색 모자를 쓴 채 같은 자리에 돌아와 앉아 있었다. 그는 눈을 들어 흘끗 토니를 보았고 토니도 그를 보았다. 이번에 그들은 서로의 눈을 마주 보았다. 그러자 남자가 신문을 내리고 입을 벌려 말했다. "그동안 아팠단다!" 그리고 기차는 기적을 울리며 떠났다.

아리스토텔레스는 그런 관계에 대해 알았다. 우리도 그것에 대해 안다. 하지만 이것이 "친구"에 관한 이야기일까? 만약 그렇다면 어떤 종류의 친구인가? 아니라면 어째서 아닌가?

　우리는 유용성의 우정과 기쁨의 우정에 관해 안다. 우리가 그들과 같은 일―가령, 유소년 야구단의 감독 노릇을 하거나 학교에서 아이를 기다리는 것 같은―을 하기에 자주 함께 이야기를 나누는, 그러나 함께하지 않을 때는 그들에 대해 거의 생각하지 않는 어떤 이들과 "유용성의 우정"(friendship of utility)을 나누는 것일 수 있다. 우리는 그들과의 교제를 즐기는 사람들과 더불어 "즐거움의 우정"(friendship of pleasure)을 나눌 수 있다. 그런 우정은 존재의 순간에만 존재하므로 거리는 그것에 아무런 해를 끼치지 않는다. 조셉 엡스타인(Joseph Epstein)은 우정에 관해 지금껏 쓰인 가장 재미있는 책 중 하나에서 우정을 아리스토텔레스가 "즐거움의 우정"으로 정의

했던 것과 아주 흡사한 방식으로 정의한다. "가장 좋은 친구는 종종 가족이 돕지 못하는 영역에서 당신에게 가장 큰 즐거움, 지원, 위로를 주는 사람이다. 가장 좋은 친구는 아마도 당신이 가족으로 인해 겪는 어려움에 대해 불평을 늘어놓을 수 있는 유일한 사람일 것이다."[17]

그러나 유용성과 즐거움은 덕이 아니다. "덕의 우정"(friendship of virtue)에 관하여 키케로는 다음과 같은 유명한 말을 했다. "사람들이 이 덕에 대한 갈망을 품을 때, 그들은 그것을 향해 기울어지고 그쪽으로 더욱 가까이 움직인다. 그로 인해 그들은 사랑하기[모방하기] 시작한 사람과의 친밀한 교제를 통해 그 사람의 성품을 즐기고, 애정에서 그 사람과 동등해지고, 그 사람의 인정을 요구하기보다 좀 더 쉽게 그런 인정을 받을 만해지고, 결국 그 사람과 더불어 덕의 경쟁을 벌이게 될 수 있다"(『우정에 관하여』 9.32). (이것을 통해 우리는 바울의 친구들이 그와 함께하는 것이 무엇을 의미했는지뿐 아니라 예수의 제자들이 그분의 현존을 경험하는 것이 무엇을 의미했는지도 약간이나마 알 수 있다.)

신뢰

신뢰는 우정의 토대를 이룬다. 네로의 스승이었던 스토아주의자 세네카는 루킬리우스에게 보낸 편지에서 신뢰에 관해 다음과 같이 말했다.

---

17 Epstein, *Friendship*, 23.

자네는 "친구"의 손을 빌려 나에게 편지를 보냈네. 자네가 그를 그렇게 불렀다네. 그런데 바로 다음 문장에서 자네는 나에게 자네와 관련된 모든 문제를 그와 논의하지 말라면서 자신조차 그렇게 하지 않는다고 말했네. 다시 말해 자네는 그가 자네의 친구라고 확언한 바로 그 편지에서 그가 자네의 친구임을 부인한 걸세. 만약 자네가 이 단어를 일반적 의미에서 사용하고, 그를 선거에 출마한 모든 후보자를 "명예로운 신사"라고 부르는 것과 동일한 방식으로 그리고 우연히 만나는 모든 남자를 반길 때처럼 "친구"라고 부르는 것이라면, 즉 우리가 잠시 "친애하는 선생님"이라는 인사말과 함께 그들의 이름을 부르는 식으로 부르는 것이라면, 그것은 아무래도 상관없네. **하지만 만약 자네가 어떤 이를 친구로 여기면서도 그를 자네가 자신을 신뢰하듯 신뢰하지 않는다면, 자네는 크게 잘못하고 있는 것이고, 자네는 참된 우정이 무엇을 뜻하는지를 충분히 이해하지 못하는 것일세.**

그런 사람들은 참으로 나중 것을 먼저 것으로 여기고 자신들의 의무를 혼동한다네. 그들은…어떤 이를 친구로 삼은 후에 그를 판단한다네. 먼저 그를 판단한 후에 친구로 삼는 게 아니라 말일세. 어떤 이를 친구로 삼을 것인지에 대해 오랫동안 깊이 숙고하게나. 그러나 일단 그를 친구로 받아들이기로 결정했다면, 자네의 마음과 영혼을 다해 그를 환영하게나. 그와 더불어 마치 자네 자신과 하듯이 거침없이 말하게나(「루킬리우스에게 보낸 편지」[*Letters to Lucilius*] 3.1-2; 강조는 덧붙인 것임).

그러나 아직 끝나지 않았다.

충성

왕들에 관한 디온 크리소스토모스의 세 번째 연설은 왕에게 우정이 얼마나 중요한지에 대해 말한다. 그 과정에서 디온은 신뢰, **충성**, 취약성, 사랑에 관해서도 말한다. 어떤 이가 왕의 친구가 된다는 것은 물론 친구의 의미를 확장한다. 왜냐하면 왕의 친구들은 단지 동등하지 않을 뿐 아니라 또한 강력한 유용성이라는 의미와 후원자가 된다는 의미도 있기 때문이다. 여기서 디온이 말하는 것에서 작용하고 있는 개념은 목회자들이 교회에서 "친구들"과 나누는 관계에도 즉각 적용된다. 나는 당신이 다음과 같은 주장에 동의하리라고 생각한다.

> **더구나 훌륭한 왕은 우정을 그가 가진 것 중 가장 좋고 가장 신성한 것으로 여긴다.** 그는 수단이 없는 것을 친구가 없는 것보다 더 부끄럽고 위험하다고, 또한 자기가 행복한 나라를 유지하는 것은 세금이나 군대나 다른 강력한 자원이라는 수단을 통해서가 아니라 친구들의 충성을 통해서라고 믿는다. 아무도 혼자서는 그 자신의 필요 중 하나조차 충족시키기에 충분하지 않다. 그리고 왕의 책임이 크고 무거울수록, 그에게 필요한 동역자들의 수도 커지고, 그들에게 요구되는 충성의 크기도 커진다. 왜냐하면 그는 자신의 가장 크고 가장 중요한 관심사들을 다른 이들에게 위임하거나, 그렇지 않으면 그것들을 포기해야 하기 때문이다.
>
> 더 나아가 법은 개인이 사업상의 관계를 맺은 이들, 즉 돈을 맡기거나, 부동산 관리인으로 삼거나, 어떤 일에서 파트너가 되거나 하는

방식으로 관계를 맺은 이들에 의해 쉽게 피해를 당하지 않도록 보호한다. 그리고 그것은 피고를 벌함으로써 그렇게 한다. 그러나 왕은 법에 기대어 신뢰에 대한 배신에 맞서 자신을 보호하지 못한다. 오히려 그는 충성에 의존해야 한다. 그로 인해 왕 가까이에서 그가 나라를 다스리도록 돕는 이들은 가장 강력한 사람들이다. 그리고 왕은 그들에게서 그들의 사랑 외에 다른 어떤 보호도 얻지 못한다. 그러므로 그가 자신의 권력을 자기가 만나는 첫 번째 사람들과 부주의하게 공유하는 것은 안전한 정책이 아니다. 그러나 **그가 자신의 친구들을 더 강하게 만들수록, 그만큼 그는 더 강력해진다**(『담화』[Discourses] 1-11, 3.86-90; 강조는 덧붙인 것임).

지도자들에게는 충성스러운 친구들, 즉 신뢰할 수 있고 지도자를 지지해줄 수 있는 친구들이 필요하다. 우리의 여섯 번째 요점은 일곱 번째와 연결되어 있다. 지도자들에게는 단지 충성스러울 뿐 아니라 정직한 친구들이 필요하다.

정직

그리스인들은 우정의 맥락에서 정직을 "솔직함"(parrhēsia)이라고 부른다. 또 그들은 늘 지도자에게 접근할 방법을 찾는 듯 보이는 아첨꾼들을 피해야 할 필요를 절감한다. 지도자들에게는 친구들이 필요하지만, 오직 그들이 자기들에게 진실을 말할 수 있을 때만 그러하다. 여기서 우리는 우정에 관한 아리스토텔레스의 고전적 이론에 관한 완전한 설명을 만난다. 만약 우정의 목표가 친구들이 덕 안에서 성장하는 것이라면, 지도자의 친구들은 받기도 해야 하고 주기도 해야 한다. 즉 그들은 지도자로부터 배워야 하지만, 지도자 역시 그들로부터 배워야 한다.

종종 지도자들에게 초점을 맞추는—결국 문서들은 유력한 남성들에 의해 쓰였다—고대 세계의 큰 주제 중 하나는 아첨이었다. 플루타르코스는 전적으로 그 주제에 집중하는 에세이를 한 편 썼다. 「친구와 아첨꾼을 구별하는 법」(*How to Tell a Friend from a Flatterer*)은 지겨울 정도로 인용할 만하다. 아첨꾼이라는 용어야말로 대부분의 지도자가 들어야 할 필요가 있음을 상기시켜준다. 아첨꾼들을 피하라. 안티파트로스에게 보낸 편지에서 이소크라테스는 디오도토스라는 사람을 열심히 추천한다. 그리고 그의 솔직함에 관해 다음과 같은 중요한 언급을 한다.

이런 훌륭한 자질들에 더하여 그는 무엇보다도 솔직함을 지니고 있습니다. 그 솔직함은 불쾌한 노골성이 아니라, 그의 친구들에게 가장 확실한 헌신의 징후로 옳게 간주될 만한 것입니다. 이것은 왕들이, 만약 그들이 가치 있고 적절한 위대한 영혼을 갖고 있다면, 유용한 것으로 존중할 만한 종류의 솔직함입니다. 반면에 타고난 재능이 그들이 갖고 있는 권력보다 약한 이들은 그런 솔직함을 나쁘게 여깁니다. 마치 그것이 자신들의 갈망과 어느 정도 반대로 행동하도록 강요하는 것처럼 말입니다. 그들은 문제가 되는 방편의 조치에 맞서서 가장 겁 없이 말하는 사람들이야말로 자기들이 원하는 것을 이루기 위해 다른 사람들보다 훨씬 더 많은 권력을 제공할 수 있다는 것을 알지 못합니다. 그것

이 이치에 맞는 것은 왕조들이 지속되지 못하는 것뿐 아니라—왕조
들은 수많은 불가피한 위험에 노출되기 때문입니다—입헌 정부들까
지도, 비록 왕조보다 큰 안전을 누리기는 하나, 그러한 것은 늘 원해서
사람들을 기쁘게 하려고 말하는 이들 때문입니다. 반면에 파멸할 것처
럼 보이는 것 중 많은 것이 보존되는 것은 최상의 것을 위해 절대적인
솔직함으로 말하는 사람들 덕분입니다. 이런 이유로 모든 왕조의 궁정
에서 진실을 선언하는 이들이, 비록 자기가 말하는 모든 것에서 다른
이들을 기쁘게 하려고는 하나 실제로는 감사를 얻을 만한 아무것도 말
하지 않는 이들보다 훨씬 더 존중받는 것이 적절합니다. 그러나 실제
로는 어떤 왕들에게 그런 이들은 그다지 선호되지 않습니다(「안티파트
로스에게 보낸 편지」[*To Antipater*] 4-6).

요약하자면 고전 세계에서 우정에 관한 주요한 용어는 다음과 같은
것들이다. 남성, 엘리트, 동등함, 선의, 합의, 애정, 신뢰, 충성, 솔직함
혹은 정직함.[18] 오늘 우리의 세계가 고전 세계와 극적으로 다르기는
하지만, 또한 바울이 이 중 몇 개(특히 엘리트주의)를 뒤엎기는 하지
만, 이 목록 중 처음 둘을 제한다면 여기서 우정에 대한 설명을 얻을
수 있다.
    우정은 고대 사회의 접착제였다. 사람들은 관계를 굳히기 위해,

---

18   신뢰, 혹은 "의지할 만한 동료/친구"는 또한 Theognis의 우아한 시의 특징이기도 하
다. Tyrtaeus et al., *Greek Elegiac Poetry: From the Seventh to the Fifth Centuries B.C.*,
trans. Douglas E. Gerber, LCL 258 (Cambridge: Harvard University Press, 1999)를
보라.

즉 사랑하고, 배우고, 가르치고, 심지어 서로 꾸짖고, 즐기기 위해 친구를 사귀었다. 이런 목적들은 우정이 서로의 힘과 사업과 정치적 관계를 강화하는 것을(아리스토텔레스, 『니코마코스 윤리학』 9.10), 후원 관계를 만드는 것을(지위가 서로 다른 친구들 사이에서조차, 이것은 또한 다른 왕들, 부족, 나라로까지 확대된다[19]), 권력의 경계를 세우는 것을 배제하지 않는다. 만약 목회자들이 그리스도를 본받는 문화를 육성해야 한다면, 그리고 우정이 교회 문화 속으로 들어가는 현관이라면, 우정의 이 7가지 요소들은 우리의 주목을 받을 만하다. 그러나 그곳에 이르기 전에 바울을 향해 돌아서 보자.

바울, 사랑, 그리고 우정

바울 서신을 신중하게 읽는 이들은 바울에게 사역자 동료들이 있었음을 알게 된다. 그는 종종 그들을 "동역자들"(synergoi)이라고 부르는데, 로마 세계에서 그런 이들은 흔히 "친구들"(philoi, amici)로 간주된다. 그런 동역자들의 명단에는 브리스가와 아굴라, 우르바노, 디모데, 디도, 에바브라디도, 글레멘드, 유스도라 하는 예수, 빌레몬, 마가, 아리스다고, 데마, 누가 등이 포함된다.[20] 로마서 16장에서 바울

---

19 Adrian Goldsworthy, *Pax Romana: War, Peace and Conquest in the Roman World* (New Haven: Yale University Press, 2016), 63-70에 실려 있는 논의를 보라.

20 다음과 같은 이들은 바울이 교회 개척과 밀접하게 연관된 몇 사람의 이름을 바꿨다고 주장해왔다. Richard G. Fellows, "Renaming in Paul's Churches: The Case of

이 거명하는 사람들은 그의 친구들의 범위를 알려준다.

바울은 사랑과 우정에 관한 언약적 이해를 통해 재해석된, 그리고 다음 장에서 살펴보겠지만 그의 우정을 재구성했던 우정에 관한 고전적 이론에 영향을 받았다.[21] 다시 말해 그는 고향 다소에서 받은 그리스-로마식 교육 덕분에 우정을 덕(그는 이 용어를 사용하지는 않는다), 선의, 일치, 신뢰라는 관점에서 사고할 수 있었다. 유대인으로서 랍비 교육을 받았던 바울은 다른 관점에서 사고했다. 바로 그런 관점들을 통해 자신의 여러 동역자와의 우정에 접근했다. 이런 차이는 바울이 그의 동역자들을 친구라고 부르기 거부했던 것을 통해 드러난다.

바울이 동료들에 대한 사랑을 가리키기 위해 "필리아"(*philia*)가 아니라 "아가페"(*agapē*)를 택한 것은 그가 자신의 동역자들을 "친구들"이라고 부르지 않은 이유에 대한 단서를 제공한다. 바울이 선호하는 용어 중 하나인 "사랑"(명사 *agapē*, 동사 *agapaō*)의 의미를 이해하기 위해서는 성경을 면밀히 살펴볼 필요가 있다. 그리스도인들이 "사랑"에 관해 사고하는 과정에서 저지르는 가장 큰 실수 하나는 영국 (혹은 미국) 사전이 우리에게 그 의미를 제공한다고 여기는 것이다. 메리엄-웹스터(Merriam-Webster) 사전은 명사 "사랑"(love)을 "서

Crispus-Sosthenes Revisited," *TynBul* 56 (2005): 111-30; Fellows, "Name Giving by Paul and the Destination of Acts," *TynBul* 67 (2016): 247-68. 예컨대, 행 18:8(그리스보)과 18:7(분명하게 소스데네)에 근거해 그리스보가 바뀐 이름이라는 것을 알 수 있다.

21   Olyan, *Friendship in the Hebrew Bible*.

로에 대한 강한 애정"이라고 설명한다.[22] 사실 거의 모든 사전이 같은 설명을 제공한다. 사무엘 존슨 사전(Samuel Johnson's Dictionary)도 마찬가지다. 그 사전에서 동사 "사랑하다"(love)에 대한 정의는 "(누군가를) 한쪽 성이 다른 쪽 성에게 갖는 것과 같은 열정적인 애정으로 존중하는 것"이다.[23] 그러나 성경을 공부할 때 유념해야 할 가장 기본적인 것 중 하나는 성경의 저자들이 자신의 용어를 정의하게 해야 한다는 것이다. 그러므로 우리는 성경에서 사랑이 무엇을 의미하는지를 살펴봄으로써 사랑의 의미를 다시 물어야 할 필요가 있다.[24] 우리로서는 한층 더 깊은 단계의 시작이 필요하다. 사랑이 무엇을 의미하는지 이해하기 위해 하나님이 어떻게 사랑하시는지를 살펴볼 필요가 있다.

언약

첫째, 성경은 창조주 하나님이 아브람/아브라함과 언약을 맺으시는 하나님이 되실 때 사랑의 의미를 열어 보인다(예. 창 12장; 15장; 17장; 22장). 하나님은 자신의 언약에 단호하게 헌신하심으로써 사랑하신다. 그 언약은 다윗에 대한 약속에서 새로운 표현을 얻고, 예레미야 31장의 새 언약에 관한 예언에서 새로운 미래를 발견한다. 이것들 각

---

22 "Love (n.)," *Merriam-Webster.com Dictionary*, https://www.merriam-webster.com/dictionary/love.

23 "Love (v.)," *Samuel Johnson's Dictionary*, https://johnsonsdictionaryonline.com/pageview/?i=1228.

24 이 부분은 다음을 개정한 것이다. Scot McKnight, *A Fellowship of Differents: Showing the World God's Design for Life Together* (Grand Rapids: Zondervan, 2014), 51-63.

각은 신약성경의 새 언약 이전에 나온다. 하나님이 자신의 사랑을 표현하기 위해 "언약"(covenant)이라는 용어를 택하신 것은 사랑을 한 존재(하나님)가 다른 존재(아브라함) 그리고 집단적 인격(이스라엘)에 대해 보여주시는 단호한 헌신으로 규정하는 것이다. 때때로 "실패하지 않는 사랑" 혹은 "인애"로 번역하는 유명한 히브리어 단어 "헤세드"(hesed)는 하나님의 "사랑의 헌신"(loving commitment, 시 119:41, 64, 76, 88, 124, 149, 159, 개역개정에서는 모두 "인자하심"으로 번역하고 있다—역주)이라고 번역할 수 있다. 성경 전체에서 언약을 맺은 두 당사자인 여호와와 이스라엘은 전진하기도 하고 후퇴하기도 하지만, 하나님의 단호한 언약적 헌신은 분명하게 남아 있다(바로 이것이 롬 9-11장의 요점이다). 그러므로 각 사람은 하나님에 의해 사랑을 받으며, 하나님의 사랑은 이스라엘에게 나타날 뿐 아니라 또한 그 이야기 안에서 그리스도의 몸인 교회로까지 확대된다. 바울과 그가 사랑하는(agapētoi) 친구들 간의 관계는 무엇보다도 언약적 관계다. 즉 동역자들에 대한 바울의 사랑은 사람으로서의 그들에 대한 단호한 헌신이다(룻기에 실려 있는 룻과 나오미의 관계에 대한 묘사;[25] 삼상 18:1-4,[26] 시 55:13-14을 보라).

함께함

둘째, 성경적 사랑에는 함께함(presence)에 대한 언약이 포함된다. 핵심적인 언약적 약속은 지속적인 함께함에 대한 이런 성경적 약속에

---

25   Olyan, *Friendship in the Hebrew Bible*, 62-69.
26   Olyan, *Friendship in the Hebrew Bible*, 69-77.

서 발견된다.[27] "나는 너희 하나님이 되겠고 너희는 내 백성이 되리라"(렘 7:23). 하나님이 어떻게 인간과 함께하셨을까? 하나님은 연기가 피어 오르는 제단에서 아브라함과 함께하셨으며, 구름 기둥과 불 기둥 속에서, 그리고 회막이라고 불리는 움직이는 제단 속에서 이스라엘과 함께하셨다. 그때까지 하나님의 함께하심은 왕이나 제사장이나 예언자들 같은 지도자들을 통해 알려졌다. "함께하심"에 대한 하나님의 가장 심원한 헌신은 성육신이다. 마태복음이 첫 장에서 진술하듯이, 예수는 "임마누엘, 즉 하나님이 우리와 함께하심"이시다(마 1:23). 그 후에 예수는 우리와 함께 계시기 위해 우리에게 성령을 보내신다. 마지막으로 요한계시록의 클라이맥스 장면은 "하나님의 장막이 사람들과 함께 있으매 하나님이 그들과 함께 계시리니"라고 전한다(계 21:3).

목회자들은 서로 다른 사람들을 목양한다. 하지만 종종 그들은 사람들로부터 하나님이 그들에게 어떻게 말씀하셨는지 혹은 그들이 하나님께 어떻게 말씀드려왔는지에 대해 듣는다. 나는 이것이 사실이라는 것을 아는데, 왜냐하면 내가 설교를 하고 나면 사람들이 나에게 다가와 마치 내가 그들의 목회자 같다고 말하기 때문이다. 마음이 따뜻한 목회자들은 하나님의 함께하심을 아는 것에 관한 이런 개인적인 이야기들을 사랑할 수밖에 없다. 최근에 나의 아내 크리스는 올림픽 수영 금메달리스트인 미시 프랭클린이 교구 소속 고등학교에서 하나님과 믿음을 발견했던 이야기를 읽었다. 그녀는 하나님

---

27   레 26:12; 렘 7:23; 11:4; 겔 14:11; 슥 8:8을 보라.

께 말을 걸고 하나님이 자기에게 말씀하시는 것을 듣는 법을 배웠다. 그리고 나는 그녀의 목회자가 미시처럼 어떤 이가 하나님의 임재를 경험하고 지속적으로 그분과 함께한다는 소식을 듣고 느꼈을 기쁨에 대해 생각하게 되었다. 그녀의 말의 일부를 직접 들어보자.

나는 늘 좋은 친구들에 관해 생각하는 것과 동일한 방식으로 예수에 관해 생각한다. 만약 내가 어떤 친구를 매일 하루가 끝나갈 무렵에 5분씩만 보고 말한다면, 그와 나의 관계는 성장하지 못할 것이다. 나는 필요에 의해서든 확인하는 방식으로든 종일 그와 연결되어 있고 싶다. 만약 내가 차 안에 있다가 라디오를 통해 어떤 슬픈 이야기를 듣는다면, 나는 차를 길가에 세운 후 이렇게 말할지도 모르겠다. "이보세요, 하나님, 제발 이 착한 사람들을 기억해주세요. 그들이 그들에 관해 생각하는 이들이 있다는 걸 알게 해주세요." 그런 후 방송 채널을 바꾸고, 내가 좋아하는 노래를 찾고, 볼륨을 올리고, 계속해서 차를 몰고 갈 것이다.

그분은 늘 나와 함께 계신다. 그래서 나는 늘 그분께 말씀을 드린다. 단지 내가 그분의 확실한 도움의 손길이 필요할 때만 그분에게 나아가지 않는다. 나는 그분에게 모든 것을 말씀드린다. 좋은 일, 나쁜 일, 그 사이의 어떤 일에 대해서든 말씀을 드린다. 심지어 나는 그분에게 어리석고 사소한 일, 가령 파네라 브레드(베이커리 카페 체인점—역주)에서 처음 먹어본 기막힌 신메뉴 샌드위치에 대해서까지 말씀을 드린다. 단지 그분과 계속해서 연결되어 있고 싶어서다. 그거 아는가? 나는 그분에게서 응답을 얻는다. 진짜다. 당신이 영화나 TV에서 보는 방식으로는 아니지만 말이다. 나는 하나님이 아주 다양한 방식으로, 즉 다른 이들과 상호 작용하는 것을 통해서, 라디오에서 듣는 음악을 통해서, 혹은 읽는 책이나 푸른 하늘의 찬란한 빛깔을 통해서 우리에게 말씀하신다는 것을 확실하게 믿는다.[28]

"그분은 늘 나와 함께 계신다." 눈에 띄는 구절이고, 나중에 미시가 여행에서 검증을 받게 될 구절이다. 성경에서 말하는 사랑은 우리와 함께하고자 하시는 하나님의 단호한 헌신이다. 그러므로 만약 우리가 누군가를 사랑한다면, 그것은 우리가 그 사람과 함께하기 위해 단호하게 헌신하는 것을 의미한다. 이런 개념은 바울 서신에 매우 자주 나타나는데, 특히 그가 디도의 부재로 인해 너무 고통스러워서 사역을 할 수 없을 정도라고 말할 때 그러하다(예컨대 고후 7:5-7에서 디도가 도착함으로써 "내면의 두려움"이 해소되었을 때). 우정에서 함께함이란 의미의 핵심을 파악했던 이는 유진 피터슨(Eugene Peterson)이다. 언젠가 그는 어느 설교에서 친구들에 대해 이렇게 말했다. "그들은 단지 다른 이들과 우정의 기쁨을 누리기 위해 방문합니다. 우정에서는 일을 끝내야 할 필요가 없습니다. 우정은 무언가를 성취하는 방법이 아니라 우리가 다른 이와 함께함으로써 그 안에서 더욱더 진정으로 우리 자신이 되는 방법입니다."[29] 소로(Thoreau)는 다른 각도

---

28 Missy Franklin, D. A. Franklin, Dick Franklin, *Relentless Spirit: The Unconventional Raising of a Champion* (New York: Dutton, 2016), 205.

29 Eugene H. Peterson, *As Kingfishers Catch Fire: A Conversation on the Ways of God Formed by the Words of God* (Colorado Springs: WaterBrook, 2017), 20. 『물총새에 불

에서 이 지점에 도달하지만, 나는 그동안 살면서 여러 차례 그의 말을 떠올릴 필요가 있었다. "만약 내가 숲 밖에서 무언가를 생각하고 있다면, 나는 숲 안에서는 무슨 일을 하는가?"[30]

옹호

하나님이 형성하신 언약적 사랑의 세 번째 요소는 사랑이 단호하게 옹호하는 헌신이라는 것이다. 누군가를 사랑한다는 것은 당신이 그의 편을 들고 그를 지지한다는 것, 그를 도울 준비가 되어 있다는 것을 의미한다. 다시 말하지만, 성경은 하나님이 우리와 그분의 언약 관계 안에서 그분이 우리의 하나님이 되시고 우리가 그분의 백성이 되리라는 것을 강조한다. 이에 대한 일반적인 이해는 하나님이 우리의 옹호자, 우리의 용사, 우리의 보호자시라는 것이다. 출애굽기 15:3은 다음과 같이 전한다. "여호와는 용사시니 여호와는 그의 이름이시로다." "스스로 있는 자"이신 하나님은 우리를 도울 준비가 되어 있으시다.[31] 이것은 선의의 우정에 관한 고전적 이론에 부합하지만, 바울이 그의 동료들을 지지하고 옹호하는 것과 훨씬 더 밀접하게 관련되어 있다. 예컨대 디모데나 에바브라에 대해 생각해보라.

이 붙듯』(복있는사람 역간, 2018).

30 Henry David Thoreau, "Walking," Lopate, *Art of the Personal Essay*, 483에서 재인용.

31 John Goldingay, *Old Testament Theology: Israel's Gospel* (Downers Grove, IL: IVP Academic, 2015), 332–43.

방향: 그리스도를 본받는 삶으로서의 덕

마지막으로, 사랑과 우정에 관한 바울의 이론은 여러 가지 점에서 고전적 이론에 다시 한번 상응하면서 기독교적 의미의 덕을 수반했다. 누군가를 사랑한다는 것은 그에게 헌신함으로써 그가 성장해 그리스도를 본받는 삶을 살기를 바라고 또한 그렇게 되도록 애쓰는 것을 의미한다. 우리는 스스로 그 방법을 상기하기 위해 하나님이 사랑하시는 것을 봄으로써 사랑하는 법을 배운다. 하나님은 단호한 언약적 헌신을 통해 우리와 함께하시고 우리 앞에 계시기를 원하신다. 또 그분은 우리가 우리를 위한 그분의 완전한 계획에 **이르도록** 우리를 사랑하신다. 성경 안에서 사랑은 방향을 갖고 있다. 그 방향은—신학적 용어를 사용해 말하자면—"성화"(sanctification)이고, 데이비드 드실바(David deSilva)의 용어를 사용해 말하자면 "변혁"(transformation)이다.[32] 여기서 나는 그리스도를 본받는 삶에 관해 말하고 싶다. 서로 사랑한다는 것은 서로가 그리스도를 본받는 삶을 살기를 바라는 것이다. 이것은 좀 더 상세하게 설명할 만한 가치가 있다. 구약성경 "율법"의 핵심은 쉐마(Shema)다. 쉐마의 핵심은 마음을 다하고 목숨을 다하고 힘을 다하여 하나님을 사랑하는 것이다(예수는 막 12:28-32에서 여기에 "뜻"을 덧붙이신다). 아마도 여기서 주목을 받지 못하는 것은 성경에서 사랑과 순종이 얼마나 밀접하게 연결되어 있느냐 하는 것일 텐데, 그것은 특히 그 언약의 체결이 결국 고

---

32   David A. deSilva, *Transformation: The Heart of Paul's Gospel* (Bellingham, WA: Lexham Press, 2014).

대의 종주권 조약의 형태를 빌려왔기 때문일 것이다.[33] 존 레벤슨(Jon Levenson)은 하나님의 사랑에 관한 기념비적일 만큼 중요한 그의 연구서를 통해 다음과 같이 말한다. "여기서 문제가 되는 [하나님의 그리고 하나님을 위한 이스라엘의] 사랑은 준정치적인, 혹은 보다 정확하게는 신정정치적인 충성이다. 그것은 섬김과 경의에서 실현되고 사회적 힘을 얻는 사랑이다."[34] 그러므로 하나님을 사랑한다는 것은 하나님께 복종하는 것이고, 그리스도 안에서 우리에게 계시된 하나님께 복종하는 것은 우리가 그리스도를 본받는 삶을 살도록 형성되는 것이다.

하나님이 우리를 사랑하시고 우리 안에 거하시는 것은 우리를 사랑스럽고 거룩하며 하나님께 영광을 돌리고 하나님 나라 안에서 다른 이들을 위해 사는 사람들로 만드시기 위함이다. 하나님은 우리를 사랑하심으로써 우리가 그리스도를 본받는 삶의 방향으로 나아가게 하신다. 그런 일은 어떻게 일어나는가? 우리를 위한 하나님의 사랑 안에서 작동하는 인격적 역동성은 다음과 같이 일어난다. 하나님의 사랑의 현존(함께하심)이 우리를 변화시킨다. 하나님의 현존은 변혁적이기 때문이다! 다른 이들에 대한 우리의 사랑도 같은 일을 한다. 우리가 다른 이들을 사랑할 때, 우리는 그들 안에 깃들고 그들은 우리 안에 깃든다. 인격적 현존은 다른 이들을 위한 공간을 만든

---

33   이에 대한 충분한 설명을 위해서는 Jon D. Levenson, *The Love of God: Divine Gift, Human Gratitude, and Mutual Faithfulness in Judaism* (Princeton: Princeton University Press, 2016)을 보라.

34   Levenson, *Love of God*, 13.

다. 우리가 사랑하는 이가 차지한 그 공간이 우리가 그들처럼 되도록 영향을 준다. 쌍방향인 참된 우정은 늘 변혁적이다. 다른 이들을 위한 공간을 만드는 것은 변화를 이끌어낸다.

정서적인

위에서 언급했듯이 하나님과 그분의 백성 사이의 굳건한 언약적 헌신은 감정적이고 정서적인 차원이 있다. 레벤슨은 우리에게 언약은 상업적 조약에서만큼이나 가족 관계로부터도 출현한다고 상기시킨다. 그러므로 그것은 단지 계약적이거나 법률적인 것이 아니라 언제나 무엇보다도 관계적이다. 그는 사랑은 활동적이며 정서적이라고 말한다.[35] 하나님은 사랑이시다. 그러하기에 하나님은 사랑이 무엇인지를 정의하신다. 성경이 우리에게 전하는 바에 의하면 하나님은 이스라엘에 "마음을 두신" 분인데(hashaq; 신 7:7; 10:15; 시 91:14; 사 38:17),[36] 이 용어는 에로스에 가까운 의미를 갖고 있다.

> 하몰이 그들에게 이르되 "내 아들 세겜이 마음으로 너희 딸을 **연연하여** 하니 원하건대 그를 세겜에게 주어 아내로 삼게 하라"(창 34:8).

> 네가 나가서 적군과 싸울 때에 네 하나님 여호와께서 그들을 네 손에

---

35 Levenson, *Love of God*, 21-48.
36 John Goldingay는 시 91:14을 "그분이 나에게 매혹되셨기에"로, 사 38:17을 "그러나 당신 자신이 나를 기뻐하셨다"로 번역한다. John Goldingay, *The First Testament: A New Translation* (Downers Grove, IL: IVP Academic, 2018)을 보라.

넘기시므로 네가 그들을 사로잡은 후 네가 만일 그 포로 중의 아리따운 여자를 보고 그에게 **연연하여** 아내를 삼고자 하거든 그를 네 집으로 데려갈 것이요, 그는 그 머리를 밀고 손톱을 베고 또 포로의 의복을 벗고 네 집에 살며 그 부모를 위하여 한 달 동안 애곡한 후에 네가 그에게로 들어가서 그의 남편이 되고 그는 네 아내가 될 것이요, 그 후에 네가 그를 기뻐하지 아니하거든 그의 마음대로 가게 하고 결코 돈을 받고 팔지 말지라. 네가 그를 욕보였은즉 종으로 여기지 말지니라(신 21:10-14).

레벤슨은 성경에서 하나님이 이스라엘과 "사랑에 빠지셨다"고 가르친다고 말한다. 나는 이 문제를 계속 다룰 수 있으나 그러지 않을 것이다. 성경에서 사랑은 다른 이에 대한 정서적이고 단호한 헌신을 의미한다. 성경에 나오는 친구들의 우정에 관한 말 중 가장 맑고 투명한 것은 다윗과 요나단에게서 나타난다. "요나단의 마음이 다윗의 마음과 하나가 되어 요나단이 그를 자기 생명 같이 사랑하니라"(삼상 18:1; 참고. 창 44:20, 30-31). 이것은 깊은 애정에 관한 말이다.

　　친구들에 대한 바울의 감정적인 사랑은 그의 얼굴, 말, 편지, 모든 곳에서 드러난다. 바울의 동역자들은 자기들에 대한 바울의 애정 어리고도 단호한 헌신과 (가능한 모든 곳에서) 함께함과 옹호해줌에 대해 알았다. 또한 그들은 그의 단호한 헌신이 그들 모두가 그와 더불어 더욱 그리스도를 닮아가게끔 하는 쪽으로 형성되었다는 것을 알았다. 나는 바울이 그의 친구들을 홀로 내버려 두지 않았고 그들 역시 바울을 홀로 내버려 두지 않았다고 생각한다. 그들은 다윗과 요나단이 우정의 언약 속에서 서로에게 했던 것처럼(삼상 18:1-4), 언약적 의미에서 서로에게 헌신했다. 그러므로 바울은 신명기에 나오는 그 유명한 표현에 대해 여러 차례 숙고했다. "너의 가장 친한 친구", 혹은 킹 제임스 성경(KJV)이 말하듯 "너의 생명과도 같은 너의 친구"(신 13:6)에 관해, 또한 잠언 17:17의 "친구는 사랑이 끊어지지 아니하고"와 18:24에 나오는 친구에 관한 유명한 구절인 "어떤 친구는 형제보다 친밀하니라"에 관해서 말이다.

사례

고대 세계에서 이것은 어떻게 보였을까? 훨씬 후대의 기독교 감독이자 신학자였던 요안네스 크리소스토모스와 그의 친구 바실리오스의 우정에 관한 아름다운 예를 살펴보고자 한다. 나는 얼마간의 적절한 역사적 조정을 전제하고, (『사제직에 관한 논문』[Treatise on the Priesthood]에서 묘사되는) 이 두 지도자 사이의 우정이 사도 바울과 그의 동역자 친구들의 우정과 유사했다고 믿는다. 아래의 인용문에서 그들의 우정에서 나타나는 애정, 헌신, 함께함, 옹호, 방향에 주목하라.

> [1.1] 내게는 여러 명의 성실하고 참된 친구들이 있었다. 그들은 우정의 법칙을 이해했고 그것들을 충실하게 지켰다. 그 많은 친구 중 나에 대한 애정이라는 측면에서 다른 모두를 능가하는 이가 있었다. 그는 그 모든 이들이 서로 평범하게 아는 정도를 능가했던 것만큼이나 그

들 모두를 능가하려고 했다. 그는 계속해서 내 곁에 있었던 이들 중 하나였다. 우리는 같은 연구를 했고 같은 선생님을 모셨다. 우리는 우리가 하는 연구에 대한 동일한 열심과 열정을, 그리고 우리 모두에게 동일하게 강력했던 동일한 상황에 의해 산출된 열정적인 갈망을 갖고 있었다. 학교에 다닐 때뿐 아니라 학교를 떠난 후에도, 우리가 어떤 삶의 방향을 취하는 것이 가장 좋을지에 대해 생각할 필요가 있었을 때, 우리는 같은 마음을 갖고 있음을 알았다.

3. 그러나 수도사의 복된 삶과 참된 철학을 추구하는 것이 우리의 의무가 되었을 때, 우리의 균형은 더 이상 유지되지 않았다. 그의 기준은 높이 올라간 반면, 여전히 이 세상의 욕망에 휩싸여 있던 나는 내 기준을 내리고 그것을 계속해서 낮추기 위해 젊은이들이 흔히 빠져드는 환상들로 그것을 내리눌렀다. 그 후로도 우리의 우정은 전처럼 확고하게 유지되었으나, 우리의 교제는 중단되었다. 왜냐하면 같은 일에 관심이 없는 이들이 함께 많은 시간을 보내기가 불가능했기 때문이다. 그러나 내가 세상의 홍수로부터 조금씩 벗어나기 시작했을 때, 그는 팔을 벌려 나를 받아주었다. 그럼에도 우리는 이전의 평등을 유지할 수 없었다. 그는 적절한 때에 나를 출발시켜놓고, 또한 큰 열정을 보여준 후, 다시 내 수준 이상으로 올라가 아주 높은 곳으로 솟구쳤기 때문이다.

또한 기독교적인 주제들과 뒤섞여 있는 고전적인 주제들에 주목하라. 친구들 사이의 이런 교환, 서로를 향한 사랑에 관한, 그리고 삶을 변화시키는 의미를 지닌 영혼을 밝히는 주제들 및 구원 그 자체와 연결된 모든 것에 관한 이런 구두 소통. 나는 이것이 초기 교회의 기독교 지도자들에게 특별한 것이 아니었다고 믿는다.

목회자들은 그리스도를 본받는 삶의 문화를 육성해야 한다. 그리고 교회가 문화적 운동을 시작하는 방식은 친절해야 한다. 목회자들은 지역교회의 상황 속에서 사람들의 친구가 되어야 하고, 친절해야 하며, 우정의 문화를 육성해야 한다. 이것은 무엇을 의미하는가? 목회자들은 다른 이들과 헌신, 애정, 함께함, 옹호, 방향 같은 용어들로 형성된 회중 가운데서 관계를 육성해야 한다. 목회자들은 회중들이 서로에게 헌신하도록, 서로에게 애정을 보이도록, 서로에게 함께하도록, 서로의 옹호자가 되도록, 서로 그리스도를 본받는 삶을 사는 데까지 성장하도록 지지하는 일을 도와야 한다. 이것은 사실이라기에는 너무 좋아 보이는데, 왜냐하면 그것이 실제로 그러하기 때문이다.

우정은 쉽게 이상화될 수 있고, 이상화된 우정은 교회 안에서 쉽게 좌절을 경험하고 환멸의 근원이 된다. 그렇다면 우리는 바울이 물려받은 세상에서 고전적 우정이 의미했던 것에 대한 이런 간략한 묘사를 전제하고, 또한 그가 그런 우정을 언약적 사랑에 관한 용어들로 재구성했음을 전제하고 이렇게 물을 수 있다. 바울의 "우정"은 어떤 모습이었을까? 바울의 실제 우정은 그런 이상의 신화를 신속하게 내쫓고 우리를 불화, 논쟁, 실망, 균열과 화해의 방 안으로 이끌어간다. 먼저 바울과 요한 마가의 관계를 살펴보자.

바울과 요한 마가

화해라는 특징을 지닌 우정

우정은 실제로 친구 관계를 맺기 전까지는 멋진 이상이다. 그러나 실제로 친구가 생기게 되면 그때부터 복잡한 일들이 발생하기 시작한다. 바울과 그의 젊은 친구 요한 마가의 우정은 자주 언급되는 이야기는 아니다. 하지만 우리로서는 바울이 완벽한 사람이 아니었음을 상기하기 위해 그 이야기를 살펴볼 필요가 있다. 바울은 일반적인 격정과 평범한 문제들, 그리고 그의 가장 친한 친구들을 포함해 다른 이들과의 일상적인 긴장을 지니고 살았던 평범한 사람이었다.[37] 사실 당신은 우리 중 많은 이들처럼 성경의 사도들이 땅 위로 살짝 떠올라서 걷고 늘 경건한 방식으로 살아가기를 바랄 것이다. 그러나 바울은 그렇지 않았다. 우리는 그것에 익숙해져야 한다.

바나바와 갓 회심한 다소 출신의 젊은이 사울은 아주 가까운 사역 친구였다. 바나바는 안디옥이라는 대도시에 바울이 꼭 필요하다고 느꼈다. 그로 인해 바울은 그곳에서 바나바와 함께 1년여에 걸쳐 활발한 선교 활동을 폈다. 거의 같은 시기에 천사가 베드로를 예루살렘 감옥에서 구출해 요한 마가라는 청년의 어머니 마리아의 집으로 이끌었다. 마침 바나바와 바울은 가난한 성도들에게 구제금을 전달하기 위해 예루살렘에 와 있었다. 예루살렘에서 일을 마친 바울과

---

37 아래의 이야기와 관련한 성경 본문들은 행 11:19-30; 12:12; 13:13; 15:36-41; 고전 9:6; 골 4:10; 빌 24; 딤후 4:11 등이다.

바나바는—그들은 재능 있는 젊은 선교사를 찾는 일에 늘 주의를 기울였을 것이다—안디옥으로 돌아가기로 했다. 그들은 돌아갈 때 요한 마가라는 청년을 데려갔다.

바울의 첫 번째 선교 여행 때 바나바와 바울은 교회의 잠재적 지도자로 알려진 요한 마가를 데리고 갔다. 한데 어떤 이유에서인지 요한 마가는 여행 도중 예루살렘에 있는 집으로 돌아가기로 결정했다. 그로부터 얼마 후 바울과 바나바는 이방인 회심자들을 어떻게 (온전하게) 교회 안으로 받아들일 것인가(그들에게 할례를 요구할 것인가, 말 것인가)를 두고 벌어진 중요한 회의에 참석하기 위해 예루살렘으로 올라갔다. 일을 마친 후 그들은 첫 번째 선교 여행 때 세운 선교 교회들을 둘러보기로 했다. 그런데 이때 바나바가 다시 요한 마가를 데려가고 싶어 했다. 아마도 바나바는 그 청년이 성장했다는 것을 알았을 것이다. 그러나 바울은 그를 받아들이려 하지 않았다. 그가 앞선 선교 여행 때 자기들을 버리고 떠났기 때문이었다. 바나바와 바울의 의견 차이는 아주 컸고 그로 인해 바나바와 요한 마가는 바울의 선교 여행에 동참하기를 거부했다. 그들은 키프로스섬에서 독자적인 사역을 하기로 했다. 그리고 바울은 다른 선교 사역자인 실라와 함께 그가 세운 교회들을 찾아갔다.

우리가 주목해야 할 것은 이것이다. 때로는 바나바와 바울 같은 가장 좋은 친구들조차, 그리고 때로는 가장 훌륭한 전도자, 선교사, 사도들조차도 서로 반목한다. 나는 이 이야기가 슬프다. 사실 나는 바울이 너무 고집스러워 보인다. 내 생각에는 바나바가 옳았던 것으로 보인다. 실제로 시간은 그가 바울보다 분별력이 있었음을 입증해줄 것이다. 요한 마가는 교훈을 얻게 될 것이다. 우리는 그 두 팀 모두의 사역이 번성했음에 감사할 수 있다. 하지만 그것이 바울이 화해에 관한 그 자신의 복음을 따라 살았음을 의미하지는 않는다(롬 5:8-11; 고후 5:16-21).[38]

어느 때엔가 바울, 바나바, 요한 마가는 분명히 화해를 이뤘다. 훗날 바울이 "어찌 나와 바나바만 일하지 아니할 권리가 없겠느냐"(고전 9:6)라고 말할 때, 자기와 바나바가 다시 합심했음을 가리키는 것처럼 보인다. 우리는 요한 마가에 관해서도 같은 소식을 전할 수 있다. 요한 마가는 바울 서신에서 세 차례 언급되는데, 바울 곁에 있는 아주 가까운 친구이자 선교 사역자로 묘사된다. 그 세 본문 모두를 인용해보자.

> 나와 함께 갇힌 아리스다고와 바나바의 생질 마가와(이 마가에 대하여 너희가 명을 받았으매 그가 이르거든 영접하라)(골 4:10).

> 또한 나의 동역자 마가, 아리스다고, 데마, 누가가 문안하느니라(몬 24).

> 네가 올 때에 마가를 데리고 오라. 그가 나의 일에 유익하니라(딤후 4:11).

---

38   바울 신학에서 화해의 중심성에 관한 최근 설명을 위해서는 Stanley E. Porter, "Reconciliation as the Heart of Paul's Missionary Theology," *Paul as Missionary: Identity, Activity, Theology, and Practice*, ed. Trevor J. Burke, Brian S. Rosner, LNTS 420 (London: T&T Clark, 2011), 169-79를 보라.

나는 바울과 바나바가 요한 마가를 두고 갈라섰던 것에 대해 논의하고 서로 합의하고 화해했으리라고 생각한다. 그 과정에서 바울은 요한 마가가 충분히 성숙한 사역자임을 깨닫고 그를 받아들이고 자신의 가까운 친구와 동역자들(바울로서는 아주 높은 칭찬을 담은 용어다) 중 하나로 삼았을 것이다.

성경이 말하는 우정은 다음과 같다. 모든 것이 화해를 이룰 것이다. 지금 우리는 그 화해 안에서 살기 시작하도록 부르심을 받았다. 우정은 정서적이고 단호한 헌신, 함께함 및 옹호와 관련되어 있다. 또 그것은 그리스도를 본받는 삶 안에서 성장하는 것과 관련되어 있다. 바울과 요한 마가의 화해는 바울식 우정의 형태를 보여준다.

바울과 뵈뵈
옹호의 우정

그리스-로마 세계에서는 사회적 지위와 역사의 사건들이 누가 말하느냐를 결정한다. 그럼에도 아리스토텔레스의 우정에 관한 이론이 남성 엘리트를 위해 고안되었음은 분명한 사실이다. 바울 역시 엘리트들과 친구가 되었다. 그런데 적어도 그중 한 사람은 여자였다. 우리에게 알려진 뵈뵈에 관한 정보는 성경의 단 두 구절에서만 나타난다.[39] 우리는 로마서 16:1-2에서 다음과 같이 읽는다. "내가 겐그레

---

39 Robert Jewett, *Romans: A Commentary, Hermeneia* (Minneapolis: Fortress, 2007),

아 교회의 일꾼으로 있는 우리 자매 뵈뵈를 너희에게 추천하노니 너희는 주 안에서 성도들의 합당한 예절로 그를 영접하고 무엇이든지 그에게 소용되는 바를 도와줄지니 이는 그가 여러 사람과 나의 보호자가 되었음이라." 뵈뵈는 사로니코스만에 있는 고린도의 아름다운 항구 겐그레아 출신이다. 거의 확실하게 그녀는 고린도에 있던 그리스도의 모임 안에서 매우 활동적이었고, 대부분의 학자는 뵈뵈 혹은 "티타네스"라는 이름이 그녀의 부모가 이방인이었음을 가리킨다고 여긴다.

뵈뵈는 엘리트 계급이었다. 그녀는 "보호자"(*prostatis*, benefactor) 라고 불리는데, 오늘날 대부분의 사람은 이것이 그녀의 재정적 능력과 관대함을 가리킨다고 여긴다. 그러나 그리스어 "프로스타티스" 는 후원자 이상을 의미한다. 공통영어역(CEB)은 "후원자"(sponsor) 라고 번역하는데, 아마도 그것이 본래의 의미에 더 가까울 것이다. 나는 그것이 고린도의 지협에서 이루어진 바울의 사역에 대한 주된 후원자 같은 무언가를 의미한다고 제안한다. 바울은 또한 그녀가 주 안에서 영접을 받을 만하다고 말하는데, 이것은 바울이 복음을 전하면서 했던 일에 대한 보상 형태로 그를 관대하게 환대해주었던 것을 가리키는 표현이다.

재정적 엘리트였던 것에 더하여 뵈뵈는 사역을 위한 은사도 갖고 있었다. 또한 그녀는 "집사"(deacon, 개역개정은 "일꾼"으로 번역했

941-48; Lynn H. Cohick, *Women in the World of the Earliest Christians: Illuminating Ancient Ways of Life* (Grand Rapids: Baker Academic, 2009), 285-320; Joan Cecelia Campbell, *Phoebe: Patron and Emissary* (Collegeville, MN: Michael Glazier, 2009).

다—역주)라고 불린다. 그녀가 "여집사"(deaconess)라고 불리지 않는 것에 주목하라. 여집사라는 표현은 집사의 역할을 여자들이 할 수 있는 일—가령, 주의 만찬 후에 성찬용 잔들을 닦는 것 같은—로 축소시킨다. 바울의 교회에서 집사는 복음의 중개자,[40] 그리스도의 지역적인 모임의 목회자, 교회에서 돈을 거두고 분배하는 자들이었다. 더 나아가 대부분의 학자는 바울이 로마로 보내는 그 멋진 편지의 운반인이 뵈뵈였다는 데 동의한다. 그와 관련한 두 가지 관찰 결과가 다른 모든 것보다 두드러진다. 첫째, 그녀는 그 편지를 로마에 있던 가정 교회 5곳에서 각각 공적으로 읽어주고, 그 편지에 대한 질문에 답할 책임을 맡았을 것이다. 전자에는 사도 바울과 더디오 같은 그의 친구들에게 지도를 받는 것이 포함되었는데, 더디오는 그 교회들에서 그 편지를 어떻게 "읽어줄지"를 지적함으로써 그 편지에 기여했다. 후자는 뵈뵈가 그 편지의 내용을 명확하게 전할 뿐 아니라 그것의 신학을 이해할 책임이 있음을 의미한다.

바울에게는 남자와 여자 친구들이 있었다. 또한 낮은 계층(오네시모를 생각해보라)과 높은 계층의 친구들(에라스도와 뵈뵈 같은)이 있었다. 바울의 우정에는 서로의 사역을 확장시키는 것이 포함되었다. 뵈뵈에 관한 본문에서 우정은 그리스도를 본받는 삶으로 여행하는 이들에 대한 옹호가 수반된다. 따라서 바울은 그녀가 가치가 있다고 여기고, 뵈뵈에게 보여질 풍성한 환대를 옹호한다.

두 번째 관찰 결과는 친구들 사이에서 이루어지는 관대함 및 호

---

40 Cohick, *Women in the World of the Earliest Christians*, 303-7.

혜성과 관련되어 있는데, 그것은 로마 세계에서 매우 일반적이었던 자선의 특성이자 바울의 우정과 관계의 특징이었다.[41] 뵈뵈는 바울에게 관대했다. 바울은 교회들이 그녀에게 관대하기를 기대했다. 마지막으로, 바울은 자신의 사역을 재정적으로 지지해줄 수 있는 이들에게 탄원하고 그들로부터 도움을 받았다. 예루살렘 성도들을 위한 기금을 모아달라는 그의 간청은 그에 대한 한 예였을 뿐이다. 그리고 뵈뵈에게 기금과 자원을 간청하는 것은 복음의 패턴 일부였을 뿐이다. 영적으로 이익을 준 이들은 물질적 보답을 기대할 수 있다(4장을 보라).

바울과 에바브라
신뢰에 근거한 우정

신뢰를 우정의 핵심으로 만든 것은 세네카였다. 그가 제시한 우정의 형태는 서로에 대한 더없는 취약성과 책임을 표현한다. 사도 자신도 그가 디도를 통해 고린도 교회와 소통했던 것을 통해 볼 수 있듯이 (고후 2:12-13; 7:2-16), 그런 종류의 취약성을 갖고 있었다. 여기서 내가 택한 본보기는 바울의 친구 에바브라와의 우정이다. 에바브라는 바울의 동역자 중 자주 무시되는 (그래서는 안 됨에도 불구하고) 이들

---

41 자선을 베푸는 자들 사이의 호혜성의 중요성에 관해서는 John M. G. Barclay, *Paul and the Gift* (Grand Rapids: Eerdmans, 2015)를 보라. 『바울과 선물』(새물결플러스 역간, 2019).

중 하나다.[42]

에바브라는 메안데르강을 따라 이어진 리쿠스 계곡에 있는 골로새 출신이다. 그는 사도 바울이 2차 선교 여행 시 에베소에서 사역할 때(기원후 49-52년경) 예수 그리스도께 회심한 자였다. 혹은 적어도 그것이 학자들 사이에서 합의된 내용이다. 에바브라가 리쿠스 계곡을 복음화하고 골로새, 라오디게아, 히에라폴리스에 교회들을 세운 것은 바울의 동료이자 친구로서였다.

바울은 처음부터 에바브라가 특별히 사역에 재능이 있다는 것을 알았음이 분명하다. 바울이 그 젊은이를 리쿠스 계곡으로 보낸 것은 그가 회심한 지 얼마 되지 않아서였기 때문이다. 만약 나처럼 골로새서의 작성 시기를 54년경으로 여긴다면, 그것은 에바브라가 회심하고, 도제로서 교육을 받고, 보냄을 받아 적어도 3개의 교회를 설립한 모든 일이 4년 이내에 이루어졌음을 의미한다. 주목할 만하게도 우리는 바울이 직접 그곳에 간 적이 없어서(골 2:1) 골로새에 관한 모든 소식을 전적으로 에바브라에게 의존하고 있기에, 골로새 신자들의 영적 성장에 관한 놀라운 소식(1:3-8)과 그들의 철학적·신학적·신비적 집적거림에 관한 나쁜 소식—나는 그 집단을 "할라카식 신비주의자들"이라고 부르기를 좋아한다(2:8-9, 16-23, 물론, 1:15-20에서의 공명과 함께)—모두를 에바브라를 통해 듣는다.[43] 에바브라가 에베소에서 바울을 통해 충분한 신학적 훈련을 받지 못했을 것이

---

42   이하의 내용은 골 1:7-8; 2:1; 4:12; 몬 23을 연결해 엮은 것이다.
43   Scot McKnight, *The Letter to the Colossians*, NICNT (Grand Rapids: Eerdmans, 2018), 18-34를 보라.

고, 따라서 골로새의 문제를 해결하는 데 도움을 얻기 위해 리쿠스 계곡에서 평원을 따라 에베소로 내려가는 여행을 했을 것이리라. 바울의 편지는 그의 동역자이자 친구인 에바브라와 나눈 대화에 대한 응답이었다.

에바브라는 사역에, 아마도 가장 특별하게 고향에서의 사역에, 깊은 기도 생활이 요구된다는 것을 배웠다. "그가 항상 너희를 위하여 애써 기도하여 너희로 하나님의 모든 뜻 가운데서 완전하고 확신 있게 서기를 구하나니"(4:12). 그는 골로새의 도전적인 문제들로 인해 기도 생활에 빈둥거릴 수 없었다. 그는 골로새 교인들이 하나님이 바라는 모든 일에서 확고하게 서기를 기도한다. 그가 사용하는 "완전하고" "확신에 찬" 용어들은 골로새의 반대자들 안에서 나타나는 혼란과 관련되어 있었다.

우정에 관한 바울의 이론은 비록 증거가 미약하기는 하나 에바브라와 함께 온전하게 드러난다. 우리는 바울이 한 인간으로서 그에게 단호하게 헌신했다는 것을, 즉 그가 주목할 만한 방식으로 에바브라와 함께했으며 어떤 필요가 발생했을 때 기꺼이 그와 함께 많은 시간을 나눴음을 안다. 더 나아가 그 빈약한 증거는 바울이 공적 확언과 관련해 그 사람에 대한 가장 큰 옹호자였음을 보여준다. 바울이 공적으로 읽힐 편지에서 에바브라에 대해 사용하는 표현은 다음과 같다. "함께 종 된 사랑하는"(1:7), "그리스도의 신실한 일꾼"(1:7), "그리스도 예수의 종"(4:12). 여기서 사용한 그리스어 단어들은 주목할 만하다. "함께 종 된 사랑하는"(*agapētou syndoulou*), "신실한…일꾼"(*pistos...diakonos*), "종"(*doulos*). 이 모든 용어는 바울이 에바브라에게서 나타난 그리스도를 본받는 삶이라는 방향으로의 성장을 간파했음을 보여준다. 이런 용어들은 바울이 골로새와 라오디게아 사람들에게 자신이 신뢰하는 사람을 신뢰하도록 만들기 위해 사용한 중요한 수사학적 표현들이다. 아마도 이것은 우리가 그 두 사람의 관계를 살피면서 얻게 되는 중요한 통찰 중 하나일 것이다. 바울은 이 젊은이를 신뢰했고 그가 세 개의 다른 교회들을 개척하도록 위임했다. 바울은 에바브라의 어깨 너머를 기웃거리지 않았다. 바울은 에바브라를 보냈고 그를 통해 리쿠스 계곡에 복음이 전파되고 있다는 소식을 기도하며 기다렸다.

바울과 디모데
동등한 자들의 우정

바울 친구들의 동지적 네트워크의 핵심에는 디모데가 있었다. 디모데는 너무 자주 그저 누군가의 그림자에 지나지 않아 보이는 젊은 사역자에 대한 비유가 되곤 한다. 바울과 디모데의 특별한 관계는 고린도전서 4:17에서 잘 드러난다. "이로 말미암아 내가 주 안에서 **내 사랑하고 신실한 아들** 디모데를 너희에게 보내었으니 그가 너희로 하여금 그리스도 예수 안에서 나의 행사 곧 내가 각처 각 교회에서 가르치는 것을 생각나게 하리라." 바울은 그를 "아이" 혹은 "아들"이라고 부르는데, 그것은 마치 바울이 그를 어머니처럼 낳고 아버지처럼 길렀음을 상기시킨다. 여기서 쓰인 단어는 아들에 대해 일반적으로 사용되는 "휘오스"(*huios*)가 아니라 아이에 대해 보다 친밀하게 사용되는 "테크논"(*teknon*)이다(개역개정은 이 단어를 "아들"이라고 번역한다—역주). 바울은 디모데에 대한 자신의 "사랑"을 표현한다. 그는 디모데를 지지한다. 그는 디모데가 자신의 삶에 대해 정확하게 말할 수 있음을 안다. 그리고 그를 신뢰한다. 바울과 디모데는 많은 시간을 **함께** 보냈는데, 그것은 서로에 대한 그들의 사랑의 표현이었다. 디모데의 삶에 관한 핵심적인 사실은 다음과 같다.[44]

- 디모데의 아버지는 이방인이었으나, 그의 어머니는 유대인이었다.
- 아마도 그는 바울이 첫 번째 선교 여행 때 루스드라에서 사역하는 동안 회심해 그리스도를 따르게 되었을 것이고, 분명히 그곳에서 바울이 돌에 맞는 것을 보았을 것이다.
- 디모데의 어머니는 신자였다.
- 바울은 두 번째 선교 여행 때 그를 택해 자기와 "함께" 있게 했고, 디모데는 안수를 통해 성령의 특별한 은사를 받았다.
- 바울은 디모데의 "신분"을 조정하기 위해 할례를 받게 했다.
- 바울이 아테네로 여행했을 때, 디모데는 실라와 함께 베뢰아에 머물렀고, 그 후 아테네에서 바울과 합류했다.
- 디모데는 데살로니가에 있는 그리스도인들에게 용기를 불어넣었고

---

44 디모데의 삶에 관한 나의 간략한 스케치의 배후에는 다음의 본문들이 있다. 행 14:19-20; 16:1-3; 17:14-16; 18:5; 19:22; 20:4; 살전 1:1; 3:1-6; 살후 1:1; 고전 4:17; 16:10-11; 고후 1:1, 19; 11:9; 롬 16:21; 골 1:1; 몬 1; 빌 1:1; 2:19, 22-23; 딤전 1:3, 18; 4:12, 14; 딤후 1:5-6; 3:11, 15; 4:13, 21; 히 13:23.

나중에 바울에게 그들에 관한 좋은 소식을 전했는데, 그 좋은 소식의 일부는 예루살렘에 있는 가난한 신자들을 위한 구제금으로 표현되었다.

- 디모데는 바울이 데살로니가전·후서를 쓰는 것을 도왔고, 고린도에서 전도하는 것을 도왔고, 고린도후서와 아마도 로마서를 쓰는 것을 도왔다.[45]
- 그는 예루살렘 교회에 대한 루스드라 교회의 대표로 바울과 함께 예루살렘까지 여행했다.
- 그는 바울이 골로새서, 빌레몬서, 빌립보서를 쓰는 것을 도왔다.
- 훗날 바울은 그를 빌립보로 보냈을 것이다. 디모데는 에베소에 머물다가 겨울에 로마에서(?) 바울과 합류하라는 권면을 받았다.
- 디모데는 복음을 위해 투옥되었고 최종적으로는 풀려났다.

디모데는 바울의 선교 초기부터 끝까지 가장 가까운 동료였다. 만약 우정에 관한 바울의 이론을 가장 잘 예시하는 무언가를 찾고자 한다면, 아마도 그것은 그와 디모데의 관계일 것이다. 그들은 서로에게 단호하게 그리고 정서적으로 헌신했다. 그들은 서로에게 함께함이라는 선물을 베풀었다. 그들은 서로의 옹호자가 되었다. 그리고 그

---

45 E. Randolph Richards, *The Secretary in the Letters of Paul*, WUNT 2.42 (Tübingen: Mohr Siebeck, 1991); Richards, *Paul and First-Century Letter Writing: Secretaries, Composition and Collection* (Downers Grove, IL: InterVarsity, 2004). 최근에 Richards 의 주장 중 일부는 도전을 받아왔다. 다음을 보라. Jeffrey A. D. Weima, *Paul the Ancient Letter Writer: An Introduction to Epistolary Analysis* (Grand Rapids: Baker Academic, 2016).

리스도를 본받는 삶의 여행에서 분명하게 서로의 곁에 있었다.

말해야 할 것이 더 있다. 디모데는 바울의 가장 훌륭하고 가장 가까운 친구였다. 바울은 그를 필요로 했다. 사도행전 17:15은 우리에게 바울이 실라와 디모데가 "자기에게 속히 오기를" 바랐음을 알려준다. 디모데후서 4:9에서 바울은 디모데에게 "너는 어서 속히 내게로 오라"고 말한다. 그 장 말미에서는 "너는 겨울 전에 어서 오라"(21절)고 말한다. 디모데는 바울이 "사랑하는" 혹은 "사랑을 받는"(고전 4:17; 몬 1), "신실한"(고전 4:17), "가치 있는"(빌 2:22, NRSV, 우리말 성경은 "연단"으로 번역했다―역주), "아들" 혹은 "아이"(빌 2:22; 딤전 1:2, 18) 등으로 묘사하는 사람이었다.

때때로 함께 사역하는 친구들은 서로를 너무 잘 알기에 서로를 대표할 수 있다. 여기서 우리는 다시 한번 우정에 관한 고전적 이론을 접한다. 아리스토텔레스는 친구를 "두 번째 자기"라고 여겼다(『니코마코스 윤리학』 9.9.10). 우정에서 함께함과 방향이라는 요소가 하나가 될 때, 그것은 두 사람이 같은 길 위에서 하나가 되는 변혁으로 이어질 수 있다. 바울은 자주 디모데를 자신을 대표하도록, 혹은 보다 신학적으로 말하자면, 마치 하나님이 예수를 보내시고 예수가 바울을 보내셨던 것처럼 보냈다. 바울은 하나님과 예수가 보내신 디모데를 보내 그리스도 안에서 나타난 하나님의 행동을 대표하도록 했다. 이에 대한 증거는 차고 넘친다. 디모데는 베뢰아에 머물렀다(행 17:14-15). 그는 바울을 대신해 소통하기 위해 데살로니가로 보냄을 받았다(살전 3:2, 6). 또 그는 바울에 대한 믿을 만한 증인으로서 신뢰를 얻었다(고전 4:17).

가장 중요하게 디모데는 바울의 동료 신학자, 동료 저자, 동료 목회자, 동료 사역자였다. 그들이 함께 추구했던 그리스도를 본받는 삶은 다름 아닌 일치에 관한 고전적인 이상으로 이어졌다. 나는 비록 디모데가 정식으로 학점(credit)을 얻지는 못할지라도, 우리가 바울의 편지들 거의 모든 쪽에서 이 친구의 음성과 신학을 들을 수 있다고 여긴다. 만약 바울이 그의 편지들을 친구들(동역자들)과 대화하면서 썼다고 여기는 것이 옳다면, 나는 바로 이런 관계 속에서 덕으로서의 우정이라는 아리스토텔레스적 우정론 전체가 생생하게 드러난다고 여긴다. 그 두 사람은 함께 생각했고, 함께 기도했고, 함께 하나님을 섬겼고, 함께 그리스도 안에서 성장했다. 디모데는 바울이 빌레몬서(1), 데살로니가전서(1:1), 데살로니가후서(1:1), 골로새서(1:1), 고린도후서(1:1), 빌립보서(1:1), 그리고 가장 중요하게 로마서를 쓰는 것을 도왔다. 바울은 로마서 말미에 이렇게 쓴다. "나의 동역자 디모데가 너희에게 문안하느니라"(롬 16:21). 바울이 디모데전서 1:18에서 "아들 디모데야, 내가 네게 이 교훈으로써 명하노니 전에 너를 지도한 예언을 따라 그것으로 선한 싸움을 싸우라"고 말할 때, 그리고 자신이 디모데의 할머니와 어머니의 이름을 알고 그 젊은이가 누구로부터 신앙을 배웠는지 안다고 밝힐 때(딤후 1:5; 3:14), 우리가 디모데의 발전에 관해 알 수 있는 창뿐 아니라 그와 바울의 긴밀한 우정에 관해 알 수 있는 창도 열린다. 바울은 그 사람의 삶을 알고 있었다.

　　바울의 가장 가까운 친구였던 디모데가 바울의 선교 사역의 핵심에 있었던 교회들, 즉 에베소의 교회들을 목회하고 이끄는 문제와 관련해 바울에게서 두 통의 편지를 받았던 것은 놀랄 일이 아니다. 디모데는 바울의 그림자가 아니었다. 그는 바울의 젊은 추종자에 불과한 존재가 아니었다. 그는 바울이 또 다른 선교 여행을 위해 에베소를 떠날 때 그의 역할을 대신했던 그의 가까운 동료였다.

결론

교회 안으로 들어가는 첫걸음이자 지속적인 발걸음은 우정이다. 그리스도를 본받는 삶을 만드는 우정을 육성하는 것은 목회자의 소명이다. 사도 바울은 남성, 엘리트, 평등, 덕, 선의, 합의, 애정, 신뢰, 충성, 솔직함 혹은 정직성 같은 용어들에 초점을 맞추는 고전적인 우정 이론을 개정했다. 어떻게 개정했는가? 먼저 그는 그것을 언약적 사랑이라는 측면에서 개정했다. 그것은 단호하고 애정 어린 헌신, 함께함, 옹호, 방향이라는 특징을 지닌다. 그것들은 교회 안에서 이루어지는 기독교적 교제의 강력한 기반이다. 현명한 목회자는 그런 주제로 이루어진 우정을 육성할 것이다. 그러나 바울의 친구들로 이루어진 분명한 네트워크의 가장 당혹스러운 요소는 바울이 그의 동역자들을 "친구"라고 불렀다는 증거가 없다는 것이다. 왜 그렇게 하지 않았는지, 그 대신 사용한 용어는 무엇이었는지가 다음 장의 주제다. 우리는 우정의 문화가 그리스도를 본받는 방향을 취함으로써 형제자매의 문화가 되는 것을 보게 될 것이다.

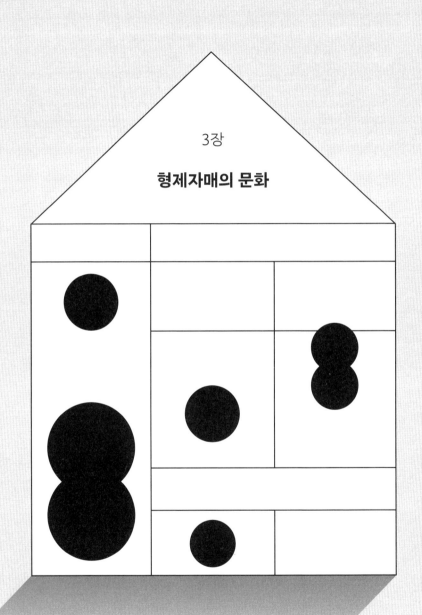

3장

형제자매의 문화

P. D. 제임스(P. D. James)는 『성직자의 죽음』(*Death in Holy Orders*)이라는 놀라우면서도 불가피하게 복잡한 소설을 썼다. 그 소설에서 달그레이시 형사와 필빔 부인이 대화를 나누는데, 그들의 대화는 필빔 부인이 장례식 때 성경을 봉독한 일에 관한 것이었다. 필빔 부인은 자신이 봉독할 성경 본문에 대해 배우는 과정에서 세바스찬 신부에게 바울에 관한 말을 늘어놓는다. 그녀의 말은 오늘날 많은 이가 바울에 대해 느끼는 것을 잘 표현해준다.

> 세바스찬 신부는 내가 성 바울의 한 구절을 읽고 싶어 하리라고 생각했어요. 하지만 나는 그러느니 기도나 하고 싶다고 말했죠. 어쨌거나 나는 성 바울의 구절을 취할 수 없었어요. 내가 보기에 그는 얼마간 문제아였어요. 모두 자기 일에 열중하고 대체로 잘 지내고 있던 한 무리의 그리스도인들이 있었지요. 아무도 완벽하지 않아요. 그런데 예기치 않게도 성 바울이 도착해 두목 노릇을 하면서 사람들을 비판해요. 혹은 그들에게 격렬한 편지를 보내죠. 나라면 받고 싶어 하지 않았을 편지를요. 그리고 나는 세바스찬 신부에게 그렇게 말했어요.[1]

---

1   P. D. James, *Death in Holy Orders* (New York: Knopf, 2001), 94-95.

그동안 내가 필빔 부인 같은 이들과 얼마나 많은 대화를 나눴는지, 그리고 바울이 해결책이 아니라 문젯거리였다고 여기는 이들이 얼마나 많았는지를 생각하면 슬퍼진다. 비록 내가 필빔 부인과 오늘날 그녀와 같은 생각을 하는 이들이 결국 그들의 교회를 시작한 것이 바울과 그의 동역자 친구들이었다는 것을 알지 못해서 그랬다고 여기면서 그들을 용서하기는 할지라도 말이다. 때때로 그런 식의 두목으로 간주되는 자는 바울처럼 많은 친구를 두지 못했을 것이다.

바울과 친구들의 관계는 대부분 로마 제국에서의 친구 관계가 그랬던 것과 같은 방식으로 나타났고, 따라서 그의 교회들은 전형적인 "협회들"(associations)로 보였을 수 있다.[2] 그러나 이른바 그 협회들은 바울에 의해 오늘날 "교회"로 번역되는 단어로 표현되었다(바울 서신에서 교회는 영어 "church"에 해당하는 그리스어 *ekklēsia*이지 "association"에 해당하는 라틴어 *collegia*가 아니다). 또한 바울의 어휘 안에서 친구 관계는 "친구들"(*philoi*)이 아니라 "사랑받는 자들"(*agapētoi* 혹은 그것과 가까운 의미를 지닌 그리스어 *hetairos*)로 표현되었다.[3] 앞장에

---

2 Richard S. Ascough, *The Formation of Pauline Churches* (New York: Paulist Press, 1998); Philip Harland, *Associations, Synagogues, and Congregations: Claiming a Place in Ancient Mediterranean Society* (Minneapolis: Fortress, 2003); Richard S. Ascough, Philip A. Harland, John S. Kloppenborg, *Associations in the Greco-Roman World: A Sourcebook* (Waco: Baylor University Press, 2012); Richard S. Ascough, "What Are They Now Saying about Christ Groups and Associations?," *CurBR* 13 (2015): 207-44.

3 신약성경에서 *hetairos*라는 단어는 마 20:13; 22:12; 26:50에서만 사용될 뿐 예수님과 그분의 제자들의 관계나 제자들 서로의 관계를 묘사하는 용어로는 결코 사용되지 않는다. 그것은 두 개의 비유에서 그리고 26:50에서 유다에 대해 평범하고 전형적인 방식으로 사용된다. 예수는 때때로 *philoi*라는 단어를 사용하신다(요 11:11; 15:13-15; 또한 마 11:19; 눅 11:5, 8; 12:4; 14:10, 12; 15:6, 9, 29; 16:9; 21:16을 보라). 그리고

서 지적했듯이, 바울의 작품에서 계속해서 아가페(*agapē*)라는 용어로 표현되는 사랑에 대한 기독교적 이해에는 특별한 무언가가 있다. 하지만 기독교적 사랑을 로마 제국의 전형적 용어로 포착하기 어려운 무언가로 만드는 것은 그 용어 자체라기보다는 십자가와 부활에서 나타난 하나님의 사랑의 계시를 통한 사랑의 혁명이다. 그로 인해 그리스인들과 로마인들의 우정에 대한 의식은 바울로 하여금 자신이 그리스도 안에서 다른 이들과 맺고 있는 관계를 표현할 최상의 단어를 찾기 위해 여러 차례 머리를 긁적이게 했다. 바울에게 다른 틀을 제공하는 상황은 교회였다. 바울과 그의 동역자들의 관계는 사회적인 것이 아니라 교회 안에서의 관계였다. 바로 여기서 우리는 목회자에게 주어진 문화 육성의 소명의 다음 요소를 발견할 수 있다. 교회로 들어가는 입구는 처음에는 우정으로 경험될 수 있으나, 그것은 곧 다른 범주로 넘어간다. 바로 이 지점에서 바울의 천재성─그의 두목 기질이 아니라─이 드러난다.

우정을 넘어서는 이 관계를 올바로 이해하기 위해 우리는 한 걸음 물러나 예수, 하나님 나라, 예수 시대에 존재했던 집단들, 예수가 동시대의 집단들과 관계했던 방식 등을 살펴볼 필요가 있다.

사도행전에서 누가는 두 차례 바울의 *philoi*에 대해 말한다(19:31; 27:3). 그러므로 우리가 바울에게서 *philoi*라는 단어가 나타나지 않는 것에 주목할 이유는 더 많아진다.

바울에게 이르는 길 위에 있는 바리새인들과 예수

예수가 갈릴리에 등장했을 때, 그곳에는 나름의 특별한 방식으로 토라를 해석하고 준수하는 적지 않은 수의 바리새인들이 있었다. 훗날 그런 바리새파 회원들을 가리키기 위해 유용하게 사용된 단어는 히브리어 "하베르"(*haber*) 혹은 복수로 "하베림"(*haberim*)이다.[4] 바리새인이 된다는 것은 어느 특정한 회당—가령 가버나움 제1회당 같은—에 소속되는 것이 아니었다. 또 바리새파는 예루살렘 공의회에 의해 승인된 공식적인 교단도 아니었다. 오히려 바리새인이 된다는 것은 다른 바리새인들과 교류하고 일련의 특정한 해석을 따르는 것을 의미했다. 그리고 모든 바리새적인 것 한가운데는 음식에 관한 법이 있었다.[5]

하베르라는 단어는 제이콥 뉴스너(Jacob Neusner)가 가르쳐 주듯이, "친구"라는 개념을 초월하며 그보다 훨씬 큰 "동료 예배자"라는

---

4   J. Neusner, *Fellowship in Judaism: The First Century and Today* (London: Vallentine and Mitchell, 1963).

5   바리새인들에게 음식이 갖는 중요성이라는 문제는 나를, 비록 내가 그가 그 문제에 관해 말하는 모든 것에 동의하지는 않지만, Neusner의 궤도 안으로 끌어들였고 E. P. Sanders의 주장 중 일부로부터 멀어지게 했다. Neusner는 바리새인들에 대한 제사장적 느낌을 과장하지만 순결에 대한 그들의 관심을 제대로 이해한다. 그 논쟁은 한때 격렬했으나, 오늘날 많은 이들은 그것에 대해 알지 못한다. 다음을 보라. Jacob Neusner, *The Rabbinic Traditions about the Pharisees Before 70*, 3 vols. (repr., Eugene, OR: Wipf & Stock, 2005); E. P. Sanders, *Judaism: Practice and Belief, 63 BCE-66 CE* (Minneapolis: Fortress, 2016); *Jewish Law from Jesus to the Mishnah: Five Studies* (Minneapolis: Fortress, 2016), 183-354. 이에 대한 유익한 토론을 위해서는 R. Deines, "Pharisees," *Eerdmans Dictionary of Early Judaism*, ed. J. J. Collins, D. C. Harlow (Grand Rapids: Eerdmans, 2010), 1061-63을 보라.

개념을 의미했다.[6] 이 **하베르**라는 용어는 1세기에는 공식적이지 않았을 수 있다. 그것은 바리새인들의 교제와 관련한 중요한 무언가를 묘사한다. 이 교제에는 토라를 수행하는 방법에 관한 엄격한 해석과 준수가 포함되었다(*halakoth*). 그들은 은밀한 성결 운동을 만들고 있었으나―이것은 아주 중요하다―평범한 유대인의 삶 한가운데서 그리고 바리새인이 아닌 사람들 곁에서 살면서 그렇게 했다. 그러므로 쿰란의 에세네파와 달리 하베림은 세상으로부터 철수하지 않았고, 리처드 니버(R. Richard Niebuhr)는 그들을 "변혁주의자들"이라고 부르게 되었다.[7] 랍비 힐렐은 이렇게 말했다고 전해진다. "공동체에서 벗어나지 말라"(m. Avot 2:4). 그러므로 바리새인들은 독자적인 회당을 만들지 않았고 오히려 여러 가지 특별한 헌신을 하면서 평범한 삶을 살았다. 그러나 유대 사회에서 그들의 존재는 어색했다. 그들은 자기들이 믿는 것을 총력을 기울여 실천했고, 그들의 실천은 훗날 랍비들이 (종종 한두 번 헛기침을 하면서) "암 하아레츠"(*am haarets*)―"땅의 사람들" 혹은 "평범한 사람들"―라고 불렀던 바리새인이 아닌 자들과의 차이를 만들어냈기 때문이다.

　종합해보면, 예수의 추종자들은 앞에서 내가 바리새파의 **하베림**이라고 묘사한 것과 아주 닮은 모습이었다. 예수가 때때로 자신의 추종자들을 "친구"라고 부른 것은 사실이지만,[8] 그들은 더 자주

6　Neusner, *Fellowship in Judaism*, 12.

7　H. Richard Niebuhr, *Christ and Culture* (San Francisco: HarperSanFrancisco, 2001), 190-229. 『그리스도와 문화』(IVP 역간, 2007).

8　예컨대, 눅 12:4; 14:12; 16:9; 요 3:29; 11:11; 15:13-15; 또한 행 27:3; 요삼 15을 보라.

"제자"라고 불린다. 예수는 그들의 랍비, 선생, 주님이었다. 그런 존재로서 그는 그들을 새로운 왕이 통치하는 나라라고 불리는 새로운 운동으로 이끌어갔다. 바리새파의 하베림처럼, 예수와 그의 추종자들은 세상으로부터 물러나지 않았다. 그들은 자신들의 회당을 세우지 않았다. 그들은 자기들의 선생(혹은 랍비)인 예수의 가르침을 따랐다. 그들은 음식이나 십일조나 금식에 관한 바리새인들의 "할라코트"(*halakoth*, 규범들)를 따르지 않았다. 그들은 순결이나 성결 운동이 아니라 하나님 사랑과 이웃 사랑 운동을 하는 자들이었다. 그들은 서로 친구였던 것만큼이나 동료 예배자들이었다. 다시 말해, 예수의 추종자들 서클은 예수를 따르는 하베림이었다. 예수의 추종자들의 활동 방식에 대한 이런 스케치는 우리가 어떤 이들이 생각하는 것 이상으로 바울의 교회들을 이해하도록 돕는다.

바리새인들은 자신들을 "하베림"으로 만들었고, 예수는 이스라엘을 위한 자신의 비전을 "나라"(kingdom)라는 용어로 표현했고, 바울은 자신의 비전을 "교회"(church)라는 용어로 표현했다. 우리는 예수가 나라를 **하베르**로 만든 반면 바울은 교회를 **하베르**로 만들었다고 말할 수 있다. 그러나 그때 우리는 어째서 그들이 **하베림** 대신 **나라**나 **교회** 같은 용어를 택했는지 물을 수밖에 없다. 예수는 자신의 비전을 표현하기 위해 **나라**라는 용어를 택했고, 자신의 추종자들이 자기와 맺는 관계를 표현하기 위해 **제자**(히브리어 *talmid*)라는 용어를 택했다. 그러나 바울은 아주 분명하게 **하베르**나 **제자**나 **왕국** 같은 용어들이 자기에게 적절하지 않다고 여겼다. 그는 **교회**라는 용어를 사용해 사고했다. 바울 서신에서 **교회**라는 단어는 어떤 이들이 생각하는 것만큼 일반적이지 않다. 사실 그는 자신이 회심시켜 그리스도 께 이끈 이들에 대해 여러 가지 용어를 사용했다. 그가 그들에 대해 사용한 가장 일반적인 용어는 우리에게 어째서 그가 우정 너머로 나아가기를 원했는지를 밝혀줄 것이다. 아래에서 나는 비록 바리새인들이 그들의 회원들을 묘사하기 위해 **하베림**이라는 용어를 사용하고 예수는 **제자**라는 용어를 사용했으나 바울이 선호했던 용어는 **교회**가 아니라 다른 무엇이었다고 주장할 것이다.

이 책에서 나의 관심사는 바울이 목회 신학과 사역을 어떻게 이해했는가다. 그러므로 여기서 우리가 바울 서신에서 나타나는 교회를 가리키는 모든 혹은 대부분의 용어를 살펴야 할 이유는 없다.[9] 이제 우리는 어째서 바울이 그의 동역자들을, 그들이 그의 세계에서 그런 식으로 인식되었음에도, "친구"라고 부르지 않는지에 대해 답할 준비가 되었다. 바울이 그의 동역자들을 **친구들**(philoi)이라고 부르지 않은 까닭은 그가 그들을 자신의 형제와 자매로 이해했기 때문이다.[10] 이것은 구약성경과 대조된다. 사울 올얀(Saul Olyan)이 요약하

---

9   Paul S. Minear, *Images of the Church in the New Testament* (Philadelphia: Westminster John Knox, 1960)를 보라. 또한 Paul Trebilco, *Self-Designations and Group Identity in the New Testament* (Cambridge: Cambridge University Press, 2012)를 보라. 14쪽에 Minear의 주장 중 많은 것이 포함되어 있다! 이 주제에 대한 더 광범위한 연구를 위해서는 Avery Dulles, *Models of the Church*, 2nd ed. (New York: Image, 1991)를 보라.

10   바울의 선교 교회들에 대해 주로 아델포스(adelphos)/형제자매(sibling)라는 용어가 사용되는 것은 어느 면에서 바울의 교회들이 단순히 협회들(collegia)과 동일시되어서는 안 된다는 것을 보여준다. 왜냐하면 아델포스(adelphos)/형제자매(sibling)라는 용어는 그런 집단을 가리키는 데는 많이 사용되지 않기 때문이다 그러나 Harland, *Associations, Synagogues, and Congregations*, 31-33을 보라.

며 말하듯이, 구약성경에서 "친구들은, 설령 그런 경우가 있다고 해도 극히 드물게만, 가족과 관련한 용어(가령, '형제')를 사용해 일컬어지는데, 그것은 친구들을 친족들과 구별하는 또 다른 방법이다."[11]

그 안에서 모두가 형제와 자매가 되는 지역 교회를 육성하는 것은 사도 바울이 이끄는 목회 사역의 핵심이었다. 그런 사람들로 이루어진 가족은 아테네, 고린도, 혹은 에베소의 광장에 있는 주랑 현관을 따라 걷는 친구들 이상의 존재다.[12] 이 책의 주제를 위해 이제 우리는 이렇게 말할 수 있다. 목회자는 그리스도를 본받는 삶을 향한 여행 과정에서 친구 관계를 형제자매 관계로 육성하도록 부르심을 받았다.

바울의 형제자매 신학

바울 서신에서 "형제"(adelphos)는 127번, 신약성경 전체에서는 317번 나타난다. "자매"(adelphē)는 신약성경 전체에서는 26번, 바울 서신에서는 6번 나타난다. 두 번째 단어 **아델페**는 늘 여성을 가리키는 반면, 첫 번째 단어 **아델포스**는 특히 바울 서신에서 "형제와 자

---

11 Saul M. Olyan, *Friendship in the Hebrew Bible*, ABRL (New Haven: Yale University Press, 2017), 37.

12 이에 대한 폭넓은, 그러나 여전히 유용한 스케치를 위해서는 Ernest Best, *Paul and His Converts*, Sprunt Lectures 1985 (Edinburgh: T&T Clark, 1988), 125-37에 실려 있는 몸, 교제, 형제자매됨에 관한 논의를 보라.

매"를 의미한다. 즉 그 용어는 예수의 추종자들로 이루어진 회중 전체를 가리키는 데 사용된다. 폴 트레빌코(Paul Trebilco)는 그 용어가 신약성경에서 성별과 무관한 은유로 271번 나타난다고 말하는데, 바로 그것이 우리의 관심사다. 그것은 **형제자매됨**(siblingship)이라는 개념이 교회의 지배적인 자기 이해와 자기 칭호임을 보여주기에 충분하다.[13] 은유는 사람들이 어떤 것(바울의 교회에 속한 사람들)을 다른 것(형제자매 관계)의 측면에서 생각하도록 이끈다. **형제자매**라는 용어가 그처럼 집중적으로 나타나는 것은 교회에 속한 이들이 자신들을 "그리스도의 몸"이나 "성도"나 "회원"이나 심지어 "교회"로보다 형제자매로 여겼으리라는 것을 의미한다.[14] 그러므로 존 바클레이(John Barclay)와 스티븐 바턴(Stephen Barton)이 오래전에 지적했듯이, 신약성경은 형제자매가 가상의 가족, 즉 형제자매들로 이루어진 교회를 위한 은유가 될 때, 새로운 가족을 긍정하기도 하고 그 가족 안

---

13 Reidar Aasgaard, "*My Beloved Brothers and Sisters!*" *Christian Siblingship in Paul*, JSNTSup 265 (London: T&T Clark, 2004), 3. On siblingship, David G. Horrell, "From *adelphoi* to *oikos*: Social Transformation in Pauline Christianity," *JBL* 120 (2001): 293-311; Mary Katherine Birge, *The Language of Belonging: A Rhetorical Analysis of Kinship Language in First Corinthians*, CBET 31 (Leuven: Peeters, 2002); Aasgaard, *"My Beloved Brothers and Sisters!"*; Andrew D. Clarke, "Equality or Mutuality? Paul's Use of 'Brother' Language," *The New Testament in Its First Century Setting: Essays in Honour of B. W. Winter on His 65th Birthday*, ed. P. J. Williams et al. (Grand Rapids: Eerdmans, 2004), 151-64; Trebilco, *Self-Designations and Group Identity*; David G. Horrell, *Solidarity and Difference: A Contemporary Reading of Paul's Ethics*, 2nd ed. (London: Bloomsbury T&T Clark, 2015), 121-26.

14 "몸"(*sōma*)이라는 단어는 교회를 가리키는 데 약 30번 사용되는데, 그중 18번이 고전 12:12-27에서 나타난다. "성도"는 약 30번, "회원"은 약 12번, "교회"는 약 60번 사용된다.

에 있는 타고난 관계에 대해 얼마간 모호한 태도를 취하기도 한다.[15] 바울은 선교 교회들을 세웠을 때 형제자매의 관계를 육성하고 있었다.[16] 우리는 "형제자매됨"을 교회에 대한 비전의 핵심으로, 목회자가 지도자와 목회자로서 부르심을 받은 일에 대한 비전의 핵심으로 여길 필요가 있다.

은유들은 우리가 그것을 사용해 생각하고 또한 구현하는 말이기에 중요하다.[17] 노던 신학교에서 공부하는 나의 학생 그렉 마뮬라(Greg Mamula)는 지역 교회의 그리스도인들이 형제자매의 관계를 발견하고 발전시키도록 돕는 폭넓은 실천적 목회 사역을 해왔다. 그는

---

15 John M. G. Barclay, "The Family as the Bearer of Religion in Judaism and Early Christianity," *Constructing Early Christian Families: Family as Social Reality and Metaphor*, ed. Halvor Moxnes (London: Routledge, 1997), 66-80. 또한 Stephen C. Barton, "The Relativisation of Family Ties in the Jewish and Graeco-Roman Traditions," Moxnes, *Constructing Early Christian Families*, 81-100. 초기의 몇몇 기독교 가정에서 나타났던 긴장을 부정하지 않으면서도, 또한 우리는 당시에 종교가 보통 선택되지 않고 가족의 전통에 의해 가족에게 전해졌다는 것과 '가속의' 세례가 종종 가족의 유대를 유지했다는 일반적인 현실을 고려해야 한다.

16 바울은 자신을 형제자매들 가운데 있는 형제자매로 보았을까, 아니면 그의 관계는 비대칭적이었을까? 후자는 전자를 부정하지 않으면서 사실이다. 만약 바울이 누군가를 '나의' 형제라고 부를 수 있다면(가령, 롬 7:4; 15:14; 고전 8:13; 11:33; 15:58; 고후 1:1; 2:13; 8:22-23; 빌 3:1; 4:1; 골 1:1-2; 4:7, 9; 살전 3:2), 그는 자신을 형제자매들 가운데 있는 형제자매로 만들고 있는 셈이다. 만약 바울이 그들 중 하나가 아니라면, '형제'(와 자매)라는 말은 의미가 없다. 바울이 (고대 사회에서 흔히 그러하듯이) 형제자매들 사이의 다양한 위계를 유지할 수 있는 것처럼, 비대칭적인 권위는 바울이 갖고 있던 형제자매됨에 대한 의식을 지워버리지 않을 것이다. Clarke, "Equality or Mutuality?," 156-4. Contra Horrell, "From *adelphoi* to *oikos*"를 보라.

17 비록 그것들이 분명하게 서로 연결되어 있기는 하지만, '형제자매'는 '가족'과 동일하지 않다. 초기 기독교 안에서의 가족과 그것의 상황에 관한 여러 학자의 광범위한 연구들에 대해서는 Moxnes, *Constructing Early Christian Families*를 보라.

그 사역을 "가족 식탁에 오신 것을 환영합니다"(Welcome to the Family Table, WFT)라고 부르는데, 그 프로젝트에서 형제자매의 문화를 만드는 데 필요한 주요한 요소들에 대한 그의 설명은 다음과 같다. "WFT는 사람들을 그리스도, 교회, 그리고 서로와 강력한 방식으로 연결시키는 제자도 습관을 배우고 경험하는 과정이다. 함께 먹는 습관, 말씀 안에 거함, 스토리텔링, 성찬은 참여자들에게 그들의 집에서 하나님 나라의 가르침을 구현하고 서로와 더불어 기독교적 형제와 자매의 관계를 강화시킬 수 있는 공간을 제공한다."[18] 그의 연구는 진정으로 더욱 형제자매 중심적이기를 갈망하는 진전이 지역 교회 안에서 이루어질 수 있음을 보여준다. 우리는 형제자매라는 은유를 좀 더 깊이 살펴볼 필요가 있다.

은유로서의 형제자매

현실로서 그리고 은유로서 형제자매 관계가 "가족"(family) 혹은 "가속"(household)을 벗어나기란 불가능하다. 가족이나 가속 자체는 교육적이고 문화적인 형성은 물론이고 감정적이고 경제적인 지원과도 묶여 있다. 은유는 거기에 사용되는 용어(가족, 형제자매)의 의미를 늘 온전하게 활성화시키지는 않는다. 그러므로 바울이 형제자매 관계에 집중하고 교회 내의 어머니와 아버지의 관계를 발전시키는 데 집중하지 않는 것은—확대 가족과 가속 내의 세입자들을 무시하는

---

18 Greg Mamula, "Welcome to the Family Table," https://welcometothefamilytable. wordpress.com/welcome-to-the-family-table/.

것이 아니라—그가 가족이나 보다 넓은 가속 관계에 맞서 형제자매 관계만 중시한다는 것을 의미하지 않는다.[19] 또한 바울은 가족으로서의 교회에 대한 완전한 지도를 만들지 않는다. 예컨대 형제자매들의 아버지는 바울이 아니라 성부 하나님이시다. 비록 그가 자신을 그 형제자매들의 아버지이자(고전 4:15; 빌 2:22; 살전 2:11-12; 몬 10) 어머니(고전 3:1-2; 갈 4:19; 살전 2:7)로 언급할 수 있을지라도 말이다.[20] 우리가 주목해야 할 가장 중요한 것은, 바울이 가족 및 가속 관련 용어인 **형제자매**를 택한 이유가 그에게 가장 중요한 것이 형제들과 자매들의 관계였기 때문이라는 것이다.[21]

목회자가 자신의 회중을 어떻게 "표현하는지"는 아주 중요하다. 단어는 중요하다. 이미지는 모양을 만든다. 그리고 은유는 살아 숨쉰다. 설교자형 목회자들은 그들의 교회를 청중으로 여긴다. 상담가형 목회자들은 그들을 돌봐야 할 내담자로 여긴다. 교사형 목회자들은 그들을 학생으로 여긴다. 성례형 목회자들은 그들의 회중을 중재가 필요한 죄인 혹은 곤경에 처한 사람들로 여길 수 있다. 사도 바

---

19 John Sanders, *Theology in the Flesh: How Embodiment and Culture Shape the Way We Think about Truth, Morality, and God* (Minneapolis: Fortress, 2016), 45-77.

20 우선은 Beverly Gaventa, *Our Mother Saint Paul* (Louisville: Westminster John Knox, 2007)을 보라. 고대 세계에 대한 추정은 늘 약간은 투기적이다. 전문가들은 아이들의 80%가 태어날 때 아버지가 살아 있었다고 주장한다. 20살 무렵에 그 비율은 50%로, 30살에는 20%로, 40살에는 10%로 줄어들었다. 그리고 50살에는 대부분 생존한 아버지가 없다. Aasgaard, "*My Beloved Brothers and Sisters!*," 37를 보라.

21 이런 주장은 Trevor J. Burke, "Mother, Father, Infant, Orphan, Brother: Paul's Variegated Pastoral Strategy towards His Thessalonian Church Family," *Paul as Pastor*, ed. Brian S. Rosner, Andrew S. Malone, Trevor J. Burke (New York: Bloomsbury T&T Clark, 2017), 123-41에서 잘 전개되고 있다.

울은 계속해서 그의 교회를 형제자매라고 부른다. 그가 계속해서 그들을 형제자매로 여기고 그렇게 불렀던 것이 청중의 문화, 내담자의 문화, 학생의 문화, 혹은 중재가 필요한 사람들의 문화가 아닌 형제자매의 문화를 세웠다. 그러므로 교회 안에서 형제자매의 문화를 육성하기 위해서는 목회자가 그의 회중을 형제자매로 표현해야 한다.

어째서 형제자매인가?

바울은 어째서 "형제와 자매들" 혹은 형제자매라는 용어를 택했을까? 우리는 인간이 현실을 구현한다고 은유적으로 생각한다.[22] 바울이 교회를 형제 혹은 자매됨으로 칭하는 것은 교회와 서로에 대한 우리의 관계를 평범한 형제와 자매들이라는 관점에서 표현하는 것이다. 이것은 우리가 바울의 세계 안에서 형제자매가 어떤 의미였는지를 이해할 필요가 있음을 말한다. 바울 시대에 이 주제와 관련해 쓰인 가장 중요한 본문은 플루타르코스의 소논문 「형제애에 관하여」(*On Brotherly Love*)이다. 라이더 아스가드(Reidar Aasgaard)[23]와 폴 트레빌코(Paul Trebilco)는 고대 세계에서 형제자매됨의 의미를 요약한 바 있다.

　가족은 인간관계에서 너무나 핵심적이기에 모든 관계는 가족 관계의 연장이라고 말할 수 있을 정도다. 플루타르코스는 가족이 아닌 모든 관계는 가족 관계의 "그림자요 모방이요 이미지"라고 말했

22　George Lakoff, Mark Johnson, *Metaphors We Live By* (Chicago: University of Chicago Press, 2003), 『삶으로서의 은유』(박이정 역간, 2006); J. Sanders, *Theology in the Flesh*.
23　Aasgaard, *"My Beloved Brothers and Sisters!,"* 61-2, 93-6.

다. 이스라엘이 있기 전에, 왕국이 있기 전에, 교회가 있기 전에 가족이 있었다. 사회의 모든 관계의 토대는 가족이다.

트레빌코는 가족 관계에 내포된 다음 네 가지 주제에 대해 언급한다.

1. 사랑
2. 조화, 일치, 협력
3. 불일치, 갈등, 관용, 용서
4. 계급제

우리는 목회 사역을 전에는 가족이 아니었던 이들을 하나의 가족으로 육성하라는 부르심으로 이해하기 위한 통로로서 **바울의** 형제자매 신학에 관심이 있다. 나는 트레빌코의 목록에 한 가지 주제를 덧붙이고자 한다. 바울을 이해하기 위한 문맥으로서 플루타르코스의 「형제애에 관하여」를 살필 것이고, 이어서 그가 그 각각의 주제를 어떻게 각색하는지 살펴볼 것이다. 각각의 경우에 요점은 바로 이것이 바울의 사명을 따르는 목회자들이 하는 일이라는 것이다. 그들은 회중을 형제자매로 양육한다.

목회자들이 그리스도를 본받는 삶의 방향을 따라 우정을 형제자매 관계로 육성하기 위해서는 다음과 같은 다섯 가지 주제에 유념할 필요가 있다. 형제자매 관계는 다음과 같은 특징이 있다. (1) 사랑, (2) 모든 형제자매에 대한 사랑, (3) 그리스도를 본받는 삶으로의 상호 성장, (4) 경계가 지닌 안정성을 인식하는 것, (5) 형제자매 관계가 우리의 맏형이신 예수와 더불어 시작되었음을 아는 것.

사랑

첫째, 사랑은 가족과 형제자매 관계의 결정적인 특성이다. 가정은 우리가 사랑을 받고 사랑하는 법을 배우는 곳이다. 형제자매 간의 사랑은 단결, 연대, 일치, 협력으로 가는 길을 찾는다. 플루타르코스가 「형제애에 관하여」에서 말하듯, "이 사실은 모두에게 분명하다. 자연이 하나의 씨앗과 하나의 근원으로부터 둘이나 셋 혹은 그 이상의 형제들을 만든 것은 그들이 서로 다름을 만들고 적대하게 하기 위함이 아니라 서로 분리됨으로써 더 쉽게 협력하게 하기 위함이다"(2). 형제 간의 사랑이나 자매 간의 사랑에는 서로에 대한 편견, 편향, 편애가 수반된다(20). 형제자매에 대한 신실함으로부터의 그 어떤 이탈도 배신이다. 다시 플루타르코스가 말한다. "형제와 다투고 시장이나 씨름장에서 온 낯선 이를 동료처럼 여기는 이는 자신의 피와 살로 이루어진 사지를 스스로 잘라내고 대신 이질적인 것을 가져다가 자신의 몸에 붙이는 것이나 다름없다"(3). 플루타르코스가 의미하는 것은 형제와 자매들은 "감정과 행위에서 하나가 된다"는 것이다(5).

　말하자면, 바울이 교회를 형제자매로 표현하는 것은 그리스도인들이 서로를 형제와 자매들이 사랑하는 것처럼 사랑해야 한다는 뜻인데, 이것은 그의 세계에서 연대, 일치, 편파적 선호, 정서적 애착을 의미했다. 그러나 우리가 앞에서 살펴보았던 함께함, 옹호, 방향에 대한 단호한 정서적 헌신으로서의 사랑을 발전시키는 것은 평범한 형제자매의 사랑을 강화시킨다. 사랑이 많으신 성부 하나님으로 인해 데살로니가 사람들은 하나님께 사랑받는 것이 무엇을 의미하는지를 경험적으로 알았고(살전 4:9) 또한 그것이 마케도니아 전역의 형제자매들과 자신들의 형제자매 관계 안에서 어떻게 나타나는지도 알았다(4:10-12). 로마서 12:9-13에서 우리는 형제자매의 사랑(*philadelphia*)이 어떤 모습인지를 알려주는 목록을 본다. 그것은 서로를 존중하고, 성도의 필요를 채우고, 형제자매의 사랑이 전적으로 배타적이지 않음을 보이기 위해 낯선 이들에게까지 환대를 확대하려는 열정이다. 바울에게 사랑은 핵심 가치다. 사랑은 이웃에게 잘못된 일을 행하지 않는다(롬 13:10). 또한 그는 예수의 말씀을 되울리면서(마 12:28-34), "사랑은 율법을 완성시킨다"고 말한다(롬 13:10; 갈 5:14). 물론 교회 안에서 형제자매가 사이좋게 살아가는 것이야말로 바울이 사랑에 대해 강조하는 핵심이다. 그의 말은 루마니아의 작가 에밀 시오랑(Emil Cioran)을 통해 리얼리즘의 냉기를 지닌 채 되울린다. 조셉 엡스타인(Joseph Epstein)이 인용하는 시오랑의 말은 다음과 같다. "사랑은 서로를 과대평가하기로 한 두 사람 사이의 합의다."[24] 약간의 과대평가가 없다면, 지역 교회라고 불리는 조각보 안에서 사랑이 성공할 가능성은 거의 없다.

바울이 고린도후서 6:11-13과 7:2-4에서 자신을 표현한 것보다 더 사랑스러운 게 있을까? 바울은 베일을 잡아당겨 자신의 솔직함은 물론이고(6:11; 7:4) 쉼을 얻지 못하고 상처받기 쉬운 마음, 고

---

24   Joseph Epstein, *Life Sentences: Literary Essays* (New York: Norton, 1997), 207.

린도 사람들에 대한 사랑이 화답을 얻기를 바라는 마음, 완전한 화해를 향한 갈망을 드러낸다. "[우리는] 여러분을 향해 우리 마음을 넓게 열어놓았습니다. 우리가 여러분에게 마음을 닫은 것이 아닙니다"(고후 6:11-12, 현대인의성경). 7장에서는 이렇게 말한다. "내가 이전에 말하였거니와 너희가 우리 마음에 있어 함께 죽고 함께 살게 하고자 함이라"(3절). 그들이 바울에게 어떻게 응답하느냐가 그를 살리기도 하고 죽이기도 할 것이다. 그는 그만큼 그들을 사랑했다.[25]

모두를 위한 사랑

둘째, 형제자매를 사랑하는 일에는 중요한 차이를 인정하는 것이 수반된다. 형제자매는 형제자매일 뿐이다. 각 형제자매는 차이, 불평등, 우월성에도 불구하고 자신의 형제자매를 사랑해야 한다.[26] 형제자매를 사랑하는 것은 가족 안에 있는 다른 형제자매를 위해 우리의 행위와 말의 의미를 살핀다는 것을 의미한다. 그것은 오늘날에도 그러하듯이 그리스인들에게도 현실이었다. 우리는 동일하지 않고 다르다. 형제자매 사이에 차이가 나타날 때 그 사랑을 어떻게 드러내는가? 플루타르코스는 다음과 같이 쓴다.

  그러므로 나라면 형제에게 먼저 자신이 우월하다고 여겨지는 분야에

---

25 Murray J. Harris, *The Second Epistle to the Corinthians*, NIGTC (Grand Rapids: Eerdmans, 2005), 486-521.

26 Aasgaard, "*My Beloved Brothers and Sisters!*," 75-8, 285-5; Trebilco, *Self-Designations and Group Identity*, 20-21.

서 형제들을 파트너로 삼고 자기 명성의 일부로 그들을 꾸미고 그들을 자신의 우정에 포함시키라고 충고할 것이다. 만약 그가 형제들보다 더 현명하게 말하는 사람이라면, 그들이 그의 웅변을 마치 자기들의 것인 양 사용하게 하라고 충고할 것이다. 다음으로 형제들에게 오만함이나 경멸을 드러내지 말고 오히려 그들에게 경의를 표하고 자신의 성품을 그들에게 맞춤으로써 자신의 우월성을 질투로부터 보호하고, 할 수 있는 한 정신의 절제를 통해 재산의 불균형을 평준화하라고 충고할 것이다(12).

열등한 형제자매는 어떻게 해야 하는가? "그러므로 메텔루스가 로마인들은 스키피오[27] 같은 위대한 사람이 다른 도시에서 태어나지 않은 것에 대해 신들에게 감사해야 한다고 생각했듯이, 우리들 각자도 가능하다면 자신이 다른 모든 사람보다 성공하기를, 만약 그 일이 불가능하다면 우리의 형제가 우리가 탐을 낼 만한 우월성과 영향력을 갖게 되기를 기도해야 한다"(14).

그러므로 형제자매는 한쪽이 내려가면 다른 쪽이 올라가는 균형저울과 달리 자신의 형제자매가 올라가는 것을 기뻐해야 한다(15). 플루타르코스도 바울의 "그리스도의 몸"과 관련한 은유와 같은 방식으로, 형제자매는 서로 분리된 손가락들이며 각각의 손가락

---

27 퀸투스 카이킬리우스 메텔루스 마케도니쿠스(Quintus Caecilius Metellus Macedonicus)는 로마의 장군이었고 스키피오(Scipio)에게 반대했다. 그러나 스키피오가 죽었을 때 메텔루스는 자기의 아들들에게 그의 상여를 메게 했다. Plutarch, *Sayings of the Romans* 202.1–3를 보라.

은 자연이 손에게 준 능력을 발휘하기 위해 필요하다고 주장한다.

그러나 바울은 형제자매의 사랑을 완전히 다른 차원에서 다룬다. 플루타르코스에게 형제자매의 사랑은 형제자매를 위한 것이다. 하지만 바울에게 그것은 보다 큰 가족을 위한 것이다. 바울은 모든 사람이 죄인이라는 것을 인정할 뿐 아니라 또한 지위나 덕과 무관하게 교제하고 있는 모든 이를 사랑해야 할 지속적인 의무를 강조함으로써 교회 내의 관계에 대한 엘리트주의적 접근법을 제거한다. 그러므로 그가 교인들을 형제자매라고 부르는 것은 그들이 단지 자신과 동일한 성이나 연령, 지위에 속한 이들만이 아니라 모두를 자신들의 형제자매로 사랑하기를 기대한다는 것을 의미한다. 이 주제를 논의의 대상으로 삼을 경우 누구의 목록에든 다음 세 구절이 등장할 것이다.

> 너희는 유대인이나 헬라인이나 종이나 자유인이나 남자나 여자나 다 그리스도 예수 안에서 하나이니라(갈 3:28).

> 우리가 유대인이나 헬라인이나 종이나 자유인이나 다 한 성령으로 세례를 받아 한 몸이 되었고 또 다 한 성령을 마시게 하셨느니라(고전 12:13).

> 거기에는 헬라인이나 유대인이나 할례파나 무할례파나 야만인이나 스구디아인이나 종이나 자유인이 차별이 있을 수 없나니 오직 그리스도는 만유시요 만유 안에 계시니라(골 3:11).

교회가 지위와 우월성과 열등함에 관한 전통적인 범주를 외면하는 것은 그런 범주로부터 나온 각 사람을 형제자매라는 하나의 범주 안으로 집어넣기 때문이다. 이런 다양한 사람들은 이제 그리스도 안에서 "하나"다. 이제 그들은 "한 몸"이며 모두가 "한 성령을 마시는데", 그 모든 것은 "그리스도는 만유이시고" 모든 식별의 유일한 수단이며 모두 안에 거하시기 때문이다. 사도가 영적 은사라는 주제에 관해 논할 때 그는 편지의 수취인들을 무엇이라고 부르는가? "형제[와 자매들이여]"(고전 12:10)다. 고린도전서 전체와 실상 바울 서신 모두는 **형제자매**라는 용어를 통해 읽힐 수 있다. 그럴 경우 제기되는 문제는 형제자매들 간의 경쟁과 긴장인데, 그에 대한 해결책은 형제자매와 가족을 사랑하는 것처럼 행동하는 것이다.

목회자들이 회중에 대해 생각할 때 무엇을 생각하는지가 중요하다. 바울의 사고의 틀 안에서 그리스도인들은 형제자매이며, 그것은 그들이 서로를 사랑해야 한다는 것을 의미한다. 목회자들은 형제자매들이 그들과 교제하는 다른 모든 형제자매를 사랑하도록 양육해야 한다.

형제자매의 성장

셋째, 형제자매들은 서로와 함께한다. 그들은 서로의 옹호자들이다. 서로 상호 발전에 헌신한다. 형제자매 관계에 관한 논문 말미에 플루타르코스는 친구들을 도덕적 발전을 위한 도구로 묘사한다. "친구들은 인격을 형성한다. 다른 친구들을 선택하는 것보다 인격의 차이를 보여주는 더 중요한 지표는 없다"(20). 친구 관계는 가족 관계의 연장이기에 다음 단계는 논리적이다. 만약 친구들과 그러해야 한다면 형제자매와는 얼마나 더 그러해야 하겠는가.

플루타르코스의 위대한 주제 중 하나는 어떻게 형제자매가 연상의 형제자매들이 자주 그렇게 하듯이, 서로를 지배하기보다 덕 안에서 서로 도우면서 관계하느냐다(16). 그는 이렇게 말한다. "자연은 아이가 **태어날 때부터 사랑의 원리**를 가르쳐 왔다"(강조는 덧붙인 것임). 사랑은 생래적이며, 플루타르코스 안에서는 (앞 장에서 설명한 바 있는) 방향에 길을 내주면서 함께함과 옹호로 이어진다. 아래의 인용문에서 우정 및 사랑과 연관된 단어들을 강조체로 표기할 것이다.

> 잘못을 저지른 형제가 이런 식으로 **변호를 받은** 후에야, 비로소 다른 이가 그에게 돌아서서 아주 **솔직하게** 그의 행함과 행하지 않음의 잘못들을 지적하면서 얼마간 날카롭게 그를 **꾸짖어야** 한다. 우리는 형제들의 고삐를 풀어줘서는 안 되며, 또한 그들이 잘못했을 때 그들을 짓밟아서도 안 된다(후자는 죄인들을 우롱하는 자의 행동이고, 전자는 그들을 돕고 부추기는 자의 행동이다). 오히려 우리는 형제를 **돌보고** 그와 더불어 **슬퍼하는** 자로서 그에게 훈계해야 한다. 그렇지 않으면 부모 앞에서는 가장 열정적인 옹호자였던 자가 형제 앞에서는 가장 격렬한 고발인이 된다(10).

그가 말하고자 하는 것은 무엇인가? 형제자매는 서로 안에서 덕의 성장을 촉진할 책임이 있다는 것이다. 또 그러하기에 그들은 서로에게 책임이 있다. 관용에 대한 서구인들의 이해를 위한 발판은 플루타르코스에게서도, 이제 우리가 플루타르코스와의 몇 가지 주요한 차이를 찾기 위해 살펴보려고 하는 바울에게서도 찾아지지 않는다.

바울이 쓴 모든 편지는 신학적 윤리에 대한 표현이었다. 미묘한 차이들은 논외로 하고, 중요한 것은 바울이 그 편지들을 통해 거듭해서 사람들에게 어떻게 살아야 하는지에 대해 가르치고 있다는 것이다. 그는 모든 신자를 그리스도를 본받는 삶으로 부른다. 그리스도를 본받는 삶에 수반되는 것은 죄와 육을 죽이고 사랑과 거룩의 새로운 삶을 위해 일어서는 것이다(골 2:20-3:17). 바울은 형제자매 중의 형제자매이기에, 또한 그가 자신과 친구들과 교회들 모두가 윤리에 관한 이런 가르침을 따르기를 기대했기에, 우리는 바울의 전체 사역을 죄인들을 성도로, 하나님을 멀리 떠났던 자들을 그리스도를 닮아가는 사람들로 도덕적으로 변화시키는 것으로 규정할 수 있다. 덕의 성장을 위한 추구라는 측면에서 바울은 아리스토텔레스나 플루타르코스, 키케로, 세네카 같은 도덕주의자들의 세계 안에 있는 동시에 그들과 아주 다른 세계 안에 있다. 그에게 덕은 그리스도를 본받는 삶이었고 그리스나 로마적 의미의 정의나 용기나 명예로 축소될 수 없었다.[28]

신자들이 서로와 맺는 형제자매 관계는 교회를 그리스도를 본받는 삶을 위한 집으로 만든다. 로마서 16장은 로마에서 전개된 가정 교회 운동 참여자들에 대한 전화번호부처럼 읽힌다. "자매" 뵈뵈

---

28 이런 차이들의 의미에 관해서는 Larry W. Hurtado, *Destroyer of the Gods: Early Christian Distinctiveness in the Roman World* (Waco: Baylor University Press, 2016)를 보라.

를 환영해달라는 요청을 시작으로(롬 16:1-2), 우리는 다섯 개의 가정 교회들에 관해 읽는다. (1) 브리스가와 아굴라의 가정, (2) 아리스도불로의 가정, (3) 나깃수의 가정, (4) 또 다른 가정 교회가 될 만한 일련의 이름들("아순그리도와 블레곤과 허메와 바드로바와 허마와 및 그들과 함께 있는 형제들", 16:14), 아마도 (5) "빌롤로고와 율리아와 또 네레오와 그의 자매와 올름바와 그들과 함께 있는 모든 성도"(16:15)와 연결된 가정 교회에 관해. 그러므로 우리는 로마에 적어도 5곳의 가정 교회가 있었다고 보아야 하며, 이것은 바울이 교인들을 형제자매로 이해하는 데 중요하다. 가정과 형제자매들을 위한 자연스러운 장소는 집이다. 어느 집을 중심으로 모이는 교회는 가장 이른 시기의 기독교 안에서 형제자매라는 주제를 강화시켰다.[29] 그 명단에서는 분명하게 다양성이 드러난다. 그 명단에 따르면, 그들 중 19명은 그리스인이고, 아마도 7명은 유대인이고, 8명은 라틴어 이름을 갖고 있다.[30] 형제자매 관계가 형성되는 장소로서의 가정 교회들은, 소그룹 안에서 변화를 경험한 이들은 누구라도 알듯이, 그리스도를 본받는 삶으로의 변화를 목회적으로 접근 가능하게 해주었다.

앞에서 예수의 **하베림**이 단순히 친구들이 아니라 동료 예배자들이었다고 말한 바 있다. 바울의 **하베림**에 대해서도 같은 말을 할 수 있다. 그들은 함께 교제하고 예배하는 형제자매들이었다. 가정 교회는 사회적 모임 이상이었다. 그것은 교육만을 위해 고안된 신학교

---

29 다시 한번 나는 GregMamula, "ShapedbytheStory," https://shapedbythenarrative. wordpress.com/welcome-to-the-family-table/.를 추천한다.

30 Robert Jewett, *Romans: A Commentary, Hermeneia* (Minneapolis: Fortress, 2007), 953.

나 대학이 아니었다. 오히려 그들은 서로 삶을 나누고 메시아 예수를 통해 자기들에게 알려진 동일한 하나님을 예배하는 형제자매들이었다. **형제자매**라는 용어는 초기 기독교 가정 교회 모임에 특별한 시각을 부여한다. 그것은 집에서 모였으므로 긴밀했다. 그렇게 모인 이들의 적은 수—30명 이상을 넘지 않았고 아마도 보통은 그보다 적었을 것이다—는 서로가 삶에 참여하도록 허락함으로써 그들의 형제자매 됨을 강화했다. 그들은 각각을 구속하신 한 분이신 주님 메시아에 집중했다. 그들은 자기들에게 새 생명을 주시고 그들의 무능력을 초월하고 그들의 능력을 형제자매와의 교제에 대한 표현으로 변화시킬 수 있는 능력을 부여하신 한 분이신 주님 성령님을 통해 권능을 얻었다.[31] 다시 말하지만, 기독교 교회가 갖고 있던 형제자매라는 특성과 예배라는 주제가 그 교회들을 그리스도를 본받는 삶이 이루어지는 집으로 만들어주었다. 이것은 아마도 형제자매 관계에 관한 바울의 이론과 플루타르코스의 이론 사이의 가장 주목할 만한 차이일 것이다. 바울에게 형제자매 관계는 영적으로 창조된, 전형적인 지위와 명예를 초월하도록 고안된 "그리스도 안에서"의 관계다. 그것은 단지 어느 한 가족의 고정된 경계들을 형성하기 위해서가 아니라, 신앙으로 새롭게 회심한 자들로 이루어진 보다 크고 성장하는 가족을 창조하기 위해 의도적으로 확장되도록 설계되었다.

목회자들이 회중에 대해 생각할 때 그들이 무엇을 **생각하느냐**

---

31   Larry W. Hurtado, *At the Origins of Christian Worship: The Context and Character of Earliest Christian Devotion* (Grand Rapids: Eerdmans, 1999), 39-62.

만이 아니라 **그들의 회중을 무엇이라고 부르느냐**도 중요하다. 교회를 위한 바울의 지배적인 은유는 "교회"가 아니라 "형제자매"였다. 형제자매의 삶에 수반되는 것은 도덕적 성장에서의 상호 책임성이다. 목회자들은 형제자매들이 그리스도를 본받는 삶을 향해 함께 성장하도록 그들을 양육한다.

경계 지어진 공동체

넷째, 가족은 모든 사회의 근본이며, 가족이 정체성을 형성하듯 일련의 독특한 관계를 형성한다.[32] 가족의 경계와 명예와 온전함을 유지하는 것은 로마인에게든, 그리스인에게든, 유대인에게든 할 것 없이 모든 일의 핵심이었다.[33] 주목해야 할 것은 형제자매 관계가 한 집단(가족, 가속) 안에서 집단의 정체성을 형성한다는 것이다. 형제자매 관계는 가족이나 가속 전체가 아니다. **형제들과 자매들**(*adelphoi kai adelphai*)은 **가정과 가속**(*oikos kai oikonomia*)과 동등하지 않다. 그러므로 은유로서의 가족은 은유로서의 형제자매와 동등하지 않다. 아리스토텔레스와 벤 시라 모두 사회적 계층구조에서 형제자매를 친

---

32 이런 주장은 P. F. Esler, "Family Imagery and Christian Identity in Galatians 5:13 to 6:10," Moxnes, *Constructing Early Christian Families*, 121-49에서 잘 설명한다. 그러나 가족과 형제자매 사이의 미묘한 차이는 그 집단의 정체성을 약간 변화시킨다. 이것은 같은 책 Karl Olav Sandnes, "Equality within Patriarchal Structures: Some New Testament Perspectives on the Christian Fellowship as a Brother- or Sisterhood and a Family," Moxnes, *Constructing Early Christian Families*, 150-65에서 설명한다. 같은 책에 Aasgaard의 초기 논문이 나오지만, 이 장 전체에서 나는 그녀의 나중 연구 논문인 "*My Beloved Brothers and Sisters!*"를 사용했다.

33 명예에 관해서는 Aasgaard, "*My Beloved Brothers and Sisters!*," 51-3를 보라.

구들보다 높은 곳에 올려놓는다(『니코마코스 윤리학』 8.12-1-6; 집회서 25:1[형제자매, 친구, 결혼]). 그러나 가족과 형제자매는 혈연관계라는 경계선을 갖고 있다. 혈연관계는 가족을 친구들과 구분한다. 플루타르코스는 친구 관계와 형제자매 관계 사이의 차이를 다음과 같이 지적한다. "그러므로 오랜 친밀함으로 엮여 있는 친구 관계는 설령 친구들이 교제를 끊을지라도 쉽게 재개할 수 있다. 그러나 형제들이 한번 자연이 부여한 관계를 깨고 나면, 그들은 쉽게 함께하지 못한다. 설령 그렇게 할지라도 그들의 화해는 서로에 대한 의혹이라는 숨어 있는 더러운 상처를 안고 있다"(7). 그는 형제자매의 배신은 가장 깊은 상처가 된다고 주장한다.

그렇게 특별하고 경계가 지어진 관계를 보호하기 위해 플루타르코스는 이렇게 촉구한다. 사소한 문제들이 제기될 때 그것들이 장차 무엇이 될 수 있는지에 비추어 살펴져야 하며, 또한 문제가 제기될 때 다뤄져야 한다(16). 어째서인가? 성가심이나 괴롭힘을 당하는 이는 문제를 흡수해야 하고 더욱 커져야 하기 때문이다. "그러므로 형제들 가운데서 사소한 문제와 관련해 논쟁하려는 마음이나 질투심이 최초로 나타나기 시작할 때, **서로 양보하고, 패배하는 법을 배우고, 형제에 대해 승리를 거두기보다 형제를 만족시키는 것에서 기쁨을 얻는 기술을 실천하면서** 그것에 맞서는 것은 적지 않게 중요하다"(17). 괴롭힘을 당할 때 형제자매들은 흡수의 기술을 발휘해야 한다. 그럴 때 참된 이견은 그것의 본질로 인해 보호된다. 플루타르코스는 용서는 다른 이에 대한 용서를 실천하는 것을 통해 배울 수 있는 기술이라고 말한다(18). 내가 플루타르코스로부터 가져온 이 일련의 글 중 가장 중요하다고 여기는 것은 형제자매 관계의 특별한 성격에 관한 것이다. 그것은 경계가 지어진 사랑의 공동체다. 형제자매들은 다른 곳에서 찾을 수 있는 사랑과 달리 서로에 대한 편애를 경험한다.

그러므로 형제자매가 되는 것은 경계 지어진 공동체가 되는 것이다. 기독교 공동체에 속한 형제자매의 특징을 이루는 것은 세례, 그리스도 아래에서 살아가는 믿음의 삶, 그들로부터 흘러나오는 정체성이다. 사도 바울은 그의 편지 모든 페이지에 이런 경계적 특징을 불어넣는다. 그 경계 지어진 공동체는 자신을 형제자매의 공동체에 다름 아닌 것으로 이해하는 법을 배워야 하고, 고대의 가족들처럼 믿음의 공동체로서 적절하게 살아감으로써 그것의 명예를 유지해야 한다. 갈라디아서 6:10에서 이것에 유의하라. "그러므로 우리는 기회 있는 대로 모든 이에게 착한 일을 하되 더욱 믿음의 가정들에게 할지니라." 이 구절에서 경계의 존재를 드러내는 것은 **더욱**이라는 단어다. 그들은 누가 믿음의 가정이고 누가 아닌지 알고 있다.

나는 오늘날 교회의 형제자매 관계 안에 내재된 것과 같은 경계를 지닌 공동체에 관한 두 가지 예를 들 것이다. 첫 번째 것은 짧고 두 번째 것은 조금 길다. 그러나 한 걸음 더 나아가기 전에, 이 말을 해두어야 할 것 같다. 그동안 목회자들, 교회들, 장로들, 집사회들, 노회들, 교회의 여러 다른 집단이 모두 경계 지어진 공동체라는 개념을 사용해 오늘날 우리의 세계 안에서 그리스도의 이름을 보호하거나 해치거나 치욕스럽게 해왔다. 불법적인 것은 보고되어야 한다. 그렇게 말했으니 나는 신실한 자들의 (법을 지키고, 자발적이며, 강제되지 않는) 경계 지어진 공동체인 형제자매로서의 교회의 생존력을 지속시키고 싶다.

고린도에서의 경계

유사한 경계들이 고린도전서 6장에 실려 있는 특이하지만 실제적인 구절에서 나타난다. 이 경계는 **밖에서는** 일어나지 않을 특별한 일이 **안에서** 일어난다는 것을 의미한다.[34] 안은 형제자매들이고 (5:11; 6:5-6, 8), 밖은 세상이다. (아래에서 나는 형제자매와 관련한 언어의 중요성을 부각시키기 위해 NRSV에 약간의 변화를 주었다.)

너희 중에 누가 다른 이와 더불어 다툼이 있는데 구태여 불의한 자들 앞에서 고발하고 성도 앞에서 하지 아니하느냐. 성도가 세상을 판단할 것을 너희가 알지 못하느냐. 세상도 너희에게 판단을 받겠거든 지극히 작은 일 판단하기를 감당하지 못하겠느냐. 우리가 천사를 판단할 것을 너희가 알지 못하느냐. 그러하거든 하물며 세상 일이랴. 그런즉 너희가 세상 사건이 있을 때에 교회에서 경히 여김을 받는 자들을 세우느냐. 내가 너희를 부끄럽게 하려 하여 이 말을 하노니 너희 가운데 한 **형제**[adelphos]와 다른 형제 간의 일을 판단할 만한 지혜 있는 자가 이같이 하나도 없느냐. 한 **형제**[adelphos]가 다른 한 **형제**[adelphos]와 더불어 고발할뿐더러 믿지 아니하는 자들 앞에서 하느냐.

---

34   이 구절에 관해서는 Andrew D. Clarke, *Secular and Christian Leadership in Corinth: A Socio-Historical and Exegetical Study of 1 Corinthians 1-6*, Paternoster Biblical Monographs (Milton Keynes, UK: Paternoster, 2006), 59-71를 보라.

너희가 피차 고발함으로 너희 가운데 이미 뚜렷한 허물이 있나니 차라리 불의를 당하는 것이 낫지 아니하며 차라리 속는 것이 낫지 아니하냐. 너희는 불의를 행하고 속이는구나. 그는 너희 **형제**[adelphoi]로다.

불의한 자가 하나님의 나라를 유업으로 받지 못할 줄을 알지 못하느냐. 미혹을 받지 말라. 음행하는 자나 우상 숭배하는 자나 간음하는 자나 탐색하는 자나 남색하는 자나 도적이나 탐욕을 부리는 자나 술 취하는 자나 모욕하는 자나 속여 빼앗는 자들은 하나님의 나라를 유업으로 받지 못하리라. 너희 중에 이와 같은 자들이 있더니 주 예수 그리스도의 이름과 우리 하나님의 성령 안에서 씻음과 거룩함과 의롭다 하심을 받았느니라(고전 6:1-11).

이 말을 덧붙여야 할 듯하다. 이 구절은 목회자 그룹이 아이나 어른들에 대한 성추행 같은 범죄를 비밀에 부치는 것과는 아무런 관련이 없다. 오히려 이것은 교회가 내부적으로 처리해야 하는 불만과 관련되어 있다. 어째서 그렇게 해야 하는가? 교회의 형제자매들은 하나님의 마음을 알고, 하나님의 성령을 지니고, 천사조차 판단해야 하기 때문이다. 이 구절에 나오는 천사에 대한 언급은 진실을 알 수 있는 교회의 능력을 강조한다.

인용문 중 두 번째 문단(7-8절)은 형제자매의 경계 지어진 공동체 안에서 일어나야 하는 일이 무엇인지를 보여준다. 그들은 피를 나눈 형제자매처럼 문제를 자기들 가운데서 처리해야 한다. 그리고 우애가 좋은 친형제자매처럼 치유와 화해를 위해 서로의 잘못을 흡수해야 한다. 경계는 바울이 9-11절에서 가장 분명한 경계의 표시(도덕적 행위)를 선언할 때 물방울을 튀기면서 드러난다. 이 구절에서 바울은 의심할 바 없이 그의 창문을 통해 에베소에서의 삶을 내다보면서 혹은 심지어 자기가 고린도에 관해 아는 것에 대해 숙고하면서, 악명 높은 죄인들의 악명 높은 죄들을 묘사하고 그런 이들은 하나님 나라에 들어가지 못하리라고 선언한다.[35] 그러나 고린도의 형제자매들은 그렇지 않다. 왜냐하면 그들은 세례의 씻음을 통해 다시 태어났고 예수의 이름으로 "거룩해지고" "의로워졌기" 때문이다. 씻음을 받은 고린도의 신자들과 세속적인 고린도인들 사이에 예수가 서 계신다. 그분은 경계를 만드신다. 그분은 경계이시다.

골로새에서의 경계

교회 내에서의 경계 지어진 공동체 생활 혹은 형제자매 관계와 관련해 가장 강력한 메시지를 주는 것은 바울이 빌레몬에게 보낸 편지다.[36] 그 편지는 주인 빌레몬에게서 도망친 종 오네시모와 관련되

---

35 이 구절에 관한 탁월한 해설을 위해서는 Roy E. Ciampa, Brian S. Rosner, *The First Letter to the Corinthians* (Grand Rapids: Eerdmans, 2010), 237-45를 보라. 연구를 위해서는 Roy E. Ciampa, "'Flee Sexual Immorality': Sex and the City of Corinth," *The Wisdom of the Cross: Exploring 1 Corinthians*, ed. Brian S. Rosner (Nottingham, UK: Apollos/Inter-Varsity, 2011), 100-133를 보라. 한 사람이 이 본문으로 인생의 여행을 한 것에 관해서는 Wesley Hill, *Washed and Waiting: Reflections on Christian Faithfulness and Homosexuality* (Grand Rapids: Zondervan, 2010)를 보라.

36 Scot McKnight, *The Letter to Philemon*, NICNT (Grand Rapids: Eerdmans, 2017)를 보라. 또한 Aasgaard, *"My Beloved Brothers and Sisters!,"* 237-60에서 전개되는 형제자매와 관련한 주제를 살펴보라.

어 있다. 우리는 오네시모가 왜 도망쳤는지 알지 못하기에 추측할 수밖에 없다. 증거가 희박하기에 여러 그럴듯한 시나리오를 상상할 수 있다. 그러나 우리가 할 수 있는 것은 상상뿐이다. 도망치면서 오네시모는 식량을 훔쳤을 가능성이 있다. 그것이 바울이 18-19절에서 다음과 같이 말하는 것을 설명해주는 가장 타당한 이유일 수 있다. "그가 만일 네게 불의를 하였거나 네게 빚진 것이 있으면 그것을 내 앞으로 계산하라. 나 바울이 친필로 쓰노니 내가 갚을 것이다." 이 아름다운 목회 서신에 들어 있는 수수께끼 중 하나는 어째서 오네시모가 바울 앞에 와 있느냐 하는 것이다. 왜냐하면 확실히 오네시모는 바울이 자기의 주인인 빌레몬의 친구라는 것을 알았기 때문이다("우리의 사랑을 받는 자요 동역자인 빌레몬", 1절). 오네시모가 체포되어 바울처럼 동일한 가택 연금에 처했을 가능성은 거의 없다. 오네시모는 종이었기 때문이다. 그보다는 그가 나중에야 제정신을 차리고 바울을 찾았을 가능성이 크다. 오네시모가 **도망자**(*fugitivus*)가 아니라 빌레몬에 대한 불만 때문에 바울의 옹호를 얻고자 "주인의 친구"인 바울에게 달려갔을(일시적인 도망자, 즉 **방랑자**[*erro*]) 가능성도 있다. 그 편지의 증거는 어느 쪽으로도 설명될 수 있다. 그러나 나는 18-19절에서 나타나는 도둑질에 대한 암시가 저울추를 **도망자** 쪽으로 기울어지게 한다고 여긴다.

이 편지의 드라마는 두 가지 특징을 지닌다. 첫째, 이 편지는 빌레몬의 가정 교회(경계가 지어진 구역) 안에서 단순히 읽히는 것이 아니라 시행될 것이다. 2절에 주목하라. "그리고 네 집에 있는 교회에." 이 편지가 시행될 때, 그 편지를 읽어주는 사람(아마도 두기고)을 통해 사도 바울과 종의 주인인 빌레몬의 만남이 이루어질 것이다. 편지를 읽어줄 이는 바울과 디모데의 지도를 통해 자기가 편지를 읽을 때 누구를 바라보아야 하는지, 어느 순간에 어떤 감정을 사용해야 하는지, 필요할 경우 언제 멈추고 언제 속도를 내야 하는지 배웠을 것이다. 언젠가 로저 스크러턴(Roger Scruton)은 자기 가족에 대해 말하는 과정에서 이런 말을 했다. "우리 어머니의 독특한 특징은 말씀이 얼굴 표정과 결코 일치하지 않는다는 것이었다."[37] 그러나 이 편지를 읽는 데는 그런 것이 효과가 없을 것이다. 그 편지가 설득력을 가지려면 그것을 읽는 이의 표정과 말이 일치해야 했다. 다른 종들을 포함하고 있었을, 그 가정 교회에 속한 모든 이 앞에서 읽힌 그 편지는 그들에 대한 공적인 설득 작업이었다. 오네시모가 도망친 일에는 다른 종들이 연루되어 있었다. 이제 그들의 모든 것은 그 편지에 실려 있는 말에 달려 있다. 그 종들은 오네시모에 대한 빌레몬의 대응이 자기들에 대한 그의 대응이 되리라는 것을 알고 있었다. 더 나아가 빌레몬의 가족이 있었다. 그들은 재정적으로 손해를 입은, 정의를 바랄 수 있는, 만약 그가 그렇게 마음을 먹는다면 중벌을 내릴 수도 있는 도망친 종의 주인 곁에 서 있었다. 지금 나는 고린도전서 6:1-11에 대해 생각하는 중이다. 당신도 그러기를 바란다. 바울은 이 문제가 교회 밖 세상에서가 아니라 교회 내부에서, 형제자매들 가운데서 처리되기를 바랐다. 그것이 경계 지어진 공동체를 위한 윤리다. 그것은 교회가 하나의 가족으로서 어떻게 살아야 하는지를

---

37   Roger Scruton, *Gentle Regrets: Thoughts from a Life* (London: Continuum, 2006), 85.

보여준다.

그 드라마의 두 번째 특성은 그 편지에서 나타나는 긴장감이다. 이제 그것을 재구성해보려 한다. 바울은 그 긴장을 모종의 실행을 통하는 것 외에는 전달할 수 없는 청중의 웅성거림과 얼굴 표정 그리고 말로 하는 응수와 질문 등을 통해 만들어낸다. (나의 재구성은 요약이라기보다는 원래 상황에 더 가깝다.) 바울은 모종의 중요한 방식으로 오네시모의 편을 듦으로써 빌레몬을 자극한다. 어떻게? 그는 편지의 첫머리에서—그리스어 어순으로는 편지의 두 번째 단어다—자신을 "갇힌 자"라고 부른다. 이 단어는 의심받고 위험에 처해 있으며 아무런 지위도 없는 누군가를 가리키는 말이다. 그리고 이것은 바울 서신 전체에서 그가 자기에 대해 그런 호칭을 사용하며 편지를 시작하는 첫 번째 경우다. 그는 공적으로 빌레몬의 자존감을 높여준다. 바울은 그를 "우리의 사랑을 받는 자요 동역자"라고 부른다 (1절). 3절에서는 빌레몬에게 하나님의 은혜가 있기를 바란다. 그리고 그를 위해 기도한다. 4-7절에서는 빌레몬의 사랑과 믿음과 관대함에 대해 말한다. 빌레몬은 형제자매들의 (경계가 지어진) 총회 앞에서 아주 철저하게 공적으로 긍정된다.

긴장감은 8-16절에서도 강력한 방식으로 계속된다. 바울은 빌레몬에게 무언가를 하도록 명령할 수 있었다. 그럼에도 그 무언가가 무엇인지는 진술하지 않는다. 그것이 무엇인지를 오네시모는 안다. 두기고도 안다. 빌레몬과 그의 가속은 무언가가 일어나고 있다는 것을, 자기들 가운데 도망자가 있으며 바울이 그를 지원하고 있다는 것을 안다. 바울은 명령할 수 있었으나 명령하려고 하지 않았

다. 그는 자기가 이루어지기를 원하는 것―다시 말하지만, 아직 그
것이 무엇인지는 분명하지 않다―이 사랑의 기초 위에서 이루어
지기를 바란다. 바울은 뒤로 물러나 좀 더 오네시모와 연계한다. 그
러나 빌레몬은 지금 무슨 일이 일어나고 있는지 아직 모른다. 바울
은 자기가 "노인"(9절)이고 "죄수"(1절)라고 말한다. (나를 안타깝게 여
기라; 나를 도우라; 나에게 얼마간 사랑을 베풀라.) 이제 이 편지의 긴장감
이 표면화되는 시점이 다가온다. "갇힌 중에서 낳은 아들 오네시모
를 위하여 네게 간구하노라"(10절). 도망친 종 오네시모는 그리스도
께 나아왔다. 바울은 그를 회심시킨 사람이었다. 극적이게도 바울은
그를 자신의 아주 특별한 가족으로 만들었다. 그는 오네시모를 자신
의 "아들"이라고 부르는데, 이것은 그가 디모데에게 자주 사용하는
바로 그 용어다. 이제 오네시모는 형제자매들의 경계 지어진 공동체
밖이 아니라 안에 있다. 이것은 그가 바울과 디모데와 빌레몬과 압
비아와 아킵보와 함께 교회 안에 있다는 것을 의미한다. 그는 형제
다. 그는 형제자매다.

　　로마법에 따르면, 발견된 종은 주인에게 돌려보내야 했다. 바울
은 로마인들이 교회 안에 있는 형제자매를 판단하는 것을 원치 않았
다. 그는 빌레몬이 오네시모에 대한 모든 고발을 포기하고 그를 용
서하기를 바랐다. 바울은 오네시모를 자기 곁에 두고 싶어 했던 것
으로 보인다. 하지만 오직 빌레몬의 허락을 받고서야 그를 자기 곁
에 머물게 할 생각이다. 이제 빌레몬 앞에는 형제자매와 관련한 언
어가 홍수를 이루고 있다. 바울은 심지어 오네시모의 떠남에 대해
유사 칼뱅주의적인 해석을 제공한다. **아마도** 오네시모는 빌레몬이

그를 영원한 형제로 받아들일 수 있게 하기 위해 하나님의 섭리에 의해 그를 떠났던 것이리라!

이어서 이 편지에 들어 있는 두 개의 중요한 전환 중 첫 번째가 나타난다. 바울은 빌레몬에게 오네시모를 "**이후로는 종과 같이 대하지 아니하고 종 이상으로 곧 사랑받는 형제로**" 여기라고 말한다 (16절; 또한 1절을 보라). "**이후로는**"이라는 표현은 세상으로부터 **교회** 안으로의 종말론적 변화를 나타내며[38] 또한 성경 독자들에게 "이제 둘이 아니요 한 몸이니"(마 19:6)라는 구절을 상기시킨다. 빌레몬서 16절의 "이후로는"은 탕자의 고백을 역전시킨다. "**지금부터는** 아버지의 아들이라 일컬음을 감당하지 못하겠나이다"(눅 15:21). 바울 신학에 관련해 말하자면, 그의 서신들의 신학적 차원에서 가장 신랄한 두 개의 병행구는 갈라디아서 4:7("그러므로 네가 **이후로는** 종이 아니요 아들이니")과 고린도후서 5:17("그러므로 우리가 **이제부터는** 어떤 사람도 육신을 따라 알지 아니하노라. 비록 우리가 그리스도도 육신을 따라 알았으나 이제부터는 그같이 알지 아니하노라"; 갈 2:20; 엡 2:19을 보라)이다. 신약성경에서 "이후로는"이라는 표현의 이런 리드미컬한 삼투는 완성에 관한 구원사적 주제와 사회적이고 교회적인 차원에서의 새로운 혁명적 삶의 방식 모두를 가리킨다.

하나님 나라의 신학은 오네시모 같은 종이 이제 "형제", 즉 "종 이상"이 된다는 것을 의미한다. 이때 "이상"은 로마 사회의 계층 구

---

38 Norman R. Petersen, *Rediscovering Paul: Philemon and the Sociology of Paul's Narrative World* (Philadelphia: Fortress, 1985), 93-124.

조를 언급하는 것이므로 우리는 그것을 "종보다 높은"으로 번역할 수 있다. 바울에게 오네시모는 빌레몬의 형제이고, 이제 빌레몬은 오네시모의 형제다. 그것은 놀랄 만한 의미를 갖는다. 이제 그들은 서로 관계하고 서로를 단지 주인과 종으로서가 아니라—혹은 결코 그렇게가 아니라—형제로 대해야 한다. 경계 지어진 공동체 안에서 그들은 형제가 되어야 한다. 그렇게 함으로써 주인과 종이라는 그들의 이전 지위가 혁명적으로 변화된다.

두 번째 중요한 전환은 17절에서 일어난다. 바울은 자신과 빌레몬의 관계를 그와 오네시모의 관계 및 오네시모와 빌레몬의 관계와 연결시킨다. "그러므로 네가 나를 **동역자**[koinōnon]로 알진대 그를 **영접하기를**[proslambou] 내게 하듯 하라." 빌레몬은 코너에 몰려 있다. 모두가 그를 쳐다보고 있다. 특별히, 만약 그 주인이 도망친 종을 영접한다면 온 사방이 기뻐하고 축하하며 들고 일어서리라는 것을 아는 종들이 그를 지켜보고 있다. 모두가 입을 다물고 있다. 아마도 보이지는 않으나 뚫고 들어가 보면, 모두의 안쪽에서 심장이 쿵쾅거리고 있을 것이다. 중요한 전환은 바울이 갑자기 말을 바꿀 때 끝난다. "나는 네가 순종할 것을 확신하므로…"(21절). 그리고 22절에서 바울이 다음과 같이 말할 때 드디어 활짝 문이 열린다. "너는 나를 위하여 숙소를 마련하라."

이 편지 안에서 모든 것은 형제자매됨과 형제자매들 사이의 경계가 지어진 관계에 달려 있다. 오네시모는 형제이고, 빌레몬도 형제이고, 또한 그 둘은 이제 경계 지어진 공동체 안에서 서로 형제이기에, 이제는 다른 규칙이 적용되어야 한다. 플루타르코스가 형제자매는 관대해야 한다고 말했던 반면, 바울은 그것을 은혜와 보은의 언어로 바꾼다. 빌레몬은 용서를 받았으므로 그 역시 용서해야 한다. 그리스도 안에서 형제자매들은 하나님과 화해했으므로 이제 그들은 서로 화해해야 한다. 기독교 공동체를 다른 것들과 구별해주는 것은 **형제자매**라는 단어가 그 공동체 사람들이 그것으로 사고하고 또한 구현해야 하는 개념이라는 것이다. 이제 형제자매는 더 이상 피를 나눈 자가 아니라 그리스도 안에 있는 자들이므로, 형제자매들의 삶의 방식은 도망친 종을 포함해 그 가족에 속한 모든 이에게 적용된다.

목회자들은 바울을 따라서 관계가 깨어진 후 서로 화해하는 형제자매의 문화를 육성해야 할 책임이 있다. 형제자매들로 이루어진 교회 안에서 **용서**는 중요한 말이다. 이것은 목회자들이 이중의 과업을 맡고 있음을 의미한다. 하나는 교회와 세상 사이에 존재하는 경계를 인식하는 것이고, 다른 하나는 교회 밖에 있는 이들에게 열려 있고 그들이 교회의 일부가 되도록 그들을 환영하는 종류의 경계를 육성하는 것이다. 이것은 분파주의적이거나 고립주의적인 벽을 세워야 한다는 의미가 아니다. 오히려 가족을 보호하고, 가족 안에서의 성장을 허락하며, 외부자들을 가족으로 환영하는 안정적인 가족의 경계가 세상에서 하나님 나라를 구현한다는 뜻이다.

예수 이후의 형제자매들

플루타르코스는 글을 쓰면서 그의 시대에 널리 알려져 있던 관계에 관한 용어를 사용했다. **형제자매**라는 용어였다. 그러므로 그리스도인들은 자신들의 특별하고 경계 지어진 공동체 내의 관계에 **형제자매**라는 용어를 사용한 최초의 사람들이 아니었다. 또한 **형제**라는 용어는 구약성경에서 동료 유대인을 가리키는 데 사용되었는데, 바울은 그리스도 안에 있는 형제자매들의 형제가 되기 전에 로마인과 유대인들의 맥락에서 가져온 그 용어에 아주 익숙했다.[39] 훨씬 더 분명한 사실은 이것이다. 예수는 추종자들에게 서로 형제자매가 되라고 가르쳤다.[40] 바울이 이 용어를 그렇게 집중적인 방식으로 사용한 것은 바울을, 내부자들의 대화를 위해 형제자매와 관련한 용어를 사용했던 다른 이들과 구별시켜주었다. 바울이 그 용어를 그런 식으로 사용하도록 자극한 것은 예수가 그것을 그렇게 사용했다는 사실이었다. 예수에 관한 세 구절을 내가 선호하는 것으로 시작해 인용해보자.

> 그러나 너희는 랍비라 칭함을 받지 말라. 너희 선생은 하나요 너희는 다 **형제**[*adelphoi*]니라(마 23:8).

> 그때에 예수의 어머니와 동생들이 와서 밖에 서서 사람을 보내어 예수를 부르니 무리가 예수를 둘러앉았다가 여짜오되 "보소서! 당신의 어머니와 동생들과 누이들이 밖에서 찾나이다." 대답하시되 "누가 **내 어**

---

39 Aasgaard, *"My Beloved Brothers and Sisters!,"* 107-6.

40 Trebilco, *Self-Designations and Group Identity,* 39-42; Scot McKnight, *A New Vision for Israel: The Teachings of Jesus in National Context* (Grand Rapids: Eerdmans, 1999), 179-87.

머니이며 동생들이냐" 하시고 둘러앉은 자들을 보시며 이르시되 "**내 어머니와 내 동생들**을 보라. 누구든지 하나님의 뜻대로 행하는 자가 **내 형제요 자매요 어머니**이니라"(막 3:31-35).

예수께서 이르시되 "내가 진실로 너희에게 이르노니 나와 복음을 위하여 집이나 **형제나 자매나 어머니나 아버지나 자식**이나 전토를 버린 자는 현세에 있어 집과 형제와 자매와 어머니와 자식과 전토를 백 배나 받되 박해를 겸하여 받고 내세에 영생을 받지 못할 자가 없느니라"(막 10:29-30).

이런 본문은 예수가 공생애 기간에 자신의 추종자들을 묘사하고 또한 그들이 스스로 어떻게 이해해야 할지를 설명하기 위해 가족 및 형제자매와 관련한 용어를 사용했음을 알려준다.

사도 바울은 형제자매됨(siblingship)을 그가 좋아하는 용어 중 하나인 "양자"(adoption)라는 용어와 결합시키면서 이 말을 심화시킨다. 신자들은 "양자의 영[혹은 '성령']을 받았고", 이것은 그들이 하나님을 "아버지"라고 부를 수 있음을 의미한다(롬 8:15; 갈 4:5). 로마서 8장 후반부에서 바울은 우리가 "속으로 탄식하여 양자 될 것 곧 우리 몸의 속량을 기다리느니라"라고 말한다(23절). 그는 이것을 예수와 연결시키면서 우리가 "그 아들의 형상을 본받게 하기 위하여 미리 정하셨으니 이는 그로 **많은 가족 중에서** 맏아들이 되게 하려 하심이니라"라고 말한다(29절; 엡 1:5, NRSV). 이제 나는 이 구절 "많은 가족 중에서"를 "많은 형제 중에서"로 바꿀 것이다(우리말 개역개정은 이미 그렇게 번역되어 있다—역주). "양자"로 번역하는 단어는 그리스어 "휘오테시아"(*huiothesia*)와 연결되는데, "아들됨"(sonship) 으로 번역할 수 있다. 아들이신 그리스도는 우리를 새롭게 탄생시키기 위해 성령을 보내신다. 우리에게 그것은 새로운 가족 안으로의 은유적 입양이 된다. 즉 우리는 하나님의 자녀가 된다. 그리스도를 본받는 삶의 목적은 구속의 전 과정을 밟아가는 것인데, 그 과정은 하나님의 예지로 시작해 예정, 부르심, 의인, 영화로 이어진다(8:29-30). 그러므로 동료 자녀로서 우리는 예수의 아들되심을 통해 서로에게 형제와 자매가 된다.

우리의 형제자매 관계에 대한 그리스도 중심적 이해는 히브리서에서 표면화되는데, 그림의 전모를 이해하기 위해서는 여기서 그 본문을 인용할 필요가 있다.

> **자녀들**[*paidia*]은 혈과 육에 속하였으매 그도 또한 같은 모양으로 혈과 육을 함께 지니심은 죽음을 통하여 죽음의 세력을 잡은 자 곧 마귀를 멸하시며 또 죽기를 무서워하므로 한평생 매여 종노릇하는 모든 자들을 놓아주려 하심이니 이는 확실히 천사들을 붙들어 주려 하심이 아니요 오직 아브라함의 자손을 붙들어 주려 하심이라. 그러므로 그가 범사에 **형제 및 자매들**[*adelphoi*]과 같이 되심이 마땅하도다. 이는 하나님의 일에 자비하고 신실한 대제사장이 되어 백성의 죄를 속량하려 하심이라. 그가 시험을 받아 고난을 당하셨은즉 시험 받는 자들을 능히 도우실 수 있느니라(2:14-18).

비록 바울이 히브리서의 저자는 아닐지라도, 그 저자가 여기서 말하는 내용은 바울 서신의 내용과 양립한다. 성육신은 그리스도가 우리를 구속할 수 있기 위해 우리의 육신과 본질을 취하는 것이다. 히브리서 저자는 동료 그리스도인들을 그리스도의 형제와 자매들이라고 부른다. 이것은 그리스도가 형제들 중의 형제라는 것을 의미한다. 그가 우리의 본질을 취하신 것이 우리가 그분과 형제자매됨을 가능케 하고, 그로 인해 그분은 우리를 알고, 우리를 위해 우리처럼 우리와 함께 죽고, 우리를 대신함으로써 우리가 시험을 받을 때 우리를 도울 수 있는 대제사장이 되신다.

결론

이 부분을 마무리하면서 먼저 바울에게 우리가 친구 이상의 존재라는 것을 언급해야 한다. 친구 관계(우정)는 목표가 아니다. 오히려 우정은 형제자매 관계로 변화한다. 우리는 우리의 맏형 덕분에 형제가 된 자들이다. 우리는 그리스도의 사역과 성령의 능력으로 형제자매가 된다. **오직 그리스도와 그분의 구속으로 인해** 형제자매로 불린다. 이것은 우리의 맏형이신 예수가 우리에게 십자가를 본받는 삶과 그리스도를 본받는 삶의 길을 계시하신다는 것을 의미하며, 이 맏형의 형제자매가 되는 것은 우리가 가능한 모든 면에서 그분처럼 되어야 한다는 것을 의미한다. 그는 심원한 낮아지심을 통해 우리를 자신의 형제자매로 만드셨고(빌 2:6-11) 그로 인해 그리스도를 본받는 삶의 모범을 세우셨다. 그러나 그리스도를 본받는 삶은 우리를 그분과 같이 변화시키시는 성령을 통해 우리 안에 거하시는 그리스도의 신적 임재이지 우리 자신의 도덕적 성취가 아니다. 그러므로 서로에 대한 우리의 관계는 생래적이지 않고 가공적이고 영적이다. 그것은 우리 자신의 성취가 아니라 그분의 성취다. 우리는 오직 우리의 맏형이신 그리스도를 통해서만, 그분 안에서만 형제자매들이다.[41]

목회자는 그리스도를 본받는 삶의 문화를 육성하라는 부르심을 받는다. 우리는 앞의 두 장에서 이중적인 주제 하나를 상세히 다뤘다. 현관은 우정이지만, 교회 안에서 우정은 초월된다. 더 깊은 관계는 형제자매 관계이기 때문이다. 그리스도 안에서 우리는 모두 형제와 자매들이다. 목회자는 시간이 흐르면서 점차 사랑의 형제자매 관계가 되는 우정을 육성함으로써 그리스도를 본받는 삶을 육성한다.

41 Dietrich Bonhoeffer, "*Life Together,*" "*Prayerbook of the Bible,*" ed. Eberhard Bethge, trans. G. L. Muller, Dietrich Bonhoeffer Works 5 (Minneapolis: Fortress, 1996), 27–47.

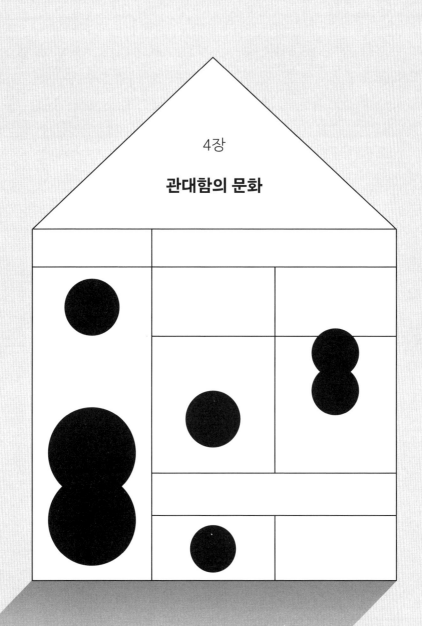

4장

관대함의 문화

내가 목회자들과 함께했던 60여 년의 세월을 통해 알게 된 것은 어떤 목회자들은 목회적 현존과 관련해 천부적인 은사를 갖고 있다는 것이다. 그것은 거의 그들의 스타일이나 다름없는데, 그런 스타일은 시선 맞추기, 얼굴 표정, 경청 능력, 성숙한 성품, 필요할 때 기꺼이 손을 빌려주는 것을 통해 잘 드러난다. 매릴린 로빈슨(Marilynne Robinson)의 소설 『길리아드』(Gilead)에 등장하는 아주 실제적인 가상의 목회자 존 에임스는 그가 생래적으로 타고난 목회적 은사를 다음과 같이 표현한다.

저는 늘 대부분의 사람보다 키가 컸고 덩치도 컸습니다. 그건 저희 집안의 내력이었어요. 제가 소년이었을 때, 사람들은 저를 실제 나이보다 높이 보았고 종종 제가 그 나이에 할 수 있는 것보다 많은 것을—대개는 보다 상식적인 것을—기대했어요. 저는 실제로 이해한 것보다 많은 것을 이해하는 척하는 데 능숙해졌는데, 그것은 일생 동안 저에게 도움이 된 기술이었지요. 이런 말씀을 드리는 건 당신이 제가 결코 성자가 아니라는 걸 깨닫기를 바라서예요. 제 삶은 제 할아버지의 삶과는 비교가 되지 않아요. 저는 마땅히 받을 만한 것보다 훨씬 더 많은 존경을 받았어요. 대부분의 경우 이건 그렇게 해롭지 않아 보여요. 사람들은 목회자를 존경하고 싶어 하고 저는 그런 바람에 찬물을 끼얹고 싶지 않거든요. 그러나 저는 실제로 읽을 수 있는 것보다 많은 책을 주문하고, 그것들을 통해 무언가 유익한 것을 얻은 것보다 훨씬 더 많은 책들을 읽음으로써 지혜롭다는 명성을 얻었는데, 사실 제가 그것들을 통해 알게 된 것은 아주 지루한 신사들이 책을 쓴다는 사실뿐이었어요. 이건 새로운 통찰은 아니지만, 당신이 진실을 충분히 이해하려면 경험할 필요가 있는 것이지요.[1]

에임스의 솔직함은 환영할 만하다. 어떤 목회자들은 그들이 받을 만한 것 이상의 존경을 받는다. 우리가 사람들의 존경을 얻기 위해 할 수 있는 일은 많지 않으며, 사실 무언가를 시도하지 않는 게 최선이다. 그런 종류의 존경을 얻는 방법은 돈과 관련해 그리고 돈에 관해 교회에 말하는 방식과 관련해 지혜를 얻는 것이다.

감언이설로 속이거나 죄책감을 유발하는 것은 지혜로운 방법이 아니다. 그러나 같은 정도로 제자도와 청지기에 관해 말하기를 피하는 것도 지혜롭지 않다. 다른 이들과 그들의 경제적 결정에 대한 존중으로 형성된 추진력을 갖고서 회중을 이끄는 목회자는 회중의 확신을 얻을 것이다. 돈을 배분하는 방법에 관한 한 우리는 목회자들만큼이나 회중 개인도 쉽게 풍자의 대상으로 만들 수 있다. 성직자들의 부요함을 폭로하는 것이 앤서니 트롤럽(Anthony Trollope)[2]의 방

---

1   Marilynne Robinson, *Gilead* (New York: Farrar, Straus and Giroux, 2004), 39. 『길리아드』(마로니에북스 역간, 2013).

2   Anthony Trollope, *The Warden* (repr., Harmondsworth, UK: Penguin Classics, 1984),

식이었다. 하지만 목회자들의 목표는 그리스도를 본받는 삶이다. 바울을 모범으로 삼는 목회자들은 사람들을 경제적으로 그리스도를 본받는 삶을 살도록 육성하라는 소명을 지닌다. 만약 그리스도가 모든 삶의 주님이시라면, 만약 돈과 자원과 소유가 삶의 아주 중요한 차원 중 하나를 형성한다면, 만약 목회자들이 모든 면에서 그리스도를 본받는 삶을 육성하는 소명을 지니고 있다면, 그때 목회자들은 사람들을 경제적으로 그리스도를 본받는 삶을 살도록 육성할 책임이 있다.

그러나 바울은…

오랜 전통은 바울이 예수의 경제 정의에 대한 의식을 포기했다고 주장한다. 마리아의 찬가는 가난한 자들을 높이고 부자들을 책망했으며(눅 1:46-55), 사가랴의 노래는 적어도 평강이라는 재화를 회복시키는 어조를 지녔고(1:67-79), 세례자 요한의 예언적 요구는 놀라운 경제 정의 외에 다름 아니었다(3:10-14). 예수가 자리에서 일어나 이사야 61장을 읽은 후 다시 자리에 앉아 그 성경이 말했던 정의가 그날 성취되었다고 말했을 때(4:16-30), 갈릴리 바다 북부 해안에 야트막한 언덕 위에서 가난한 자들을 축복하고 부자들을 저주하며 설교를 시작했을 때(6:20-26), 그의 일반적인 교제의 실천이 갈릴리의 가

67-68.

난한 사람들 사이에서 이루어졌을 때, 그는 자신이 수행하는 하나님 나라 선교 안에서 경제 정의를 위한 어조를 정했던 것이다. 그러므로 예수와 뜻을 같이하는 이들은 오순절 후 예루살렘에서 만들어진 최초의 공동체가 경제적으로 정의로운 공동체가 된 것에 조금도 놀라지 않는다(행 2:42-47; 4:32-36).

어떤 이들은 묻는다. 바울에게 무슨 일이 일어난 것인가? 그동안 학자들은 한 세기 넘게 질책하듯 물어왔다. 왜 바울은 경제 정의와 가난한 자들에게 그토록 관심을 기울이지 않는가? 높이 존경받는 신약학자 얼 엘리스(Earle Ellis)는 언젠가 이렇게 말했다. "예수와 신약성경의 다른 저자들처럼, 그는 보다 넓은 인도주의적 이슈에 자신의 사역을 이용하는 데 관심을 보이지 않았다. 냉소적인 설교자(세례자 요한)와 달리, 그는 버니게의 부도덕을 비난하지 않았고 황제의 사회를 판단하거나 개혁하는 것을 그리스도의 사역자의 의무로 여기지 않았다." 엘리스는 계속해서 다음과 같이 말한다. "오히려 이런 태도는…그 사도의 전체적인 신학적 견해에 그 뿌리를 두고 있는데, 그것은 초기 기독교가 대체로 그랬던 것처럼, 사회에 대한 스토아주의적 개입보다는 에피쿠로스적 후퇴에 더 가까웠다."[3] 엘리스는 스크루지가 아니다. 왜냐하면 그는 그리스도인들이 이웃을 사랑해야 하고 선을 행해야 한다고 생각하기 때문이다. 그러나 그는 바울이 사회 정의에 대한 비전을 품었다고 여기지 않는다. 이 점에서 엘

---

3   E. Earle Ellis, *Pauline Theology: Ministry and Society* (Grand Rapids: Eerdmans, 1989), 154-55.

리스는 바울이 예수의 해방시키는 사회적 비전을 포기하고 분파주의자가 되었다고 여기는 학자들의 무리—엘리스가 아니라 그 무리가 그렇게 여긴다—안으로 들어간다.

엘리스 다음 세대 학자인 브루스 롱네커(Bruce Longenecker)는 손가락질하며 그를 비난한다. 이 점에서는 롱네커가 옳다. 엘리스는 바울의 비전이 제국을 위한 것이라고 여기지 않는다. 그러나 그는 이 점에서는 옳지 않다. 엘리스는 교회가 "사회적" 비전을 가졌다고 생각하지만, 또한 그 비전이 교회를 위한 것이며, 더 나아가 보다 큰 사회에 영향을 주리라고 생각한다.[4] 엘리스가 영향론자(influentialist)인 반면, 롱네커가 해방론자(liberalionist) 혹은 진보주의자(progressivist)라고 해보자.[5] 롱네커는 바울에게서 **사회적** 의식을 발견하는 반면, 엘리스는 그에게서 **교회적** 의식을 발견한다. 세 번째 종류의 목소리를 간단히 살펴보자. 벌린 버브룩(Verlyn Verbrugge)과 키스 크렐(Keith Krell)은 최근에 공저한 책 『바울과 돈』(*Paul and Money*)에서 돈에 관한 바울의 거의 모든 비전을 그리스도인들이 돈을 사용하는 방법의 문제로 격하시키고 바울이 사회적 혹은 교회적 차원의 경제적 비전을 갖고 있었는지에 대해서는 주의를 기울이지

---

4 Ellis, *Pauline Theology*, 17-25, 122-59. Malherbe는 바울을 동시대의 철학자들과 비교하면서 그(와 그의 교회들)가 냉소주의자들이나 에피쿠로스주의자들의 후퇴를 선택하지 않고 오히려 사회적으로 더욱 개입했다고 생각한다. 다음을 보라. Abraham J. Malherbe, *Paul and the Thessalonians: The Philosophic Tradition of Pastoral Care* (repr., Eugene, OR: Wipf & Stock, 2011), 95-107.

5 Bruce W. Longenecker, *Remember the Poor: Paul, Poverty, and the Greco-Roman World* (Grand Rapids: Eerdmans, 2010), 5-6.

않는다.[6]

　누가 바울을 바르게 이해하는 것일까? 예수가 그의 추종자들보다 넓은 무리를 위한 경제적 비전을 더 많이 갖고 있었다고 인정해 보자. 바울은 그 비전을 포기한 것일까? 이 질문에 대한 답은—솔직해지자—교회의 주일 헌금과 관련해 중요하다. 목회자들은 교회를 위해, 세상을 위해, 혹은 교회와 세상을 위해 경제적으로 그리스도를 본받는 삶을 육성하도록 부르심을 받았는가? 많은 목회자가 청지기 주일(Stewardship Sunday, 대개 이날 목회자들은 회중에게 십일조를 강조한다—역주) 같은 것을 두려워한다. 바울도 그것을 두려워했을까? 엘리스, 롱네커, 버브룩과 크렐은 이런 질문에 대한 답에서 서로 다른 뉘앙스를 풍긴다.

최근 논의에서 나타나는 경제적 청지기로서의 목회자

최근에 발표한 두 개의 연구 결과는 바울이 아주 거창한 사회경제적 비전을 갖고 있었다고 주장한다. 아래에서는 두 연구 결과 모두를 간략하게 요약한 후 선교 교회들에서 경제적 관대함을 육성하는 것으로서의 바울의 사명에 대한 연구를 수행할 것이다.

6　Verlyn D. Verbrugge, Keith R. Krell, *Paul and Money: A Biblical and Theological Analysis of the Apostle's Teachings and Practices* (Grand Rapids: Zondervan, 2015). 여기서 나는 Verlyn의 존더반 출판사 편집자로서의 경력뿐 아니라 그의 모범적인 기독교적 성품에 대해 경의를 표하고자 한다.

최초의 주교들

알리스테어 스튜어트(Alistair Stewart)의 방대한 연구서『최초의 주교들』(*The Original Bishops*)로 시작할 것이다.[7] 스튜어트는 신약성경의 서신과 교부학의 증거 사이를 쉼 없이 오가면서 깜짝 놀랄 만한 결론으로 이어지는 일련의 논지를 형성한다. 그런 논지 중에는 "장로"(elder)라는 용어의 비특이성(nonspecificity)에 관한 R. 알라스테어 캠벨(Alastair Campbell)의 진술이 포함되어 있다. "이 논지의 주된 주장은 고대 세계에서 장로들은 '직무'가 아니라 '명예'와 관련한 칭호, 즉 부정확하고 집합적이며 대표적인 그리고 고대의 가족이나 가속에 그 뿌리를 두고 있는 칭호를 지닌 사람들이라는 것이다. 다시 말해, 우리는 만약 문맥을 알지 못한다면 그 용어가 누구를 가리키는지 알지 못하며, 따라서 그 용어에 누가 포함되거나 배제되는지에 대해서도 알지 못한다는 것이다."[8]

우리의 연구를 위해 더욱 중요하게도, 애초에 주교는 자선과 재정적 문제 특히 공동식사와 교제를 위한 음식을 제공하는 책임을 맡은 자였다. 스튜어트의 독특한 주장은 처음부터 주교는 믿음의 공동체 안에서 기금 운용이 가능할 때 그 공동체 내의 다른 이들을 대신해 재정을 관리하는 자이자 청지기였다는 것이다. 다시 말해, 주교는 공동체 내에서 관대함을 위해 경제적 청지기가 되어야 할 책임

---

7   Alistair C. Stewart, *The Original Bishops: Office and Order in the First Christian Communities* (Grand Rapids: Baker Academic, 2014).

8   R. Alastair Campbell, *The Elders: Seniority within Earliest Christianity*, SNTW (Edinburgh: T&T Clark, 1994), 246.

을 맡고 있었다는 것이다. 스튜어트의 결론은 학자들을 『초기 기독교 교회의 조직』(*The Organization of the Early Christian Churches*)이라는 제목의 에드윈 해치(Edwin Hatch)의 연구서로 돌아가도록 만들었다. 이 연구서는 동일한 주제를 상술하는데 크게 보면 동일한 결론에 이른다. 그동안 그 결론은 대체로 무시되어왔으나 오늘날에는 좀 더 주목을 받을 만하다.[9] 스튜어트의 작품에 대해 설명하고 평가하려면 많은 지면이 필요하지만 여기서 그렇게까지 할 필요는 없다.[10] 이렇게 말하는 것으로 충분할 듯하다. 만약 해치와 스튜어트가 정확하게 말했다면 바울은 사실상 경제 정의에 깊은 관심을 두고 있었고, 그가 세운 각 교회의 주요 지도자는 관대함의 문화를 육성할 책임을 맡고 있었을 것이다.

가난한 자들을 기억하라

브루스 롱네커는 『가난한 자들을 기억하라』(*Remember the Poor*)에서 바울의 선교 전략이 이사야 58장에 나오는 유명한 경제 정의로서의 금식에 관한 구절에 의해 형성되었다고 주장한다. 자주 무시되기는 하나, 바울 서신에서 몇 구절은 만약 그것들을 어떤 리스트에 맞춰 한 줄로 늘어놓는다면, 바울이 모든 교회에 "가난한 자를 기억하라"고 촉구했음을 보여줄 것이다. 롱네커는 이 "가난한 사람들"에는 교

---

9   Edwin Hatch, *The Organization of the Early Christian Churches*, The Bampton Lectures 1880 (repr., Eugene, OR: Wipf & Stock, 1999).

10   그 작품에 대한 간략한 서평을 위해서는 Kevin Giles, *Patterns of Ministry among the First Christians*, 2nd ed. (Eugene, OR: Cascade, 2017), 75-77를 보라.

회 내의 가난한 사람들뿐 아니라 모든 가난한 사람이 포함된다고 강조한다. 그는 사도행전 20:35, 로마서 12:13, 갈라디아서 2:10, 에베소서 4:28, 데살로니가전서 5:14, 데살로니가후서 3:6-12, 디모데전서 5:3-16, 디도서 3:14에 초점을 맞춘다. 그러면서 바울의 이런 본문들 각각은 얼마간 경제 정의를 위한 사회적 의식에 대해 말한다고 주장한다.

여기서 롱네커가 수행한 이 중요한 연구—거기에는 로마 제국 내의 사회경제적 단계에 관한 매력적인 논의가 포함되어 있다[11]—를 전체적으로 살필 만한 여유는 없다. 두 가지만 살펴보자. 첫째, 바울은 사실상 그의 삶과 사역의 시작부터 끝까지 가난한 자들을 돌보았다. 가난한 자들에 대한 이런 돌봄은 그와 유대 세계 간의 연대를 보여주었다.[12] 둘째, 쟁점은 가난한 자들에 대한 바울의 관심이 얼마나 넓었는지, 그런 관심이 어떻게 제국을 위한 사회경제적 비전과 통합

---

11 B. Longenecker, *Remember the Poor*, 36-59, 317-32. 그는 바울을 "ES4"(경제 규모 4)라고 부르는 것에 위치시키는데, 그 단계는 바울을 "적절한 잉여"에 그리고 그들의 경제 상황이 계속 그 상태에 머물 수 있다는 타당한 희망을 지닌 안정적인 최저생활 수준에 해당하는 ES5s보다 높은 단계에 해당한다. 그 밑에는 ES6s가 있는데, 그 단계에 해당하는 이들은 최저생활 수준에서 그리고 자주 최저 단계 이하에서 살아간다. ES7s에 속한 이들은 늘 최저생활 수준 이하에서 살아간다. 로마 제국에 속한 이들의 3%가 바울보다 윗 단계에서 살았다. 반면에 바울의 단계(ES4)에 속한 이들은 15%였다. ES5에 속한 이들은 27%, ES6에 속한 이들은 30%, 전체 인구 중 25%는 ES7 단계에서 살았다. 인구 통계와 경제적 수준을 평가하는 우리의 능력에는 정교한 분석과 적절한 양의 추측이 수반된다. 오늘날 학자들은 대체로 이런 규모에 대한 결론에 동의한다.

12 Gary A. Anderson, *Charity: The Place of the Poor in the Biblical Tradition* (New Haven: Yale University Press, 2013); David J. Downs, *Alms: Charity, Reward, and Atonement in Early Christianity* (Waco: Baylor University Press, 2016).

되었는지 하는 것이다. 그는 제국의 가난한 자들에게 관심을 두었을까, 아니면 교회의 가난한 자들에게 관심을 두었을까? 만약 후자였다면, 또한 그의 관심에는 영향론자의 방향과 지역 공동체로의 흘러넘침이 수반되었을까? 나는 이 장이 끝날 때까지 이런 질문들에 답하지 못할 것이다. 그러나 롱네커의 최종 도착지가 아이러니컬하게도 그가 생각하는 것보다는 엘리스와 가깝다고 주장할 것이다.

성도를 위한 연보

목회자들이 경제적으로 그리스도를 본받는 삶을 육성하도록 부르심을 받았다는 바울의 믿음을 조사하려면 어디에서부터 시작해야 할까? 나는 우리가 성도를 위한 연보를 살펴야 한다고 생각한다.[13]

갈라디아서 2장과 사도행전 11-12장

증거에 대한 전통적인 설명은 이러하다. 바울의 두 번째 예루살렘 방문은 그곳의 "기둥들"(갈 2:9)과의 평화 조약으로 이어졌는데, 그

13　Ernest Best, *Paul and His Converts*, Sprunt Lectures 1985 (Edinburgh: T&T Clark, 1988), 97-106; Stephan Joubert, *Paul as Benefactor: Reciprocity, Strategy and Theological Reflection in Paul's Collection*, WUNT 2.124 (Tubingen: Mohr Siebeck, 2000); David J. Downs, *The Offering of the Gentiles: Paul's Collection for Jerusalem in Its Chronological, Cultural, and Cultic Contexts* (Grand Rapids: Eerdmans, 2016); B. Longenecker, *Remember the Poor*; Verbrugge, Krell, *Paul and Money*. 오래전에 나는 "Collection for the Saints" (*DPL*, 143-47)라는 글을 썼는데, 이 장에서 때때로 그 논문을 사용할 것이다.

조약에는 그 기둥들이 바울에게 했던 가난한 자들을 기억해달라는 요청이 포함되어 있다(행 11:27-30; 12:25; 갈 2:1-10).[14] 이 요청은 바울이 사도직을 수행하며 보낸 지난 20여 년 동안 예루살렘에 있는 성도들을 위한 기금을 모으는 데 열중하도록 만들었다. 달리 생각하는 어떤 이들은 두 차례의 연보가 있었다고 믿는다. 하나는 갈라디아서 2:1-10에 기록된 것으로 시리아의 안디옥에서 있었고, 다른 하나는 바울의 세 번째 선교 여행 기간에 일어났다.[15]

고린도전후서, 로마서

모금에 관한 두 번째 주요한 흔적은 고린도 서신에서 나타난다. 날짜와 문단들의 순서—특히 고린도후서의 경우—를 어떻게 분류하든, 거기에는 우리가 여기서 제공할 수 있는 것보다 훨씬 더 많은 설명이 필요하다.[16] 고린도전서 16:1-4은 바울의 다음과 같은 말을 전한다. "성도를 위하는 연보에 관하여는 내가 갈라디아 교회들에게 명한 것 같이 너희도 그렇게 하라. 매주 첫날에 너희 각 사람이 수입에 따라 모아 두어서 내가 갈 때에 연보를 하지 않게 하라. 내가 이를 때에 너희가 인정한 사람에게 편지를 주어 너희의 은혜를 예루살

---

14 Joubert는 이 사건의 대부분을 바울에게 예루살렘의 가난한 자들을 위한 기금을 모금하도록 의무화한 행위로 묘사한다. Joubert, *Paul as Benefactor*, 73-115를 보라. 어떤 이들은 갈 6:6-10이 그 연보를 반향한다고 여긴다. Larry W. Hurtado, "The Jerusalem Collection and the Book of Galatians," *JSNT* 5 (1979): 46-62를 보라.

15 B. Longenecker, *Remember the Poor*; Verbrugge, Krell, *Paul and Money*, 107-29; Downs, *Offering of the Gentiles*, 30-72.

16 이에 대한 요약적 분석을 위해서는 S. Hafemann, "Letters to the Corinthians," *DPL*, 175-77를 보라.

렘으로 가지고 가게 하리니, 만일 나도 가는 것이 합당하면 그들이
나와 함께 가리라."

　나로서는 고린도후서 8-9장을 모금과 관련한 두 통의 편지를
하나로 묶거나 그것들을 조합한 것으로 이해하는 것이 옳아 보인다.
그것은 연보에 대한 바울의 생각에 관한 풍성한 증거를 제공한다.
마지막으로, 로마서 15:14-32에서 우리는 바울이 그 연보에 대해
한 마지막 말을 듣는다. 16절에서 바울은 그것을 "하나님의 복음의
제사장 직분"으로, "이방인을 제물로 드리는 것"으로 묘사한다. 이
어서 15:25에서는 그것을 "성도를 섬기는 일"로, 15:27에서는 "육적
인 것으로 그들을 섬기는 것"이라고 부른다. 바울은 자신의 연보에
대한 부정적인 반응을 분명하게 예상하면서 이어서 그것을 "예루살
렘에 대하여 내가 섬기는 일"이라고 말하고 그것이 "성도들이 받을
만하게" 되기를 기도한다(31절).

연보에 참여한 자들

바울은 어떤 이들에게서 기금을 거뒀을까? 최대한 넓게 보는 견해
는 그 연보에 대한 분명한 언급과 바울의 예루살렘 여행에 동반했
던 대표자들에 대한 언급 모두를 사용한다. 그 견해는 바울이 그들
로 대표되는 각각의 회중에게 지원을 설득했다고 여기기 때문이다.
그러므로 우리는 그가 갈라디아 지역(고전 16:1); 더베, 루스드라, 베
뢰아, 데살로니가(행 16:1; 20:4); 마케도니아(고후 8:1-5; 9:2, 4); 빌립
보(행 16:12, 16; 20:6)에서 기금을 거뒀다고 말할 수 있다. 또한 거기
에 고린도(롬 15:26; 고전 16:1-4)와 아마도 무시아와 에베소(행 20:4),

드로아(5-6절)를 덧붙일 수 있다. 또 우리는 혹시 바울이 두로(21:3-4), 돌레마이(7절), 구브로와 가이사랴(16절), 심지어 로마(롬 12:13; 15:26을 고후 8:4; 9:13과 비교하라; 롬 1:13을 고후 9:6-10과 비교하라)로부터도 지원을 받지 않았을까 궁금해할 수 있다.

주목할 만한 침묵

아마도 가장 주목할 만한 것은 바울이 예루살렘에서 연보를 넘겨준 것에 대한 보고와 그에 대한 예루살렘 "성도들"의 반응에 대한 보고가 없는 것일 것이다. 바울은 사도행전 24:17에서 벨릭스 앞에서 심판을 받으면서 이렇게 말한다. "여러 해 만에 내가 내 민족을 구제할 것[alms, 예루살렘의 가난한 그리스도인들을 위한 자신의 연보에 대한 직접적인 언급보다 이것이 벨릭스에게 더 잘 수용될 만한 용어였을까?]과 제물을 가지고 와서." 그러나 바울이 예루살렘에 이른 것에 대해 보고하는 사도행전 21:17-26에서 우리는 아주 빈약한 정보만 얻을 뿐이다.

> 예루살렘에 이르니 형제들이 우리를 기꺼이 영접하거늘, 그 이튿날 바울이 우리와 함께 야고보에게로 들어가니 장로들도 다 있더라. 바울이 문안하고 하나님이 자기의 사역으로 말미암아 이방 가운데서 하신 일을 낱낱이 말하니, 그들이 듣고 하나님께 영광을 돌리고 바울더러 이르되 "형제여, 그대도 보는 바에 유대인 중에 믿는 자 수만 명이 있으니 다 율법에 열성을 가진 자라. 네가 이방에 있는 모든 유대인을 가르치되 모세를 배반하고 아들들에게 할례를 행하지 말고 또 관습을 지키

지 말라 한다 함을 그들이 들었도다. 그러면 어찌할꼬. 그들이 필연 그대가 온 것을 들으리니 우리가 말하는 이대로 하라. 서원한 네 사람이 우리에게 있으니 그들을 데리고 함께 결례를 행하고 그들을 위하여 비용을 내어 머리를 깎게 하라. 그러면 모든 사람이 그대에 대하여 들은 것이 사실이 아니고 그대도 율법을 지켜 행하는 줄로 알 것이라. 주를 믿는 이방인에게는 우리가 우상의 제물과 피와 목매어 죽인 것과 음행을 피할 것을 결의하고 편지하였느니라" 하니, 바울이 이 사람들을 데리고 이튿날 그들과 함께 결례를 행하고 성전에 들어가서 각 사람을 위하여 제사 드릴 때까지의 결례 기간이 만기된 것을 신고하니라.

연보의 전달에 관한 얘기는 한 마디도 없다. 오늘날 많은 이는 그런 정보의 부재는 그 연보가 거부되었고 그로 인해 보다 실용적인 용도로 전용되었음을 가리킨다고, 즉 그 기금이 네 명의 유대인 남자들과 바울을 위한 정결례를 위해 사용되었을 것이라고 여긴다. 확실하지는 않으나 나는 사도행전 24:17이 유대인 청중을 위한 구제금으로 표현된 연보를 가리키고, 또한 21:17이 보고하는 따뜻한 영접은 그 연보가 받아들여졌음을 가볍게 가리킨다고 판단한다. 그러나 그런 확신을 갖기에 충분할 만큼의 증거는 없다.

받아들여졌든 그렇지 않았든, 그 연보는 바울이 그의 선교 교회들 각각이 예루살렘의 가난한 성도들에게 관대해야 한다고 믿었으며, 그 교회들이 그런 관대함의 행위를 완수하기 위해 경제적으로 그리스도를 본받는 삶을 살도록 육성했음을 분명하게 밝혀준다.

경제적으로 그리스도를 본받는 삶의 신학

논의의 역사 속에는 어째서 바울이 가난한 사람들(성도들)을 위해 연보했는지에 대한 수많은 주장이 있다. 거기에는 단순히 가난한 사람들을 돕는다는 정말로 중요한 이유가 포함되어 있었다.[17] 그러나 대부분의 사람은 단순한 구제를 넘어서 (구제가 아무리 중요하다고 할지라도) 그 연보에 대한 보다 신학적이고 상징적인 이해를 원한다.[18] 그러므로 어떤 이들은 그 연보가 예루살렘의 장로들에게 바울이 모교회인 예루살렘 교회와 어떤 관계를 맺고 있었고 그 자신의 일을 하고 있었던 게 아님을 입증해주었다고 강하게 주장해왔다. 다시 말해, 그 모금은 일치에 대한 표현인 동시에 한 분이신 참된 하나님과 하나의 참된 복음을 전하는 자신의 선교를 포용해달라는 예루살렘을 향한 바울의 호소였다는 점에서 에큐메니컬적이었다.[19] 다른 이들은 이것이 종말에 온 세상에서 하나님의 사람들을 모아 예루살렘으로 데려가는 종말론적 현실을 촉발하기 위한 행위였다고 주장했다.[20] 그러나 다른 이들은 그 연보를 후원과 상호 자비와 상호 의

---

17 여러 가지 선택지에 대한 가장 훌륭한 설명을 위해서는 Downs, *Offering of the Gentiles*, 3-26를 보라.

18 Joubert, *Paul as Benefactor*, 3-5는 신학적 설명을 찾고자 하는 갈망에 대해 비판한다.

19 Verbrugge, Krell, *Paul and Money*, 130-46.

20 이에 대한 논의를 위해서는 다음을 보라. Keith Fullerton Nickle, *The Collection: A Study in Paul's Strategy*, SBT 48 (Naperville, IL: Allenson, 1966), 129-42; Downs, *Offering of the Gentiles*, 3-9. 최근 한 연구에서 김세윤은 그 연보가 유대인들에게 질투와 신앙을 자극하기 위해, 그리고 이방인들의 부가 시온으로 흘러들어 가는 것을 증언하기 위해 고안되었다고 주장했다. Seyoon Kim, "Paul as an Eschatological

무라는 각도에서 바라본다.[21] 그 연보에 관해 연구해온 남아공 학자 스테판 주베르(Stephan Joubert)는 바울의 교회들의 "기본적인 동기는…무엇보다도 예루살렘 신자들의 경제적 곤경이 아니라 모교회에 대한 **자신들의 빚의 상환**이었다"고 주장한다.[22] 구제가 당시 유대인들에게 희생제사의 궁극적 대체물로 보였기에, 바울의 모금은 이방인의 희생제사와 교회의 본거지인 예루살렘에 대한 지원으로 보였다는 주장이 제기되어왔다. 보다 최근에 데이비드 다운스(David Downs)는 그 연보가 하나님께 대한 찬양을 이끌어낸 "제례적 예배 행위"였다고 주장했다(빌 4:18을 보라). 아래에서 나는 그 모금의 의미를 어느 하나로 좁히기보다는 경제적으로 그리스도를 본받는 삶에 관한 바울 신학 전체의 일부로 보는 보다 넓은 관점을 제공할 것이다.[23]

Herald," *Paul as Missionary: Identity, Activity, Theology, and Practice*, ed. Trevor J. Burke, Brian S. Rosner, LNTS 420 (London: T&T Clark, 2011), 9-24를 보라. 롬 11:11-12의 질투에 관한 구절과 11:25의 우둔함에 관한 구절은 물론이고 15:29의 모금 관련 구절에 등장하는 "충만함"(*plēroma*)을 의미하는 용어는 그런 연관성을 지지한다(또한 고후 9:12-14를 보라).

21 Klaus Berger, "Almosen fur Israel," *NTS* 23 (1977): 180-204; Joubert, *Paul as Benefactor*. Berger는 구제를 언약 안으로 들어가는 것과 연관시키는 반면, Joubert는 로마식 우정의 실천에 내재된 유익의 교환을 능숙하게 설명한다. 70-72에서 그는 자선이 실제로 어떻게 작용했는지를 분명하게 개략한다. 이 주제에 관한 보다 앞선 연구를 위해서는 G. W. Peterman, *Paul's Gift from Philippi: Conventions of Gift Exchange and Christian Giving*, SNTSMS 92 (Cambridge: Cambridge University Press, 1997), 22-89를 보라. 이 모든 것은 John M. G. Barclay, *Paul and the Gift* (Grand Rapids: Eerdmans, 2015)의 완전한 연구로 인해 확장되었다. 『바울과 선물』(새물결플러스 역간, 2019).

22 Joubert, *Paul as Benefactor*, 132(강조는 원저자의 것임).

23 그동안 경제적 지원을 받는 것과 관련한 바울의 행습의 일관성에 대한 의문이 제기

그 모금의 의미를 어느 한 주제로 좁히는 것이 현명하지 않은 이유는 바울이 그 모금에 대해 사용하는 용어들 때문이다. 그 용어들은 모금에 대한 그의 신학에 대해 넓은 파노라마와 같은 비전을 제공한다. 바울이 그 모금에 대해 사용한 용어들은 아래와 같다.

연보(고전 16:1-2)

은혜/선물(16:3; 고후 8:6)

복(고후 9:5[*eulogian*; NRSV, "bountiful gift"])

직무(9:12[*leitourgias*; NRSV, "ministry"])

섬기는 일/사역(롬 15:31; 고전 16:15; 고후 8:4)

정(롬 15:26[*koinōnia*; NRSV, "resources"])

위에 언급된 모금의 목적들과 바울이 그것을 위해 사용하는 용어들은 각각 그 연보를 조금씩 다르게 표현한다. 그것들은 우리가 그것을 어떻게 이해해야 하는지에 대해 조금씩 다른 접근법을 제공한다. 이것은 그 용어들의 조합이 그 모금의 목적에 대한 다면적 접근법을

되어왔다(왜 고린도에서는 받지 않고, 빌립보에서는 받았는가?). 나는 그 질문에 대한 최선의 답을 다음 두 연구에서 발견했다. Peterman, *Paul's Gift from Philippi*, 90-194; David E. Briones, *Paul's Financial Policy: A Socio-Theological Approach*, LNTS 494 (London: Bloomsbury T&T Clark, 2013). Peterman에 의하면, 바울은 지나치게 상호주의와 의무라는 사회적 관습에 의해 형성된 선물들을 피했다. Briones에 의하면, 바울은 두 단계의 정책을 갖고 있었다. 그는 어느 교회를 설립했을 때는 그 교회로부터 기금을 받지 않았다. 그러나 다른 도시로 이전한 후에는, 만약 그 교회가 충분히 그리스도를 본받는 삶을 살고 있다면, 그 교회로부터 지원을 받을 수 있었다. Briones와 유사한 견해가 Verbrugge, Krell, *Paul and Money*에서도 발견된다.

제공한다는 것을 의미한다. 적어도 다섯 개의 주제가 떠오른다. 만약 목회자들이 그리스도를 본받는 삶의 방식을 배양한다면, 경제적으로 그리스도를 본받는 삶은 (1) 가난한 자들에 대한 돌봄, (2) 돈과 자원에 대한 지혜로운 사용, (3) 일치, (4) 예배, (5) 평등을 의미한다.

가난한 자들에 대한 돌봄

때때로 하나님 나라의 신학은 우리가 명백한 것을 놓치게 할 만큼 예수에 관한 논의를 압도한다. 그 명백한 것이란 예수는 사람들을 사랑했고 그들을 온전하게 만들고자 했으며, 기적을 사용해 그들의 필요를 충족시켰다는 것이다. 같은 것이 연보에도 적용된다. 연보에 관한 어떤 신학들은 지나치게 그것의 신학적 성격에 관한 논의에 집중하느라 명백한 것을 놓친다. 가난한 성도들이 고통을 받고 있었다. 그리고 바울은 그들에게 경제적 도움을 제공하고 싶어 했다. 바울이 갈라디아 교인들에게 "우리가 선을 행하되 낙심하지 말지니 포기하지 아니하면 때가 이르매 거두리라. 그러므로 우리는 기회 있는 대로 모든 이에게 착한 일을 하되 더욱 믿음의 가정들에게 할지니라"(6:9-10)라고 말할 때, 그는 자선과 경제적 구호에 관한 말을 하고 있었던 것이다. 이 두 구절은 가난한 자들을 기억하라는 갈라디아서 2:10의 권면을 되울린다. 롱네커는 이런 표현을 모호한 일반론이 아니라 "그리스도를 본받는 윤리"라고 부른다.[24] 그의 말이 옳

---

24   B. Longenecker, *Remember the Poor*, 216.

다. 그는 브루스 윈터(Bruce Winter)의 뛰어난 연구서인 『도시의 안녕을 추구하라』(Seek the Welfare of the City)로부터 지지를 얻어내는데, 그 책에서 윈터는 "선을 행하는 것"은 가난한 자들을 돌보는 것을 의미한다고 주장한다.[25] 두 번째 본문은 에베소서 4:28인데, 거기서 바울은 예수의 추종자들에게 도둑질하는 삶을 멈추고 대신 생계를 위해 일하라고 권한다. 어째서인가? "가난한 자를 구제할 수 있기" 위해서다. 이때 "가난한 자"에 해당하는 그리스어(chreia)는 종종 재정적 필요를 가리킨다. 그러므로 우리는 바울이 박애의 중개자가 되는 것을 그리스도인들 각각의 의무로 여겼다고 주장할 수 있는 안전한 발판 위에 서 있는 셈이다.

가난한 자들에 대한 돌봄은 성경을 깊이 관통하는 주제다. 특히 신명기부터 그 주제가 등장하는데, 그것은 그리스-로마 세계의 지배적인 태도와 대조된다. 그 세계는 거의 균일하게 가난한 자들을 경멸했고 자선을 도덕적인 활동으로 여기지 않았다. 사람들이 가난한 자들에 대한 돌봄에 관해 들어보지 못한 것은 말할 것도 없다. 스트라본은 『지리학』(Geography)에서 로도스섬 사람들에 관해 이렇게 말했다. "로도스섬 사람들은 비록 민주적이지는 않으나 사람들 전체에 관심이 많다. 그들은 여전히 수많은 가난한 자들을 돌보고자 한다. 그로 인해 사람들은 식량을 공급받고 가난한 자들은 부유한 사람들에 의해 지원을 받는다. 식량을 제공하는 어떤 전례들[순서들]

---

25 Bruce W. Winter, *Seek the Welfare of the City: Christians as Benefactors and Citizens, First Century Christians in the Graeco-Roman World* (Grand Rapids: Eerdmans, 1994), 11-40, 특히 19-20를 보라. 또한 B. Longenecker, *Remember the Poor*, 157-82를 보라.

이 존재한다. 그로 인해 가난한 사람들은 음식물을 제공받고, 시에는 유용한 사람들이 부족하지 않다." 그리스인들과 로마인에 대해 우리는 그들이 연민이 부족했다고 거칠게 진술할 수 있다. 그러나 그후에 우리가 로도스섬 사람과 같은 이들에 대해 아는 것을 감안해, 그 진술에 뉘앙스를 주어야 한다. 반면에 유대 세계는 가난한 자들을 다루는 그리스-로마 세계의 일반적인 방식에 맞서 놀라운 대안을 제공했다. 그 세계에서 자선을 베푸는 것은 아주 높은 덕이었다.[26] 아디아베네의 여왕 헬레나가 유대교로 회심했을 때 그녀는 예루살렘을 방문했고, 그곳에 도착했을 때 가난한 사람들에게 풍성한 양의 식량을 제공했다(요세푸스, 『유대고대사』[*Antiquities*] 20.34-53). 집회서는 자선과 그것의 구속적 가치에 관한 신학으로 가득 차 있다(7:10; 12:3; 29:12; 35:2). 예수와 사도들 특히 예수의 형제 야고보는 이 유대교의 덕을 지속해나갔다. 그리고 그것으로 로마적 삶의 방식에 맞섰다.

목회 서신들에서 나타나는 경제적으로 그리스도를 본받는 삶에 대한 강조는, 그것이 과부에 관한 것이든 아니면 다른 사람들에 관한 것이든 간에, 지도자들에 대한 바울의 인식에서 경제적 제자도가 얼마나 중요한지를, 그리고 그의 교회들이 어떻게 기능했는지를 보

---

26 이에 대한 온전한 논의를 위해서는 B. Longenecker, *Remember the Poor*, 60-107, 108-31; Anderson, *Charity*; Downs, *Alms*를 보라. 에베소와 부에 관한 광범위한 연구를 위해서는 Gary G. Hoag, *Wealth in Ancient Ephesus and the First Letter to Timothy: Fresh Insights from "Ephesiaca" by Xenophon of Ephesus* (Winona Lake, IN: Eisenbrauns, 2015)를 보라.

여준다. 바울의 교회들에서—여기서 그의 눈은 에베소에 맞춰져 있다—"부유한 자들"은 "선을 행하고 선한 사업을 많이 하고 나누어 주기를 좋아하며 너그러운 자가 되어야" 했다(딤전 6:18). 자신들에 대한 보상으로서 사회적 보응이 아니라 하나님을 신뢰하는 이들에게 약속된 공로의 보화를 믿었던 유대교의 믿음을 따라,[27] 바울은 그들이 이런 식으로 "장래에 자기를 위하여 좋은 터를 쌓아 참된 생명을 취하게 될 것"이라고 말한다(6:19; 딛 3:14). 그런 측면에서 바울은 자신을 박애의 본보기로 여긴다. "[내가] 범사에 여러분에게 모본을 보여준 바와 같이 수고하여 약한 사람들을 돕고 또 주 예수께서 친히 말씀하신 바 주는 것이 받는 것보다 복이 있다 하심을 기억하여야 할지니라"(행 20:35). 바울의 빛을 따르는 목회자들은 경제적으로 그리스도를 본받는 삶을 육성하는 자뿐 아니라 그런 삶의 모범이 되어야 하는데, 이것은 곧 가난한 자들을 돌보아야 한다는 것을 의미한다.

지혜로운 경제학

서구의 그리스도인 중 너무나 많은 이들이 소비, 돈의 배분, 미래를 위한 계획이라는 측면에서 지혜롭지 않다. 관대함에 초점을 맞추는 장에서, 특히 가난한 자들을 돕는 문제에서 잠시 멈춰서 그리스도인과 경제적으로 그리스도를 본받는 삶의 다른 차원들을 들여다본다

---

27 개신교인들의 귀에 거슬리는 이 주제에 관해서는 Anderson, *Charity*; Downs, *Alms*를 보라.

고 해서 우리에게 해가 되지는 않을 것이다. 자신이 가진 것보다 더 많은 소비를 하거나 수입을 넘어서는 정도의 빚을 내서 사는 것은 그리스도를 본받는 삶이 아니다. 또한 미래를 고려하지 않은 채 소비하는 것도 지혜롭지 않다.

미국인들의 차고 약 75%에는 차가 들어 있지 않다. 차가 너무 커서 차고에 들어가지 않기 때문이다. 반면에 미국인들의 차고 90%는 약 300개에서 650개에 이르는 잡동사니 박스들로 채워져 있다. 미국의 가정들은 온갖 물건들로 가득 차 있다. 이것은 『21세기의 가정생활』(*Life at Home in the Twenty-First Century*)이라는 책에서 각종 통계, 이야기, 고급 이미지들을 통해 아주 상세하게 설명한다.[28] 그리스도인과 관대함이라는 주제에 관해 말할 때마다 나는 목회자들로부터 어떤 공통적인 관찰 주장에 대해 들었다. "바울과 성경이 경제 정의를 가르친다는 것에는 동의해요. 그러나 내가 목회자로서 발견하는 것은 내 교회에 속한 아주 많은 이들이 그들의 돈을 관리하는 법을 배울 필요가 있다는 겁니다. 너무 많은 이들이 그들의 신용 카드와 대출을 최대한으로 사용하고 있어요. 그리고 많은 이들이 잔고에 여유가 없거나 마이너스 상태이지요. 우리에게 가장 필요한 것은 바울이 우리가 가진 돈을 지혜롭게 관리하는 법에 관해 말하는 내용이에요." 미국인들은 대체로 물건에 대해 탐욕적이다. 그리고 바울로서는 그들을 도울 만한 수단이 거의 없다.

---

28 Jeanne E. Arnold et al., *Life at Home in the Twenty-First Century: Thirty-Two Families Open Their Doors* (Los Angeles: The Cotsen Institute of Archaeology Press, 2017), 23-51.

몇 가지 생각해볼 것이 있기는 한데, 지면의 제약 때문에 여기서 그것을 충분히 발전시키기는 어렵다.[29] 간단하게만 살펴보자. 첫째, 바울은 일을 믿었다. 그 자신이 일을 했다. 그리고 대다수의 사람은 일하지 않으면 죽는다는 것을 안다(살후 3:6-12). 일과 생존 사이의 연관성은 인간의 역사 내내 아주 강력했다. 역사적으로—후기 현대에 들어와 훨씬 더 일반적으로—오직 특권층만이 그 연관성을 깨뜨렸다. 오늘날 많은 이는 자신이 사치품을 소유할 권리가 있다고 느낀다. 그러나 오늘날에도 일과 생존은 세계의 많은 이에게는 여전히 굳게 연결되어 있다. 둘째, 우리는 가족을 부양하기 위해 일한다(딤전 5:8). 만약 우리가 이런 문제에서 선택이 가능하고 예산에 여유가 있다면, 그때는 그리스도를 본받는 삶을 위한 비율을 결정하기 위해 우리의 지출—소유, 과식, 소비지상주의, 물건들에 대한 욕망—을 살펴볼 필요가 있다. 셋째, 특히 풍요로운 세상에서 살아가는 이들은 자신의 예산보다 적게 소비할 필요가 있다. 우리 중 많은 이는 자기 목덜미를 잡고 지혜로운 소비를 실천할 필요가 있다(고

---

29 나는 David Roseberry, *Giving Up: How Giving to God Renews Hearts, Changes Minds, and Empowers Ministry* (Franklin, TN: New Vantage, 2017)에서 지혜를 발견한다. 목회자들이 나에게 이 주제, 즉 목회자가 회중에게 재정적 성실성과 책임, 특히 부채와 과소비를 피하는 법을 배우도록 가르치는 것과 관련해 추천한 책 두 권은 다음과 같다. Dave Ramsey, *The Total Money Makeover, Classic Edition: A Proven Plan for Financial Fitness* (Nashville: Thomas Nelson, 2013); Randy Alcorn, *Managing God's Money: A Biblical Guide* (Carol Stream, IL: Tyndale House, 2011). 『내 돈인가, 하나님 돈인가』(토기장이 역간, 2011). 금융 전문가인 나의 친구 Scott Wagoner는 Eric Ravenscraft의 블로그 글을 추천한다. "How to Start Managing Your Money, for Those Who Never Learned Growing Up," Lifehacker, May 12, 2015, https://lifehacker.com/how-to-manage-your-money-for-those-who-never-learned-g-1703892260.

전 16:1-4). 넷째—이것을 아래에서 좀 더 상세히 논할 것이다—그리스도를 본받는 삶은 관대함을 의미한다. 혹은 데이비드 로즈베리 (David Roseberry)가 설명하듯, 그것은 우리의 모든 것을 포기하고 그것을 관대하신 우리의 하나님께 바치는 것, 우리의 하나님으로부터 관대함을 배우는 것을 의미한다.[30] 관대함의 문화를 육성하면서 여러 해를 보낸 그는 이렇게 지혜로운 말을 한다. "관대함의 문화를 세우는 것은 매달 교회의 강조점이 일관되고 명쾌하다는 것을 의미한다. 관대함이라는 덕과 가치에 초점을 맞추는 것은 놀랄 일이 아니다. 즉 그것은 특별하지 않고 평범하다. 그 덕은 특별한 것이 되어서는 안 된다. 그것은 일상적인 것이다. 그것은 어느 한 시즌에 각광을 받다가 그 후에 무시되어서는 안 된다. 그것은 근본적인 것이다."[31]

목회자들이 나에게 물었던 다른 주제들이 있다. 그중에는 바울이 때때로 다뤄야 했던 것이 포함되었는데, 바울은 그것을 의도적인 게으름과 무책임이라고 불렀다. 어떤 이들은 기본적인 삶의 방식에 대한 가르침을 받아야 할 필요가 있다. 그 방식이란 자신의 삶과 가족에 대한 책임감을 계발하는 것, 번성하기 위해 적절한 종류의 야심을 키우는 것, 삶이 작동하는 방식(교육적으로, 직업적으로)에 맞춰 스스로 준비하는 것, 하나님, 자기, 가족, (우리의 공동체, 국가, 민족을 포함해) 타인 앞에서 살아가는 방식에 대한 건강한 책임 의식을 계발하는 것, 승진하기 위해 직업에서 자신의 몫을 다하고 성장을 입증

---

30   Roseberry, *Giving Up*, 25, 37-50, 53-59.
31   Roseberry, *Giving Up*, 158.

하는 것, 우리의 자녀들과 다음 세대에 삶의 지혜를 현명하게 전수하는 것 등이다.

이런 것들이, 그리고 분명히 그보다 더 많은 것들이, 만약 우리가 경제적으로 그리스도를 본받는 삶을 육성하고자 한다면 우리의 회중 안에서 가르쳐져야 할 필요가 있다.

일치

바울은 "기둥들"이 유대인들에 대한 베드로의 사역과 이방인들에 대한 바울의 사역 모두를 지지했던 예루살렘 회의에 대해 말한다(갈 2:1-10). "가난한 사람들을 기억하라"는 바울과 바나바 편의 의무는 그런 일치에 대한 지지와 연관되어 있었다(갈 2:10). 이방인들의 교회와 예루살렘 교회의 가난한 자들의 이런 연관성은 로마서에서 폭발하듯 드러난다. 바울은 로마에 있는 교회들에 마케도니아와 아가야 사람들이 자원해서 "예루살렘 성도 중 가난한 자들을 위하여" 구제금을 바쳤다고 알린 후(롬 15:26) 이렇게 말한다. "저희가 기뻐서 하였거니와 또한 저희는 그들에게 빚진 자니 만일 이방인들이 그들의 영적인 것을 나눠 가졌으면 육적인 것으로 그들을 섬기는 것이 마땅하니라"(27절). "[저희는] 그들에게 빚진 자니"라는 말과 바울이 그런 의무의 이유로 지적하는 것에 주목하라. 마케도니아와 아가야 사람들에게 전해진 영적인 것에는 예루살렘 성도들을 향한 보응적 차원의 육적인 것이 수반된다. 바울의 선교 교회들 사이에서 나타난 이런 보응적 차원의 일치라는 주제는 우리를 뒤로는 로마서 11:11-24로, 앞으로는 에베소서 2:11-22로 이끌어간다. 두 구절은 모두 바울의 선교 교회들 안에서 유대인들과 이방인들의 일치를 강조한다. 그러므로 사도행전 24:17에 실려 있는 바울의 말, 즉 "내 민족을 구제할 것을 가지고 왔다"는 말은 그가 자기가 하고 있는 일을 어떻게 이해했는지를 아주 분명하게 설명해준다. 그는 자신의 선물로 이스라엘에 대한 자신의 사랑을 표현하고 공통성과 일치를 구현하고 있었던 것이다.

이에 대해서는 더 많은 말을 할 수 있다. 하지만 여기서 나는 이렇게만 말할 것이다. 바울은 사회적 연대가 예루살렘의 모교회로부터 이방의 선교 교회들로 보내진 선물에 의해 만들어질 뿐 아니라 또한 보응도 그 두 당사자(주는 자와 받는 자) 사이에 더 깊은 사회적 유대를 형성한다는 것을 안다. 이것은 단순하게 그리고 심지어 배타적으로 사회적 관계의 메커니즘으로 설명할 수 있다.[32] 그러나 바울은 자기가 그 연보를 어떻게 이해하는지를 보다 깊고 넓게 파헤친다. 확실히 부유한 자들이 가난한 자들을 직접 구제할 때 가난한 자들은 감사할 것이고 그로 인해 일치라는 사회적 유대가 형성될 수 있다. 그러나 바울은 그 사회적 유대가 보다 깊은 무언가에, 즉 그리스도 안에서의 영적 일치에 근거하기를 바랐다. 그는 그것이 영적인 것(등식의 예루살렘 교회 편)과 물질적인 것(고린도 교회 편)과 관련이 있다고 말한다. 이런 영적-물질적 교환은 바울의 선교 교회들과 예루살렘의 모교회 사이에 일치를 형성한다.

---

32   Joubert, *Paul as Benefactor*의 논지다.

예배

바울이 연보를 예배의 행위로 이해했다는 증거는 강력하며 목회적으로 중요하다.[33] 나는 고린도전서 16:1-4과 고린도후서 8-9장으로 시작한다. 그 연보는 하나님의 은혜의 다른 모습이다. 바울은 고린도 교인들의 선물을 종종 "은혜"(grace, 고전 16:3)로 번역하는 그리스어(*charis*)를 사용해 부른다. 그는 마케도니아 사람들에 대해서도 같은 말을 한다. "형제들아, **하나님께서 마게도냐 교회들에게 주신 은혜**를 우리가 너희에게 알리노니"(고후 8:1). 여기서 은혜는 마케도니아 사람들의 구속에서 드러난 하나님의 권능이다. 그러나 그 은혜는 그들을 관대함의 대리인으로 만드는 적극적인 힘이 되었다. 관대함보다 나은 그리스도를 본받는 삶은 아무것도 없다! 그들의 관대함/은혜는 그리스도 안에서 구현되었다. "우리 주 예수 그리스도의 은혜를 너희가 알거니와 부요하신 이로서 너희를 위하여 가난하게 되심은 그의 가난함으로 말미암아 너희를 부요하게 하려 하심이라"(8:9). 은혜라는 이 주제는 점점 커지다가 9:8에서 최고조에 이른다. 거기에서 그것은 하나님의 은혜에 닻을 내린다. "하나님이 능히 모든 은혜를 너희에게 넘치게 하시나니 이는 너희로 모든 일에 항상 모든 것이 넉넉하여 모든 착한 일을 넘치게 하게 하려 하심이라." 하나님이 그 보응의 사이클을 시작하신다. 하나님은 은혜를 베푸시고 다른 이들이 (예배적) 응답의 행위로서 다른 이들에게 은혜를 베풀도

---

[33] 이것은 David Downs에 의해 충분히 설명되었고, 이하의 주장과 관련해 나는 Downs, *Offering of the Gentiles*, 120-60에 의존할 것이다.

록 능력을 부여하신다.

더 나아가 바울은 그 연보에 대해 분명하게 예배의 언어를 사용한다. 첫째, 고린도전서 16:1-4에서 바울은 고린도의 신자들에게 돈을 구별해두라고 촉구한다. 언제 그래야 하는가? "매주 첫날"이다. 누가 그렇게 해야 하는가? "너희 각 사람"이다. 매주 예배를 위한 집회의 일부로서 고린도의 신자들은 예루살렘에 있는 가난한 성도들에게 돈을 제공해야 했다. 둘째, 바울이 그 연보를 묘사하며 사용하는 용어 중 일부는 분명하게 예배 관련 용어들이다. 그리고 그 용어들이 함께 모였을 때 그것들은 부정할 수 없을 만큼 예배와 관련한 주제를 표현한다. 바울은 고린도전서 16:1에서 "연보"(*logeia*)라는 용어를 사용하는데, 그것은 매우 자주 종교적 모금에 대해 사용되었다.[34] 또 그는 분명하게 성전 제사와 연관된 언어를 사용하면서 연보를 우리의 구속을 위한 그리스도의 자기 희생과 연결시킨다(고후 8:9). 고린도후서 8:11에서 발견되는 "마치다"(*epiteleō*)라는 용어는, 고린도전서 16:1에 나오는 "연보"(*logeia*)라는 용어처럼, 아주 일반적으로 종교적 의무에 대해 사용되는 또 다른 용어다. 그러므로 고린도후서 8:11은 다음과 같이 번역할 수 있다. "이제는 그 일을 **마치십시오**. 여러분의 수단으로 그것을 **완성함으로써** 여러분의 열정이 충족되게 하십시오"(NRSV). 고전 세계로부터 보존된 물건들에서 발견되는 비문들 전반에서 이 용어는 거룩한 제의의 수행을 가리킨다.[35] 예배라는

---

34 Downs, *Offering of the Gentiles*, 129-31. 그는 비문들로부터 이에 대한 증거를 인용한다.

35 최초의 연구는 Richard S. Ascough, "The Completion of a Religious Duty: The

맥락은 또한 바울이 연보를 전달하는 대표들의 행위를 "그리스도의 영광"(8:23)을 위하는 그 무엇으로 여기는 데서 잘 드러난다. 9:11-13에서 우리의 주목을 끄는 것은 하나님의 영광이다. 즉 고린도 신자들의 관대함은 그들에게 명예를 가져다주지 않을 것이다. 오히려 그것은 로마의 명예 시스템을 전복시키면서 "그들이 우리로 말미암아 하나님께 감사하게" 만들 것이다(9:11; 또한 9:12, 13, 15을 보라).

바울이 연보를 하나의 전례(*leitourgias*, 고후 9:12, 개역개정은 "봉사"로 번역하고 있다 — 역주)로 묘사하는 것은 놀랄 일이 아니다. 그러므로 "이 봉사의 일"(*hē diakonia tēs leitourgias*)은 "너희가 수행하는 이 봉사"(NIV) 혹은 "하나님의 백성을 향한 너희의 이 봉사 사역"(CEB)으로 번역할 수 있다. 다시 말하지만, 이 용어는 바울을 둘러싸고 있는 다른 저술들에서 — 거기에는 구약성경의 그리스어역인 70인역이 포함된다 — 제사장의 일을 가리키는 데 사용된다(가령, 민 7:5; 8:22, 25; 16:9). 우리는 또한 빌립보서 4:18을 언급할 필요가 있다. 거기에서 바울은 빌립보의 신자들로부터 온 선물에 대해 말하면서 그것을 "받으실 만한 향기로운 제물이요 하나님을 기쁘시게 한 것"이라고 묘사한다.

경제적으로 그리스도를 본받는 삶의 예배적 성격은 로마서 15:14-32에서 가장 온전하게 드러난다.[36] 다운스(Downs)는 16절에 나오는 "이방인을 제물로 드리는 것"이라는 표현은 이방인들에

Background of 2 Cor. 8.1-15," *NTS* 42 (1996): 584-99에 의해 수행되었다. 그에 대한 Downs, *Offering of the Gentiles*, 135-37의 요약을 보라.

36 특히 이것이 Downs, *Offering of the Gentiles*의 논지다.

의해(주격 소유격) 예루살렘에 주어진 재정적 선물을 가리킨다고 강력하게 주장한다. 이 맥락에서 이것은 우리에게 바울이 경제적 청지기직 주위에 만들어내는 예배 분위기보다는 덜 중요하다. 이방인들이 예루살렘으로 기부금을 보내면서 하는 일은 "제물"을 바치는 것이다. 게다가 15-16절에 실려 있는 다른 용어들은 25-32절에서의 메아리와 함께 예배와 연관되어 있다. "내가 너희로 다시 생각나게 하려고 하나님께서 내게 주신 **은혜**로 말미암아 더욱 담대히 대략 너희에게 썼노니 이 은혜는 곧 나로 이방인을 위하여 그리스도 예수의 **일꾼**[leitourgon]이 되어 하나님의 복음의 **제사장 직분**[hierourgounta]을 하게 하사 이방인을 **제물**[prosphora]로 드리는 것이 성령 안에서 **거룩하게 되어**[euprosdektos, hēgiasmenē] 받으실 만하게 하려 하심이라." 이방인들이 예루살렘으로 기부금을 보내면서 하는 일은 제의적 예배 행위다. 바울이 그것을 담대하게 대략적으로 진술해야 했던 이유는 그 편지에서 가난한 성도들을 위한 자선이라는 전체 행위를 이스라엘의 하나님께 대한 예배의 행위로 바꾸는 일에서 명예와 지위에 관한 그리스—로마의 모든 시스템이 포기되거나 의도적으로 전복된다는 개념을 발전시킬 만한 여유가 없었기 때문이다.[37] 바울은 그 연보를 전형적인 사회적 연대라는 삶의 방식을 따라 기부자를 높이는 것으로 이해하기보다는 오히려 하나님을 예배하는 행위로 이해한다.

---

37 이것은 다음과 같은 이들을 포함해 많은 이에 의해 강조된다. Peterman, *Paul's Gift from Philippi*; Joubert, *Paul as Benefactor*; B. Longenecker, *Remember the Poor*; Downs, *Offering of the Gentiles*.

경제적으로 그리스도를 본받는 삶은 선물의 제공과 보응을 하나님께 대한 예배로 변화시킨다. 그렇다면 목회자들은 서구 세계에서 경제적 삶의 방식을 전복시키고 그들의 회중에게 선물의 제공을 예배로 여기도록 가르치라는 두 가지 도전을 받고 있는 셈이다.

평등

지금쯤이면 사도 바울에게 목회가 단순한 영적 지도 혹은 설교나 이끄는 일 이상이라는 것이 분명해졌을 것이다. 바울에게 목회는 그리스도를 본받는 삶을 구현하고, 가르치고, 육성하는 것을 의미한다. 그에게 (그리고 우리에게) 이것은 또한 그리스도의 몸에 속한 동료 형제자매들에게 경제적 유효성과 책임성을 육성하는 것을 의미한다. 성도를 위한 연보와 관련해서 가장 무시되는 아래의 본문은 우리에게 다른 어떤 것보다도 경제적으로 그리스도를 본받는 삶에 대한 바울의 이해에 관해 더 많은 것을 말해준다.[38]

고린도후서 8:13-15의 교차대구법

이제 나는 고린도후서 8:13-15에 관해 말하면서 그 구절의 핵심 단어들을 강조하고 그 구절을 재구성함으로써 교차대구적 구조

---

[38] 비록 내가 이 결론에 도달한 후에야 주의를 끌기는 했으나 이것을 무시하지 않았던 이는 David G. Horrell, *Solidarity and Difference: A Contemporary Reading of Paul's Ethics*, 2nd ed. (London: Bloomsbury T&T Clark, 2015), 254-65이다. 고후 8:13-14에 얼마간 초점을 맞추는 또 다른 연구서로는 Justin Meggitt, *Paul, Poverty and Survival*, SNTW (Edinburgh: T&T Clark, 1998)이 있다.

가 드러나게 할 것이다.

[논지:] 이는 다른 사람들은 평안하게 하고 너희는 곤고하게 하려는 것이 아니요 **균등**하게 하려 함이니

A 이제 너희의 넉넉한 것으로
    B 그들의 부족한 것을 보충함은 후에
A 그들의 넉넉한 것으로
    B 너희의 **부족한 것**을 보충하여

[반복되는 논지:] **균등**하게 하려 함이라.

기록된 것 같이
    많이 거둔 자도 남지 아니하였고
        적게 거둔 자도 모자라지 아니하였느니라.

NRSV에서 "균등"(fair balance)으로 번역하는 그리스어는 **이소테스**(*isotēs*)인데, KJV, ASV, CEB, NIV(1984, 2011)에서는 "평등"(equality)으로 번역한다. ESV는 NRSV에 약간의 변화를 주어 "공정"(fairness)이라고 번역한다. 어쨌거나 그 모든 것은 그리스어 "이소테스"에 대한 번역이다. 이것은 바울이 그의 연보에 대해 사용하는 가장 중요

한 용어인데, 그 용어가 모금의 목적을 표현해주기 때문이다.[39]

"이소테스"는 무엇을 의미하는가?

우리는 그 연보의 목회적 함의를 살피기에 앞서 이 용어를 얼마간 깊이 있게 조사해볼 필요가 있다. 신약성경 연구를 위한 표준적인 용어 사전은 흔히 "바우어-댕커-안트-깅리치"(Bauer-Danker-Arndt-Gingrich, BDAG)라고 불린다(이것은 그 책의 편집자들의 성을 이어 붙인 것이다. 그 책의 정식 명칭은 『신약성경과 다른 초기 기독교 문헌을 위한 그리스-영어 용어 사전』[Greek-English Lexicon of the New Testament and Other Early Christian Literature]이다). BDAG에서 **이소테스**에 대한 주된 정의는 이러하다. "적절한 균형을 이룬 물질의 상태, 평등[equality]." 그 사전은 위(僞)포킬리데스(Pseudo-Phocylides, 기원전 6세기의 그리스 작가 포킬리데스의 것으로 알려졌던 작품—역주)를 인용한다. "모두에게 그들의 몫을 주라. 공평성[impartiality, *isotēs*]이야말로 모든 면에서 최고다"(137). BDAG의 편집자들은 고린도후서 8장의 두 구절을 인용하고 두 번째 용례를 설명한다. "공정한 상태, 공정[fairness]."[40] 세슬라스 스피크(Ceslas Spicq)는 신약성경의 단어들에 관한 그의 특별한 작품인 『신약성경의 신학 사전』(Theologiccal Lexicon of the New Testament)에서 그 용어가 "평등"을 의미한다고 이해한다.[41] 어느 단어에 대한 일

---

39 확실하게 불신자들을 끌어들일 수 있었던 그 무엇이다. 이 개념은 B. Longenecker, *Remember the Poor*, 259-78에 의해 발전되었다.

40 BDAG, 481.

41 Spicq, *TLNT* 2:223-32.

반적인 정의가 언제나 특정한 문맥 안에서 그 단어의 의미를 분명하게 밝혀주지는 않는다. 그러므로 우리는 일반적인 정의 이상으로 깊이 살펴볼 필요가 있다.

이소테스라는 용어에는 역사가 있으며 다양한 문맥에서 의미상의 미묘한 차이를 보인다. 「아리스테아스의 편지」(Letter of Aristeas)에서 그것은 "평등"을 의미한다.[42] 우리가 누구에게 은혜를 베풀어야 하는가 하는 질문을 받고서 그가 제시한 답은 첫째, 부모님들이다. "다음으로 (그리고 앞엣 것과 밀접하게 연결되어) 친구들로 인한 명예에 대해 생각한다." 이것은 어떻게 이해되어야 하는가? 그것은 "친구를 자기 자신과 동등한 존재라고 부르는 것"에서 드러난다(228). 그 본문은 우정이라는 주제를 내포하고 있다. "만약 당신이 모든 남자들과 우정을 맺는다면 잘하는 것이다." 「아리스테아스의 편지」는 이것을 **이소테스**의 다음 예에서 행한다. 거기서 우리는 이렇게 읽는다. "우리가 어떻게 해외에서 낯선 사람들 사이에서 환영을 받을 수 있을까?" 그 질문에 대한 답은 그들을 친구로 대함으로써다. 그렇게 하기 위해서는 어찌해야 하는가? "모든 사람에게 동등한 대우를 함으로써"다(257). 「아리스테아스의 편지」에서 하나님의 형상은 사도 바울이 옹호하는 것과 크게 다르지 않은 사회적 평등과 결합된다. 「아리스테아스의 편지」는 **이소테스**를 "정의"(justice)로 여기는데, 이것은 플라톤의 저작 전반에서 나타나는 주제다. 다른 이들을 "동등

---

42 괄호 안의 숫자는 "Letter of Aristeas," trans. R. J. H. Shutt, *The Old Testament Pseudepigrapha*, vol. 2, ed. James H. Charlesworth, 7-34 (New York: Doubleday, 1985) 내의 단락을 가리킨다.

한 존재"(equal)로 다루는 것은 그 사람을 정의롭게 다루는 것이다 (「특별한 법률들에 관하여」[On the Special Laws] 4.231; 「누가 상속자인가?」 [Who Is the Heir?], 141-206). 그러므로 그 용어는 이제 두 가지 중요한 의미를 갖는다. 하나는 평등이고, 다른 하나는 정의다.

신약성경에서 우리는 이 용어 및 그것과 어원이 같은 말들이 갖고 있는 다음과 같은 의미들과 만난다. 예수는 하나님과 **동등하다** (요 5:18; 빌 2:6). 모든 그리스도인은 성령으로부터 **같은** 선물을 받았고(행 11:17), 비록 디모데와 **동등하지는** 않을지라도(빌 2:20) 그들에게 사도들과 **동일한 지위**를 부여하는 믿음을 갖고 있다(벧후 1:1). 온종일 일한 사람들은 자기보다 적게 일한 사람들에 대해 불평한다. 자기들이 그들과 **같은** 대접을 받았기 때문이다(마 20:12). 바울의 급진적인 표현 중 하나에서 그는 주인이 종을 **공정하게** 대해야 한다고 말한다(골 4:1). 다시 보응의 세계로 들어가면서 우리는 누가복음 6:34에서 다음과 같이 읽는다. "죄인들도 **그만큼** 받고자 하여 죄인에게 꾸어 주느니라"(균등한 보응).

다시 고린도후서 8:13-14로

이 모든 것은 우리를 고린도후서 8:13-14로 이끌어간다. 평등이나 정의 같은 개념은 바울의 현실에서는 실제로 어떤 모습이었을까? 우리는 여기서 아주 많은 질문을 할 수 있으나 계속해서 앞으로 나아가자. 이 문맥에서 바울은 고린도의 신자들을 향해 예루살렘의 가난한 자들에게 기부하라고 촉구하고 있다. 그는 자선의 근거를 그리스도의 모범에서 찾는다. 그리스도는 다른 이들을 부요케 하기 위하여 가난해지셨다. 그는 고린도의 신자들에게 그들이 이미 시작한 일을 완수하라고 촉구한다. 그리고 자기는 그들을 (그리스도께서 스스로 그렇게 하셨던 것처럼) 가난하게 만들려는 의도가 전혀 없으며, 오히려 자기가 의도하는 것은 그들이 수입에 따라 베푸는 것을 보는 것이라고 강조해서 말한다(고전 16:2). 그런 호소의 토대는 그들의 "현재의 넉넉함"과 예루살렘 성도들의 "부족함"이다(고후 8:14). 주목할 만하게도 그는 출애굽기 16:18의 만나와 관련한 본문을 인용한다. 그 본문은 자기들에게 필요한 것을 갖고 있는 모든 이와 필요한 만큼 갖고 있지 못한 모든 이에 관한 것이다. 그러나 그것은 또 다른 주제를 품고 있다. 만나를 거둘 때 어떤 이들은 더 많이 필요했기 때문에 더 많이 거뒀다. 반면에 다른 이들은 적게 필요해서 적게 거뒀다. 출애굽기 16장의 만나 이야기에서 공급은 필요에 의해 결정된다.[43] 어떤 이들에게는 다른 이들보다 더 많은 것이 필요하다. 고린도후서에서 이 구절들의 주제는 물질의 분배와 보응이다. 그러므로 그것은 우정과 보답적 선물 교환에 관한 그리스-로마 세계의 의식을 환기시킨다. 이와 관련해 세네카가 「자선에 관하여」(On Benefits)에서 사용한 것보다 더 나은 이미지는 없다. 나는 그것을 바클레이(Barclay)의 『바울과 선물』(Paul and the Gift)과 함께 읽은 후부터 그 이미지를 기억해왔다. 당신에게도 동일한 영향을 끼치기를 바라면서

---

43 신 8:3은 만나 이야기를 출 16장이나 바울과는 다른 방향으로 재구성한다. 신 8장에서 만나는 하나님의 말씀에 대한 신뢰를 배우기 위한 코드가 된다. 이것은 바울에게는 별 의미가 없다. 요한은 요 10장에서 만나를 종말론적으로 해석한다. 이것 역시 바울에게는 충분하지 않다. 그는 사회경제적 차원에서 일어나는 무언가를 원한다.

아래에 그 내용 전체를 인용한다.

나는 스토아주의자인 크리시푸스가 제시한 공놀이의 예를 사용하고
자 한다. 공이 땅에 떨어질 때 그것이 던지는 사람이나 받는 사람 어느
한쪽의 잘못일 수 있다는 것은 의심할 여지가 없다. 양측이 적절한 방
식으로 공을 던지고 받아 공이 던지는 이와 받는 이 사이에서 왔다 갔
다 할 때 놀이는 훌륭하게 진행된다. 그러나 좋은 선수는 키가 큰 파
트너와 작은 파트너에게는 공을 달리 던질 필요가 있다. 자선을 베푸
는 것도 마찬가지다. 그것이 베푸는 자와 받는 자 양편의 사회적 역할
에 맞춰 조정되지 않을 경우, 자선은 올바른 방식으로 한쪽에 의해 제
공되고 다른 쪽에 의해 수령되지 않을 수도 있다. 만약 우리가 컨디션
이 좋은 숙련된 선수와 게임을 한다면, 우리는 공이 그에게 어떻게 다
가가든 그의 재빠르고 영리한 손이 그것을 잡아 내리라는 것을 알기
에 공을 좀 더 모험적으로 던질 것이다. 그러나 숙련되지 않은 초보자
와 공놀이를 한다면, 그에게 공을 단호하고 충격적인 방식으로 던지
지 않고 보다 부드럽게 던질 것이다. 즉 그것이 우리에게 되돌아올 때
우리가 그것을 따라잡을 수 있도록, 공이 그의 손안으로 정확하게 들
어가도록 던질 것이다. 자선 역시 같은 방식으로 해야 한다. 어떤 이들
은 학생처럼 대해야 하고, 만약 그들이 노력한다면, 만약 그들이 기회
를 잡는다면, 만약 그들이 원한다면, 그것으로 충분하다고 여겨야 한
다. 그러나 일반적으로 우리는 사람들을 배은망덕하게 만들고 그들 안
에서 그런 감정을 키운다. 마치 우리가 인상적인 선물을 제공했다는
최종적인 증거가 그들이 우리에게 은혜를 갚을 수 없는 것인 양 말이

다. 이것은 야비한 선수들이 다른 선수를 속이는 방식이다. 물론 그것은 게임을 망친다. 게임은 오직 양쪽이 계속해서 경기를 하려고 할 때만 계속될 수 있다.[44]

이것이 로마 세계에서 선물 교환이 이루어지는 방식이었다(그것은 근본적으로 인간 일반에게 공통적으로 일어나는 현상이다). 플루타르코스가 공놀이 이미지를 다시 사용해 말하듯이, 선물 제공은 그것에 대한 수령과 갚음의 의무를 의미한다. "호의[charis] 받기를 거부하는 사람은, 잘 던져진 공을 잡기를 거부하는 사람처럼, 그것이 목표를 이루지 못한 채 땅에 떨어지게 함으로써 그것을 모독하는 것이다"(「소크라테스의 신호에 관하여」[On the Sign of Socrates]). 이런 동시대인들은 바울이 아니다. 그들 중 아무도 유대인이 아니다. 그러나 보응에 관한 그들의 비전은 바울이 고린도후서 8:13-14에서 말하는 것과 전혀 다르지 않다.

사도행전의 유명한 구절들(2:42-47; 4:32-37)에 대해서도 같은 말을 할 수 있다. 여기서 우리는 상호 책임, 서로에 대한 의무, 자발적인 관대함을 발견하는데, 그것들 모두는 제한된 시간 동안만 지속되었던 것으로 보인다. 에세네파의 공동체적 삶의 실험이 규칙을 지닌 영구적인 것이었던 반면(1QS), 사도행전의 행위들은 자발적이고, 관대하고, 일시적이었다. 아마도 가장 의미심장한 구절은 이스라엘

---

44 *Seneca: On Benefits*, trans. Miriam Griffin and Brad Inwood (Chicago: University of Chicago Press, 2011), 2.17.3-5.

의 경험을 반영하는 2:45의 "각 사람의 필요를 따라"와 4:34의 "그 중에 가난한 사람이 없으니"일 것이다(신 15:4을 보라). 만약 사도행 전의 이런 서술을 믿을 만한 것으로 여긴다면, 여기서 사도 바울이 고린도후서 8:13-14에서 **이소테스**라는 말로 의미하는 것에 대한 탁 월한 예를 발견하는 셈이다.

바울은 그 연보를 위해 신학적 내러티브를 만들어낸다. 그 내러 티브는 (1) 하나님의 선물(은혜)로 시작해서, (2) 선물이신 그리스도 안에서 구현되고, (3) 예루살렘과 디아스포라 양쪽 모두에 있는 모든 그리스도인 가운데서 믿음에 의해 경험되고, (4) 하나님께, 오직 하나 님께만 바치는 감사를 낳고(주목할 만하게도 어느 기념물 위에 기부자들의 이름을 열거하는 것이 아니라, 모든 영광과 명예가 하나님께 돌아간다[45]), (5) 그 리스도 안에서 하나님의 은혜를 경험한 자들 사이에 존재하는 관대 함의 문화로 이어진다. 선물에 대한 경험과 그 경험이 하나님을 향하 는 것은 그리스도인에게 스스로 선물을 제공하는 자가 되도록 유기 적으로 의무를 부여한다. (6) 그들의 보응이 바울의 교회들과 예루살 렘 교회 사이에 사회적 유대를 만들어낸다.

이소테스라는 용어가 갖고 있는 이런 선물 교환(그리스도 안에서 하나님이 사람들에게 선물을 주시고, 사람들이 하나님께 그리고 서로에 대해 선물을 되돌려준다)의 맥락은 그 단어가 사람들의 필요를 채우고 하 나님이 감사와 영광을 받으시도록 물질적인 것을 상호 교환하는 것

---

45 바울이 사역하던 시기에 에베소에서 한 어업 카르텔이 항구 근처에 세관 건물을 짓 기 위해 기금을 모았는데, 그 건물 기념비에 기부자들의 이름이 새겨져 있다. 1세기 에는 선물에 대개 그런 공적 명예가 수반되었다. *NewDocs*, 5:95-114를 보라.

을 가리킨다. 더 나아가 그것은 바울의 선교를 통해 형성된 공급 네트워크로 인해 각 교회가 각각의 필요를 채우는 방식의 보응을 가리킨다.[46]

우리가 이소테스를 "평등"으로 번역해야 하는지, "공정한 나눔"으로 번역해야 하는지, 혹은 "균등"으로 번역해야 하는지를 묻는 것은 수레를 도랑 안으로 몰아가는 것이다. 중요한 것은 서로에 대한 상호 간의 물질적 유효성과 책임성이다. 각 교회는 그리스도의 몸의 일부이고 또한 각 교회는 서로 동등한 보편적 형제됨과 자매됨으로 구성되기 때문이다. 바울은 모든 그리스도인은 서로를 위한 공급 네트워크 안으로 끌려 들어간다고 여긴다. 보다 분명한 것은 바울이 풍족하게 사는 이들을 즉각 소환해서 곤경에 처한 이들에게 관대해지도록 만든다는 것이다. 이런 결론에 이른 이는 데이비드 호렐(David Horrell)이다. "바울에게 경제적 재분배의 목표는 줄 만한 무언가를 갖고 있는 그리스도인들이 빈곤해지는 것이 아니라, 평등의 상태가 이루어지는 것이다. [그리스도처럼] 상대적으로 부유한 이의 자발적 낮아짐이 이런 평등을 이루는 수단이다. 그것은 하나님의 뜻에 뿌리를 두고 있으나 책임 있는 인간의 행동을 통해 실현되어야 한다."[47] 이런 평등이 "책임 있는 인간의 행동" 안에서 어떤 모습일

---

46 *Isotēs*가 갖고 있는 이런 의미에 대한 예시는 펠로폰네소스 반도 남동쪽에 있는 항구에서 나온 비문에서 발견된다. 거기서 우리는 "모두에게 평등이 있게 하기 위하여" 곤경에 처한 이들에게 선행을 베풀었던 다미다스(Damidas)라는 이름의 한 의사에 대해 배운다. *IG* V.1 1145, *Laconia et Messenia*, 19줄: εἰς τὸ πᾶσιν ἴσος εἶναι (https://epigraphy.packhum.org/text /31559?&bookid=11&location=1699)를 보라.

47 Horrell, *Solidarity and Difference*, 264.

지 묻는 것은 옳은 일이다. 머레이 해리스(Murray Harris)는 먼저 평등을 그 연보의 핵심으로 여김으로써 이것을 분명하게 밝힌다. "연보 프로젝트의 목적 중 하나"는 "'평등'의 성취"다. 그는 더 나아가 **이 소테스**의 의미에 대해 언급한다. 그것은 "(소극적으로는) 경제적 부담의 균등화를, 그리고 (적극적으로는) 삶에 필요한 것들에 대한 균등한 공급을 포함한다."[48] 그러므로 정의의 구성요소인 평등과 충분성은 여기서는 거의 동의어나 다름없다.

피타고라스의 잔

에게해의 에베소 연안에서 멀지 않은 그리스의 섬 사모스 출신으로 철학자이자 수학자였던 피타고라스(ca. 570 BC-495 BC)는 컵을 하나 갖고 있었다고 전해진다. 그것이 사실이었는지는 중요하지 않고, 피타고라스가 그것을 만들었는지도 중요하지 않다. 지금 내가 그 이야기를 하는 건 평등과 충분성에 관한 바울 신학에 대한 예를 들기 위해서이기 때문이다. 피타고라스의 잔은 그 안을 들여다보고 중앙에 잔 높이의 3/4까지 올라오는 기둥 하나를 보기 전까지는 평범해 보인다. 그 기둥은 그 잔에 포도주를 붓는 이에게, 만약 그가 자기 몫 이상의 포도주를 붓는다면, 그 기둥 안에 있는 장치가 작동해 그 잔에 있는 내용물 전체를 빨아들일 것이고 결국 포도주는 탁자나 그 사람의 발 위로 쏟아지게 되리라는 것을 알리는 경고다. 피

48　Murray J. Harris, *The Second Epistle to the Corinthians*, NIGTC (Grand Rapids: Eerdmans, 2005), 588, 592.

타고라스의 잔은 이소테스와 만나 이야기에 대한 가시적인 상징이다—당신의 몫만 취하고 그 이상은 취하지 말라. 그렇게 해서 각자가 자기에게 필요한 것을 얻을 수 있게 하라. 내가 보기에 바울은 목회자들이 피타고라스의 잔을 더 자주 염두에 두어야 한다고 여기는 듯하다.

결론

윌 윌리몬(Will Willimon)은 목회에 관한 그의 놀라운 책에서 회중 안에서 목회자가 기부자들과 맺는 관계 및 기부와 제자도의 관계에 관한 이야기 하나를 전한다.

> 내 목회 초기에 우리 교회는 시의 가난한 자들을 돕기 위한 봉사 센터를 세우기 위해 큰 액수의 돈을 모금하려 했다.
>
> 우리는 그 캠페인 운영을 도와줄 기금 모금자 한 사람을 고용했다. 첫 번째 회의에서 그는 나에게 교인 중 상위 20명의 기부자 명단과 기부할 수 있는 능력에 버금가지 않게 기부하는 이들의 명단을 만들어주기를 요구했다. 나는 그에게 교인들의 기부 패턴에 대해 그렇게까지 상세하게는 알지 못한다고 자랑스럽게 말했다. 그가 답했다. "그건 무책임한 겁니다. 만약 내가 목사님에게 교인 중 모범이 될 만한 결혼 생활을 하는 이들 열 쌍이나 결혼 생활에 어려움이 있는 이들 열 쌍의 이름을 알려달라고 한다면, 댈 수 있나요?"

나는 그렇게 할 수 있었다.

기금 모금자가 말했다. "예수님은 반복해서 돈의 위험성을 강조하셨어요. 목사님은 회중에게 부에 관한 예수님의 가르침에 응답할 기회를 제시해야 합니다."[49]

당신도 내가 그랬던 것과 동일한 반응을 보일 수 있다. 나는 윌리몬이 그 기금 모금자에게 무슨 말을 했고 그의 회중에게는 무슨 말을 했는지에 대해 듣고 싶었다. 하지만 유감스럽게도 그것에 대해서는 알려주지 않는다. 그래서 나는 그런 말을 했던 이에게로 향할 것이다.

얼마 전에 내가 노던 신학교의 목회학 박사 과정에서 가르치던 때에 일어난 일이다. 그때 우리는 이 장 초입에서 언급했던 알리스테어 스튜어트(Alistair Stewart)의 이론, 즉 최초의 주교들이 경제적 청지기였다는 이론에 관해 토론을 벌였다. 목회자들이 교회에서 누가 얼마를 바치는지를 알아야 하는가에 관한 대화가 학급을 뜨겁게 달궜다. 어떤 이들은 그것에 강력하게 반대했고, 다른 이들은 그것을 아는 것에 대해 개방적이었다. 모종의 합의가 나오기 전에(만약 그런 것이 나와야 했었다면 말이다), 전직 목회자였고 현재 노던 신학교의 총장으로 일하고 있는 빌 쉬엘(Bill Shiell)이 교실 안으로 들어왔다. 우리는 그에게 물었다. 그의 답은 우리를 놀라게 했다. "물론 목회자는 그것에 대해 알아야 합니다." 어째서인가? 우리가 물었다. "돈은 삶과 제자도의 중요한 요소이기 때문입니다. 목회자가 삶의 그 중요한

---

49 Willimon, *Pastor: The Theology and Practice of Ordained Ministry*, 85.

요소를 테이블 위에서 치우고서 어떻게 회중을 제자화할 수 있을까요?" 이에 대해 사도 바울은 최소한 부분적으로라도 동의할 것이다. 돈은 중요하다. 목회자는 경제적으로 그리스도를 본받는 삶을 육성해야 한다. 목회자에게는 다른 교회와 그리스도인들을 향한 관대함의 문화를 구현하고 창조해야 할 책임이 있다.

브루스 롱네커는 가난한 자들에 대한 돌봄을 복음의 핵심으로 삼는다. 그는 『가난한 자들을 기억하라』(*Remember the Poor*)의 초입에서 이렇게 쓴다. "오히려 바울은 좋은 소식의 핵심 사항에 속하는 가난한 자들[이때 그가 의미하는 것은 단지 가난한 그리스도인이 아니라 모든 가난한 사람이다]에 대한 돌봄이야말로 초기 기독교 운동의 좋은 소식을 따라 살아가는 예수 추종자들의 집단적 삶의 핵심적 특징으로 여겼다."[50] 나는 가난한 자들에 대한 돌봄을 고린도전서 15:1-9이 규정하는 "좋은 소식의 핵심 사항"의 일부로 여기는 것은 정도가 지나치다고 생각하는 편이지만, 롱네커가 가난한 자들에 대한 돌봄을 그리스도를 본받는 삶을 가리킨다고 여기는 것은 확실히 옳아 보인다. 그러므로 얼 엘리스와 롱네커의 길게 펼쳐진 비난하는 손가락으로 돌아가 보자. 가난한 자들에 대한 바울의 관심은 얼마나 컸는가? 그는 로마의 가난한 자들에게 관심을 가졌는가, 혹은 (롱네커의 용어를 빌려 말하자면) 예수 운동 내의 가난한 자들에게 관심을 가

50　B. Longenecker, *Remember the Poor*, 1. 더 나은 표현은 219쪽에 나오는데, 거기서 가난한 자들에 대한 돌봄은 십자가를 본받는 삶과 연관된다. 심지어 그것은 내가 "예수 신경"(Jesus creed)이라고 부르는 것, 즉 하나님을 사랑하고 다른 이들을 사랑하는 것과 연관되어야 한다(마 12:28-32을 보라).

졌는가? 이 매듭을 풀 방법이 하나 있다. 그리고 롱네커는, 내게는 그렇게 보이는데, 그 매듭을 풀었다.

내가 보기에 브루스 롱네커는 가난한 자들 일반에 대한 돌봄이 바울을 그리스도인들 가운데 있는 가난한 자들을 부양하기 위해 일 하도록 이끌었다고 말하는 것 같다.[51] 그 방향은 역전될 필요가 있다. 바울은 유대교에서 (유대의) 가난한 자들에 대한 돌봄을 배웠다. 그리고 믿음의 가정의 (그리스도인) 가난한 자들에게 초점을 맞춤으로써(갈 6:10) 자신의 전통을 따랐다. 바울의 구제 습관은 유대교에서 배운 것이었고 유대교에서 그랬던 것처럼 실천되었다. 먼저 "가족"에 속한 이들에게, 그 후에 다른 이들에게였다. 롱네커는 다음과 같이 말하면서 이런 방향에 대해 암시한다. "예수 집단 안에서 가난한 자들에 대한 돌봄은 우선적으로 공동체 안에서 상호적으로 이루어졌을 가능성이 크다." 사실 그는 교회가 얼마나 가난했는지 안다. 그래서 이렇게 말한다. "제한된 물품으로 공동체 내의 소수의 사람에게 지원을 확대하는 공동체 내부의 관행 이상을 상상하기란 어리석은 일이다. 아마도 그 이상의 그 어떤 일도 일어나지 않았을 것이다."[52] 초기 그리스도인들의 헌금의 이런 방향성에 동의하면서 롱네커는 우리가 생각하는 것보다 훨씬 더 엘리스 쪽에 가까이 서 있다. 데이비드 다운스가 옳다. "바울 서신에서는⋯그 연보가 예루살렘의 유대-기독교 공동체가 아닌 다른 어느 집단을 위한 것이었다는 그

---

51   B. Longenecker, *Remember the Poor*, 12에서 그렇게 진술된다.

52   B. Longenecker, *Remember the Poor*, 291.

어떤 흔적도 나타나지 않는다." 실제로 그는 그 연보가 가난한 사람들 일반을 위해 계획된 무언가로 여기는 이들은 "바울의 선교와 신학에서 구제 기금이 갖고 있는 교회론적 초점"을 놓치고 있다고 말한다.[53] 다운스가 옳다, 그리고 엘리스도 옳다.

나는 바울에게 동의한다. 먼저 믿음의 가정에게다. 바울은 적어도 30년 동안 선교 교회의 목회자로 살면서 그의 시간 일부를 이방인 신자들 안에서 관대함을 육성하는 데 사용했다. 성도를 위한 그의 모금 활동은 그의 신학 전체―복음, 교회, 선교―를 펼쳐 보인다. 왜냐하면 그는 그 자선 행위 속에서 하나님의 백성의 충만함에 대한 수용을 보았기 때문이다.

---

53   Downs, *Offering of the Gentiles*, 21-22.

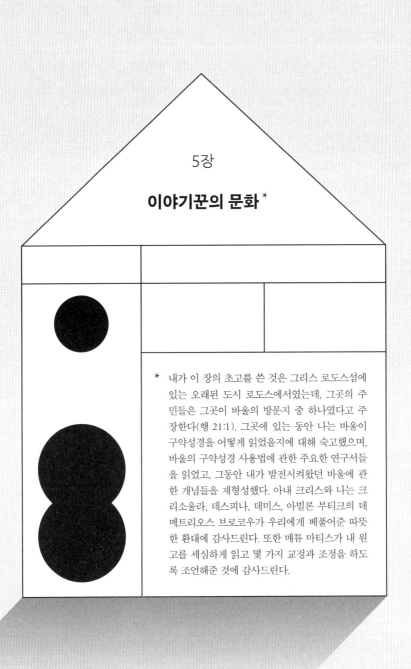

5장

이야기꾼의 문화 *

* 내가 이 장의 초고를 쓴 것은 그리스 로도스섬에
있는 오래된 도시 로도스에서였는데, 그곳의 주
민들은 그곳이 바울의 방문지 중 하나였다고 주
장한다(행 21:1). 그곳에 있는 동안 나는 바울이
구약성경을 어떻게 읽었을지에 대해 숙고했으며,
바울의 구약성경 사용법에 관한 주요한 연구서들
을 읽었고, 그동안 내가 발전시켜왔던 바울에 관
한 개념들을 재형성했다. 아내 크리스와 나는 크
리소울라, 데스피나, 데미스, 아빌론 부티크의 데
메트리오스 브로코우가 우리에게 베풀어준 따뜻
한 환대에 감사드린다. 또한 매튜 마티스가 내 원
고를 세심하게 읽고 몇 가지 교정과 조정을 하도
록 조언해준 것에 감사드린다.

우리는 이야기꾼으로 태어난다. 의식하든 의식하지 않든 우리는 모두 이야기 안에서 살아간다. 우리는 자신이 말하는 이야기를 통해 삶을 이해한다. 비극, 죽음, 실패한 결혼생활, 중단된 경력 등 무언가가 정상적이지 않을 경우, 우리는 비정상적인 것을 정상적인 무언가로 바꿔주는 이야기를 찾는다. 또 우리는 이야기 읽기를 좋아한다. 어떤 이들은 우리 시대의 지배적인 이데올로기적 내러티브에서 벗어나기 위해, 즉 그 안에서 살아갈 보다 나은 세상을 발견하기 위해 허구의 세계 안으로 들어간다. 우리 중 많은 이가 J. R. R. 톨킨, C. S. 루이스, 어니스트 헤밍웨이, 랠프 엘리슨, 켄트 하루프, 애니 딜러드, 앤 라이스, 매릴린 로빈슨, 혹은 J. M. 쿳시 안에서 우리의 삶을 더 잘 이해할 수 있게 해주는 무언가를 발견한다. 이런 이야기꾼들은 희망을 낳고, 또한 우리가 더 나은 사람이 되도록 혹은 더 나은 이야기를 지닌 더 나은 세상을 만들기 위해 노력하도록 상상력을 자극한다. 예수와 랍비들 모두 청중이 다른 세상을 꿈꾸게 하려고 비유를 전했다. 바울 역시 이야기꾼이었고 자신의 선교 교회들을 복음이라고 불리는 이야기의 거미줄 속으로 이끌어갔다.

바울의 복음 이야기는 그의 구약성경에 대한 읽기로부터 폭발하듯 나타났다. 우리가 성경의 각주에 있는 참조 구절들에 면밀하게 주의를 기울인다면, 바울 서신이 이스라엘의 성경과 관련한 인용, 메아리, 이미지, 서술들과 얼마나 자주 연결되는지 어렵지 않게 알 아차릴 수 있을 것이다. 리처드 롱네커(Richard Longenecker)는 바울이 구약성경을 사용했던 방식에 관한 책에서 83개의 성경 인용구절 목록을 정리해냈다.[1] 그 명백한 인용구들에 오늘날 많은 이들이 모방혹은 암시라고 부르는 것을 덧붙인다면, 참조 구절의 수는 적어도 아마 그 이상까지는 아니더라도 세 배는 될 것이다. 언젠가 유진 피터슨(Eugene Peterson)은 목회자 바울에 관한 에세이에서 "그러나 그는 [성경을] 인용하는 게 아니다"라고 말한 바 있다. 아니다, 그는

> 그 이야기 안에 **살고 있다**. 그는 예언자 선배들이 쓴 모든 것에 익숙하고 하나님의 말씀에 대한 그 풍성하게 광대한 이야기 안에서 아주 편안해 보인다. 그에게 성서는 "완전히 자전적인" 것이 되었다(알렉산더 와이트[Alexander Whyte]의 표현).…바울에게는 성경의 그 어느 것도 "문맥에서 벗어나지" 않는다는 의식이 있다. 그는 성경 전체에 정통해 있었기에 무엇이 맞는지 그리고 어디에 맞는지에 대한 직관적인 의식을 갖고 있다. 그는 자신의 지성을 자기가 받은 것을 재배열하거나 수정하거나 개선하는 데 사용하지 않았다. 오히려 그는 손님으로서 그 안으로 들어가 그 집의 주인이 자기에게 필요한 것을 알 것이라고 믿으면서 자기 앞에 마련된 모든 것을 감사함으로 받는다.[2]

---

1   Richard N. Longenecker, *Biblical Exegesis in the Apostolic Period*, rev. ed. (Grand Rapids: Eerdmans, 1999), 91-98.
2   Eugene H. Peterson, "Pastor Paul," *Romans and the People of God: Essays in Honor of*

그러나 오늘 우리는 어디에 있는가? 우리의 이야기는 무엇인가? 우리는 어떤 이야기 안에 살고 있는가? 오늘날 미국의 위기는 다름 아닌 이야기의 위기다.

국가주의, 새로운 미국 이야기

나는 미국인들이 두려워하고 있으며 그 두려움을 떨쳐내기 위해 어떤 이야기 혹은 무언가를 찾고 있다는 페기 누난(Peggy Noonan)의 주장에 동의한다. 그녀는 미국의 상황을 다음과 같이 설명한다. "무언가가 일어났다. 그리고 깊이 내려갔다. 몸과 영혼이 만나는 곳에서, 우리는 두려워한다. 그 의식이 표현되지 않을 정도까지 깊이 내려간 것이 두렵다. 우리는 모든 위안과 즐거움, 모든 장난감과 종과 휘파람을 갖고서도…우리가 실제로 가진 모든 것이 타이타닉호에 있는 1등급 내빈실은 아닐까 의심한다. 모든 것이 놀랍다. 그러나 세상은 끝나가고 있고, 우리는 그것을 느낀다."[3]

많은 이들이 두려움—편도선의 끊임없는 소동과 자신이 가라앉으려는 타이타닉호에 타고 있다는 걱정—을 행동주의를 통해 정복하려 하고 있고, 그동안 그 두려움을 묵시적인 비율로까지 증폭시

Gordon D. Fee on the Occasion of His 65th Birthday, ed. Sven K. Soderlund, N. T. Wright (Grand Rapids: Eerdmans, 1999), 286-87(강조는 원저자의 것임).

3   Peggy Noonan, *The Time of Our Lives: Collected Writings* (New York: Twelve, 2015), 199-200.

켜왔다. 사람들은 그 두려움에 대한 해결책이 국가라고 믿는다. 오늘날 미국의 지배적인 내러티브는 국가주의(statism), 즉 국가가 지배해야 하고 국가가 우리의 문제를 해결할 수 있다는 이론이다. (물론 인종주의나 자본주의나 엘리트주의 같은 수많은 내러티브를 통해 미국의 지배적인 이야기에 접근할 수도 있다. 그러나 여기서 나는 국가주의에 초점을 맞출 것이다.[4])

미국인들이 아는 국가주의는 콘스탄티누스 시대까지 거슬러 올라간다. 그때 이후로 교회와 국가의 관계는 적어도 두 가지 측면에서 복잡해졌다. 첫째, 국가를 기독교화하는 일이 어떻게 이루어질 수 있는가. 둘째, 교회는 어느 정도의 정치활동을 해야 하는가. 신성로마 제국 시대부터 오늘날까지, 특히 미국의 설립기 동안에,[5] 유럽과 북미의 교회들은 국가의 이야기를 해왔다. 그러나 근대성이 대두된 이후 교회는 점차 힘을 잃어갔다.

H. 리처드 니버(Richard Niebuhr)가 쓴 미국에 관한 유명한 연구서인 『그리스도와 문화』(Christ and Culture)를 살펴보자. 그 책에서 교회와 국가/문화의 관계에 관한 유형론이 자신의 언어를 찾아냈다. 문화의 그리스도, 문화와 함께하는 그리스도, 문화 위의 그리스도, 문화에 맞서는 그리스도, 문화와 역설적 관계에 있는 그리스도, 문

4　Scot McKnight, *A Fellowship of Differents: Showing the World God's Design for Life Together* (Grand Rapids: Zondervan, 2014)에서는 인종주의에 초점을 맞췄다.

5　그것에 관해서는 아직 de Tocqueville, *Democracy in America*, trans. Harvey C. Mansfield, Delba Winthrop (Chicago: University of Chicago Press, 2000)를 읽어보지 못했다.

화를 변혁하는 그리스도. 휘튼 대학의 모든 학생이 니버를 읽는 동안, 아브라함 카이퍼(Abraham Kuyper)라는 이름의 개혁주의 신학자가 미국의 복음주의자들에게 다른 영향을 끼치기 시작했다. 카이퍼주의자들은 "문화를 변혁하는 것"을 정치적 의제로 바꾸었다. 이 변혁주의적 접근법은 의기양양했던 로널드 레이건 시절에 힘을 얻었고 프랜시스 쉐퍼, 제임스 케네디, 제리 폴웰, 제임스 돕슨, 빌리 그래함 등에 의해 실행되었다. 그중에서도 그래함의 영향력은 달리 비길 데가 없었다.[6] 이른바 "도덕적 다수"(moral majority)라고 불리는 미국의 복음주의적 보수주의자들은 새로운 방식으로 공화당과 밀접하게 연결되었다. 반면에 보다 진보적인 도덕적 "소수"(minority)는 유사한 방식으로 민주당과 결합되었다. 교회는 정치화되었다.[7] 그들이 카이퍼주의자들인지, 니버주의자들인지, 아니면 이쪽저쪽 다 섞인 자들

---

6 이와 관련한 일련의 중요한 연구는 Randall Balmer, *Thy Kingdom Come: How the Religious Right Distorts Faith and Threatens America* (New York: Basic Books, 2007); *God in the White House: A History; How Faith Shaped the Presidency from John F. Kennedy to George W. Bush* (New York: HarperOne, 2008)에 수행되었다. 『백악관과 하나님』(CLC 역간, 2009).

7 Abraham Kuyper, *Lectures on Calvinism* (Grand Rapids: Eerdmans, 1931), 『칼빈주의 강연』(CH북스, 2017); H. Richard Niebuhr, *Christ and Culture* (San Francisco: HarperSanFrancisco, 2001), 『그리스도와 문화』(IVP 역간, 2007); Francis A. Schaeffer, *How Should We Then Live? The Rise and Decline of Western Thought and Culture* (Wheaton: Crossway, 2005), 『그러면 우리는 어떻게 살 것인가?』(생명의말씀사 역간, 2018); David T. Koyzis, *Political Visions and Illusions: A Survey and Christian Critique of Contemporary Ideologies* (Downers Grove, IL: InterVarsity, 2003); David R. Swartz, *Moral Minority: The Evangelical Left in an Age of Conservatism* (Philadelphia: University of Pennsylvania Press, 2012); Craig G. Bartholomew, *Contours of the Kuyperian Tradition: A Systematic Introduction* (Downers Grove, IL: IVP Academic, 2017).

인지는 중요하지 않다.

나는 내 생애에서 교회가 지금보다 더 정치에 깊이 개입하고 정치적인 이야기에 흡수되었던 때를 본 적이 없다. 지금 나는 단지 공화당 대 민주당 혹은 보수 대 진보에 대해 말하는 게 아니다. 오히려 내가 지적하고자 하는 것은, 가장 중요한 일은 워싱턴 DC에서 일어나며 만약 우리가 올바른 후보자를 선출한다면 미국이 구원을 얻을 수 있으리라는 믿음이다. 블로그, 페이스북, 트위터, 수많은 웹사이트는 이런 정치적 내러티브와 묶여 있고 이중으로 연결되어 있다. 그런 내러티브는 너무나 만연해 있기에 많은 이가 그것이 우리의 공적·사적 삶을 운영하고 또한 망치고 있다는 사실을 인지조차 못한다. 그들에게 어느 후보자에 관해 물어보라. 그러면 그들은 혈압이 높아지거나, 입으로 이런저런 말들을 쏟아내거나, 혹은 분노의 벽안으로 빨려 들어간다. 오늘날의 정치적 내러티브는 마치 최면을 거는 것처럼 마음을 사로잡는 이야기를 만들어낸다. 문제가 있다. 우리는 2년 혹은 그 이상 동안 잠재적인 승리나 패배에 묶여 이리저리 끌려다닌다. 그러다가 투표일이 다가오고 이야기의 다음 장이 시작된다. 우리는 이야기의 중심 역할을 한 해나 두 해 정도 쉽게 할 수 있다. 그러고 나서 모든 것을 다시 시작한다. 그러나 실수하지 말라. 오늘날 미국의 이야기는 점점 더 국가주의적이 되어가고 있다.

보다 의미심장하게, 국가주의에는 명시적이든 암시적이든 국가에 대한 필연적인 믿음이 수반된다. 그것은 우리가 중요한 문제들에 대한 해결책을 국가에서 찾을 수 있으며, 좌파든 우파든 할 것 없이 그리스도인의 책임은 정치에 참여하고 정치권력을 얻는 것이라는 믿음이다. 그것은 입법이 곧 도덕이며 보다 많은 법률이 보다 나은 국민을 만들리라는 믿음이다. 내가 여기서 사용하는 **국가주의**라는 용어는 인간, 직무, 권력의 자리, 헌법을 세상의 참된 통치자로 만드는 오류를 가리킨다. 국가주의는 인간과 인간의 계획과 투표와 법률과 정부를 칭송한다. 국가주의는 미래에 대한 믿음을 워싱턴 DC에서 다스리는 사람에게 집중시킨다. 그리고 정부를 신으로 만든다. 국가주의는 세속적 종말론과 구원론이다. 그것은 어린 시절의 종교를 떠난 이들에게 새로운 종교가 된다.[8]

물론 아무도 그것에 대해 말하거나 그것의 존재를 인정하지는 않는다. 그러나 우리의 삶이 우리의 믿음을 드러낸다. 내가 좋아하는 콘트래리언(contrarian, 세상의 주된 주장과 어긋나는 주장을 하는 이─역주)인 매릴린 로빈슨(Marilynne Robinson)을 제외하고 말이다. 그녀의 관심사는 아주 넓다. 그러나 그녀는 다음과 같이 말하면서 나와 동일한 견해에 도달한다. "나는 우리가 다윈주의와 마르크스주의와 프로이드주의와 자본주의에 헌신하기 전에 우리의 생각을 사로잡았던 것이 신학이었다는 것과 이런 후임 일원론들이 종교적 정통성에 관한 오래된 주장들을 모방했다는 것을 안다. 인간은 절대로 진정한 의미의 새 출발을 하지 못한다."[9] 그녀는 신학이 모든 삶

---

8   주로 미국에 지배신학, 지배주의자, 기독교 재건주의 혹은 신정이라고 불리는 운동이 존재한다. 그 운동은 R. J. Rushdoony, David Barton, Gary North 그리고 다른 이들로부터 단서를 얻어내는데, 기독교 국가로서의 미국을 위해 노력하는 정도만큼 영향력을 얻는다고 믿는다.

9   Marilynne Robinson, *What Are We Doing Here? Essays* (New York: Farrar, Straus and Giroux, 2018), 36.

에 대한 최초의 주장이며, 그것을 대체하는 결정론적 이데올로기들이 그 최초의 주장을 떠맡게 될 것이라고 주장한다. **우상숭배**는 그런 대체를 가리키는 또 다른 용어다. 정말로 콘트래리언이다!

국가주의는 많은 이가 말하는 이야기다. 그것은 심지어 많은 이가 그 안에서 살아가는 이야기이기도 하다. 그것은 인기 있는 TV 뉴스 쇼가 전하는 유일한 내러티브다. 그리고 그런 뉴스 쇼와 사회의 미디어는 국가주의가 편재하도록 만든다. 국가주의는 미국의 내러티브가 되었다. 다른 이들의 국가주의 내러티브에 대해 비난하는 잘못을 저지르지 말라. 그것은 완강한 독립주의자들뿐 아니라 진보주의자와 민주당원들 혹은 사회민주당원들만큼이나 보수주의와 공화당의 이야기이기도 하다. 작은 정부를 옹호하는 티 당(Tea Party, 보스턴 차 사건에서 따온 당명으로 길거리 시위를 주도하는 보수주의 운동 단체―역주)조차 국가주의에 깊이 몰두했다. 보다 거칠게 말하자면 오늘날 트럼프 대통령에 관해 쏟아지는 통렬한 비판은 스스로 통제하기를 원하는, 만약 권력이 교체된다면 다른 편에서 나오는 통렬한 비판을 만들어낼 사람들로부터 나오는 통렬한 비판이다. 여기서 우리는 이른바 우리 시대의 예언자적 비판에서 국가주의가 어떻게 작동하고 있는지를 볼 수 있다. 만약 누군가가 현 정부를 비판한다면, 그것은 필연적으로 정치적 스펙트럼의 다른 쪽에 대한 지지의 형태로 나온다. 그것이 이것이냐 저것이냐의 제로섬 게임일 경우, 그것은 국가주의다. 다른 견해가 있는가?

어느 쪽에 속해 있든 우리의 동료 미국인들 중 어떤 이들은 그들의 국가주의 내러티브 안에서 성경을 사용한다. 그러나 성경의 내러티브를 이런 식으로 사용하는 것은 국가주의에 세례를 베푸는 것에 불과하다. 우리의 정치적 내러티브는 성경의 내러티브가 아니다. 그러나 인간은 불가피하게 이야기꾼들이다. 그들에게 삶의 의미를 제공하는 것은 그들의 이야기들이다. 대안이 있는가? 그렇다, 그러나 그것은 죽어가고 있다. 오직 목회자들만 그 대안을 부활시킬 수 있다.

위대한 이야기로서의 성경

구약성경이 죽어가고 있다

오늘날 그리스도인들의 이야기는 아주 빨리 변하고 있다. 최근에 나는 미국의 창설자들이 성경을 사용했던 방법에 관한 책을 한 권 읽었다.[10] 다니엘 드레이스바크(Daniel L. Dreisbach)가 그 주제에 관한 연구를 했는데, 연구를 하면 할수록 문제가 점점 더 분명해졌다. 창설자들의 연설과 저술 및 일기들에는 성경이 너무나 만연해 있어서 성경의 말과 그들의 말을 구분하기가 어려울 정도였다. 우리는 미국의 창설자들에게 질문하고 싶어진다. 어디까지가 성경의 말이고, 어디가 그들이 한 말인가? 예컨대, "그럴 수 없느니라!"라는 외침은 사도 바울의 말을 인용한 것인가? 식민지들에 관한 핵심 이야기는 청교도들의 (혹은 설교나 팸플릿을 접할 수 있었던 다른 이들의) 이

---

10   Daniel L. Dreisbach, *Reading the Bible with the Founding Fathers* (New York: Oxford University Press, 2016).

야기로서 이스라엘의 이야기였다. 존 윈스럽 같은 지도자들에게 식민지들은 이스라엘과 마찬가지로 "이방의 빛"이었다. 그 식민지들은 예수의 말을 따라 "언덕 위에 놓인 빛"이 되기로 했다. 성경의 이야기는 그들의 이야기였다. 그리고 그들의 이야기는 성경의 이야기였다. 나는 그 이야기가 성경의 내러티브를 미국인들의 의식 안에서 다시 실현했다고(re-actualized)—독일식 표현으로는 "생생한 묘사"(vergegenwärtigung)—강조하고자 한다.

오늘날 우리의 창설자들의 성경에 대한 암시와 모방은 마치 미국 초기에 만들어진 어떤 소중한 물건처럼 광활한 평원에서 우리의 발밑에 눈에 띄지 않게 묻혀 있는데, 그것은 우리가 그 내러티브를 알지 못하기 때문이다. 또 최근에 나는 미국의 그리스도인들에게 구약성경이 갖는 의미에 관한 또 다른 책 한 권을 읽었다. 브렌트 스트론(Brent Strawn)이 쓴 『구약성경이 죽어가고 있다』(*The Old Testament Is Dying*)라는 책이다.[11] 스트론은 풍부한 근거를 갖고서 구약성경의 내러티브가 그들의 이야기 안에서 빛을 잃을 경우 그리스도인들의 내러티브 곧 그들의 핵심적 이야기에 어떤 일이 일어날지 궁금해한다. 그의 결론은 우리가 의지할 구약성경의 내러티브가 없다면 교회는 그리고 개인으로서 우리는 아주 빈약해지리라는 것이다. 그가 옳다. 스트론의 작품을 읽으면서 나는 이렇게 자문했다. 성경 이야기가 더 이상 우리의 이야기가 아니라면 우리의 이야기는 무엇일까?

---

11   Brent A. Strawn, *The Old Testament Is Dying: A Diagnosis and Recommended Treatment* (Grand Rapids: Baker Academic, 2017).

그것은 진보주의, 자유주의, 사회주의, 보수주의, 물질주의, 혹은 쾌락주의에 대한 국가주의적 버전들일까? 아니면, 헨리 나우웬(Henry Nouwen)이 옳게 말하듯이 우리는 하나의 단일한 이야기를 갖지 못한 채 "이데올로기적 파편들"에 지나지 않는 것을 손에 쥐게 될 것인가?[12] 그러나 파편들은 이야기를 만들어내지 않는다.

우리에게는 (국가주의보다) 더 나은 이야기가 필요하다. 우리는 성경의 이야기를 되찾을 필요가 있다.

이스라엘의 믿음: 하나의 이야기

이스라엘의 믿음은 조직신학으로 만들어지지 않았고, 신조로 만들어지지도 않았다. 이스라엘의 믿음은 하나의 이야기였다. 그리고 그것은 살아 있었다. 잘 알려진 이스라엘의 믿음의 핵심 안으로 들어가는 좋은 입구는 성경의 이야기를 요약하는 성경 자체의, 성경 밖의 여러 자료에서 발견된다.[13]

---

12 Henri J. M. Nouwen, *The Wounded Healer: Ministry in Contemporary Society* (New York: Doubleday, 1990), 9-12.『상처 입은 치유자』(두란노 역간, 2011).

13 잘 알려진 핵심이라는 개념은 R. Bauckham, "Reading Scripture as a Coherent Story," Ellen F. Davis, Richard B. Hays, *The Art of Reading Scripture* (Grand Rapids: Eerdmans, 2003), 38-52에 뿌리를 두고 있다. 성경 요약에 관한 연구에 대해서는 Jason B. Hood, Matthew Y. Emerson, "Summaries of Israel's Story: Reviewing a Compositional Category," *CurBR* 11 (2013): 328-48를 보라. 그들은 340-43쪽에서 모든 정경적·비정경적 구절들에 대한 포괄적인 목록을 제공한다. 여기서 나는 다음과 같은 요약을 제공하고자 한다. 출 15장; 레 26:4-13; 신 6:20-24; 26:5-9; 29장; 32장; 수 23:2-4; 24:2-13; 삼상 12:7-15; 왕상 8장; 대상 1-9장; 16:8-36; 스 5:11-27; 느 9:6-37; 시 78편; 105편; 106편; 135:8-12; 136편; 사 5:1-7; 렘 2:2-9; 겔 16장; 20장; 23장; 단 9:1-27; 합 3:1-16; 마 1:1-17; 행 7:2-50; 10:36-43; 13:17-41; 롬 9-11장; 히 11장; 계 12:1-12. 또 우리가 어떻게 여기에 고전 15:1-28과 계

성경의 이야기가 발전되어나갈 때, 앞선 요약들 위에서 각각의 새로운 요약이 나타난다. 그 추가적인 요약은 그때까지 이야기되었던 내러티브를 상기한 후 그것에 새로운 형태를 부여한다. 이런 요약들은 데이비드 스타인메츠(David Steinmetz)의 말을 사용해 말하자면, 그 내러티브 안의 "금방이라도 무너질 듯한" 이야기들과 사건들과 인물들에게 형태를 부여하는 "두 번째 내러티브들"이다.[14] 그러므로 여기가 우리가 시작하는 곳이다. 이스라엘의 많은 저자는 이야기꾼이었다. 예수는 이야기꾼이었다. 바울도 이야기꾼이었다. 나는 목회자들 역시 이야기를 한다는 측면에서 바울을 따라갈 수 있다고 믿는다. 전해야 할 많은 이야기가 있었다. 그러나 아무도 (강조해서 말하는데) 그 이야기를 하나의 신조나 일련의 믿음의 조항들로 바꾸지 않았다.[15] 그들의 신학은 그들의 이야기였다. 그리고 그들의 이야기

21-22장을 포함시키지 않을 수 있겠는가?

역사적 맥락을 위해 우리는 이것에 적어도 요세푸스의 여러 책들, 특히 그의 세계관과 이야기를 표면화시키는 *Antiquities of the Jews*와 *Jewish War*를 덧붙여야 한다. 만약 1QM이나 CD로 사해문서를 읽기 시작한다면, 어떤 초보적인 이야기를 발견하게 될 것이고 그럼에도 다시 요세푸스보다 구약성경과 신약성경에 훨씬 더 가까운 다른 세계관을 얻게 될 것이다. 마카비 가문에 관한 내러티브는 그 본문들 각각에 대한 정보를 제공하는 이스라엘의 내러티브 위에서 떠다니는데, 그것들은 다양한 구약성경 내러티브에서 발견된 것을 취한 후 그것들을 새로운 세계관으로 재구성한다. 신약성경을 넘어서, 초기 기독교 문헌은 또한 예수 안에서 완성된 이스라엘의 이야기를 요약하는 일을 시작했다. 클레멘스 1서 4-6장; 9-12장; 17:1-19:2; 31:1-32:4; Athanasius, *Letter to Marcellinus* 2-8; Origen, *First Homily*; 아마도 그 자부심은 Irenaeus, *On the Apostolic Preaching*에 해당할 것이다. 이에 대한 완전한 목록을 위해서는 Hood, Emerson, "Summaries of Israel's Story," 343를 보라.

14 David Steinmetz, *Taking the Long View: Christian Theology in Historical Perspective* (New York: Oxford University Press, 2011), 15-26.

15 특히 James D. G. Dunn, "The Narrative Approach to Paul: Whose Story?," *Narrative*

가 곧 그들의 신학이었다. 그것이 바울의 세계였다. 그것은 오늘날 목회자들이, 만약 그들이 그리스도를 본받는 삶을 육성하고자 한다면 다시 붙잡을 수 있는 세계이기도 하다.

신약성경을 연구하는 학자들은 바울이 성경을 읽는 방법에 관한 미스터리를 풀어줄 비밀의 열쇠를 찾느라 애쓰고 있다.[16] 가장 중요한 것은 사도 바울이 그 이야기에 명시적으로 부여하는 틀이다. 그러므로 스토리텔링 문화를 형성하는 것과 관련해, 그리스도를 본받는 삶의 문화를 육성하기 위한 첫 번째 단서는 바울의 명시적인 프레임 내러티브(framing narrative)로 **시작할** 필요가 있다는 것이다.[17] 그 내러티브는 무엇인가? 바울의 명시적인 프레임 내러티브 곧 그의 "두 번째" 내러티브는 복음(gospel)이다. 오늘날 미국이라는 상황에서 만약 복음이 그 이야기라면, 국가주의는 만약 그것이 기독교적인 스토리텔링으로 주장된다면 우상숭배로 몰락한다. 그것은 하나님께만 속한 것을 가이사에게 바치는 것이다.

Dynamics in Paul: A Critical Assessment, ed. Bruce W. Longenecker (Louisville: Westminster John Knox, 2002), 217-30를 보라.

16 어떤 학문 분야의 온갖 다양한 가정과 해석학적으로 남용되는 내러티브들은 A. Andrew Das, *Paul and the Stories of Israel: Grand Thematic Narratives in Galatians* (Minneapolis: Fortress, 2016)에 의해 심한 비판을 받았는데, 그는 이방인들의 시온으로의 유입, 언약, 아케다(Aquedah, 이삭을 묶음), 구름 속의 성령, 제국 숭배와 같은 주요한 이론을 살핀다.

17 이러한 주장을 하면서 나는 바울이 복음을 자신의 해석학을 위한 기초로 선언하는 것에 관한 Mattew Bates의 놀라운 연구에 동의한다. Matthew W. Bates, *The Hermeneutics of the Apostolic Proclamation: The Center of Paul's Method of Scriptural Interpretation* (Waco: Baylor University Press, 2012). 그는 이 책의 9-41쪽에서 바울의 해석학에 대한 다양한 접근법에 대해 설명한다.

바울이 말하는 이야기는 복음이다

예수와 사도들은 복음 중심적이었다. 신약성경은 복음에 대한 두 개의 분명한 정의를 제공하는데, 그 둘 모두가 바울의 저작에서 나타난다. 하나는 바울이 인용하는 초기 교회 안에서 전해지던 전승이고, 다른 하나는 많은 이가 바울의 마지막 저작이라 여기는 것에서 나온다.[18] 그런 정의들은 고린도전서 15:3-8(혹은 롬 1:3-4과 함께 15:3-28)과 디모데후서 2:8(혹은 2:8-13)에서 발견된다.[19]

첫째, 디모데후서에서 우리는 복음이 예수에 관한 주장이라고 배운다. 예수는 메시아다. 그는 죽은 자 가운데서 부활했다. 그는 다윗의 후손이다. 이어서 그는 이렇게 말한다. "그것이 나의 복음이다"(That is my gospel, NRSV — 역주). 아마도 우리는 이런 말들을 자세히 살필 필요가 있을 것이다. 복음은 예수에 관한 주장이다. 그는 메시아다. 그는 부활했다. 그리고 그는 다윗의 후손이다. 바울은 자신의 복음을 요약했고, 그 모든 것은 예수와 관련되어 있다. 9-14절에서 예수 중심적 복음의 의미를 설명하는데 그것은 십자가를 본받는 삶, 구속, 그리스도의 신실함이다.

둘째, 고린도전서 15장에서 우리는 복음 자체가 예수의 삶의 주

---

18 오늘날 많은 이들이 바울이 목회 서신(딤전, 딤후, 딛)을 쓰지 않았으며 그것들은 익명의 저자에 의해 쓰여 바울에게 돌려졌다고 주장한다. 이런 논의는 거의 모든 신약성서 개론과 목회 서신에 관한 주석에서 찾아볼 수 있다.

19 Scot McKnight, *The King Jesus Gospel: The Original Good News Revisited*, 2nd ed. (Grand Rapids: Zondervan, 2015). 『예수 왕의 복음』(새물결플러스 역간, 2014).

요한 요소들에 대해 이야기한다고 배운다. 여기서 바울은 무언가를 꾸며내지 않는다. 그는 복음에 관한 사도들의 전승을 반복하거나 전할 뿐이다(1-2절). 바울이 전하는 그 전승된 복음은 예수의 삶, 죽음, 매장, 부활, 출현에 관해 말한다(3-8절). 이어서 부활의 중요성에 관한 여담 후에 20-28절에서 복음 내러티브를 계속해나간다. 이런 구절들은 우리로 하여금 복음이 예수의 삶 전체, 즉 그의 출생으로부터 시작해 그가 "하나님이 만유 안에 계시게" 하기 위해 자신의 나라를 성부 하나님께 넘겨드리는 것에 관한 내러티브라고 말하도록 압박한다.

셋째, 고린도전서 15장에서 사도 바울은 예수에 관한 내러티브를 두 가지 방식으로 확장시킨다. 그는 "성경대로"라고 말하는데(15:3-4), 이것은 예수의 이야기가 이스라엘의 이야기로부터 나온다는 것을 의미한다. 곧이어서 바울의 두 번째 확장이 나타난다. 예수는 "우리의 죄를 위해" 죽었다. 즉 예수의 죽음은 구속적이었다.

이 세 개의 간략한 요점에서 드러나는 순서는 중요하다. 복음은 (1) 예수와 그의 죽음/인격에 관한 이야기를 전하며 (2) 구속적이다. 오늘날 많은 이에게 복음은 (1) 구속, (2) 구속을 가져오는 예수에 관한 것이다. 즉 어떤 이들에게 복음의 주제는 구속인 반면, 사도 바울에게 복음의 주제 곧 복음에서 가장 중요한 것은 예수이고 구속은 복음의 함의다.[20] 현대의 복음에 대한 표현에서 주제는 구원 혹은

---

20 롬 8장에 근거한 기독론적 내러티브를 위해서는 Douglas A. Campbell, "The Story of Jesus in Romans and Galatians," B. Longenecker, *Narrative Dynamics in Paul*, 97-124을 보라. 그의 내러티브는 108쪽에 실려 있는 하강과 상승 모티브로 개략된다. 그

구속이고, 예수는 우리의 구속의 수단이 된다. 반복해서 말한다. 사도 바울과 그가 전하는 그 이전의 복음 전승에서 우리는 먼저 기독론/예수에 대해 배우고, 이어서 두 번째로 구속에 대해 배운다. 그것이 사도적 순서다. 나는 이 주제와 관련해『예수 왕의 복음』(The King Jesus Gospel)이라는 짧은 책을 쓴 바 있다. 여기서는 그 내용을 간략하게 요약할 수 있을 뿐이지만, 독자들이 그 책을 읽는다면 훨씬 많은 것을 얻을 수 있을 것이다.

이제 분명하게 말하자. 바울의 이야기는 복음이다. 바울의 복음은 예수에 관한 이야기다. 그것은 교회에서 육성되어야 할 이야기가 예수에 관한 이야기라는 것을 의미한다. 목회자들이 예수의 이야기를 전할 때, 그들은 그리스도를 본받는 삶을 육성한다.

복음에 대한 가장 짧은 진술

신약성경에서 복음에 대한 가장 짧은 요약은 로마서 10:9-10에서 발견되는데, 거기서 우리는 이렇게 읽는다. "네가 만일 네 입으로 예수를 주로 시인하며 또 하나님께서 그를 죽은 자 가운데서 살리신 것을 네 마음에 믿으면 구원을 받으리라. 사람이 마음으로 믿어 의에 이르고 입으로 시인하여 구원에 이르느니라."

의 분석은 같은 책에서 Graham N. Stanton, "I Think, When I Read That Sweet Story of Old,'" B. Longenecker, *Narrative Dynamics in Paul*, 125-32에 의해 비판을 받는다.

복음은 예수—갈릴리 사람, 마리아와 요셉의 아들, 기적을 일으키는 자, 비유를 말하는 자, 논쟁가, 빌라도 앞으로 끌려갔던 자, 십자가에 처형당했던 자, 부활절 아침에 무덤을 열어젖힌 자, 승천한 자—가 유일하게 참된 세상의 주님이라고 선언한다.

예수를 "퀴리오스"(*kyrios*, 주님)—히브리어에서 하나님에 대해 사용되는 "아도나이"(*adonai*)와 가장 가까운 말이었을 것이다—라고 부르는 것은 로마 제국에서 벌어지는 일에 의심스러운 눈길을 보내는 것이었다. 황제들이 스스로 만든 것에 하나님에 대한 유대적이거나 기독교적인 이해를 할당하는 것은 현명하지 못한 일이었다. 그러나 적어도 이것은 분명하다. 율리우스 카이사르를 시작으로 황제 중 몇 사람—아우구스투스와 클라우디우스—은 죽은 직후에, 훗날 로마 가톨릭 전통에 속한 교황들이 성인이 되었다고 선언했던 것과 다르지 않은 방식으로, "신격화되었다." 신격화는 성인이 되는 것 이상이었다. 로마의 원로원 의원들은 황제들이 이제 신들을 모신 판테온의 일부가 되었다고 선언했다.

예컨대, 죽기 직전에 네로는 서방의 소아시아와 그리스에서 얼마간 신격화되고 있었다. 그는 로마에서는 좀 더 영리하게 게임을 했다. 가장 주목할 만하게, 로마에서 큰 화재가 난 직후 네로는 로마의 중앙에 거대한 황궁 단지를 건립할 계획을 세웠다. 그는 자신의 궁궐인 그 유명한 도무스 아우레아 입구에 콜로수스 네로니스라는 이름의 30미터가 넘는 높이의 탑을 재건하고, 그 위에 네로-헬리오스(혹은 아마도 네로-아폴로)라는 이름의 동상을 세웠다. 이것을 통해 전해지는 메시지는 태양신과 네로가 구별되지 않는다는 것이었다. 그 무렵에 간혹 네로의 동전들이 주조되었는데, 그 동전에 새겨진 네로의 머리에서는 태양광선이 발산하고 있다. 로마인들에게 죽음 직전에 이루어지는 이런 유사 신격화는 신성모독이었던 반면, 유대인들에게 그것은 오만이고 우상숭배였다. 이런 일들은 60년대와 그 이후에 발생했으나, 신격화라는 주제는 예수 시대에 이미 대두되었고, 오만함은 발생한 일 이상으로 준비되어 있었다. 그러므로 예수를 "주님"이라고 부르는 것은 왕좌에 앉아 있는 네로와 당시 로마에 알려져 있던 기독교에 문제를 일으켰다.[21]

로마인들이 그들의 말이 퍼져나가지 않는 곳에 있거나 우월한 힘에 의해 보호받고 있을 때, 신격화의 어리석음을 폭로했다는 것은 잘 알려져 있다. 클라우디우스 황제가 죽은 후 그를 "기념하기" 위해 쓰인 세네카의 유명한 책 *Apocolocyntosis divi Claudii*는 그동안 대개 "신성한 클라우디우스의 호박화(pumpkinification)"라고 번역해왔다(pumpkin은 호박, 호박 덩굴, 혹은 중요한 사람이라는 뜻이 있다. pumpkinification은 신격화를 의미하는 deification에 조롱하듯 대응하는 표현이다—역주). 그것은 어느 쪽인가 하면, 세네카가 멘토 노릇을 하고 가르쳤던 네로의 지위를 높이기 위해 클라우디우스 황제를 풍자하는 것이었다.[22]

---

21 네로에 관해서는 David Shotter, *Nero Caesar Augustus: Emperor of Rome* (New York: Routledge, 2008)를 보라.

22 페트로니우스(Petronius)와 세네카에 관해서는 *Petronius: Satyricon; Seneca: Apocolocyntosis*, trans. Michael Heseltine, W. H. D. Rouse, revised by E. H. Warmington, rev. ed., LCL 15 (Cambridge: Harvard University Press, 1975)를 보라. 세네카에 관해서는 James Romm, *Dying Every Day: Seneca at the Court of Nero* (New

사도 바울 같은 유대인들을 무장시켰던 것은 의롭고, 평화를 이루고, 토라를 준수하는 왕에 대한 묘사와 서술의 긴 역사였다.

> 어떤 사람은 병거, 어떤 사람은 말을 의지하나
>> 우리는 여호와 우리 하나님의 이름을 자랑하리로다(시 20:7).

> 하나님이여, 주의 판단력을 왕에게 주시고
>> 주의 공의를 왕의 아들에게 주소서.
> 그가 주의 백성을 공의로 재판하며
>> 주의 가난한 자를 정의로 재판하리니
> 의로 말미암아 산들이 백성에게 평강을 주며
>> 작은 산들도 그리하리로다.
> 그가 가난한 백성의 억울함을 풀어주며
>> 궁핍한 자의 자손을 구원하며
>> 압박하는 자를 꺾으리로다(72:1-4).

> 내가 인자와 정의를 노래하겠나이다.
>> 여호와여, 내가 주께 찬양하리이다.
> 내가 완전한 길을 주목하오리니
>> 주께서 어느 때나 내게 임하시겠나이까?
> 내가 완전한 마음으로

York: Knopf, 2014)를 보라.

내 집 안에서 행하리이다.

나는 비천한 것을 내 눈앞에 두지 아니할 것이요

배교자들의 행위를 내가 미워하오리니

나는 그 어느 것도 붙들지 아니하리이다(101:1-3).

유대인 저자들이 연이어 등장하면서 이교도 왕들과 열방을 소환해 그들의 우상숭배를 질책했다. 마찬가지로 오늘날의 국가주의도 고대에 그랬던 것처럼 쉽게 우상숭배가 된다. 어떻게 그리 되는가? 오늘의 국가주의는 명예와 숭배의 탑 위에 인간을 올려놓음으로써 모든 시대에 대한 예수의 주권을 의문시한다. 혹은 그것의 다른 형태가 우리의 지배적인 내러티브가 된다. 그러므로 국가주의에 대한 대안은 복음, 즉 예수가 우리의 주님이라는 용기 있는 선언이다.

이스라엘의 이야기 위에 계신 주님[23]

복음은 바울에게 성경을 새롭게 읽도록 가르쳤다. 복음은 그에게 두 번째 내러티브를 제공했고, 그는 그것을 통해 첫 번째 내러티브

---

23 이 지점에서 바울이 성경을 어떻게 읽었는지—순방향으로? 역방향으로? 순방향으로 읽다가 역방향으로? 역방향으로 읽다가 순방향으로?—에 관한 길고 격렬한 논의가 이 장을 압도할 수 있다. 이 장의 앞 버전이 그랬다. 복음을 "두 번째" 내러티브로 인정함으로써 나는 또한 구약성경에 대한 순방향 읽기나 이스라엘 이야기에 대한 순방향 읽기가 궁극적으로 복음 자체에 근거하고 있다는 것을 인정하게 되었다. 이에 대한 논의를 위해서는 다음과 같은 최고 수준의 연구서를 참고할 필요가 있다. John

를 읽는 법을 배웠다. 일단 그가 예수를 메시아로 받아들이자, 그는 성경을 다시는 이전과 같은 방식으로 읽을 수 없었다. 갈라디아서 3-4장에서 바울이 이스라엘의 이야기를 재배열한 것은 배타적으로 그의 해석학인 복음으로부터 유래한다. 바울은 예수가 주님이라고 확신했기에, 예수가 죽음에서 부활했고 사람들에게 나타났다고 확신했기에, 예수의 죽음이 구속적이었다고 확신했기에, 모든 역사가 예수에 의해 포장되어 성부 하나님께 넘겨지리라고 확신했기에 구약성경을 새로운 눈으로 읽는다. 우리의 구절이 드러내는 것은 복음적 해석학과 다름없다. 무슨 일이 일어나고 있는 것인가?

첫째, 그리스도 안에서 오직 믿음만으로 얻는 구속이라는 개념이 바울로 하여금 이스라엘의 이야기를 모세가 아니라 **아브라함** 안에 다시 정박시키도록 자극했다. 그렇게 하면서 바울은 그 이야기의

Goldingay, *Do We Need the New Testament? Letting the Old Testament Speak for Itself* (Downers Grove, IL: IVP Academic, 2015); Goldingay, *Reading Jesus's Bible: How the New Testament Helps Us Understand the Old Testament* (Grand Rapids: Eerdmans, 2017); N. T. Wright, *Paul and the Faithfulness of God*, 2 vols., Christian Origins and the Question of God 4 (Minneapolis: Fortress, 2013); Douglas A. Campbell, *The Quest for Paul's Gospel* (London: T&T Clark, 2005); D. Campbell, *The Deliverance of God: An Apocalyptic Rereading of Justification in Paul* (Grand Rapids: Eerdmans, 2013); *Paul: An Apostle's Journey* (Grand Rapids: Eerdmans, 2018); Richard B. Hays, *Echoes of Scripture in the Letters of Paul* (New Haven: Yale University Press, 1993); Hays, *The Conversion of the Imagination: Paul as Interpreter of Israel's Scripture* (Grand Rapids: Eerdmans, 2005); Hays, *Echoes of Scripture in the Gospels* (Waco: Baylor University Press, 2016); Hays, *Reading Backwards: Figural Christology and the Fourfold Gospel Witness* (Waco: Baylor University Press, 2014); Hans Boersma, *Scripture as Real Presence: Sacramental Exegesis in the Early Church* (Grand Rapids: Baker Academic, 2017).

초점을 언약과 율법이 아닌 **약속**에 맞춘다. 내가 앞서 언급한 이스라엘 이야기에 대한 그 어떤 요약도(신 6:20-24; 26:5-9; 30장; 32장; 수 24:2-13; 느 9:6-37; 시 78편; 105편; 135:8-12; 136편) 아브라함을 바울의 이야기 안에서 그가 묘사되는 방식으로 묘사하지 않는다. 또 우리는 그 구절들 안에서 바울에게서 발견하는 것과 같은 모세를 발견하지 못한다. 아브라함은 높아지고, 모세는 낮아진다. 어째서인가? 복음은 오직 믿음을 통해서만 구속을 대행하는 존재로서의 예수를 가리키기 때문이다. 애초의 약속은 아브라함에게 주어졌다. 따라서 그 후에 덧붙여진 그 어느 것도 그 약속을 폐기하지 않는다. 바울에게는 아브라함이 우선이었다. 바울은 갈라디아서 3:17에서 이렇게 말한다. "내가 이것을 말하노니 하나님께서 미리 정하신 언약을 사백삼십 년 후에 생긴 율법이 폐기하지 못하고 그 약속을 헛되게 하지 못하리라." 바울의 주님 중심적 해석학은 아브라함을 제자리에 놓듯이 모세도 제 위치에 놓는다. 바울에게 가장 중요한 것은 "유업"인데, 그것은 "율법"이 아니라 "약속"에 의해 주어졌다(3:18).

둘째, 이것은 바울의 손을 비튼다. 이제 그는 자신의 입장을 분명히 밝혀야 하는데, 왜냐하면 특히 그가 갈라디아의 선동가들에 의해 괴롭힘을 당하고 있었기 때문이다. 그들은 이렇게 묻고 있었다. 만약 율법이 아브라함과 맺은 약속을 능가하기 위해 주어진 것이 아니라면, 도대체 그것은 왜 주어진 것인가? 중요한 개념은 율법이 제한된 시간 동안 제한된 목적을 위해 이스라엘에게 주어졌다는 것이다. 모세의 언약(covenant, 용어에 유의하라)은 아브라함의 약속(promise, 용어에 유의하라)이 아니다. 하나님과 그분의 백성의 관계를 위한 영원한 계획은 아브라함의 약속이다. 율법이 제한적인 이유는 그것이 단지 "범법" 때문에 덧붙여졌기 때문이다(3:19a; 또한 3:22-23을 보라). 그것은 오직 "약속하신 자손이 오시기까지", 즉 주 예수가 오기까지만 존재할 목적으로 덧붙여졌다(3:19b). 여기서 모세의 위치가 약해지는 것이 뚜렷하게 감지된다. 갈라디아 선동가들의 복음 안에서 짐이었던 율법은 그 임무를 다했고 그것에게 주어진 시간을 다 썼다. 지금은 새로운 날이다. 바울은 그것을 다른 문맥에서 "새로운 피조물"이라고 부른다(고후 5:17). 더 나아가 율법은 중재되었다. 즉 "천사들을 통하여 한 중보자의 손으로"(모세; 참조. LXX는 신 33:2에서 "천사들"이라는 용어를 사용한다). 그러나 창세기 15장이 분명하게 보여주듯이, 약속은 직접 하나님으로부터 왔다. 율법은 약속보다 열등하며 따라서 약속을 능가할 수 없다. 이것은 그 선동가들의 메시지에 대해 커다란 함의를 지닌다. 바울은 갈라디아의 선동가들이 일을 거꾸로 돌리고 있다고 말하는데, 왜냐하면 그는 성경을 예수에 관한 복음의 빛 안에서 거꾸로 읽는 법을 배웠기 때문이다. 아마도 바울에게 가장 놀랄 만한 일은 이제 그리스도가 왔고 율법의 시간이 완료되었다는 사실이었을 것이다. "믿음이 온 후로는 우리가 초등교사 아래에 있지 아니하도다"(3:25).

셋째, 바울의 복음적 해석학은 그리스도 중심적이다. 우리의 구절에서 바울은 대담한 해석학적 움직임을 보인다. 창세기 17:8(혹은 13:15; 24:7)에서 "씨"로 번역한 용어(히브리어 *zera*; 그리스어 *sperma*)는 문법적 형태로는 단수인데 이삭을 통해 나온 아브라함의 후손들을 집단적으로 가리킨다. 그러나 바울은 이 단수가 특별히 한 사람, 즉 그리스도를 가리키기 위해 사용되었다고 말한다(3:16). 여기서 바울은 아브라함의 모든 신실한 후손의 대표자인 그리스도, 혹은 대안으로서 메시아적 해석에서 보다 덜 포괄적이고 보다 더 단일하게 초점이 맞춰진 예수를 가리킨다. 어느 쪽이든 우리는 같은 결과를 얻는다. 복음 중심적 성경 독자인 바울은 아브라함에게 주어진 약속 안에서 메시아 예수에 대한 예언이나 그 안에서 이루어지는 성취를 본다.

나는 신선한 공기를 마시기 위해 이 논의에서 잠시 벗어나기를 원한다. 우리가 여기서 보는 것은 이야기꾼으로서의 바울이다. 그가 전하는 이야기는 메시아 예수에 관한 것이다. 예수는 이스라엘 이야기의 완성이다. 그는 아브라함의 씨다. 그는 신실함을 지닌 의로운 자다. 그는 약속이다. 그는 모세의 언약을 역사 속에서 제 위치에, 즉 제한된 목적을 가진 일시적인 것으로 돌려놓는다. 예수는 유업을 가져오고 우리 모두를 아브라함의 자손으로 만든다. 그는 우리를 교회라고 불리는 새로운 공동체 안으로 이끈다. 이것이 목회자들이 전해야 하는 이야기다. 목회자들은 이스라엘의 역사 전체가 어떻게 예수에게 초점을 맞추는지, 교회 전체가 어떻게 예수에게서 나오는지를 전해야 한다.[24] 우리가 그 안에서 살아가는 어떤 내러티브라도—일반적인 국가주의든 매력적인 유혹 중 하나이든 간에—만약 그것의 근본적인 초점이 예수가 주님, 곧 역사와 우리의 내러티브 위에 계

---

24 이 지점에서 우리는 또한 주님으로서의 예수가 어떻게 이스라엘의 이야기를 재형성하는지에 관한 다른 예로서 고후 3:17-4:6을 곱씹을 수 있다. 이에 대한 논의를 위해서는 Hays, *Echoes of Scripture in the Letters of Paul*, 131-49; Bates, *Hermeneutics of the Apostolic Proclamation*, 160-81를 보라.

신 주님이 아니라면 그것은 우상숭배적이다.

우주 위에 계신 주님

그리스도의 주되심에 관한 바울의 신학에는 격렬함이 있다. 우리가 용기를 내서 그것을 정면으로 바라본다면, 그것이 경외심을 불러일으키고 숨이 멎게 할 만큼 놀랍다는 것을 알게 될 것이다. 내가 "숨이 멎을 만큼 놀랍다"(breathtaking)는 말로 의미하는 것은, 기독교의 이야기가 인간 역사의 시작부터 끝까지 모든 인간의 이야기를 전한다는 것이다. 그것은 단지 이스라엘의 이야기가 아니라 이집트, 아시리아, 소아시아, 로마, 아프리카, 아시아, 유럽의 이야기들이다. 그것을 받아들일 만한 용기가 우리에게 없다면, 우리는 결코 그 이야기를 그것이 원래 의도했던 방식으로 이해하지 못할 것이다. 바울은 (그가 그렇게 알고 있는 바) 처음, 즉 에덴동산의 아담과 하와로부터 시작한다(행 17:26-28; 롬 5:12-21; 고전 15:21-22, 45-49). 우리는 바울의 광대함을 확인하기 위해 그의 복음 중심적 찬가 두 개를 살펴볼 것이다. 아마도 바울은 그것들을 초기 교회에서 사용하던 전례로부터 인용하는 것이리라. 그 둘은 빌립보서 2:6-11과 골로새서 1:15-20이다.[25] 다시 한번, 예수의 주되심은 바울을 시간과 구속에 관한

---

25 Matthew E. Gordley, *Teaching through Song in Antiquity: Didactic Hymnody among Greeks, Romans, Jews, and Christians*, WUNT 2.302 (Tubingen: Mohr Siebeck, 2011).

숨이 멎을 듯한 비전 안으로 이끌어간다. 이 두 찬가에서 이야기는 우주적이 된다. 바울이 여기서 예수에 대해 사용하는 말들—복음은 예수에 관한 것이다—은 1세기 독자들에게 강한 인상을 주고 갑작스러운 깨달음에 이르게 한다.

첫째, 이 찬가들은 모두 예수의 선재와 특별한 고기독론(high Christology)을 긍정한다.[26] 빌립보서 2:6은 예수에 대해 다음과 같이 말한다. "그는 근본 하나님의 본체시나 하나님과 동등됨을 취할 것으로 여기지 아니하시고."[27] 당신이 그 문장을 어디에서 자르든 상관없이, 20여 년 전에 샌들을 신고 갈릴리 호수에서 잡은 물고기를 먹던 어떤 이가 "하나님의 본체"(morphē theou)라거나 "하나님과 동등하다"(isa theō)라는 것은 아주 강렬한 주장이다. 7절에서 바울이 "비우다"(ekenōsen)라는 단어를 택한 것은 성자가 육신을 입음으로써 새로운 형체, 즉 "종의 형체"를 취했음을 보여준다. 즉 그는 인간이 된 것이다. 예수는 스스로 십자가에서 죽는 것을 택했다. 그 후에 하나님이 "그를 지극히 높이셨고"(9절) 그에게 가장 높은 이름을 주셨

---

26 이에 대한 논쟁을 위해서는 다음을 보라. James D. G. Dunn, *Christology in the Making: A New Testament into the Origins of the Doctrine of the Incarnation*, 2nd ed. (Philadelphia: Westminster John Knox, 1989); Larry W. Hurtado, *Lord Jesus Christ: Devotion to Jesus in Earliest Christianity* (Grand Rapids: Eerdmans, 2003),『주 예수 그리스도』(새물결플러스 역간, 2010); *How on Earth Did Jesus Become a God? Historical Questions about Earliest Devotion to Jesus* (Grand Rapids: Eerdmans, 2005); James D. G. Dunn, *Did the First Christians Worship Jesus? The New Testament Evidence* (Louisville: Westminster John Knox, 2010),『첫 그리스도인들은 예수를 예배했는가?』(좋은씨앗 역간, 2016).

27 Michael J. Gorman, *Inhabiting the Cruciform God: Kenosis, Justification, and Theosis in Paul's Narrative Soteriology* (Grand Rapids: Eerdmans, 2009).

다. 고린도전서 15:1-28처럼 이 구절도 우리에게 주 예수 그리스도의 삶에 관한 이야기를 전한다. 그는 육신을 입고 인간이 되었다. 그는 살았다. 그는 십자가에서 죽었다. 그는 부활했다. 그는 높임을 받았다. 이 모든 것은 "하나님 아버지께 영광을 돌리기" 위함이었다(빌 2:11).

골로새서의 찬가는 우리를 시간적으로 한 걸음 더 뒤로 이끌어 간다. 거기서 바울은 예수를 "보이지 아니하는 하나님의 형상"(골 1:15)이라고 부르고 "아버지께서는 모든 충만으로 예수 안에 거하게 하셨다"고 말하기 때문이다(19절). 그러나 여기서는 우리가 빌립보서 2장에서 보았던 것과 다른 무언가가 일어난다. 주목할 만하게도, 이 하나님이신 예수의 형상은 만물의 창조주이시다(16-17절). 빌립보서의 찬가에서처럼, 세상에서 자기를 낮추는 그의 사역은 그의 높아짐으로 이어진다. "이는 친히 만물의 으뜸이 되려 하심이요"(18절). 더 나아가 모든 피조물은 그에게서 나오고, 모든 피조물이 그에 의해 유지되고, 모든 피조물의 목적은 그다(16절).[28] 이것들은 우리의 이야기에 관한 숨이 멎을 만큼 놀라운 주장들이다. 우리 주 예수는 만유의 창조주이시며 그 모든 것의 핵심이시다. 바로 그것이 그리스도를 본받는 삶을 추구하는 이야기꾼이 말해야 하는 내

---

28 특히 롬 8장에 집중하면서 이 주제에 관해 논하는 더 많은 자료를 위해서는 Edward Adams, "Paul's Story of God and Creation: The Story of How God Fulfils His Purposes in Creation," B. Longenecker, *Narrative Dynamics in Paul*, 19-43를 보라. 골 1:15-20에 대한 왕적 해석을 위해서는 Joshua W. Jipp, *Christ Is King: Paul's Royal Ideology* (Minneapolis: Fortress, 2015), 100-127을 보라.

용이다. 그리고 바로 그것이 목회자들에 의해 육성되어야 하는 이야기다.

둘째, 우리가 예수의 삶에 관한 이 두 찬가의 주장을 나란히 고려할 때, 복음의 함의는 무엇보다도 구속을 통해 드러난다. 빌립보서에서 구속은 골로새서에서보다 덜 두드러진다. 그러나 적어도 빌립보서 2:11에서는 얼마간 그것이 주목을 요구하는 것처럼 보인다. 거기에서 우리는 이런 말을 듣는다. "모든 입으로 예수 그리스도를 주라 시인하여 하나님 아버지께 영광을 돌리게 하셨느니라." 그러나 골로새서에서는 구속이라는 주제가 강력하게 드러난다. "그의 십자가의 피로 화평을 이루사 만물 곧 땅에 있는 것들이나 하늘에 있는 것들이 그로 말미암아 자기와 화목하게 되기를 기뻐하심이라"(골 1:20). 주 예수에 대한 바울의 비전은 우주적 고백과 우주적 화해로까지 넓어진다.

이야기꾼 목회자의 모델이 여기에 있다. 바울은 그의 복음을 규정하는 구절(고전 15:1-28; 딤후 2:8-13)에서 예수의 삶에 대해 말한다. 또한 복음 중심적 해석학을 사용해서 예수를 아브라함의 약속과 모세의 언약 및 율법에 관한 이야기 속에 위치시킨다. 더 나아가 이야기꾼 바울은 이 구절에서 복음을 규정하는 구절들이 말하는 인간 예수를 하나님 자신으로 여긴다. 예수의 이야기를 하는 것은 하나님의 이야기를 하는 것이다. 요점은 바울이 예수를 하나님과 동동하게 선재하는 존재로, 창조보다 앞서 선재하는 존재로, 창조주로, 창조를 유지하는 존재로, 모든 창조의 목적으로 묘사한다는 것이다. "만물이 다 그로 말미암고 그를 위하여 창조되었다"(골 1:16). 그러므로 예수는 두 번째 아담일 뿐 아니라, 또한 아담(과 하와)의 창조주이시다.

다시 말하지만 국가주의는 사람, 대통령, 선출될 수 있는 누군 가를 칭송한다. 그것은 인간의 권력 집합체인 정부를 칭송한다. 복 음은 그분의 아들이신 예수 그리스도 안에 계신 하나님을 세상의 유 일하게 참된 통치자요 주님으로 칭송한다. 만약 우리 주 예수 그리 스도가 우주의 주님이라면, 우리는 국가주의로부터 통치권과 제국 적 이데올로기라는 거짓된 장식을 벗겨낼 수 있는 이야기를 세상에 전할 수 있다.

악 위에 계신 주님

목회자들은 생명에 관해, 새로운 창조에 관해, 그리고 죽음을 넘어 서는 삶에 관해 이야기하도록 부름을 받는다. 악이 지배하는 세상에 서 그들은 악으로 귀결되지 않는 이야기를 전해야 한다. 어느 성도 의 무덤가에서, 어느 병원의 암병동에서, 혹은 아마도 보다 일반적 으로는 어느 새로운 회심자의 삶이 새로운 무언가로 바뀔 가능성에 대해 생각할 때, 혹은 아마도 어떤 이가 세례를 받는 자리에서, 혹은 부활절 설교를 할 때, 만약 당신이 성구집을 중심으로 설교하는 쪽 이라면 매 주일 당신이 전해야 하는 주 예수에 관한 내러티브는 예 수가 악을 초월해 계신 생명의 주님이라는 선언이어야 한다. 말로 표현하기 어려운 인간의 비극 앞에서든, 무고한 사람의 생명을 앗아 가는 설명할 길 없는 사건 앞에서든, 혹은 사람들에게서 무고한 이를 혹은 기대를 모았던 생명—심지어 아이들까지—을 찢어내는 상상조차 하기 어려운 무서운 일 앞에서, 목회자는 사람들을 목양해 악에 대한 하나님의 승리 안으로 이끌어가야 한다.

바울이 악에 관해 말하며 사용하는 용어들은 죄, 죽음, 정사와 권세들이다. 이런 방자한 주들(lords)에 대한 예수의 주되심(lordship)을 이해하려면 우리는 세상 안에 존재하는 이 거룩하지 않은 삼위일체를 함께 묶어서 살펴볼 필요가 있다. 이 거룩하지 않은 악의 삼위일체는 최근에 매튜 크로어스먼(Matthew Croasmun)이 쓴 『죄의 출현』(*The Emergence of Sin*)이라는 학문적인 연구서에서 함께 다루어진다.[29] 크로어스먼은 로마서가 말하는 죄를 어떻게 이해해야 하는지, 즉 대문자 죄(Sin)로 이해해야 하는지, 아니면 소문자 죄(sin)로 이해해야 하는지, 또한 그것을 죄를 짓는 개별적인 인간의 행위로뿐 아니라 모종의 권력이나 폭군이나 신화로도 보아야 하는지에 관해 궁금해하면서, 악의 복잡성을 설명하기 위해 출현 이론을 깊이 있게 살핀다. 복잡한 이야기를 짧게 줄이면, 그는 개별적인 죄들은 그런 죄들로부터 출현하는 무언가의 "수반"(supervenience) 혹은 인과적 기초라고 주장한다. 그런 죄들의 범지구적 혹은 지역적 축적으로부터 출현하는 것은 어떤 자아나 인격이라고 불릴 수 있는 것, 즉 개별적인 죄들과 구별되며 완전하게 실제적인 것으로서 죄(Sin)라고 불릴 수 있는 우주적 폭군이다. 대문자 죄(Sin)는 대행자와 힘을 고용해

---

29 Matthew Croasmun, *The Emergence of Sin: The Cosmic Tyrant in Romans* (New York: Oxford University Press, 2017).

개인들이 자신에게 동조하도록 만든다. 핵심 요소는 이것이다. 만약 죄들(sins)이 수반의 기초라면, 인간들이 지은 죄의 집합성은 죄(Sin)로 나타나고 "하향적 인과관계"의 힘과 대리자, 즉 개별적인 죄인들에게 영향을 미치는 능력을 취한다. 어째서 그러한가? 죄는 죄인들을 속박해 계속해서 죄를 짓게 한다. 이를테면 죄라는 야수에게 먹이를 주는 것이다. 그로 인해 죄는 우리가 행하는 것인 동시에, 죄안으로의 출현을 통해 우리를 보다 많은 죄 속으로 밀어 넣음으로써 자신을 보호하는 체계적인 자아가 된다. 죄들과 죄는 한 가지 목표를 갖고 있다. 죽음이다. 그러므로 죄들과 죄에 대한 이런 체계적인 이해는 하나의 사이클 혹은 순환고리다. 이 거룩하지 않은 악의 삼위일체—죄(sin), 죽음, 죄(Sin; 정사와 권세에 대해 살필 때 죄에 또 다른 차원을 덧붙일 것이다)—는 예수에 의해 침입을 받고, 패배하고, 정복되었다. 나는 죄와 죄들의 목표인 죽음으로부터 시작할 것이다.

죽음

악에 대한 예수의 주되심에 관한 이런 이야기는 오직 우리가 복음과 관련한 두 가지 진리를 인정할 때만 유효하다. 그 두 가지 진리는 **죄는 실제적**이라는 것, 그리고 **죄는 죽음으로 이어진다**는 것이다. 우리는 창세기 3장에서 나타나는 이런 연관성에 우리의 믿음을 고정시킨다. 그러나 여기서 우리는 바울에게 초점을 맞추고 있으며, 따라서 로마서 5:12-21과 고린도전서 15장으로 다시 돌아가야 한다. 바울의 죽음의 신학에 대한 몇 가지 관찰 사항은 다음과 같다. 첫째, 죄는 인간의 행위이며, 그것은 죽음과 정죄를 가져온다. "그러므로 한 사람으로 말미암아 죄가 세상에 들어오고 죄로 말미암아 사망이 들어왔나니 이와 같이 모든 사람이 죄를 지었으므로 사망이 모든 사람에게 이르렀느니라"(롬 5:12). 더 나아가 한 사람의 죄로 인해 사람들이 죄를 짓게 되었기에 바울은 그 한 사람을 통해 "사망이 지배권을 행사하게 되었다"(NRSV) 혹은 "사망이 통치했다"(NIV, 또한 17, 21절을 보라)고 말할 수 있었다. 그는 죽음이 하나님의 "정죄"에 다름 아니라고 말한다(16절).

둘째, 예수가 우리의 죽음 안으로 들어와 죽음을 죽이고 죽음을 단번에 영원히 죽음에 이르게 했다. 물론 여기서 속죄에 관한 온갖 논의를 할 수 있다.[30] 그러나 내가 믿기로 그 모든 논의에 대한 최고의 요약은 예수가 우리의 책임, 우리의 죄책, 우리의 벌을 스스로 짊어지기 위해—우리를 우리의 조건으로부터 구출하고 해방시켜 하나님의 백성이 되게 하려고—자신을 죄악으로 가득 찬 인간과 인류와 연계하고 있다고 여기는 것이다. 나는 이것을 "결합을 위한 동일시"(identification for incorporation)라고 부르는데, 그것은 승리자 그리스도(Christus Vicor)와 대속적 속죄(substitutionary atonement) 둘 모두와 많은 것을 공유한다. 그러므로 "그[하나님]의 아들의 죽으심"(롬 5:10)은 예수가 부활을 통해—의인과 새로 창조된 삶을 이끌어 들임으로써(15-19, 21절)—죽음 위에 계신 주님이 될 수 있기 위해 우리의 죽음 안으로 들어가는 것이다. 그리고 이제 생명이 다스린다. 혹

---

30 가령, Scot McKnight, *A Community Called Atonement* (Nashville: Abingdon, 2007)를 보라.

은 지배권을 행사한다(17절).

셋째, 예수가 죽음을 죽이는 것이 죽음을 넘어서는 새로운 생명을 창조하는데, 그것은 생명의 왕 노릇에 다름 아니다(롬 5:17). 이런 일이 일어난 것은 "죄가 사망 안에서 왕 노릇 한 것 같이 은혜도 또한 의로 말미암아 왕 노릇 하여 우리 주 예수 그리스도로 말미암아 영생에 이르게 하려 함이다"(21절). 로마서 6:9이 말하듯이, 우리는 "그리스도께서 죽은 자 가운데서 살아나셨으매 다시 죽지 아니하시고 사망이 다시 그를 주장하지 못할 줄 안다."

마지막으로, 예수는 그렇게 해서 죽음을 넘어서는 생명의 주님이 된다. 그리고 죽음은 역사 속에서 그 자리를 잃어버린다.

> 맨 나중에 멸망받을 원수는 사망이니라.
> …이 썩을 것이 썩지 아니함을 입고
> 이 죽을 것이 죽지 아니함을 입을 때에는
> "사망을 삼키고 이기리"라고 기록된 말씀이 이루어지리라.
> "사망아, 너의 승리가 어디 있느냐?
> 사망아, 네가 쏘는 것이 어디 있느냐?"(고전 15:26, 54-55)

국가주의의 내러티브는 죽음의 이야기다. 시민의 약 절반은 자신의 후보자들이 선거에서 패할 때마다 죽음을 느끼는 것처럼 보인다. 그것 역시 죽음인 것은, 국가들은 흥했다 쇠하며 영원하지 않기 때문이다. 알렉산드리아도, 로마도, 워싱턴 DC도 영원하지 않다. 모든 세대는 국가의 우두머리를 경배하면서 자신의 우상을 새롭게 만든다. 나는 여러 차례 선거를 겪으면서 미국에서 가장 일반적인 우상 숭배의 희망 아래에서 시들어버렸을 만큼 나이를 먹었다. 이것은 내가 누가 선거에서 이기느냐가 중요하지 않다고 여긴다는 뜻이 아니다. 선거는 중요하다. 그러나 예수의 주되심만큼 중요하지는 않다. "마지막까지 남는 대통령"은 예수가 될 것이다.

예수는 올바른 질문을 제기했다. 이 동전에 누구의 형상이 있느냐?(막 12:13-17) 이것은 우리가 죽음을 넘어서는 생명의 복음에 관해 생각할 때 주 예수가 우리에게 제기하는 질문이다. 그는 질문을 던진 자들에게 이렇게 말한다. "가이사의 것은 가이사에게, 하나님의 것은 하나님께 바치라"(17절).[31] 국가주의는 당과 대통령에게 하나님의 것을 제공한다.

나는 끝에서, 즉 죄들과 죄의 목표인 죽음에서 시작했다. 그러므로 이제 악이라고 불리는 조직적인 순환고리 안에 있는 죽음의 수단인 죄에 대해 살펴보자.

죄

죽음 위에 계신 생명의 주님이신 예수에 대해 논할 때, 우리는 죄가 등장하는 것을 보게 된다. 지금까지 논의는 개별적인 죄들(sins)에 초점을 맞춰왔다. 이제 나는 죄(Sin) 혹은 권세들(Powers)에 대해 살피면서 죄의 집합성의 영향에 주목할 것이다. 유대교 전통 안에서

31　Simeon R. Burke, "'Render to Caesar the Things of Caesar and to God the Things of God': Recent Perspectives on a Puzzling Command (1945-resent)," *CurBR* 16 (2018): 157-90.

죄는 다수의 은유와 용어들로 분류할 수 있다. 가령 오염, 해침, 반역, 율법을 어김, 우상숭배, 사랑에 빠짐, 불의하게 행동함, 혹은 평화의 길에서 돌아섬 같은 것들이다. 우리가 여기서 죄에 관해 말할 때, 이 모든 것과 그 이상의 것들이 작동한다. 악과 악의 표현으로서의 죄 위에 계신 주님 예수에 대한 바울의 이해와 관련해, 나는 로마서 6장과 예수가 신자들의 삶 속에서 죄를 정복했다는 바울의 주장을 살펴볼 것이다.

죄 혹은 범죄의 문제는 한 가지 질문에 의해 제기된다. "은혜를 더하게 하려고 죄에 거하겠느냐?"(롬 6:1) 어떤 이들은 죄가 하나님의 은혜를 확대하므로 극단적으로 죄를 짓자고 주장한다! 바울은 그들에게 "그럴 수 없느니라!"(6:2)라고 말함으로써 독일인들의 표현으로 "귀싸대기"(Ohrfeige)를 날린다. 신자들의 삶 속에 죄가 존재하고 심지어 그것이 매력적으로 여겨지는 상황에 대한 바울의 해결책은 세례다. 세례는 매장을 의미한다. "무릇 그리스도 예수와 합하여 세례를 받은 우리는 그의 죽으심과 합하여 세례를 받은 줄을 알지 못하느냐"(6:3) 이것은 그가 6:2에서 말했던 것을 보다 분명하게 설명한다. "죽은 우리가…." 6:6에서 그는 세례를 통해 "우리의 옛 사람이 예수와 함께 십자가에 못 박혔는데" 그것은 "다시는 우리가 죄에게 종 노릇 하지 아니하려" 하기 위함이라고 말한다. 세례를 통해 그리스도인들은 죄에 대해 죽는다. 그 세례를 통해 신자들은 그의 죽음으로 죽음을 죽였던 그리스도의 죽음 안으로 뛰어든다. 세례는 새로운 생명을 가져오는 죽음의 성례다.

말하자면 세례는 또한 생명, 즉 죄-죽음-생명 이후의 새로운 생명이다. 그러므로 로마서 6:4은 이렇게 전한다. "그러므로 우리가 그의 죽으심과 합하여 세례를 받음으로 그와 함께 장사되었나니 이는 아버지의 영광으로 말미암아 그리스도를 죽은 자 가운데서 살리심과 같이 우리로 또한 새 생명 가운데서 행하게 하려 함이라." 혹은 그가 이 단락 끝에서 말하듯이, "이와 같이 너희도 너희 자신을 죄에 대하여는 죽은 자요 그리스도 예수 안에서 하나님께 대하여는 살아 있는 자로 여겨야 한다"(6:11). 로마서 12:1-2에 나오는 로마의 신자들이 어떻게 살아야 하는지에 관한 바울의 실용주의적이고 주제적인 진술에서, 그는 그리스도인의 삶을 죽음의 길과 생명의 길 모두로 표현하는데, 오직 여기서만 생명은 두 개의 다른 용어로 표현된다. "너희는 이 세대를 본받지 말고 오직 마음을 새롭게 함으로 변화를 받아 하나님의 선하시고 기뻐하시고 온전하신 뜻이 무엇인지 분별하도록 하라"(12:2). 여기서 죽음으로의 세례는 "이 세대를 본받지 말라"로 표현되는 반면, "새로운 생명으로의 일어섬"은 "마음을 새롭게 함으로 변화를 받는 것"으로 표현된다.

예수는 우리를 위해 죽음 안으로 들어갔고 우리의 죽음을 죽었다. 그러나 그는 무덤 안에 머물러 있지 않았다. 부활절은 그리스도인들의 참된 이야기다. 부활절 이야기는 예수가 죽음을 물리쳤고 그것을 새로운 생명으로 지금 그리고 영원히 대체했다는 것이다. 우리의 세례는 바로 그 예수의 죽음과 부활에 대한 구체적인 참여이고, 그것은 우리의 세례가 근본적으로 그리스도를 본받는 삶이라는 것을 의미한다. 우리의 세례는 우리의 이야기, 즉 우리가 전해야 하는 유일한 이야기다. 우리는 예수가 죽음 안으로 들어갔고, 그것이 우리에게 채워놓은 족쇄를 낚아챘고, 우리를 해방시켜 새로운 생명에 이르게 했다는 이야기를 전한다. 그러나 **우리의** 이야기는 실제로는 우리의 것이 아니다. 우리의 이야기는 예수의 이야기이고, 그것은 그의 이야기가 우리의 이야기라는 뜻이다. 그는 죽었고 부활했다. 우리는 그 안에 있다. 그로 인해 우리는 그와 함께 죽고 부활한다. 우리는 사랑의 삶, 즉 세상을 부정하는 불순응과 은혜를 긍정하는 "갱신"의 삶을 살아갈 능력을 품고 있다. 우리 주님이 우리를 위해 길을 닦아놓으셨고 우리는 단지 그분의 승리의 자취 안으로 빨려들어갈 뿐이다. 데이비드 드실바(David deSilva)는 죄에 대한 그리고 예수의 통치권과 그의 통치권에 대한 우리의 참여를 다음과 같은 말로 묘사한 적이 있다. "하나님은 당신에게 그분과 화해하고 그분이 기뻐하시는 일을 원하고 사랑하고 행하는 새로운 사람이 될 수단을 제공하신다. 왜냐하면 그분의 아들 성령이 당신 안에 거하시고 당신을 **변화시키실** 것이기 때문이다. 하나님의 친절하심과 활동의 결과는 당신이 지금 새로운 삶을 살고, 죽은 후에는 그분과 더불어 영원히 사는 것이다."[32]

그러므로 예수는 악/죄의 순환고리 안에서 작동하는 죄 위에 계신 주님이시다. 이것은 우리가 주님 안에서 그리고 죄를 극복하는 성령 안에서 사랑, 정의, 성령의 열매, 순종의 삶을 살아갈 힘을 갖고 있음을 의미한다. 국가주의는 단지 법률, 규정, 조례를 만들고 강화

32　David A. deSilva, *Transformation: The Heart of Paul's Gospel* (Bellingham, WA: Lexham Press, 2014), 2(강조는 원저자의 것임).

함으로써 구조를 바꿀 가능성을 제공할 뿐이다. 국가주의는 내주하는 성령과 하나님의 인격적 임재에 의한 인격적 변화에 관한 이야기를 제공하지 못한다. 국가주의는 사람들을 규제한다. 주 예수는 그들을 재창조하고 갱신한다.

권세들

바울 신학에서 악은 단지 죄들(sins)과 죽음(death)만이 아니라 세 번째 구성요소를 갖는다. 그러나 죄(Sin)는 권세들(The Powers)로 증폭된다. 국가주의의 핵심에는 너무 자주 인식되지 않는 무언가가 있다. 국가주의의 배후에는 종종 권세들(이제부터 이 용어를 사용할 것이다)로 단순화되는 "정사와 권세들"이 존재한다. 권세들의 맥락은 골로새서의 두 구절을 인용함으로써 제시할 수 있다.

> 만물이 그에게서 창조되되 하늘과 땅에서 **보이는 것들과 보이지 않는 것들과 혹은 왕권들이나 주권들이나 통치자들이나 권세들이나** 만물이 다 그로 말미암고 그를 위하여 창조되었고(1:16).

> 통치자들과 권세들을 무력화하여 드러내어 구경거리로 삼으시고 십자가로 그들을 이기셨느니라(2:15).

첫 번째 구절에서 권세들은 하나님에 의해 창조되었고 따라서 좋다. 두 번째 구절에서 권세들은 부패하고 반역적이고 악하지만 예수의 죽음과 부활에 의해 정복되었다. 그렇다면 권세들이란 무엇인가?[33] 앤드류 링컨(Andrew Lincoln)은 세 가지 선택지를 제시한다. (1) 그것들은 초자연적인 세력이었고 오늘날에도 여전히 그래야 한다. 이것은 많은 복음주의자가 견지하는 견해다. (2) 그것들은 초자연적인 세력이었으나 오늘날에는 이데올로기와 사회 구조로 이해된다. (3) 그것들은 초자연적인**이고** 사회적인 구조였고 오늘날에도 그럴 수 있다.[34] 나는 이 중 세 번째 것을 간략하게 옹호하려 한다. 내 생각에는 그 설명 안에서 악의 체계가 드러난다. 죄(Sin)로 이어지는 죄들(sins)이 성령에 의해 결합되어 권세들(The Powers)이라고 불리는 보다 넓은 의미의 죄(Sin)를 만들어낸다. 그 권세들은 "하향식 인과관계"를 통해 이 세상의 구조와 죄 가운데 있는 인간에게 영향을 미친다. 만약 죄의 목표가 죽음이라면, 예수의 목표는 죄와 죽음을 물리치고 권세들을 정복함으로써 새로운 피조물에게 생명을 가져다주는 것이다.

나는 이 세 번째 견해를 정리하기 위해 성경에서 몇 개의 증거를 모아보려 한다. 다니엘 7장은 권세들을 "나라와 권세와 온 천하 나라들의 위세"(7:27; 또한 10:13, 20에 나오는 "왕들"과 "군주"라는 표현을 보라)라는 용어로 언급한다. 바울은 고린도전서에서 "이 세대의 통

---

33 이 단락은 Scot McKnight, *The Letter to the Colossians*, NICNT (Grand Rapids: Eerdmans, 2018), 251-61을 줄이고 개정한 것이다.

34 Andrew T. Lincoln, "Liberation from the Powers: Supernatural Spirits or Societal Structures?," *The Bible in Human Society: Essays in Honour of John Rogerson*, ed. M. Daniel Carroll R., David J. A. Clines, Philip R. Davies, JSOTSup 200 (Sheffield: Sheffield Academic Press, 1995), 348.

치자들"(2:8)에 대해 언급하고, 종말의 끝에 관한 완전한 요약에서 그리스도가 "모든 통치와 모든 권세와 능력을 멸하시고 나라를 아버지 하나님께 바칠" 것이라고 말한다(15:24-25). 기억하라. 마지막 적은 죽음이다(26절). 예수가 역사에서 죽음을 지웠고 영원한 생명을 이끌어 들일 것이라는 주장은 생명의 모든 적이 패배하리라는 것을 의미한다. 바울의 말은 이러하다. "내가 확신하노니 사망이나 생명이나 천사들이나 권세자들이나 현재 일이나 장래 일이나 능력이나 높음이나 깊음이나 다른 어떤 피조물이라도 우리를 우리 주 그리스도 예수 안에 있는 하나님의 사랑에서 끊을 수 없으리라"(롬 8:38-39). 이곳에서 그리고 유사한 구절들에서 나타나는 다양한 용어들은 때때로 인간 통치자들을 묘사하지만(13:1), 또한 인간을 넘어서는 실재처럼 보이기도 한다. 그러므로 골로새서가 언급하는 권세들(1:16; 2:15)은 에베소서 1:21, 3:10, 6:12에 실려 있는 거의 유사한 병행 표현들인 "통치와 권세와 능력과 주권" 및 **"하늘에 있는** 통치자들과 권세들"과, 이어서 그리스도인들이 성령의 권능에 그리고 그리스도에 의해 성취된 승리에 개입하는 우주적 싸움, 즉 "통치자들과 권세들과 **이 어둠의 세상 주관자들과 하늘에 있는 악의 영들을** 상대하는" 싸움을 묘사하는 언어와 연결된다. 이런 말은 부인할 수 없을 정도로 이 세상에서 활동하고 있는 영적이고 우주적인 세력, 바울이 에베소서에서 "공중의 권세 잡은 자 곧 지금 불순종의 아들들 가운데서 역사하는 영"(2:2)이라고 부르는 세력을 묘사한다. 그러나 이런 말 중 일부는 일상적으로 로마의 구조와 제도에 대해서도 사용된다. 다시 말해, "권세들"은 하나님이 지으신 세상의 구조 안에서 작동하는 어두운 우주적 세력을 가리킨다.

그러므로 권세들 안에서 우리는 하나의 이야기에 이끌린다. 하나님이 만드신 구조는 자신을 스스로 오염시키고 또한 스스로 사탄과 제휴함으로써 죄를 짓는 인간들에 의해 오염된다. 적을 발판 아래로 이끌어가는 싸움(시 110:1; 8:6에 나오는 유사한 개념을 참고하라)이 진행 중이다.[35] 트렘퍼 롱맨(Tremper Longman)과 댄 리드(Daniel Reid) 보다 이 싸움의 의미를 더 잘 포착한 이는 없다.

> 그 이야기의 윤곽은 우주를 그것의 창조주와 주님께 복종시키기 위해 하늘로부터 보냄을 받은 한 사람에 관한 것이다. 여자에게서 태어나(갈 4:4) 인간의 형상을 입은(빌 2:7) 그는 적과 싸웠고, 기념비적인 싸움에서 승리했고(골 2:15; 참조. 1:12-14), 높임을 받아 하나님 우편에 앉았으며, 거기에서 지금 우주의 주님으로서 다스리면서(고전 15:24-26; 엡 1:20-22; 빌 2:9; 골 3:1; 딤전 3:16), 자신의 새로운 성전을 짓고(고전 3:16-17; 고후 6:16; 엡 2:19-22), 찬양과 경배를 받고 있다(빌 2:10-11). 그는 세대의 끝날에 다시 올 것이고, 적에 대한 자신의 승리를 마무리 지을 것인데, 그 적은 그에 맞서 마지막 반란을 일으킬 것이다(살후 2:8). 결국 마지막 적인 죽음은 다른 모든 적대적인 권세들과 나란히 패배할 것이고, 그리스도가 나라를 하나님께 넘겨드릴 것이다(고전 15:24-28). 그러나 그러는 동안에 메시아의 사람들은 두 개의 에피소드—절정과 해결—사이에서 종말론적 싸움을 겪으며 살아가는데, 그 과정에서 그

---

35 단 11:40-12:3; 1QM를 보라.

리스도께서 십자가에서 적을 물리치신 것의 유익과 이점을 누릴 것이다(롬 8:37). 그러나 그들이 마지막 날에 주님이 하늘로부터 내려오기를 기다리는 동안(살전 4:16-17), 여전히 적대적인 적들에게 둘러싸여 있을 것이다(엡 6:10-17).

갈등과 승리에 관한 이 이야기는 적들의 존재를 전제한다. 그리고 바울은 다양한 측면에서 그들을 묘사하기 위해 풍부한 어휘를 선택하고 만들었다. 이런 적들은 로마인이나 그리스인들이 아니라 "정사와 권세들", 죄, 육신, 죽음, 율법, 그리고 그가 "불법의 사람"이라고 불렀던 마지막 적으로 이루어졌다.[36]

내 결론은 권세들은 하나님이 창조하셨으나 세상의 타락한 구조 안에서 활동하고 있는 악의로 가득 찬 피조물/영이라는 것이다. 인간의 죄들(sins)은 죄(Sin)가 된다. 죄는 권세들(The Powers)이 된다. 그리고 권세들은 죄를 촉진하는 방식으로 인간에게 더러운 일을 행한다. 성경에서 권세들이라는 주제 안에서 눈에 띄는 강조점은 왕들과 군주들(참조. 단 7:2-8; 10:13, 20-21; 롬 13:1; 고전 2:6-8;[37] 15:24-26) 혹은 죽음(고전 15:26)에 있다. 하지만 그들에게 능력을 부여하거나 영향을 주거나 그들을 형성하는 것은 악한 영들이다(롬 8:38-39; 엡 6:12).

---

36   Tremper Longman III, Daniel G. Reid, *God Is a Warrior, Studies in Old Testament Biblical Theology* (Grand Rapids: Zondervan, 1995), 136-37

37   이 본문에 관한 훌륭한 연구를 위해서는 John K. Goodrich, "After Destroying Every Rule, Authority, and Power: Paul, Apocalyptic, and Politics in 1 Corinthians," *Paul and the Apocalyptic Imagination*, ed. Ben C. Blackwell, John K. Goodrich, Jason Maston (Minneapolis: Fortress, 2016), 275-95를 보라.

우리는 권세들 안에서 이 세상의 부정의보다 많은 것을,[38] 죄보다 많은 것을 보아야 하고 또한 권세들이 "내적 현실" 이상이라는 것을 보아야 한다. 오히려 바울은 하나님의 일을 파괴하려 하는 실제적인 악마적 존재들이 있다고 여긴다. 나는 조셉 콘래드(Joseph Conrad)의 소설 『어둠의 심연』(*Heart of Darkness*)에서 이에 관한 무언가를 발견했다. 소설에서 말로는 커츠에 관한 유명한 묘사에서 과연 그 사내가 더 어두운 세력과 연결되어 있는지에 대해 의문을 품는다. "모든 것이 그에게 속해 있었다. 그러나 그것은 사소했다. 문제는 그가 무엇에 속해 있는지, 얼마나 많은 어둠의 힘이 그에 대한 소유권을 주장하고 있었는지를 아는 것이었다."[39]

이제 국가주의라는 이야기는 그것이 어떤 것이 될 수 있는지, 때때로 지금 그것이 어떤 것인지, 혹은 그것이 역사 속에서 거듭해서 어떤 것이었는지로 인해 그 정체가 드러나고 있다. 우리는 많은 예를 언급할 필요가 없다. 그럼에도 나는 오늘날 미국에서 여전히 활발하게 작동하고 있는 조직적 인종주의와 성차별주의적 구조를 무시하지 않으면서도, 특별히 바울 시대의 네로와 로마 제국, 히틀러와 스탈린의 잔학 행위, 현대의 인종차별 정책을 떠올린다. 하

---

38 Walter Wink가 그렇게 본다. "우리가 주장하는 것은 **권세들은 하나의 동일한 권력이라는 불가결한 응고물의 외부이자 동시에 내부라는 것**이다"(강조는 원저자의 것임; Walter Wink, *Naming the Powers: The Language of Power in the New Testament* [Minneapolis: Fortress, 1984], 107를 보라). 그러므로 Wink의 계획은 권세들을 신화적인—사실상 초자연적인—비율로 비초자연화시키고 정치화시키는 것이다!

39 Joseph Conrad, *Heart of Darkness*, Everyman's Library (New York: Knopf, 1993), 68. 『어둠의 심연』(을유문화사 역간, 2008).

나님은 권세들(구조들과 영들)이 선해지도록 창조하셨으나,[40] 그것들은 부패했고 그리스도의 주권에 복속되는 상태에서 벗어났다. 지금 그것들은 사실상 주님과 전쟁 중이다. 그리스도인 시민들이 선을 행하고 국가가 하나님의 뜻을 따라 움직이도록 영향을 끼치기 위해 온 힘을 다해 노력할 수는 있으나, 또한 구조들 안에서 작동하는 권세들의 실재에 관한 거룩한 자제와 자신의 백성인 교회에 대한 그리스도의 주되심에 대한 갱신된 헌신도 필요하다. 그 문제가 우리의 다음 주제가 될 것이다.

하나님은 우리의 죄들, 죄, 그리고 작동하고 있는 권세들에 대해 알고 계시고 또한 그것들을 보고 계신다. 그분은 그 순환고리를 뒤집기 위해 자신의 아들을 보내셨다. 그 아들은 우리의 죄들을 흡수함으로써(고후 5:21) 죽음과 죄와 권세들의 힘을 깨뜨리고 악을 정복할 수 있다. 우리 세상의 악은 마지막 말이 아니다. 그 말 너머의 말은 그리스도의 주되심이다. 그는 세상에 생명을 가져왔고, 순환고리를 뒤집어 (하향식 인과관계를 통해) 그리스도 안에 있는 자들을 그리스도를 본받는 삶의 방식을 따라 이끌어가는 생명, 의, 의의 시스템, 정의, 평화의 메시지로 만들었다.

---

40 John C. Nugent, *Endangered Gospel: How Fixing the World Is Killing the Church* (Eugene, OR: Cascade, 2016)의 유쾌한 강조에 주목하라.

교회 위에 계신 주님

교회만큼 주님으로서의 예수에 관한 복음 이야기를 구현할 수 있거나 마땅히 구현해야 하는 곳은 달리 없다. 이것은 특히 지역 교회를 의미한다. 나는 교회에 관한 이상주의자가 아니다. 그리고 교회 안으로 들어가는 이들은 그저 실망하고, 불만을 품고, 자신이 바라는 대로 실현되지 않으면 사실상 그것을 파괴할 뿐이라는 디트리히 본회퍼(Dietrich Bonhoeffer)의 말에 동의한다.[41] 그러나 예수는 그의 몸인 교회의 "머리"이시다.[42] 에베소서의 다음 세 구절을 보라.

> 또 [하나님이] 만물을 그[그리스도]의 발아래에 복종하게 하시고 그를 만물 위에 교회의 머리로 삼으셨느니라(엡 1:22).

> 오직 사랑 안에서 참된 것을 하여 범사에 그에게까지 자랄지라. 그는 머리니 곧 그리스도라(엡 4:15).

---

41 Dietrich Bonhoeffer, *"Life Together" and "Prayerbook of the Bible,"* ed. Eberhard Bethge, trans. G. L. Muller, Dietrich Bonhoeffer Works 5 (Minneapolis: Fortress, 1996), 27-47.

42 이것은 "머리"(*kephalē*)의 의미에 큰 혼란을 일으킨다. 그것은 권위를 의미하는가, 근원을 의미하는가, 아니면 탁월함을 의미하는가? 이에 대한 논의를 위해서는 Philip Barton Payne, *Man and Woman, One in Christ: An Exegetical and Theological Study of Paul's Letters* (Grand Rapids: Zondervan, 2009), 113-39; Cynthia Long Westfall, *Paul and Gender: Reclaiming the Apostle's Vision for Men and Women in Christ* (Grand Rapids: Baker Academic, 2016), 61-105를 보라.

이는 남편이 아내의 머리 됨이 그리스도께서 교회의 머리 됨과 같음이
니 그가 바로 몸의 구주시니라(엡 5:23).

머리에 관한 우리의 단어 연구에서 가장 중요한 구절은 골로새서
1:18이다. "그는 몸인 교회의 머리시라. 그가 근본이시요 죽은 자들
가운데서 먼저 나신 이시니 이는 친히 만물의 으뜸이 되려 하심이
요"(또한 골 2:10, 19을 보라).

　　그 머리인 주 예수를 종속적인 존재로 만들고 종속적이어야 하
는 인간 목회자를 머리로 만드는 것은 교회 안에서조차 활동하고 있
는 권세들이다. 권력과 유명세에 대한 유혹은 교회 안으로도 들어온
다. 내 말의 요점은 상황이 그렇게 되어서는 안 된다는 것이다. 교회
의 그리고 모든 개별 교회들의 주님은 예수님이고 오직 예수님뿐이
기 때문이다. 큰 목소리로 행정적 영향력을 요구하거나 홍보나 명성
이나 관심을 추구하는 것은 그리스도를 본받는 삶의 방식이 아니다.
지역 교회 안에서 그리스도를 본받는 삶을 살아가기 위한 유일하게
참된 길은 모든 사람에게 예수가 하나님의 집에서 주님이시라는 것
을 분명하게 밝히는 것이다. 그것이 우리가 가진 이야기이고, 그것
이 우리가 전할 이야기다.

결론

우리에게는 예수가 주님이시라는 단순한 복음 이야기가 있다.

우리가 주님이신 예수에 관한 이야기를 거듭해서 말하고 그것이 우리의 뼈와 근육과 힘줄 안으로 스며들게 할 때, 우리는 지역 교회 안에서 그리스도를 본받는 삶을 육성한다. 우리의 주님은 십자가에 못 박히시고 부활하신 분이다. 그러므로 그리스도를 본받는 삶의 이야기는 죽음과 부활의 이야기이지, 정복과 승리의 이야기가 아니다. 우리 주님의 길은 다른 이들을 구속하기 위해 자신을 비우는 것이었다. 그는 희생과 자기 부정을 통해 높임을 받으셨다. 그의 사명은 구속이었지, 주목을 받고 명성을 얻는 것이 아니었다. 그의 사명은 패배한 권세들과 구속받은 하나님의 백성을 하나님께 넘겨드리는 것이었다.

교회 안에서 국가주의를 포함해 어떤 다른 이야기가 우세해지거나 핵심이 되게 하는 것은 우상숭배다.

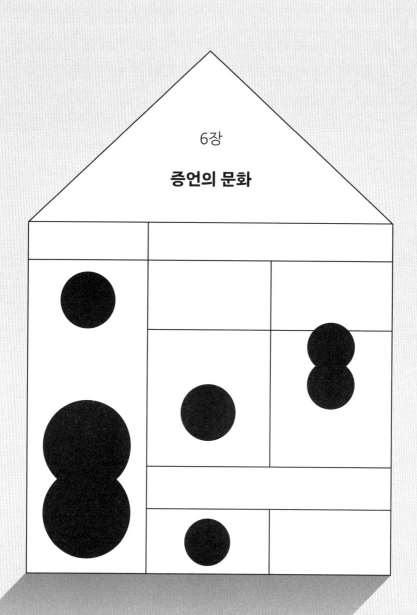

6장

증언의 문화

8

언젠가 어느 교수에게 내가 좋아하는 설교에 대한 정의가 "불붙은 진리"라고 했더니 그가 즉각 반격했다. 그는 설교에는 감정이 배제되어야 한다고 여겼다. 또 설교에서는 개인의 이야기도 해서는 안된다고 말했다. 사실 그때 나는 공식적으로 그 두 가지 모두를 지지하고 있었는데, 그것은 그 둘 모두가 내가 들었던 훌륭한 설교들의 재료였기 때문이다. 온통 이야기만 있는 설교가 아니라 적시에 적절한 이야기를 포함한 설교가 나를 마법처럼 강타했다. 프레드 크래독(Fred Craddock)과 바바라 브라운 테일러(Barbara Brown Taylor)가 대단한 설교자가 된 이유는 성경과 개인적 이야기를 결합하고 전체 설교를 하나의 이야기로 만드는 천재성 때문이다. 플레밍 러틀리지(Fleming Rutledge)는 성경의 신학과 회중 사이에 살아 있는 관계를 만들어낸다. 엘렌 데이비스(Ellen Davis)와 유진 피터슨(Eugene Peterson)은 이야기를 전하기보다는 상상력을 발휘하면서 성경 본문 안으로 들어가는 것으로 훨씬 더 잘 알려져 있다. 존 스토트(John R. W. Stott)는 한쪽 눈을 신자들과 회중에게 두고 성경 본문을 설명하고자 한다.[1] 각각의 설교자들은 다양한 은사와 접근법을 사용해 나름의 길

---

1   Fred B. Craddock, *The Collected Sermons of Fred B. Craddock* (Louisville: Westminster

을 찾는다. 그러나 설교자들은 때때로 (너무 자주는 아니게) 자신의 이야기를 해야 할 의무가 있다.[2] (그렇다, 모든 그리스도인은 자신의 이야기를 해야 할 의무가 있다.)

목회자는 무엇보다도 **증인**(a witness)이다.[3] 세슬라스 스피크(Ceslas Spicq)는 증인(그리스어 *martys*)의 의미에 관한 멋진 묘사에서 그 용어를 다섯 개의 구성요소로 나눈다. 신약성경에서 복음에 대한 증인은 다음과 같은 사람이다.

1. 그는 무언가가 말해지거나 행해졌을 때 그곳에 있었다.
2. 그는 그가 목격하거나 들은 것을 적극적으로 알리고, 선포하고, 묘사한다.
3. 그는 보거나 들은 것과 연계하고 (예수가 주님이라는 복음을) 믿

John Knox, 2011); Barbara Brown Taylor, *The Preaching Life* (Plymouth, UK: Cowley, 1992); Fleming Rutledge, *Not Ashamed of the Gospel: Sermons from Paul's Letter to the Romans* (Grand Rapids: Eerdmans, 2007); Ellen F. Davis, *Preaching the Luminous Word: Biblical Sermons and Homiletical Essays*, ed. Austin McIver Dennis (Grand Rapids: Eerdmans, 2016); Eugene H. Peterson, *As Kingfishers Catch Fire: A Conversation on the Ways of God Formed by the Words of God* (Colorado Springs: WaterBrook, 2017), 『물총새에 불이 붙듯』(복있는사람 역간, 2018); John Stott, *Between Two Worlds* (repr., Grand Rapids: Eerdmans, 2017).

2   Alan Jacobs, *Looking Before and After: Testimony and the Christian Life*, Stob Lectures (Grand Rapids: Eerdmans, 2008)은 기독교적 증언과 간증에 관한 놀라운 책이다.

3   영어 *witness* 배후에 있는 신약성경의 그리스어는 *martyreō, martyria, martys* 등이다. 그것들은 모두 구두(verbal) 증언을 가리키는 용어이다. 이것은 가령 BDAG, 617-20처럼 표준적인 단어 연구에 관한 책들 모두에서 확인된다. 신약성경에서 이런 용어 중 몇 가지 용례는 롬 10:2; 고전 15:15; 고후 8:3; 갈 4:15; 골 4:13; 딤전 6:13에서 나타난다. 믿을 만한 증인이 된다는 것은 구두 증언에 일치하는 삶을 산다는 것을 의미한다.

는다.

4. 그는 (순교자들이 그러하듯이) 죽음에 이르기까지 그 증언을 구현한다.

5. 그는 청중이나 관찰자들이 자신의 증언에 기초해 판단하도록 만든다.[4]

이것이 신약성경 시대의 첫 세대 증인들의 상황이라면, 우리 시대에 목회자가 증언을 한다는 것은 그가 그리스도 안에서 구속을 경험하고 말과 행동으로 복음의 진리를 증언할 수 있음을 의미한다. 바로 그것이 내가 목회자는 증인이라고 혹은 목회자는 전해야 할 (개인적인) 이야기를 갖고 있다고 말할 때 의미하는 것이다. 자신의 이상한 회심 이야기에 대해 증언하는 바바라 브라운 테일러처럼 말이다. 그 일은 그녀의 몇몇 대학 급우들이 빠른 전도를 위해 그녀를 다그쳤을 때 일어났다. 가장 놀란 이는 테일러 자신과 아마도 나와 같은 그녀의 팬들이었을 것이다.

그 모든 일은 20분도 채 걸리지 않았다. 그것은 신속하고, 단순하고, 직접적이었다. 그들은 예수가 어떤 존재였는지에 관해 그 어떤 의문도 품고 있지 않았다. 당신은 여기에 있다, 하나님은 그곳에 계신다, 예수는 다리다. 그런 말들을 하라, 그러면 당신은 그리스도인이다. 아브라카다브라. 나는 그때 내 마음이 어떠했는지를 설명하기가 아직도 어렵

---

4   Spicq, *TLNT* 2:447-52.

다. 나는 반은 진지했고 반은 즐거웠다. 내가 그들에게 협조한 것은 무엇보다도 아주 흥미로워서였다. 그리고 그들과 논쟁하기보다는 차라리 그들에게 동조해주는 편이 그들을 내 방에서 빨리 내보내는 길이라고 생각했다.…그것의 대부분은 내가 아주 좋아하지 않는 당혹스러울 만큼 단순한 믿음이었다. 그러나 그날 오후에 무슨 일인가가 일어났다. 그들이 떠난 후 나는 산책을 하러 나섰는데, 우습게도 세상이 달라 보였다. 사람들의 얼굴이 달라 보였다. 전에는 그렇게 세부적인 것들을 알아차리지 못했다. 나는 그들을 마치 갤러리에서 초상화를 보듯 바라보았다. 그리고 내 얼굴은 한 시간 이상 벌겋게 달아올랐다. 그러는 동안 걷기가 어려웠다. 발밑의 땅이 스폰지 같았다. 나는 무게를 느끼지 못했다. 내가 할 수 있는 전부는 나 자신이 이리저리 떠다니다가 나무들에 처박히지 않게 하는 것뿐이었다.[5]

그녀는 전해야 할 다른 이야기가 없었다. 그것은 비록 그녀나 그녀가 속해 있는 성공회의 기대에 부응하지는 않았으나 그녀의 이야기였기 때문이다.

모든 목회자가 그리스도를 본받는 삶을 증진하기 위해 육성해야 할, 하나가 아닌 세 개의 이야기가 있다. 그 세 이야기는 성경의 복음 이야기, 목회자의 개인적인 이야기, 교회 이야기의 일부로서 회중의 이야기다. 목회자는 첫 번째 이야기를 함으로써 두 번째와 세 번째 이야기가 속하는 환경을 육성한다. 목회자의 소명이 증

---

5 B. Taylor, *Preaching Life*, 110-11.

인으로서 복음을 구현하는 것이라는 말은 결코 과장이 아니다. 그것은 목회자가 우상화되거나 이상화되거나 이야기의 중심 영웅이 된다는 의미가 아니라 목회자의 삶이 직접 그리스도와 연관되고 그리스도에 관해 말한다는 의미에서 그러하다. 즉 목회자의 삶은 목회자 자신이 아니라 복음에 대한 증언이다. 목회자는 그의 이야기가 그리스도를 본받는 삶의 이야기가 될 때 이야기의 문화를 육성한다. 목회자의 이야기 자체가 그리스도를 본받을 때, 교회 역시 복음 이야기를 잘 전하는 법을 배운다.

지금 우리는 계속되는 이야기들로 무장한 설교자들에 관해 말하는 게 아니다. 그런 설교자들은 너무 많은 이야기를 갖고 있어서 우리는 혹시 성경이 그들의 이야기에 카메오로 출연하는 게 아닌가 묻고 싶어질 정도다. 그런 목회자들이 켄트 하루프(Kent Haruf)의 소설『저녁 무렵』(*Eventide*)에 나오는 "마을에서 다른 노인들과 앉아 함께 한담을 나누고 약간 확대되기는 했으나 아주 크게 과장되지는 않은 이야기들을 하는" 어떤 남자처럼 말하는 경향이 있다는 말은 아주 부적절하지는 않다.[6] 또 지금 우리는 목회자의 이야기와 관련한 연출법이나 연극법에 관해 말하고 있지 않다. 나는 소년 시절에 그저 자기 누나가 강단 앞으로 걸어 나가는 걸 보고서 혼자 회중석에 앉아 있기가 두려워 함께 따라 나갔다가 예수를 영접해 그리스도인이 되었고 그 상태가 지속되어 약 40년 동안 목회자로 살았다고 공언하는 어느 목회자를 알고 있다. 알란 제이콥스(Alna Jacobs)는 미국

---

6   Kent Haruf, *Eventide* (New York: Vintage, 2005), 19.

의 훌륭한 복음주의 작가인데, 그의 회심 이야기는 성령에 의해 형성된 순전한 경험과 (그의 아내가 된) 한 소녀에게 자기 삶이 변화되었다는 인상을 주고자 했던 갈망을 결합하고 있다.[7] 제이콥스는 자신이 회심한 날짜를 적시하지 못하지만 그렇다고 해서 그 사실을 의심하지도 않는다. 나는 오늘날 많은 그리스도인이 듣고 싶어 하는 마약, 섹스, 범죄, 그리고 다른 것들로부터의 회심에 관한 극적인 이야기를 전하는 다른 이들에 대해 알고 있다. 그러나—이것은 강조되어야 한다—자신이 영웅이 되는 것으로 끝나는 이야기꾼과 그리스도를 칭송하는 이야기꾼 사이에는 아주 명확한 구분선이 존재한다. 디트리히 본회퍼(Dietrich Bonhoeffer)는 우리가 계속해서 상기할 필요가 있는 말을 했다. "특별해지고자 하는 유혹은 제자도에 대한 크고 불가피한 위험이다."[8]

본회퍼에 관해 말하자면, 학자들은 그가 언제 회심했는지 알지 못한다. 그러나 시간이 그의 이야기의 많은 부분을 메꿀 수 있게 해주었다. 그는 많은 편지와 논문을 남겼고 훨씬 더 중요하게도 그의 가장 친한 친구였던 에버하르트 베트게(Eberhard Bethge)가 본회퍼의 이야기를 말해주었기 때문이다.[9] 당신이 본회퍼의 설교나 주요 저작을 읽는다면, 그 이야기가 그에 관한 것이 아니라 하나님에 관한, 그

---

7   Jacobs, *Looking Before and After*, 13-17.
8   Dietrich Bonhoeffer, *Discipleship*, Dietrich Bonhoeffer Works 4 (Minneapolis: Fortress, 2001), 148.
9   Eberhard Bethge, *Dietrich Bonhoeffer: A Biography*, rev. ed. (Minneapolis: Fortress, 2000).

리스도에 관한, 고백 교회를 통한 독일 교회의 생존에 관한, 고난의 한가운데 존재하는 하나님의 강력한 은혜에 관한 내용임을 발견할 것이다. 우리는 오직 그의 편지들을 읽음으로써만 본회퍼의 개인적인 삶과 이야기에 관해 알 수 있다. 그런 편지들이 보존된 것은 오직 그의 죽음이 우리를 그의 저작들과 그에 관해 배울 수 있는 것들로 이끌어갔기 때문이다. 다시 말하지만, 우리가 그를 영웅화한 것은 그가 자신에 관해 말했기 때문이 아니라 그의 이야기가 우리를 그리스도인의 삶의 보다 높은 수준으로 이끌어가기 때문이다. 혹은 다른 용어를 사용해 말한다면, 그의 이야기가 우리를 복음 이야기 자체로 이끌기 때문이다. 목회자 본회퍼는 증인이었다.

바울은 어떠한가? 그는 그의 이야기를 말했던가? 바울은 증인이었는가? 나는 이 질문에 아주 분명하게 "예"라고 답할 수 있다. 또 나는 독자들을 유진 피터슨에게 이끌어가고자 한다. 그는 그 문제에 대해 이렇게 말했다. "[바울은] 1세기의 정치적·영적 갈등에서 상처를 입고 살아남은 베테랑이었습니다. 바울은 자기가 믿지 않는 무언가를 뇌물을 받고 쓰기에는 너무나 정직했습니다. 그는 삶에 관한 검증되지 않은 환상을 갖기에는 너무나 많은 경험을 했습니다. 그는 이미 자신의 삶에 통합시키지 않은 무언가를 우리에게 전하기에는 너무나 참된 사람이었습니다."[10] 그렇다, 바울은 증인이었다. 그가 쓴 모든 말은 경험에서 탄생한 증언이었다.

---

10   Peterson, *As Kingfishers Catch Fire*, 301.

바울과 "나"(*Egō*)라는 용어

바울은 그의 서신 여러 곳에서 "우리"를 "나"로 바꾼다. 로마서 7장 한 곳에서만 "우리"와 "나"라는 언급이 16차례나 등장한다. 그 장 안에서 가장 극적인 변화는 7:4-7에서 7:8-11이다.[11] "우리"가 사용되는 경우부터 살펴보자.

그러므로 내 형제들아, 너희도 그리스도의 몸으로 말미암아 율법에 대하여 죽임을 당하였으니 이는 다른 이 곧 죽은 자 가운데서 살아나신 이에게 가서 **우리**가 하나님을 위하여 열매를 맺게 하려 함이라. **우리**가 육신에 있을 때에는 율법으로 말미암는 죄의 정욕이 **우리** 지체 중에 역사하여 **우리**로 사망을 위하여 열매를 맺게 하였더니, 이제는 **우리**가 얽매였던 것에 대하여 죽었으므로 율법에서 벗어났으니 이러므로 **우리**가 영의 새로운 것으로 섬길 것이요 율법 조문의 묵은 것으로 아니할지니라(4-6절).

그 후에 문장은 "나"로 바뀐다.

그러나 죄가 기회를 타서 계명으로 말미암아 **내** 속에서 온갖 탐심을 이루었나니 이는 율법이 없으면 죄가 죽은 것임이라. 전에 율법을 깨

---

11   Brian Dodd, *Paul's Paradigmatic "I": Personal Example as Literary Strategy*, JSNTSup 177 (Sheffield: Bloomsbury T&T Clark, 1999), 221-34.

닫지 못했을 때에는 **내가**[*egō*] 살았더니 계명이 이르매 죄는 살아나고 **나는**[*egō*] 죽었도다. 생명에 이르게 할 그 계명이 **내**게 대하여 도리어 사망에 이르게 하는 것이 되었도다. 죄가 기회를 타서 계명으로 말미암아 **나**를 속이고 그것으로 **나**를 죽였는지라(8-11절).

당신은 로마서 7장과 "에고"(*egō*)라는 단어를 읽는 방식에 관한 여러 논쟁이 벌어지고 있다는 것을 알 수도 있을 것이다. 그런 논쟁 중에는 과연 "우리"가 실제로 "나"인지, "나"가 실제로 "우리"인지 하는 문제가 포함되어 있다. 나는 당장은 어떤 식으로든 이런 말들 배후에 바울의 증언이 있다는 것만 보도록 요청하려 한다.

갈라디아서 2장에서 또 다른 예를 발견할 수 있다. 베드로가 견해를 바꾼 것을 두고 공개적으로 그와 맞선 후에, 바울은 복음에 대해 "우리"와 "나"를 사용하는 증언을 한다(15-21절). 다시 한번, 먼저 "우리"를 사용하는 부분을 살펴보자.

우리는 본래 유대인이요 이방 죄인이 아니로되 사람이 의롭게 되는 것은 율법의 행위로 말미암음이 아니요 오직 예수 그리스도를 믿음으로 말미암는 줄 알므로 **우리**도 그리스도 예수를 믿나니 이는 **우리**가 율법의 행위로써가 아니고 그리스도를 믿음으로써 의롭다 함을 얻으려 함이라. 율법의 행위로써는 의롭다 함을 얻을 육체가 없느니라. 만일 **우리**가 그리스도 안에서 의롭게 되려 하다가 죄인으로 드러나면 그리스도께서 죄를 짓게 하는 자냐? 결코 그럴 수 없느니라(15-17절).

18절에서 바울은 "나"로 돌아선다.

> 만일 내가 헐었던 것을 다시 세우면 내가 나를 범법한 자로 만드는 것이라. 내[egō]가 율법으로 말미암아 율법에 대하여 죽었나니 이는 하나님에 대하여 살려 함이라. 내가 그리스도와 함께 십자가에 못 박혔나니 그런즉 이제는 내[egō]가 사는 것이 아니요 오직 내 안에 그리스도께서 사시는 것이라. 이제 내가 육체 가운데 사는 것은 나를 사랑하사 나를 위하여 자기 자신을 버리신 하나님의 아들을 믿는 믿음 안에서 사는 것이라. 내가 하나님의 은혜를 폐하지 아니하노니 만일 의롭게 되는 것이 율법으로 말미암으면 그리스도께서 헛되이 죽으셨느니라(18-21절).

여기서 우리는 로마서 7장에서와 동일한 문제를 발견한다. "우리"는 "나"인가, 혹은 "나"는 "우리"인가? 비록 우리가 "나" 안에서 여러 "우리"를 볼지라도, "나" 안에 있는 바울의 삶에 대한 개인적인 증언은 감소하지 않는다.

이로써 우리는 바울이 증인이 될 수 있고 그의 개인적인 이야기를 사용해서 그리스도와 복음의 이야기를 전할 수 있다는 것을 충분히 알 수 있다. 갈라디아서에는 목회자 바울을 증인으로 알려주는 네 개의 다른 추가적인 본문이 존재한다.

> 이제 내가 사람들에게 좋게 하랴, 하나님께 좋게 하랴, 사람들에게 기쁨을 구하랴. 내가 지금까지 사람들의 기쁨을 구하였다면 그리스도의

종이 아니니라(갈 1:10).

형제들아, 내가 너희와 같이 되었은즉 너희도 나와 같이 되기를 구하노라. 너희가 내게 해롭게 하지 아니하였느니라(갈 4:12).

나는 너희가 아무 다른 마음을 품지 아니할 줄을 주 안에서 확신하노라. 그러나 너희를 요동하게 하는 자는 누구든지 심판을 받으리라. 형제들아, 내가 지금까지 할례를 전한다면 어찌하여 지금까지 박해를 받으리요. 그리하였으면 십자가의 걸림돌이 제거되었으리니(갈 5:10-11).

그러나 내게는 우리 주 예수 그리스도의 십자가 외에 결코 자랑할 것이 없으니 그리스도로 말미암아 세상이 나를 대하여 십자가에 못 박히고 내가 또한 세상을 대하여 그러하니라(갈 6:14).

여기서 우리는 바울이 말하는 "나"를 증인으로 이해할 수 있다. 그는 갈라디아서 1-2장에서 자신의 이야기를 전하고 있고, 그것을 1:10에서 요약하며, 이어서 4:12에서는 청중에게 "나와 같이 되라"고 격려하기 때문이다. 이어서 5:10-11에서 자신의 관습을 하나의 모델로서 호소하며 6:14에서는 자신의 십자가를 본받는 삶을 지적함으로써 사실상 그리스도인의 삶을 요약한다.

바울의 문맥 안에서 목회자는 예수의 복음에 대한 개인적이고 구체적인 증인이다. 개인적인 것에 대한 부인은 복음의 구체성을 부인하는 것이고 증인으로서의 목회자를 부인하는 것이다. 개인적인 이야기를 하는 참된 증인은 "우리" 이야기, 더 중요하게는 "그리스도" 이야기 모두로서의 "나" 이야기를 전하는 사람이다. 이 장에서 나는 "회심자로서의 목회자"[12]를 위한 하나의 패러다임으로 "회심자 바울"을 살피고자 한다. 그 과정에서 "회심자 바울"을 넘어서 "구체적인 증인으로서의 바울"로 나아가고자 한다.

바울은 회심자였는가?
몇 가지 선택지에 대한 고찰

어떤 이들에게는 바울 학자 중 일부가 바울이 회심자(convert)가 아니었다고 여긴다는 것이 놀라운 일일 수도 있을 것이다. 그들은 바울이 **회심했다**(*converted*)기보다 **부르심을 받았다**(*called*)고 여긴다.[13] 어느 쪽이 옳을까? 이 질문에 대한 답은 바울을 구체적인 증인으로 이해하기 위한 문을 열어줄 것이고 그리스도를 본받는 삶의 증인 문화를 육성할 수 있는 자로서의 목회자를 위한 패러다임을 제공해줄 것이다.

---

12 이 장은 Scot McKnight, "Was Paul a Convert?," *Ex Auditu* 25 (2009): 110-32를 개작한 것이다. 또한 Scot McKnight, *Turning to Jesus: The Sociology of Conversion in the Gospels* (Louisville: Westminster John Knox, 2002)를 보라.

13 Krister Stendahl, *Paul among Jews and Gentiles, and Other Essays* (Philadelphia: Fortress, 1976), 7-23.

가책받은 양심

바울의 이야기에 대한 가장 흔한 읽기는 그가 아우구스티누스적이고 루터적인 방식으로 회심했다는 것이다.[14] 많은 이가 바울의 이야기를 로마서 7장의 렌즈를 통해 고뇌하는 영혼의 부르짖음으로 읽는다. 그러나 바울에 대한 그런 식의 읽기는 오늘날 바울 학자 집단에 의해 혹은 그 문제에 관한 한 아우구스티누스나 루터 학자들에 의해서도 수용되지 않는다. 그런 식의 읽기란 바울이 어떤 문제로 분투했고, 자신의 죄와 죄책에 대해 양심의 "가책을 받았고"(행 26:14), 분투를 거듭하다가 포기하고 자기 힘으로 하나님을 기쁘게 해드리려고 애쓰는 죄인임을 인정하고서야 하나님께 용납되었다는 것이다. 바울이 자신의 터무니없는 애씀을 인정함과 동시에 오직 그리스도 안에서만 발견되는, 그리고 그리스도가 우리를 위해 제공하시는 의를 얻었다는 것이다.

바울의 회심에 대한 이런 식의 설명은 여러 중요한 신학적 단어로 귀결된다. 충족, 이중 전가, 외래적 의, 공덕의 추구, 전적 타락, 율법주의, 행위를 통한 의 등등. 그러나 여기서 우리의 관심사는 그런 것들이 아니다. 대부분의 바울 학자는 로마서 7장에 대한 이런 식의 읽기에 의문을 제기했을 뿐 아니라 더 나아가 바울의 삶에 대한 그

14　이에 대한 훌륭한 조사를 위해서는 B. Corley, "Interpreting Paul's Conversion—Then and Now," *The Road from Damascus: The Impact of Paul's Conversion on His Life, Thought, and Ministry*, ed. Richard N. Longenecker (Grand Rapids: Eerdmans, 1997), 1-17를 보라.

런 식의 읽기 자체를 폐기했다.[15] 오늘날 "바울에 관한 새 관점"(the new perspective on Paul)[16]에 속해 있는 학자들에게, 로마서 7:7-25에 나오는 "나"의 분투는 바울의 명백한 자서전적 성찰에 분투가 등장하지 않는 것과 잘 들어맞지 않는다. 즉 우리는 바울이 율법(혹은 전통)의 준수에 대한 자신의 열심과 성공에 대해 얼마간 자부심을 드러내며 과거를 회고하는 갈라디아서 1:13-14이나 자기가 "율법의 의로는 흠이 없는 자(amemptos)"였다고 말하는 빌립보서 3:6에서도 심각한 자아의 분투를 발견하지 못한다. 바울이 고전적인 루터식의

---

15 이런 식의 읽기에 대한 중요한 반발은 W. G. Kümmel, *Römer 7 und die Bekehrung des Paulus* (Leipzig: Hinrichs, 1929)로부터 나왔다. 바울에 대한 보다 오래된 루터식 읽기를 되살리려는 최근의 시도는 R. H. Gundry, "The Moral Frustration of Paul before His Conversion: Sexual Lust in Romans 7.7-25," *Pauline Studies: Essays Presented to F. F. Bruce*, ed. D. A. Hagner, M. J. Harris (Grand Rapids: Eerdmans, 1980), 228-45에서 찾아볼 수 있다. 그 문제에 관한 최근의 훌륭한 설명을 위해서는 R. Jewett, *Romans: A Commentary*, Hermeneia (Minneapolis: Fortress, 2007), 441-45를 보라. Jewett는 자서전적 읽기가 묵살되어서는 안 된다고 주장한다. "나"는 바울이 그리스도인이 되기 이전에 취했던 유대적 입장을 가리킨다는 것이다. Jewett에게 그리스도인이 되기 이전의 바울은 "열심당원"이었다. 그러나 이제 그 이전의 입장은 그의 기독교 신학의 렌즈를 통해 보아야 한다. 전체적인 접근법에 대한 가장 읽어볼 만한 비판은 K. Stendahl, *Paul among Jews and Gentiles*, 78-96에서 찾아볼 수 있다.

16 새 관점에서 "새로운"이 무엇을 의미하는지는 우리가 어떤 학자를 택하느냐에 따라 결정된다. 나의 교수님인 James D. G. Dunn은 새 관점의 최초 건축자였다. 나는 이 주제와 관련해 다음과 같은 그의 연구서를 인용한다. *The Theology of Paul the Apostle* (Grand Rapids: Eerdmans, 1998), 『바울 신학』(CH북스 역간, 2019); *The New Perspective on Paul*, rev. ed. (Grand Rapids: Eerdmans, 2008), 『바울에 관한 새 관점』(에클레시아북스 역간, 2012). Dunn과 함께, 그리고 Dunn이 그것을 하나의 사고의 범주로 만들기 이전에 "새 관점"이라는 용어를 사용하는 것에 관해서는 N. T. Wright, *Pauline Perspectives: Essays on Paul, 1978-2013* (Minneapolis: Fortress, 2013); *Paul and the Faithfulness of God*, 2 vols., Christian Origins and the Question of God 4 (Minneapolis: Fortress, 2013); *Paul and His Recent Interpreters* (Minneapolis: Fortress, 2015)를 보라.

"내향적 양심"을 갖고 있지 않았다고 여기는 크리스터 스텐달(Krister Stendahl)의 말에 의하면,[17] 바울은 "아무런 어려움도, 문제도, 양심의 가책도, 부족함도 경험하지 않는다. 그는 뛰어난 학생이었고…아주 행복한 유대인이었다." 비벌리 가벤타(Beverly Gaventa)도 그런 주장에 동의한다. "바울의 진술은 그가 삶의 초기에 죄책이나 불행 때문에 괴로워했을 징표를 보여주지 않는다.…설령 바울이 오랫동안 수행한 탐색과 질문을 의식했을지라도, 그는 독자들에게 그런 분투에 대한 징표를 제공하지 않는다."[18] 그러므로 "가책받은 양심" 이론은 오늘날의 학계에서는 설 자리가 없다.

종교 바꾸기

다른 이론 하나는 더 오래되었고 더 대담하다. 바울이 유대교에서 기독교로 옮겨가면서 종교를 바꿨다는 것이다. 이 견해는 각자 나름의 방식으로 여러 세대의 학생들에게 그 시절의 다양한 유대교 안에 메시아적 유대교가 얼마나 깊이 내재되어 있었는지에 대해 깊은 인상을 심어준 많은 학자의 용감한 노력과 총명한 연구에도 불구하고 여전히 남아 있다. 유대인 바울은 유대인 예수의 뒤를 더욱 철저하게 따랐다(행 22:3; 롬 11:1). 바울 복음의 지속적인 유대성에 대한 이런 식의 이해가 얼마나 많은 지지를 얻어왔든 간에, 많은 이가 여전히 그 메시지를 듣지 못했다. 그런 이들에게 유대교는 예수

---

17 Stendahl, *Paul among Jews and Gentiles,* 13.
18 Beverly Gaventa, *From Darkness to Light: Aspects of Conversion in the New Testament,* OBT (Philadelphia: Fortress, 1986), 36-37.

시대까지만 존재했던 그 무엇이었고, 그 후에는 부활이라는 한 차례의 빅뱅과 더불어 모든 것이 바뀌었다. 오순절 이후에 유대교는 수명을 다했고 기독교가 모든 것이 되었다. 만약 "나는 바리새인이요['이었다'가 아니다]"(행 23:6)라는 바울의 말이 옳다면 어찌 되는가? 그래서 그가 예수의 추종자임에도 어떤 식으로든 여전히 바리새인으로 남아 있다면 어찌 되는가? 이런 질문은 얼마나 매혹적인가? 만약 바울이 결코 종교를 바꾸지 않았다면, 만약 그가 일종의 메시아적 유대교 신앙을 지닌 채 유대교 안에 남아 있었다면, 도대체 바울의 회심에는 무슨 일이 일어난 것인가? 어떤 이들에게는 일단 예수도 바울도 새로운 종교를 시작한 적이 없음을 인정한다면, **회심**(conversion)은 **부르심**(call) 혹은 **위임**(commission)이라는 단어로 바뀐다.

그러나 나는 하나의 사라지지 않고 계속되는 문제를 지닌 종교 바꾸기 이론을 떠났다. 어떤 이들은 우리가 과연 바울이 유대인으로서 "유대교 안에" 남아 있었는지에 대해 입장을 정하고 나면 "예" 혹은 "아니오"라는 결론을 내릴 수 있다고 여긴다. 만약 그가 메시아로서의 예수에 대한 믿음을 지닌 채 유대교의 벽 안에 남아 있었다면, 그는 회심한 것이 아니다. 반면에 만약 그가 그 벽 안에 머물러 있지 않았다면, 그는 회심한 사람이다. 어떤 면에서 이것은 스텐달이 쓴 유명한 소논문의 요지다. 그는 이렇게 말한다. "그런 설명의 강조점은 늘 회심이 아니라 [이방인에 대한 바울의] 배정이다. 바울은 '회심했다'기보다 유대인과 이방인들의 한 분 하나님을 위해 예수 그리스도를 통해 선발된 이방인을 위한 사도로서 특정한 과업—부활한 주님에 대한 그의 경험을 통해 그에게 분명해진—을 위해 부르심을 받았다. 그 사명이 핵심이다. 그것은 회심이라기보다 사명을 위한 부르심이다."[19] 그 문제에 대한 스텐달의 표현은 그 한 가지 사라지지 않고 남아 있는 문제를 감춘다. 우리는 이렇게 물어야 할 필요가 있다. **회심**이란 무엇인가? 만약 회심이 스텐달이 말하듯이 종교를 바꾸는 것을 의미한다면, 바울은 분명히 회심한 자가 아니다. 그러나 회심이 보다 미묘한 의미를 갖고 있다면 어찌 되는가? 다시 말해, 스텐달은 자신의 질문—바울은 회심자였는가, 아니었는가?—에 그 문제를 다뤘던 다른 어떤 이들은 받아들이지 않았던 회심의 의미를 가정함으로써 답했다.[20]

---

19 Stendahl, *Paul among Jews and Gentiles*, 7, 10-11. Stendahl의 보다 흥미로운 관찰 주장 하나는 바울의 이름이 (사울에서 바울로) 바뀌는 일이 그가 처음으로 로마의 관리들을 만난 후에 일어났다는 것이다(11쪽, 또한 행 13:9을 보라).

20 회심 이론에 민감한 바울에 관한 다른 연구로는 Gaventa, *From Darkness to Light*; A. F. Segal, *Paul the Convert: The Apostolate and Apostasy of Saul the Pharisee* (New Haven: Yale University Press, 1990) 등이 있다. 이 중요한 두 개의 연구와 내 것을 구별해주는 것은 Lewis Rambo의 연구인데, 그의 합의 보고서는 쟁점들 전체를 새로운 선반 위에 올려놓았다. Lewis R. Rambo, *Understanding to Jesus*를 보라.

바울은 회심자였는가?

숨길 수 없는 징후 조사하기

그동안 성경학자뿐 아니라 사회학자와 심리학자도 회심에 대한 연구를 해왔다.[21] 지금 많은 성경학자가 교착상태에 빠져 있기에—회심이냐, 소명이냐—나는 사회학자 루이스 람보(Lewis Rambo)가 성경학자들의 딜레마를 풀 수 있는 패러다임을 제공했다는 것과 이 사회학자의 해결책이 증거가 되어 그리스도를 본받는 삶을 육성하도록 부르심을 받은 자로서의 목회자 역할을 분명하게 밝혀 줄 것이라고 주장하고자 한다.

첫째, 회심이란 무엇인가? 람보는 그 질문에 대해 직접적이고 추상적이며 비종교적인 말로 답한다. "회심은 어느 집단이나 사람이 그렇다고(그것이 '회심'이라고—역주) **말하는** 것이다. 회심의 과정은 회심자의 갈망, 필요, 지향, 그가 그 안으로 회심하는 집단의 성격, 이런 과정이 발생하는 특정한 사회적 매트릭스 사이의 상호작용의 결과다."[22] 회심에는 다음 세 가지 요소가 포함된다. 회심하는 자가 그 안으로 들어가는 집단, 회심하는 개인, 그리고 그 둘의 상호작용. 첫 번째는 집단이다.

---

21 Rambo, *Understanding Religious Conversion*; Lewis R. Rambo, Charles E. Farhadian, eds., *The Oxford Handbook of Religious Conversion* (New York: Oxford University Press, 2014).

22 Rambo, *Understanding Religious Conversion*, 7.

집단

만약 우리가 이것을 기독교 신학의 언어로 바꾼다면, 회심은 **교회론**(*ecclesiology*)을 의미한다. 이제 이것을 현실화해보자. 그것은 단지 교회론이 아니다. 그것은 마치 회심자가 어떤 신학적 상자나 이데올로기적 책꽂이 안으로 들어가는 것과 같지 않다. 회심은 가장 특별하고 구체적이고 지역적인 차원에서 교회론적이다. 회심은 특정한 교회가 그렇다고 말하는 것이다. 회심자는 교회 안으로 들어가기에, 그리고 교회는 대부분의 경우 안정적인 조직이기에, 회심은 구체적이고 지역적인 교회의 윤리, 사상, 실천, 믿음, 관계를 취하는 것을 의미한다. 이것은 고른 단계에서 발생하기에 눈에 보이지 않는다. 참으로 회심은 어느 집단이 그렇다고 말하는 것이다. 어딘가에 소속됨으로써 회심하는 사람에 관한 실례는 낸시 메어스(Nancy Mairs)의 멋진 말을 통해 잘 드러난다. "회심하지 않았다는 이유로 성찬을 받지 못하기는커녕, 나는 내가 회심할 만큼 충분히 강하다고 느낄 때까지 성찬을 받았다."[23]

바로 이것이 회심에 상호작용 단계가 존재하는 이유다. 개인과 집단은 서로를 확대하고, 집단은 수용에 대한 판단을 내린다. 앨런 시걸(Alan Segal)이 그것에 대해 잘 말했다. 그는 회심자의 이야기는 "늘 그 회심자의 새로운 공동체의 가치를 통해 전해지는데, 그 공동체는 회심이 무엇인지를 규정하고 사실상 회심자가 그것을 어떻

---

23 Nancy Mairs, *Ordinary Time: Cycles in Marriage, Faith, and Renewal* (Boston: Beacon Press, 1993), 89.

게 생각해야 하는지를 가르친다.…그러므로 [바울 자신에게 옮겨가면서] 바울의 그리고 다른 고대의 회심들에 관한 이야기들은, 심지어 1인칭의 이야기일지라도 **그것이 쓰이기 여러 해 전에 학습되고 전용된 집단의 규범에 의해 크게 강화되고 발생한 사건들에 관한 회고적 재진술이다.**"[24] 이 마지막 주장이 중요하다. 회심자의 이야기가 집단의 기대를 표현하고 또한 그것에 적응한다고 여기는 것은 특이하지 않다. 물론 목표는 집단의 승인을 얻는 것이다. 앨런 제이콥스는 회심 이야기에 관한 연구에서 "'간증을 하는' 목적 중 하나는 공동체 내에서 자신의 위치를 확인하고 자신이 그 공동체의 적합한 구성원임을 입증하는 것이다"라고 지적한다.[25]

자아와 정체성

집단이 회심의 한 가지 중요한 요소라면, 개인 혹은 보다 정확하게 회심자의 자아 역시 그러하다. 제임스 파울러(James Fowler)는 고전적인 책 『신앙의 발달단계』(*Stages of Faith*)에서 회심을 "가치와 힘에 대한 이전의 의식적 혹은 무의식적 이미지의 중심을 중대하게 재조정하는 것이며 새로운 해석과 행위의 공동체 안에서 자신의 삶을 재구성하기 위한 헌신 과정에서 일련의 새로운 마스터 스토리들(master stories)을 의식적으로 채택하는 것"이라고 규정한다.[26] 파울러의 다

---

24 Segal, *Paul the Convert*, 29(강조는 덧붙인 것임). 또한 Jacobs, *Looking Before and After*, 35-39를 보라.

25 Jacobs, *Looking Before and After*, 35.

26 J. S. Fowler, *Stages of Faith: The Psychology of Human Development and the Quest for*

른 책에서 이런 정의는 아침 면도를 한 후처럼 보다 깨끗한 모습을 갖춘다. 그는 이렇게 말한다. "내가 회심이라는 말로 의미하는 것은 하나의 지속적인 과정이다.…**그것을 통해 사람들**(혹은 어느 집단)**은 점차적으로 그들의 삶에 관한 살아 있는 이야기를 기독교 신앙의 핵심적 이야기와 일치시킨다.**"[27] 아침 면도를 했음에도 그 정의는 페기 누난(Peggy Noonan)의 이발소에 가야 할 필요가 있다. "이 소란스러운 세상에서 당신이 의지할 수 있는 것은 얼마 되지 않는다. 그중 하나는 학계가 언어를 부실하게 사용하는 경향이다."[28] 이상을 요약하면 이렇다. 회심은 어떤 이가 새로운 자서전을 쓸 때 일어난다. 어떤 이가 "한때 나는 **저런** 사람이었는데, 지금 나는 **이런** 사람이다"라고 말할 때, 그는 회심한 사람이다.

위에서 나는 신학자들과 성경 전문가들이 회심과 관련해 교착 상태에 빠졌다고 말했다. 또 회심을 연구하는 사회학자들이 그 교착 상태를 끝내기 위한 방법을 제시하고 있음을 보였다. 어떤 이는 현대 사회학을 사용하는 것은 고대의 본문에 현대적 범주를 강요하는 것이라며 반대할지도 모른다. 그러나 이것이 단지 현대의 이론이 아니라는 것은 고전학자 아브라함 맬러비(Abraham Malherbe)가 수행한

Meaning (San Francisco: HarperSanFrancisco, 1981), 282.

27 J. S. Fowler, *Becoming Adult, Becoming Christian: Adult Development and Christian Faith* (San Francisco: Jossey-Bass, 2000), 115(강조는 원저자의 것임). 『인간의 성숙과 그리스도인의 성숙』(야긴 역간, 2018).

28 Peggy Noonan, *The Time of Our Lives: Collected Writings* (New York: Twelve, 2015), 399-400.

고대 로마인과 그리스인들의 회심에 관한 조사를 통해 확증된다.[29] 다양한 철학자들과 철학으로의 회심이 일반적으로 "점진적인 과정"이었다면, 말로 촉발된 회심은 갑작스러운 경향이 있었다.[30] 철학으로의 이런 회심을 옹호하는 이들은 지적이고 실천적인 변화를 기대했으나, 회심이 또한 종종 혼란과 변위로 이어질 수도 있다는 것을 충분히 인식하고 있었다.[31] 중요하게도, 그리고 사회학자들의 최근 연구를 다시 한번 확증하면서, 맬러비는 철학자들이 최근 회심자를 조심스럽게 보호했다고 주장한다. 즉 그들은 회심자들을 다른 철학자들로, 허구적 관계로 형성된 새로운 공동체로 에워쌌다. 어째서였는가? 그렇게 해야 회심이 심화되고 고착될 것이기 때문이다.[32] 맬러비가 짧은 연구를 통해 강조하는 것은 회심에는 "개인의 정체성에 대한 재정의"가 포함되었다는 것이다.[33] 또 그가 보여주는 것은 회심은 한 집단과 한 개인 사이의 상호작용이라는 것이다. 그러므로 람보의 이론과 파울러의 이론은 중요한 방식으로 철학자들의 회심에 관한 맬러비의 연구를 통해 확증된다.

---

29 Abraham J. Malherbe, *Paul and the Thessalonians: The Philosophic Tradition of Pastoral Care* (repr., Eugene, OR: Wipf & Stock, 2011), 21-33.

30 Malherbe, *Paul and the Thessalonians*, 25-26.

31 Malherbe, *Paul and the Thessalonians*, 36-37.

32 Malherbe, *Paul and the Thessalonians*, 38-39. 그 장 전체는 공동체의 중요성을 보여준다. 특히 34-60을 보라.

33 Malherbe, *Paul and the Thessalonians*, 26.

요약

회심은 개인의 정체성이라는 단계에서의 변화를 포함하는 복잡한 일이었고 지금도 그러하다. 가장 중요한 것은 개종자의 자기 이해와 정체성 형성 단계에서 발생하는 일이었다. 그러므로 바울이 유대교 안에 머물렀기에 그가 회심자가 아니었다고 말하는 것은 적절하지 않다. 우리는 종교 바꾸기의 문제 배후에 있는 두 가지 다른 질문을 제기할 필요가 있다. 바울은 소속 집단을 바꿨는가? 그의 개인적 정체성이 바뀌었는가? 그러면 당신은 회심을 어떻게 감지하는가? 그 질문에 대한 답은 그 사람이 (1) 집단을 바꾸는 일과, (2) 자서전을 개정하는 일에 개입하고 있는지를 살핌으로써 얻을 수 있다.

바울, 드디어

이제 다시 우리의 질문으로 돌아갈 수 있다. 바울은 회심자였는가? 이 질문에 대한 답은 과연 바울이 1차 집단을 바꿨는지, 그의 자서전을 개정했는지를 물음으로써 찾을 수 있다. 바울은 분명히 "메시아적" 유대인 집단과 연계하기 시작했다. 사실 그는 그런 집단들을 형성하기 시작했다! 그러므로 우리는 이 질문의 전반부에 대해 "그렇다"라고 답할 수 있다. 이제 우리의 초점을 후반부로 돌릴 수 있다.

핵심은 바울이 그의 이야기를 어떻게 전하는지 묻는 것이다. 우리가 갈라디아서 2:15-21과 로마서 7:7-25 같은 본문을 어떻게 이해하든 간에, 그 본문들은 계속해서 바울이 자신의 이야기를 개정했으며 그것을 토라 중심적 삶으로부터 그리스도, 은혜, 복음 중심적

삶으로의 이동으로 표현하는 법을 배웠음을 지적한다.[34] 만약 사도
행전에 나오는 바울의 "회심" 이야기(9장; 22장; 26장)를 믿을 만하다
고 여긴다면, 우리는 바울이 자신의 이야기를 개정하고 복음에 대한
열정적인 박해의 삶으로부터 복음을 전하는 삶으로 이동했음을 표
명하는 증언에 대한 심오한 예를 갖고 있는 셈이다. 다시 말해, 그의
주된 이야기는 그가 자신의 낡은 이야기로부터 떠나는 메시아적 이
야기다. 그런 움직임은 회심의 징표다. 그러므로 회심은 어떤 이가
자신의 이야기를 정체성 형성의 내러티브로 말하는 방식에 관한 것
이다.

그의 자서전의 개정을 보여주는 다른 구절이 존재하는가? 답은
"그렇다"이다. 우리는 그것을 갈라디아서 1:13-16과 빌립보서 3:4-
16 두 구절을 살펴봄으로써 알 수 있다. 아래에서 나는 갈라디아서
본문에 집중하면서 1인칭 단수에 강조체를 사용하고 그의 삶의 두
단계를 가리키는 표현에는 밑줄을 그을 것이다.

> 내가 이전에 유대교에 있을 때에 행한 일을 너희가 들었거니와 하나님
> 의 교회를 심히 박해하여 멸하고 내가 내 동족 중 여러 연갑자보다 유
> 대교를 지나치게 믿어 내 조상의 전통에 대하여 더욱 열심이 있었으나
> 그러나 내 어머니의 태로부터 나를 택정하시고 그의 은혜로 나를 부르
> 신 이[하나님]가 그의 아들을 이방에 전하기 위하여 그를 내 속에 나
> 타내시기를 기뻐하셨을 때에 내가 곧 혈육과 의논하지 아니하고

---

34 다양한 각도에서 특히 R. Longenecker, *Road from Damascus*를 보라.

바울은 그의 삶을 두 단계로 나눴다. 그중 하나는 그가 교회의 박해자요 파괴자 노릇을 하던 "유대교에 있을 때"라고 불릴 수 있다. 그것은 또한 율법 준수에서 다른 이들을 앞섰던 시기였다. 아마도 "그러나 [하나님이]…기뻐하셨을 때"라고 불릴 수 있는 새로운 단계에서, 그의 이전 삶은 그가 그리스도를 만나고 하나님의 계시를 통해 예수가 참으로 하나님의 아들이라는 사실을 알게 되었을 때 급정거했다. 바울의 삶의 새로운 단계는 이방인들 가운데서 그리스도에 관한 "복음 전하기"라는 특징을 지닌다.

주해자들과 신학자들이 바울을 회심자라고 부르기를 원하든 원하지 않든 상관없이, 어떤 이가 자신의 이야기를 하는 방식에 기초해서 회심을 감지하는 사회학자들과 심리학자들은 이렇게 말하지 않을 수 없다. 바울은 분명하게 회심한 사람이다. 그러나 그것은 아주 옳게 보이지는 않기에 나는 이렇게 말하고자 한다. 스스로 성찰을 통해 자신의 이야기를 예수 이전과 이후로 나누어 개정하는 바울의 글쓰기에는 회심에 대한 분명한 징표가 만연하다. 따라서 나는 바울이 회심자였다고 결론짓는다. 그는 전해야 할 개인적인 이야기를 갖고 있었고, 그것을 말했다. 바울은 증인이었다.

그는 자신의 회심 이야기를 어떻게 표현하는가?

바울의 회심

무엇에서 무엇으로?

이 질문에 답하기 위해 빌립보서 3:2-16로 돌아간다. 이 구절은 회심에 관한 이론가들을 위한 구절이다. 첫째, 여기서 바울은 그의 삶을 두 단계로 나눈다. 첫 번째 단계는 그의 유대적 민족성("육체"와 "이스라엘"과 "베냐민 지파", 4-5절), 율법 준수에 대한 자격증("할례 받은"과 "바리새인"과 "율법의 의로는 흠이 없는", 5-6절), 예수와 교회에 대한 강고한 반대("열심"과 "교회의 박해자", 6절)라는 특징을 지닌다. 둘째, 하나의 세계로부터 다른 세계로의 이동은 회심자들의 전형적인 언어, 즉 자신의 과거에 대한 경멸의 언어—"잃어버림"과 "배설물"(7-8절; *skybala*는 다양한 방식으로 번역할 수 있는데, 모두가 교회 용어는 아니다)—로 표현된다. 회심자들이 자기들이 전에 속했던 집단을 모욕하는 것은 일반적인 일이다. 그 모욕의 언어는 때때로 "반수사적"(antirhetoric)이다. 셋째, 그의 삶의 후반부는 영광에 관한 용어로 표현된다. "내 주 그리스도 예수를 아는 지식이 가장 고상"(8절)하며 "믿음으로 하나님께로부터 난 의"(9절). 더 나아가 영광에 관한 그의 용어에는 "부활의 권능"과 "그 고난에 참여함을 알고자 하여 그의 죽으심을 본받아" 같은 것들이 포함된다(10절). 마지막으로, 바울은 궁극적으로 목적지에 이르지 못했고, 따라서 그는 빌립보 신자들에게 자기가 믿음 안에서 계속해서 경주하고 있다고 말한다. 여기서 바울은 자기에게 구원을 가져다주는 믿음은 메시아, 주, 구속자이신

예수께 대한 충성임을 분명하게 밝힌다.[35]

바울의 증언은 그리스도의 이야기를 향한다

이 결론을 위해 바울이 빌립보서 3:2-16에서 묘사하는 그의 삶은 그가 2:6-11에서 묘사하는 그리스도의 삶과 충분한 유사성을 갖고 있다. 바울은 자신의 정체성과 이야기를 그리스도를 본받는 삶에 대한 표현으로 만들었다. 그리스도가 자격을 갖추었음에도 다른 이들을 위해 그것을 포기했던 것처럼, 바울 역시 그리스도와 다른 이들을 위해 자신의 자격을 희생시켰다. 주목할 만하게도 3장에서 바울은 그리스도가 "자기를 비웠던" 것처럼(2:7) "잃어버림"에 초점을 맞춘다(3:7-8). 그리스도가 고난을 받았으나 부활했듯이(2:8-9), 바울 역시 부활에 대한 소망을 지니고 고난을 당한다(3:10-11). 우리는 그 문제를 이렇게 말할 수 있다. 그리스도의 그리스도적인 삶의 이야기가 바울로 하여금 자신의 이야기를 그리스도를 본받는 삶의 방식으로 말하도록 이끌었다. 바울의 이야기는 그 자신이 아니라 그리스도의 이야기에 대한 증언이다.

그러므로 그리스도인 회심자는 자기가 주인됨으로부터 그리스도의 주인됨으로 이동하는 사람이다. 이 이야기에서 표면화되는 특

---

35   Matthew W. Bates, *Salvation by Allegiance Alone: Rethinking Faith, Works, and the Gospel of Jesus the King* (Grand Rapids: Baker Academic, 2017).

징은 바울의 이야기 안에서 예수 그리스도가 차지하는 위치다. 모든 것은 무엇보다도 그리스도가 누구인지와 그리스도가 성취한 일에, 그리고 그후에야 그리스도에 대한 그의 관계와 충성으로 인해 바울에게 전해진 유익에 달려 있다. 예수에 대한 견해의 급격한 변화가 그의 삶에 급격한 변화를 초래했다. 그러므로 바울의 개인적 이야기에는 다음 세 가지 요소가 들어 있다.

1. 교회를 만든, 그의 이야기가 그것의 이야기(이스라엘을 배경으로 하는)의 근원이 되는 예수
2. 바울이 예수에 관한 교회의 이야기에 들어와서 참여함
3. 바울이 예수에 관한 교회의 이야기에서 발견하는 구속의 유익

아직 끝나지 않았다. 이제 우리는 잠시 멈춰서 증인으로서의 목회자에 관해, 자신의 이야기를 말함으로써 그리스도를 본받는 삶을 육성하는 자로서의 목회자에 관해 고찰할 필요가 있다. 기억하라! 바울은 자신의 이야기를 그리스도의 이야기를 말하는 방식으로 들려주었다. 그것은 고난 받고 부활한 주님에 관한 이야기다. 바울의 이야기는 "그리스도를 본받음"이라고 부를 수 있을 정도로 그 이야기와 유사하다. 목회자는 예수에 대한 증인, 교회라고 불리는 예수의 사람들의 상황 안에서 예수에 대해 증언하는 사람, "그리스도 안에" 있고 그리스도의 몸 안으로 들어오는 이들에게 다가오는 구속에 대해 구체적으로 증언하는 사람이다. 메시아와 주와 구속자로서의 예수의 중심성을 감소시키는 목회자들은 목회적 소명에서 실패하게

되어 있다. 그 소명은 복음 이야기를 전하는 것이기 때문이다. 예수에 관한 구체적인 증인으로서 그리스도의 몸의 중심성을 감소시키는 목회자들은 실패하게 되어 있다. 그 이야기의 예수는 그리스도의 몸을 형성한 예수이기 때문이다.

그러나 그게 전부가 아니다. 바울의 회심 이야기에는 증인으로서 그리스도를 본받는 삶을 육성하도록 부르심을 받은 목회자와 직접 연결되는 요소가 적어도 하나는 더 있다. 그것은 그가 자신의 이야기를 그리스도를 본받는 방식으로 전하는 것이다. 바울은 때때로 관찰되는 것보다 훨씬 더 많이 그렇게 한다.

구체적인 증인으로서의 바울

논의에 앞서 결론부터 말하고자 한다. 바울은 자신이―다소 출신의 남성 사도 바울이―하나님이 세상에서 행하시는 일을 구체적으로 표현했다고 믿었다. 즉 바울은 자신이 복음을 구현하고 있으며, 그런 개인적인 구현이 복음을 청중에게 신뢰할 만하게 만든다고 보았다.[36] 바울이 자신의 이야기를 복음에 대한 그 정도의 섬김으로 표현하기 때문에 우리는 자신에 대한 바울의 이야기―"나"(*egō*) 내러티브―는 다름 아닌 그 자신의 감소와 하나님의 은혜와 복음 자체에 대한 전시라고 말할 수 있다. 다시 말해, 그는 자신의 이야기를 중요

---

36 고전 4:6, 16; 7:7; 11:1; 갈 4:12; 빌 3:17; 4:9; 살전 1:5-6을 보라.

하게 만들고 있지 않다. 그는 자신의 이야기를 사용해서 그리스도와 복음 이야기를 중요하게 만들었다. 그렇게 하면서 바울은 편지에서 "나"(I)를 다양한 방식으로 사용한다. 때로는 어떤 거짓 교사들에 맞서 자신을 내세우지만, 다른 경우에는 "나"를 복음 자체의 패러다임 안으로 밀어 넣는다.[37] 바바라 브라운 테일러(Barbara Brown Taylor)는 숨 막힐 듯 아름다운 산문으로 이루어진 설교문에서 이것을 포착해 낸다.

> 하나님은 말씀을 구체화하기 위해 그리스도를 택하심으로써 성육신을 위한 영원한 결정을 내리셨다. 세상에서 그분의 몸으로 살아가는 우리는 자신의 살과 피가 하나님의 말씀이 알려진 곳에서 계속된다는 사실을 부끄러워할 필요가 없다. 우리는 하나님의 말씀의 살아 있는 도서관이다. 우리의 이야기는 하나님의 이야기다. 때로 그것은 코미디이고 때로는 비극이다. 때로는 그것을 통해 믿음이 빛나고 다른 때에 그것은 어둠으로 끝난다. 그러나 그것들 각각은 하나님의 말씀의 진리에 대한 증언을 담고 있다. 설교자는 가수가 그들의 노래 바깥에 머물지 못하는 것만큼이나 그들의 설교 "바깥에 머물지" 못한다. 우리의 말은 구체화된다. 이것은 우리가 우리의 모든 것을 표현한다는 것을 의미한다.[38]

---

37   Dodd, *Paul's Paradigmatic* "I."
38   B. Taylor, *Preaching Life*, 110-11.

나는 당신이 내가 그랬듯이 그 사랑스러운 "하나님의 말씀의 살아 있는 도서관"이라는 표현에 꽂혔으리라고 확신한다. 그것은 이 보물 창고 안에 들어 있는 한 줄에 불과하다. 그녀는 그것을 아주 정확하게 표현한다. "우리의 이야기는 하나님의 이야기다." 우리가 우리의 이야기를 발견하는 것은 오직 그것을 그리스도 안에 있는 하나님의 이야기 안에서 잃어버릴 때뿐이다.

바울이 그의 편지에서 자신에 관해 말하는 가장 중요한 이야기는 여러 개론서에서 종종 그의 복음을 위한 "자서전적" 논증이라고 표현되는 갈라디아서 1-2장에서 발견된다. 그는 열정적으로 교회를 박해했던(1:13, 23), 그리고 동료 바리새인과 유대인들 사이에서 최고의 존경을 받았던(14절) 한 사람에 관한 이야기를 전한다. 그러나 그 명예로운 사람은 그리스도를 통한 하나님의 계시에 의해 폐위되었고 그의 자아를 그리스도께 바쳤으며 예수에 관한 복음을 전하는 자가 되었다(15-24절). 사람들이 바울을 영웅시하는가? 아니다, 그들은 하나님을 찬양한다(24절).

그 후에 바울은 역설적으로 자기가 하나님의 승인을 받았음을 충분히 인식하면서(갈 2:1-10), 자신의 복음에 관한 메시지를 예루살렘의 지도자들에게 제시했다. 2:11-14이 전하는 베드로에 대한 그의 맞섬은 그가 지금까지 전했던 이야기에 대한 다른 예다. 그 이야기는 바울을 미화하지 않으며 오히려 독자들의 모든 관심을 예수께로 돌아서는 모든 이를 위한 은혜의 복음을 향하도록 만든다. 우리는 바울이 하나님의 은혜의 광대함을 높일 기회를 기뻐하는 동시에 자신의 행위로 인해 당혹스러워하고 있는 것은 아닌지 의심해 보아야 한다. 내가 이 사건을 즐겨 읽는 이유는 바울이 한 일을 좋아하기 때문이 아니다. 사실 나는 그 일을 좋아하지 않는다. 내가 여기서 보는 것은 어려운 순간에 은혜를 최우선으로 유지하기 위해 나쁜 행동을 하는 한 사람의 예다. 원래의 자리로 돌아가 본다면, 우리는 발생한 일로 인해 크게 놀랄 것이다. 율법을 준수하고 교회를 박해하던 젊은 랍비가 아주 철저하게 하나님의 은혜의 복음을 전하는 자가 되었다. 바울에게 일어난 일은 기적이나 다름없었다. 그리고 우리는 오직 자신의 가장 악한 적을 취해 친구로 만드시는 하나님의 은혜의 권능에 관해서만 생각하면서 물러난다.

다시 갈라디아서 2:15-21로 돌아가 보자.

> **우리**는 본래 유대인이요 이방 죄인이 아니로되 사람이 의롭게 되는 것은 율법의 행위로 말미암음이 아니요 오직 예수 그리스도를 믿음으로 말미암는 줄 알므로 **우리**도 그리스도 예수를 믿나니 이는 **우리**가 율법의 행위로써가 아니고 그리스도를 믿음으로써 의롭다 함을 얻으려 함이라. 율법의 행위로써는 의롭다 함을 얻을 육체가 없느니라. 만일 **우리**가 그리스도 안에서 의롭게 되려 하다가 죄인으로 드러나면 그리스도께서 죄를 짓게 하는 자냐, 결코 그럴 수 없느니라.

반복해서 18절에서 바울은 "나" 언어로 돌아간다.

> 만일 **내**가 헐었던 것을 다시 세우면 **내**가 나를 범법한 자로 만드는 것이라. **내**가 율법으로 말미암아 율법에 대하여 죽었나니 이는 하나님에

대하여 살려 함이라. **내**가 그리스도와 함께 십자가에 못 박혔나니 그
런즉 이제는 **내**가 사는 것이 아니요 오직 **내** 안에 그리스도께서 사시
는 것이라. 이제 **내**가 육체 가운데 사는 것은 **나**를 사랑하사 **나**를 위하
여 자기 자신을 버리신 하나님의 아들을 믿는 믿음 안에서 사는 것이
라. **내**가 하나님의 은혜를 폐하지 아니하노니 만일 의롭게 되는 것이
율법으로 말미암으면 그리스도께서 헛되이 죽으셨느니라.

바울이 "우리" 언어로부터 "나" 언어로 미끄러지는 것은 우리가 그
에게 초점을 맞추기를 바라서가 아니라 그의 경험이 공통적인 경험
임을 알기를 바라서다. 나는 그것을 플루타르코스, 미셸 드 몽테뉴,
사무엘 존슨, 윌리엄 해즐릿, 조지 오웰, 후버트 버틀러, H. L. 멩켄,
E. B. 화이트, 메리 맥카시, 조안 디디온, 조셉 엡스타인 같은 다양한
작가들이 쓴 에세이에 비유한다. 에세이를 쓰는 이들을 구별해주는
것은 그들의 이야기와 경험을 열어주는 방식으로 자신과 자신의 경
험에 관해 말하는 능력이다.[39] 그 유사성은 이러하다. 다른 이들/모
두에게 자신의 이야기를 일반적인 것으로 말하는 능력은 바울이 갈
라디아서에서 행하는 일이다. 그러므로 바울이 "나"라고 말할 때 그
는 단지 "우리"라고 말하는 것이 아니라 "이것은 우리 모두가 그리
스도 안에서 경험하는 것"이라고 말하는 셈이다. 바로 이것이 바울
이 갈라디아서 4:12에서 "내가 너희와 같이 되었은즉 너희도 나와

---

39 그런 에세이에 대한 멋진 수집물은 Phillip Lopate, ed., *The Art of the Personal Essay: An Anthology from the Classical Era to the Present* (New York: Anchor Doubleday, 1994) 에서 찾아볼 수 있다.

같이 되기를 구하노라"라고 말할 수 있었던 이유다. 즉 그와 독자들은 그들의 삶에 대한 하나님의 은혜로운 주장이라는 동일한 경험을 했던 것이다. 그의 "나"는 그들의 "우리"다.

이제 이것을 하나로 묶어보자. 갈라디아서 1:13-2:10에 실려 있는 바울의 자서전은 2:11-17의 "우리"와 2:18-21의 "나"를 대표한다. 그의 자서전은 비벌리 가벤타(Beverly Gaventa)의 말을 빌려 말하자면, "규범적이다."[40] 존 바클레이(John Barclay)가 말하듯이 "정확하게 그의 개성과 독창성 **안에서** 은혜의 보편적인 이야기가 펼쳐진다."[41] 이것은 다음과 같은 관찰 주장으로 이어진다. 바울은 자신을 영웅이나 특별한 이야기의 주인공으로 만들지 않고 오히려 그것이 예수의 다른 추종자들의 삶에서 그런 것처럼 자기 삶의 자리를 차지하는 그리스도의 이야기로 묘사한다.

그리스도를 본받는 삶의 증언은 복음을 전하는 행위다. 바울은 자신이 복음을 구현하고 있다고 여긴다. 그러므로 그의 삶은 복음에 대한 표현이다. 나는 유진 피터슨이 성육신과 우리 자신의 (복음에 대한) 구현을 묶는 방식을 좋아한다. "하나님이 우리에게 자신을 완전히 계시하기로 하셨을 때 그분은 그것을 말이나 개념으로 하지 않으셨다. 그분은 육신이 되셨고 우리의 이웃이 되어 사셨다. 이것은 우

---

40   Beverly R. Gaventa, "Galatians 1 and 2: Autobiography as Paradigm," *NovT* 28 (1986): 309-26.

41   John M. G. Barclay, "Paul's Story: Theology as Testimony," *Narrative Dynamic in Paul: A Critical Assessment*, ed. Bruce W. Longenecker (Louisville: Westminster John Knox, 2002), 137.

리의 몸이 하나님을 받아들이고 그분에게 참여할 수 있음을 의미한다. 단지 우리가 때때로 말하는 정신이나 감정이나 '마음'으로가 아니라 실제 살과 피, 피부와 근육으로 이루어진 **몸**으로 말이다."[42]

그러므로 바울은 특별한 경우도 아니고 슈퍼 그리스도인도 아니다. 그의 상황은 그리스도가 어떤 이들 안에 거하고 그들의 몸을 통제할 때 그들에게 벌어지는 일에 지나지 않는다. 바울은 그리스도를 본받는 삶을 구현한다. 그것은 그가 구현한 삶이 그리스도에 대한 증언이 되도록 만든다. 갈라디아서 6장을 살펴보자. "그러나 내게는 우리 주 예수 그리스도의 십자가 외에 결코 자랑할 것이 없으니 그리스도로 말미암아 세상이 나를 대하여 십자가에 못 박히고 내가 또한 세상을 대하여 그러하니라. 할례나 무할례가 아무것도 아니로되 오직 새로 지으심을 받는 것만이 중요하니라. 무릇 이 규례[*kanoni*]를 행하는 자에게와 하나님의 이스라엘에게 평강과 긍휼이 있을지어다"(14-16절). 이 구절들에서 언급되는 "나"는 십자가에 못 박힌 "나"다. 그리고 그 십자가에 못 박힌 자아—십자가를 본받는 삶과 그리스도를 본받는 삶—는 그리스도인이 된다는 것이 무엇을 의미하는지에 대한 규칙 혹은 **규범**이다.

바울의 구체적인 증언—몸으로 살아낸 그의 삶—은 기독교 무대에서 자주 들을 수 있는 것, 즉 "전에 내가 얼마나 나빴는지—여기에 섹스, 마약, 알코올, 범죄 등을 넣어보라—그리고 지금 내가 얼마나 많이 **변화되었는지**를 보라!" 같은 것이 아니다. 오히려 그의

---

42   Peterson, *As Kingfishers Catch Fire*, 169.

이야기는 "전에 나는 사울이었으나 지금 나는 그리스도의 생생한 구현이다!"라는 것이다. 다시 바클레이는 상황을 제대로 이해한다. "그러므로 바울에 관한 그 어떤 1인칭 내러티브도 단지 부차적일 수 있다. 그것은 일차적으로 그가 그것의 도구이자 증인인 복음에 관한 것이 될 것이다."[43]

그리스도를 본받는 삶으로서의 구체적인 증언

예루살렘으로부터 로마까지 이어진 바울의 용기 있는 복음 전도 활동은 하나님이 줄곧 계획해오셨던 것에 대한 구체적인 증언이었다. 이 단락에서 나는 바울이 어떻게 자신의 사명을 그리스도를 본받는 삶의 구현으로 보았는지를 설명할 것이다. 확실히 그것은 바울 편에서는 대담한 주장이었다.

실제로 대담한 주장이다. 이 주제와 관련해 골로새서 1:24보다 더 대담한 주장은 달리 없다. "나는 이제 너희를 위하여 받는 괴로움을 기뻐하고 그리스도의 남은 고난을 그의 몸된 교회를 위하여 내 육체에 채우노라." 바울이 생각하기에 그는 복음에 흠뻑 젖어 있었으므로 그리스도의 고난은 예수의 삶과 죽음의 핵심일 뿐 아니라 성경 안에서 앞서 선포되었다(고전 15:3-5). 그러므로 고난은 복음의 주제다. 바울의 성경 읽기를 통해 형성된 그리스도의 고난에 관한 상

---

43   B. Longenecker, *Narrative Dynamics in Paul*, 141.

상은 그가 자신의 고난을 "그리스도의 남은 고난을 그의 몸된 교회를 위하여 채우는" 식으로 그리스도의 고난을 구현하는 것으로 보도록 이끌었다. 그것은 대담한 주장이다!

큰 그림은 바울이 그런 고난의 의미를 창조하는 이야기 안에 위치시키기 위해 자신의 고난을 설명하거나 해석하고 있다는 것이다.[44] 여기에는 강렬한 해석의 역사가 존재한다. 그래서 나는 참으로 가능한 것들에 선택을 제한하려 한다. 어떤 이들은 여기서 그리스도와 같은 종류의 고난에 관한 도덕적-모범 이론을 발견하는 반면(그는 그리스도처럼 고난을 당했다), 두 번째 견해는 신비 이론 혹은 연합 이론이나 집단적 그리스도—심지어 우주적 그리스도—같은 개념을 두고 다투며 그 문장의 동사가 "그리스도와의 연합과 같은 종류의 고난"을 가리킨다고 여긴다(고난 속에서 바울은 그리스도와 하나가 된다). 오늘날에는 묵시적 혹은 종말론적 견해가 가장 매력적으로 보인다. "메시아의 고난" 혹은 이스라엘의 유배 상황 안에 정해진 수의 고난이 있었기에,[45] 그리스도가 그중 많은 것을 흡수하셨으나 여전히 얼마의 고난이 남아 있다(그의 고난은 최후의 고난이다).

이런 접근법은 각각 나름대로 중요한 공헌을 하지만 보다 절충적인 접근법, 즉 어색하기는 하나 선교적-그리스도 본받기 이론

---

44 이하의 내용은 Scot McKnight, *The Letter to the Colossians*, NICNT (Grand Rapids: Eerdmans, 2018), 184-92에 실려 있는 골 1:24에 관한 주석의 내용을 요약한다. 거기에서는 참고문헌 목록이 제공된다.

45 가령, 단 7:21-22, 25-27; 12:1-3; 합 3:15; 습 1:15; 마 24:4-8; 막 13:5-8; 눅 21:8-11.

(missional-Christoformity theory)이라고 불릴 수 있는 접근법이 필요해 보인다. 바울은 복음-선교를 위한 고난을 의도적·목회적으로 그리스도의 고난 안으로 들어가는 것으로 이해한다. 그리고 그리스도가 그랬던 것처럼 자기가 그리스도를 본받는 삶을 살면 살수록, 자신이 교회의 유익을 위해 더 많은 고난을 받는다고 이해한다. 더 나아가 그는 자신의 고난을 골로새의 신자들을 대신해, 그들의 유익을 위해 불시험을 경험하는 것으로 이해한다.[46] 이런 관점에서 바울은 자신의 고난을 그리스도의 고난을 채우는 것으로 여기는데, 그것은 그가 예수의 죽음 이후에 예수가 십자가에서 수행했던 것과 같은 종류의 의도적으로 형성된 목회 사역과 고난에 참여하고 있기 때문이다.[47] 큰 그림은 이것이다. 바울의 이야기는 그 자신의 이야기가 아니라 그리스도의 이야기다. 바울은 그리스도의 이야기 안에서 잊히기에, 그의 이야기는 오직 그것이 그리스도의 이야기일 때만 의미를 갖는다.

이런 고난은 어떤 모습일까? 이런 말들은 사도 바울에게만 해당되는가? 디트리히 본회퍼의 제자도에 관한 신학이 골로새서 1:24이 전하는 바울의 고난을 읽는 방법에 관한 마지막 견해를 예시한다.

---

46 또한 롬 8:17; 고후 1:5; 4:10-11; 빌 3:10-11을 보라.

47 20년도 더 이전에 N. T. Wright는 "우리로 하여금 그 안에서 하나님의 의가 되게 하려 하심이라"(고후 5:21)가 의미하는 것은 개인적 구속이 아니라 하나님의 언약적 신실성 안으로 들어가는 것이라고 주장했다. 우리는 과연 골 1:24이 언약적 신실성의 그런 의미를 취할 수 있는지 궁금하다. N. T. Wright, *Pauline Perspectives*, 68-76, 이제 그의 다른 책 *Paul and the Faithfulness of God*, 881-85에서 강화된 내용을 보라.

예수 그리스도가 우리의 구속에 필요한 모든 대리적 고난을 이미 완수했으나, 이 세상에서 그의 고난은 아직 끝나지 않았다. 자신의 은혜 안에서 그는 끝나지 않은 무언가를…자신의 고난 안에 남겨 두었는데, 그것은 그의 교회 공동체가 그의 재림 이전의 이 마지막 시기에 완성해야 할 것이다. 이 고난은 그리스도의 몸인 교회에 유익이 될 것이다.…그러나 분명한 것은 그리스도의 몸의 권능으로 고난을 당하는 자들은 교회-공동체를 "위해", 즉 그리스도의 몸을 "위해" 대리적으로 대표적인[*stellvertretend*, 아마도 속죄에 관한 독일의 신학적 논의에서 가장 중요한 용어] 행동을 통해 고난을 당한다는 것이다. 그들은 다른 이들이 모면한 것을 견디도록 허락을 받는다.[48]

본회퍼의 이 글에서 우리는 다른 사람들을 위해 그리스도를 본받는 삶과 더불어 선교적이고 교회적인 초점을 발견한다. 나에게 그것은 바울이 자신의 사역에 관해 말하고 있는 것처럼 보인다.

다시 한번 말하지만, 바울은 그리스도에 대한 구체적인 증인이다.

---

48 Bonhoeffer, *Discipleship*, 222.

결론

이제 나는 이 장 서두에서 요약했던 스피크(Spicq)가 신약성경의 증인 개념에 대해 내렸던 다섯 가지 분류로 되돌아간다. 신약성경에서 복음에 대한 증인은

1. 무언가가 말해지거나 행해졌을 때 그곳에 있었다.
2. 그가 목격하거나 들은 것을 적극적으로 알리고, 선포하고, 묘사한다.
3. 보거나 들은 것과 연계하고 (예수가 주님이라는 복음을) 믿는다.
4. (순교자들이 그러하듯이) 죽음에 이르기까지 그 증언을 구현한다.
5. 청중이나 관찰자들이 자신의 증언에 기초해 판단하도록 만든다.

바울은 그런 증인이었다. 오늘날의 목회자 역시 그런 증인이 되어야 한다. 목회자가 회심 과정—"과거의 나"에서 "현재의 나"로의—에서 하는 그리스도 경험은 그가 그리스도에 관한 이야기를 선포할 기회가 된다. 목회자는 그가 사는 방식, 말하는 방식, 행동하는 방식을 통해 그 이야기를 구현한다. 이런 구체적인 증언의 토대 위에서 목회자는 다른 이들에게 그리스도를 향해 돌아서고 그리스도 안에 있는 구속을 얻으라고 요구할 수 있다. 목회자의 이야기는 이야기가 아니라 이야기에 대한 증언이다. 그리고 그 이야기는 그리스도다.

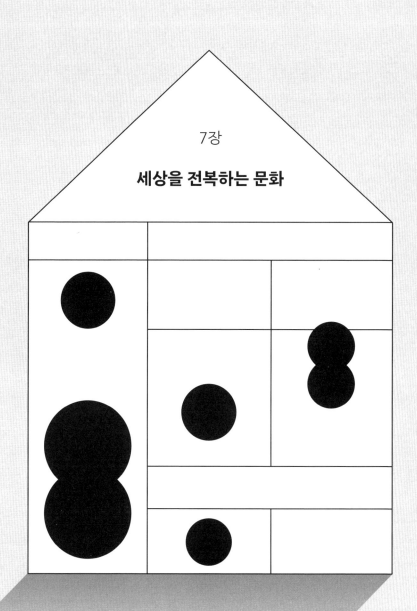

7장

세상을 전복하는 문화

목회자들이 늘 진리를 말하는 것은 아니다. 어떤 이들은 직업을 잃지 않을까 하는 미묘한 두려움을 지니고 있기에 사역 과정에서 전복적 요소를 소거한다. 최근에 어느 목회자가 자기와 자기네 교회의 지도자들은 교회를 강력한 정치적 결속으로부터 떼어내 하나님 나라 중심적 삶으로 이끌어가고자 했다고 말하는 걸 들었다. 그는 자신이 그 과정에서 거의 탈선할 뻔했던 실수를 인정했다. 이제 그는 교우들을 정치적·국가주의적 성향으로부터 떼어내려는 것처럼 들릴 수 있는 말에 각별히 조심하고 있다고 했다. 이 목회자가 깨달은 것은 만약 목회자의 과업이 그리스도를 본받는 삶을 육성하는 것이라면 때때로 전복적이어야 한다는 것이다. 언젠가 유진 피터슨은 전복적인 목회적 과업을 이렇게 설명한 적이 있다.

이 혼합체[그의 회중]에 속한 대부분의 개인은 자기들이 스스로 정한 목표와 하나님이 그들을 위해 품고 계신 목표가 같다고 가정한다. 그것은 아주 오래된 종교적 오류다. 즉 하나님이 우리 자신의 욕망의 모호한 외삽(外揷)이라고 상상하면서, 그리고 우리와 그런 외삽 사이의 문제를 관리하기 위해 성직자를 고용하면서 하나님과 우리 사이의 그어떤 실제적 차이도 시인하려고 하지 않는 것은 아주 오래된 종교적 오류다. 그리고 그들이 고용한 성직자인 나는 그런 생각을 거부한다.

그러나 만약 내가 그들이 되고 싶어 하는 대로 도우려 하지 않는다면, 나는 그들이 주는 보수를 받으면서 무엇을 하는 걸까? 그때 나는 전복적이 되는 셈이다. 나는 자아의 왕국을 부수고 하나님의 왕국을 세우는 것이다. 나는 전복이라는 방법을 사용해 그들이 하나님이 원하시는 대로 되도록 돕는 것이다.

이 글을 읽으면서 나는 혼잣말을 했다. **분명히 이것은 기만적이야.** 그러나 나는 계속해서 읽어나갔고, 그는 기만과 관련한 내 중얼거림에 이렇게 답했다. "꼭 그렇지는 않다. 왜냐하면 나는 자신을 잘못 대변하고 있지 않기 때문이다. 나는 단지 내 말과 행위를 만약 그들이 알아차린다면 그들을 격변적인 불신앙의 상태로 밀어 넣을 정도로 심각하게 하고 있을 뿐이다."[1] 내가 여러 목회자와 나눈 경험에 의하면 이것, 즉 회중의 세속성을 전복시키는 것은 정확하게 그들이 자신들의 소명을 이해하는 방식이며 또한 그들의 직업이 의도하는 것이다. 제임스 톰슨(James Thompson)이 부드럽게 강조하듯이 "사역은 회중의 가치를 해명하는 것이 아니라 그런 가치를 기독교적 메시지를 통해 변화시키는 것이다."[2]

---

1 Eugene H. Peterson, *The Contemplative Pastor: Returning to the Art of Spiritual Direction* (Grand Rapids: Eerdmans, 1993), 28-29. 『목회자의 영성』(포이에마 역간, 2013).

2 James W. Thompson, *Pastoral Ministry according to Paul: A Biblical Vision* (Grand Rapids: Baker Academic, 2006), 155.

자신처럼 박해에 직면해 있는 소아시아의 교회들을 마주하면서 사도 베드로는 자신의 전형을 찾기 위해 그리스도와 십자가를 바라본다. 그리고 그렇게 하면서 세속성을 전복시킨다. 이 장을 그의 말로 시작해보자. "이를 위하여 너희가 부르심을 받았으니 그리스도도 너희를 위하여 고난을 받으사 너희에게 본을 끼쳐 그 자취를 따라오게 하려 하셨느니라. 그는 죄를 범하지 아니하시고 그 입에 거짓도 없으시며 욕을 당하시되 맞대어 욕하지 아니하시고 고난을 당하시되 위협하지 아니하시고 오직 공의로 심판하시는 이에게 부탁하시며"(벧전 2:21-23). 그 사건이 일어났을 때 앞에서 겁쟁이 노릇을 했던 베드로가 기억해낸 것은 예수가 자신을 죽이려는 자들에게 대응하신 방식이었다. 예수는 그들의 고발에 냉담하기보다 그것들을 초월했던 것으로 보였다. 복음서의 이야기들 자체가 베드로의 말을 확증한다. 겟세마네에서 제자 하나가 아주 정확하게 칼을 휘둘러 로마 군인 한 사람의 귀를 베었다. 공관복음서 저자들은 공모라도 한 듯 그 제자의 정체를 숨긴다. 하지만 요한은 우리에게 그 비밀에 관한 정보를 제공한다. 그 제자는 베드로였다(눅 22:50을 요 18:10과 비교해보라). 그때 예수가 한 말은 베드로가 한 "욕을 당하시되 맞대어 욕하지 아니하시고"라는 말의 의미를 보여준다. 요한이 전하는 당시 예수의 말은 이렇다. "칼을 칼집에 꽂으라. 아버지께서 주신 잔을 내가 마시지 아니하겠느냐"(18:11). 복음서에서 예수는 거듭해서 자신에 대한 위협에 다른 쪽 뺨을 돌려대는 것으로 대응한다. 예수는 자신의 사명이 다른 이들을 위해 자신을 내어주는 것이라고 말했다. 그러므로 그것은 그를 추종하는 자들의 사명이기도 하다(막 10:35-45).

사도들은 모두 예수로부터 예수의 길은 십자가의 길이며 그것은 구속을 위한 고난뿐 아니라 보복하지 않음을 의미한다는 것을 배웠다. 크레이그 힐(Craig Hill)의 말을 인용하자면, 그들이 배운 것은 "정확하게 모든 것이 거꾸로"였다.[3] 여기서 나는 기독교 전통에 속한 평화주의에 관한 논의를 피하고 대신에 사도 바울이 어떻게 세상을 전복시키는 방식으로 비난에 대응했는가에 집중할 것이다.[4] 그러면 어디에서부터 시작할 것인가? 바울이 쓴 거의 모든 편지에는 바울에 대한 직접적인 비난 혹은 적어도 우리가 알아차릴 수 있을 만한 비난에 대한 암시가 있다. 어떤 이들이 갈라디아 사람들에게 바울이 여전히 할례를 가르치고 있다고 말했음이 틀림없다. 바울은 그럴 바에야 차라리 그들이 거세하기를 바랐다(갈 5:11-12). 데살로니가에서 그는 속임수를 썼다고 비난을 받았던 것이 분명하다(살전 2:3). 그러나 그에 대한 비난이 가장 완전하고 분명하게 표면화된 것은 갈라디아 사람들과의 불안한 관계에서였다.[5]

---

3   Craig C. Hill, *Servant of All: Status, Ambition, and the Way of Jesus* (Grand Rapids: Eerdmans, 2016), 76.

4   나의 논의에서 "콘스탄티누스주의"(Constantinianism)라는 용어는 교회와 지배적인 문화 사이의 토론을 가리키는 데 자주 사용된다. 콘스탄티누스주의는 4세기에 중요했는데, 그것은 단순히 콘스탄티누스가 국가와 교회를 결합시켰기 때문이 아니라—사실 그것 자체는 치명적인 실수였다—공화국 말기부터 로마 제국이 국가 원수(황제)와 군대를 결합했기 때문이다. 공화국 국민과 원로원의 이전의 균형—그것은 모든 시민이 군대에 복무했을 때 유지되었다—이 통치자와 군대의 결합을 통해 깨졌는데, 그것은 그때 국민과 원로원 모두가 군국주의의 손아귀에 사로잡혔기 때문이다. 그런 종류의 군국주의야말로 콘스탄티누스주의의 핵심이다. 이런 권력의 집중화를 조심스럽게 표면화시킨 사람에 대해서는 Mary Beard, *SPQR: A History of Ancient Rome* (New York: Liveright, 2015)를 보라.

5   고린도서에 관한 연구의 분량과 복잡함을 다루는 것은 이 장의 범위를 벗어난

목회자 바울과 언어적 십자가형

만약 지위가 높은 고린도인들이 고린도에서 바울을 비난했던 자들이라면—실제로 그러했다—고린도후서 10-13장[6]은 그들의 비난 내용 혹은 적어도 그런 비난에 대한 바울의 풍자적 묘사를 보여주는 본문이다.[7] 우리는 바울과 고린도 신자들의 문제를 이렇게 요약할 수 있다. 그의 첫 번째 방문 이후에 고린도의 신자들을 두고 경

다. 바울과 고린도 교회에 대한 그의 목회적 관계에 관한 학문적이며 간략한 연구를 위해서는 다음을 보라. Bruce W. Winter, *After Paul Left Corinth: The Influence of Secular Ethics and Social Change* (Grand Rapids: Eerdmans, 2001); Hans Urs von Balthasar, *Paul Struggles with His Congregation: The Pastoral Message of the Letters to the Corinthians* (San Francisco: Ignatius Press, 1992). 기원전 146년에 로마는 카르타고와 고린도 두 도시 모두를 약탈하고 파괴했다. 고린도는 새로운 지배자의 그림자 밑에서 일어서기 위해 모든 것을 전적으로 다시 시작해야 했다. 그 도시는 중요한 방식으로 그리스와의 관계를 끊고 로마와의 관계를 최대화시키면서 기원전 44년에 로마의 식민지로 재건되었다. Winter, *After Paul Left Corinth*, 7-25를 보라. 일반적인 맥락에서 바울의 편지들의 특정한 구절로 이동하면서 논쟁하는 것은 위험하지만 이런 일반적인 맥락을 무시하는 것 역시 그러하다.

6   그동안 많은 이들이 고린도후서의 통일성에 관해 논해왔으나, 그런 견해는 대개 9장과 10-13장 사이에서 새로운 상황이 발생했다는 믿음을 수반한다. 다른 이들은 그 편지가 적어도 고후 1-7장; 8-9장; 10-13장으로 이루어진 합성물이라고 주장해왔다. 다른 이들은 7:2-4과 함께 2:14-6:13에서 다른 편지를 발견했다. 그러나 다른 이들은 8장과 9장에서 두 개의 서로 다른 편지를 발견했다. 나는 10-13장이 이전 장들에 첨부된 다른 편지라고 여기는 편인데, 그것은 이 변덕스러운 장들에서 나타나는 음조의 변화 때문이다. 이에 대한 최근의 논의를 위해서는 Ralph P. Martin, *2 Corinthians*, 2nd ed., WBC 40 (Nashville: Zondervan, 2014), 42-63; Margaret Thrall, *2 Corinthians 1-7*, ICC (London: Bloomsbury T&T Clark, 1994), 3-49를 보라.

7   바울이 그 자신의 교회들과 침입자들 모두로부터 어떻게 반대에 부딪혔는지에 관한 일반적인 연구를 위해서는 Ernest Best, *Paul and His Converts*, Sprunt Lectures 1985 (Edinburgh: T&T Clark, 1988), 107-24를 보라.

쟁하던 어떤 방문 교사들이 바울의 메시지와 사역 방식에 대한 급작스러운 공격 혹은 지역적 반대를 주도했다.[8] 큰 문제는 무엇이었나? 브루스 윈터(Bruce Winter)는 바울에 맞서는 동맹을 "로마니타스"(*Romanitas*, 로마 제국의 순수한 라틴 문화―역주)라고 요약한다. 로마의 방식이 고린도의 신자들에게 영향을 주고 있었다. 이런 로마화는 바울의 십자가 방식과 불화했다.[9] 나는 일반적인 설명에 동의하며 설명에서부터 시작할 것이다.[10] 바울의 도전은 그리스도를 본받는 삶을 육성함으로써 로마니타스를 전복시키는 것이었다.

바울에 맞서는 동맹은 상황을 달리 보았다. 우리는 고린도후서 10-13장에서 바울과 그들 사이에 있었던 특별한 문제들에 대한 기록을 발견한다. 만약 당신이 그 장들이 바울의 적대자들이 했던 말을 반영하고 있다고 여긴다면, 고린도의 가정 교회 안으로 안내를 받아 그곳에서 나오는 바울에 관한 개괄적인 불평들을 듣게 될 것이다. 다음은 바울이 직접 전하는 자신에 대한 주된 비난 중 일부다.

> 10:1 "너희를 대면하면 유순하고 떠나 있으면 너희에 대하여 담대한 나 바울…"(또한 13:10a을 보라).

---

8   맥락을 이해하기 위해서는 Winter, *After Paul Left Corinth*, 1-28를 보라.

9   Winter, *After Paul Left Corinth*, 25-28.

10 그 내용 전체에 대한 특별한 연구를 위해서는 Paul Barnett, "Paul as Pastor in 2 Corinthians," *Paul as Pastor*, ed. Brian S. Rosner, Andrew S. Malone, Trevor J. Burke (London: Bloomsbury T&T Clark, 2017), 55-69를 보라.

10:2 "…우리를 육신에 따라 행하는 자로 여기는 자들…"

10:7 "너희는 외모에 기초해 판단하느냐?"(내 번역)

10:9-10 "이는 내가 편지들로 너희를 놀라게 하려는 것 같이 생각하지 않게 함이라. 그들의 말이 그의 편지들은 무게가 있고 힘이 있으나 *그가* 몸으로 대할 때는 약하고 그 말도 시원하지 않다 하니"

10:14 "자랑", 이것은 자신의 명예와 지위를 공적으로 주장하는 것과 관련되어 있다.[11] (아래에서 좀 더 살펴보라.)

10:15 "우리는 남의 수고를 가지고 분수 이상의 자랑을 하는 것이 아니라"(참고. 12:1).

11:5-6 "나는 지극히 크다는 사도들보다 부족한 것이 조금도 없는 줄로 생각하노라. 내가 비록 말에는 부족하나 지식에는 그렇지 아니하니 이것을 우리가 모든 사람 가운데서 모든 일로 너희에게 나타내었노라."

11:7-8 "내가 너희를 높이려고 나를 낮추어 하나님의 복음을 값없이

---

11 "자랑"에 관해서는 Mark T. Finney, *Honour and Conflict in the Ancient World: 1 Corinthians in Its Greco-Roman Social Setting*, LNTS 460 (London: T&T Clark, 2012)를 보라.

너희에게 전함으로 죄를 지었느냐. 내가 너희를 섬기기 위하여 다른 여러 교회에서 비용을 받은 것은 탈취한 것이라."

11:11 "내가 너희를 사랑하지 아니함이냐. 하나님이 아시느니라."

11:12-13 "나는 내가 해온 그대로 앞으로도 하리니 기회를 찾는 자들이 그 자랑하는 일로 우리와 같이 인정받으려는 그 기회를 끊으려 함이라. 그런 사람들은 거짓 사도요 속이는 일꾼이니 자기를 그리스도의 사도로 가장하는 자들이니라."

11:20-21a "누가 너희를 종으로 삼거나 잡아먹거나 빼앗거나 스스로 높이거나 뺨을 칠지라도 너희가 용납하는도다. 나는 우리가 약한 것 같이 욕되게 말하노라."

11:21b-23a "그러나 누가 무슨 일에 담대하면 어리석은 말이나마 나도 담대하리라. 그들이 히브리인이냐 나도 그러하며, 그들이 이스라엘인이냐 나도 그러하며, 그들이 아브라함의 후손이냐 나도 그러하며, 그들이 그리스도의 일꾼이냐 정신 없는 말을 하거니와 나는 더욱 그러하도다."

12:11 "내가 아무것도 아니나 지극히 크다는 사도들보다 조금도 부족하지 아니하니라."

12:12 "사도의 표가 된 것은 내가 너희 가운데서 모든 참음과 표적과 기사와 능력을 행한 것이라."

12:13-14 "내 자신이 너희에게 폐를 끼치지 아니한 일밖에 다른 교회보다 부족하게 한 것이 무엇이 있느냐. 너희는 나의 이 공평하지 못한 것을 용서하라.…너희에게 폐를 끼치지 아니하리라. 내가 구하는 것은 너희의 재물이 아니요 오직 너희니라. 어린아이가 부모를 위하여 재물을 저축하는 것이 아니요 부모가 어린아이를 위하여 하느니라."

12:15b-18 "너희를 더욱 사랑할수록 나는 사랑을 덜 받겠느냐. 하여간 어떤 이의 말이 내가 너희에게 짐을 지우지는 아니하였을지라도 교활한 자가 되어 너희를 속임수로 취하였다 하니 내가 너희에게 보낸 자 중에 누구로 너희의 이득을 취하더냐. 내가 디도를 권하고 함께 한 형제를 보내었으니 디도가 너희의 이득을 취하더냐. 우리가 동일한 성령으로 행하지 아니하더냐. 동일한 보조로 하지 아니하더냐."

13:3 "이는 그리스도께서 내 안에서 말씀하시는 증거를 너희가 구함이니…."

바울은 자신에 대한 이런 비판을 과장하고 있는가, 아니면 꾸미고 있는가? 그의 말을 흉내 내 보자면, 그에 대한 비판은 "범사에 많았다.” 어떤 것은 정확하고 어떤 것은 꾸며낸 것이지만, 계속되는 비난들로 인해 고린도 신자들은 바울의 감정 상태와 그가 자기들이 어떻게 반응하기 바라는지를 알 수 있었다. 그런 공격을 극복해낸 목회자들은 극소수다. 아무도 그런 공격을 받고 싶어 하지 않는다. 우리 중 대다수는 그런 공격을 피해 달아나고 싶어 한다. 극소수의 사람을 제외하고는 거의 모두가, 만약 그런 공격을 받는다면 적어도 자신들의 사역으로의 부르심에 대해 의문을 품는다. 우리가 여기서 만나는 것은 언어적 십자가형(verbal crucifixion)과 다름없다. 그것은 사도와 사역자로서의 그의 존재의 핵심, 그가 받은 은사, 그의 외모, 돈을 다루는 문제와 관련한 그의 성실성을 겨냥했다.

물론 우리는 목회자들이 어떻게 성공하는지, 그들이 비판을 어떻게 극복하는지, 자신을 비판하는 자들에게 어떤 은혜와 긍휼로 대응하는지 궁금하다. 우리는 그런 평가를 접할 때 사역자가 어떻게 탈진하지 않으면서 혹은 그 일을 그만두고 다른 무언가를 하려고 하지 않으면서 계속해서 사역을 해나갈 수 있는지 궁금해하지 않을 수 없다. 언젠가 엘렌 데이비스(Ellen Davis)는 어느 서품 예배에서 설교하면서 다음과 같이 말했다.

성직자가 되는 것은 하나님을 위해 승리를 거두는 문제가 아닙니다. 수많은 이야기, 영화, TV 프로그램, 요즘은 비디오 게임까지 우리의 상상 속으로 어떤 영웅적인 이야기를 불어넣습니다. 용감한 모험가가 불가능한 사명을 지니고 보냄을 받고 결국 온갖 역경에 맞서 승리를 거둡니다. 하지만 그것은 기독교 사역의 패턴이 아니며 그럴 수도 없습니다. 그것이 복음의 패턴이 아니라는 단순한 이유 때문입니다. 여러분도 아시다시피, 복음은 전적으로 인간의 패배, 인간 소망의 깨어짐, 인간적 열망의 극도로 고통스러운 좌절에 관한 것입니다.…그리고 하나님의 승리는 그 모든 것 후에, 그 모든 것에도 불구하고, 심지어 그 모든 것을 통해서야 지각됩니다. 그런 이유로 성직자가 되는 것은 치유 불가능한 낙관주의자에게는 형편없는 일입니다. 그 일에는 아주 근본적으로 실망이 내재해 있기 때문입니다.[12]

그녀가 옳다. 목회자의 직무 기술서에는 실패와 실망, 비판이라는 단어가 적혀 있다. 목회자 친구들이여, 여러분은 바울을 친구로 두고 있다.

바울은 그런 언어적 십자가형에 어떻게 대응했는가? 다시 말하지만, 그것은 "범사에 많았다." 그러나 그 문제를 살피기에 앞서 그의 적대자들의 세상을 좀 더 살펴보자. 나는 그들의 세상이 바울에게는 세속성이었음을 보일 것이다.

---

12 Ellen F. Davis, *Preaching the Luminous Word: Biblical Sermons and Homiletical Essays*, ed. Austin McIver Dennis (Grand Rapids: Eerdmans, 2016), 191.

세상

고린도 로마인들의 야망과 지위

로마가 가는 모든 곳에 로마의 문화가 따라갔다. 로마 문화의 독특한 특징은 (특히) 상류층 남자들의 만족할 줄 모르는 추구, 즉 사회의 사다리를 기어 올라가 종종 기념비나 동상으로 자신의 업적에 대한 기림을 받고자 하는 갈망이었다.[13] 현대 문화를 연구하는 학자들뿐 아니라 고대 세계를 연구하는 역사가들도 종종 그런 사회를 "명예-수치 문화"(honor-shame culture)라고 묘사한다.[14] 명예는 어떤 이가 자신의 지위에 대해 갖는 인식인 동시에 (그보다 중요하게) 그의 동료나 중요한 다른 이들에게서 받는 인정이다. 그러므로 명예는 어떤 이에 대한 공적 평결이 된다. 그것은 또한 중독적이다. 유명한 소설가 고어 비달(Gore Vidal)은 다른 맥락에서 이렇게 말했다. "영광은 다른 어떤 것보다도 중독적인 마약이다."[15] 그 마약은 로마 제국에서는 아주 쉽게 구할 수 있었다.

---

13 Dio Chrysostom, Oration 31, *To the People of Rhodes*, *Discourses 31-36*, trans. J. W. Cohoon, H. Lamar Crosby, LCL 358 (Cambridge: Harvard University Press, 1940), 1-169.

14 Bruce J. Malina, *Christian Origins and Cultural Anthropology: Practical Models for Biblical Interpretation* (Atlanta: John Knox, 1986); David A. deSilva, *Honor, Patronage, Kinship and Purity: Unlocking New Testament Culture* (Downers Grove, IL: IVP Academic, 2000).

15 Gore Vidal, "Some Memories of the Glorious Bird and an Earlier Self," *The Art of the Personal Essay: An Anthology from the Classical Era to the Present*, ed. Phillip Lopate (New York: Anchor Doubleday, 1994), 627.

로마는 지위를 의식하는 사회의 궁극적 형태로 남아 있었다. 비록 로마의 식민지들이 제국 내의 도시들과 동일하지는 않았으나, 바울이 사역했던 여러 도시의 조직은 놀라울 정도로 비슷했다. 더 나아가 로마와 그리스의 리더십 모델은 보다 지역적인 조직과 협회, 회당에 구조적인 영향을 주었다. 상류층이 하는 일을 다른 이들은 모방했다. 그러므로 귀하게 태어나고, 넉넉한 부를 지니고, 전투에 참가할 만큼 용감하고, 공적 연설에서 설득력을 갖추고, 덕이 있는―그로 인해 식민지의 명성과 안전을 신장시켰던―고린도 사람들은 "쿠르수스 호노룸"(*cursus honorum*, '명예로운 경로'라는 의미로 로마 공화정과 초기 로마 제정 시대에 공직의 순서나 과정을 가리키는 용어였다―역주)을 따라 등반을 시도할 수 있었고, 종종 그들의 노력과 시혜에 대한 보답을 받았다. 이 경로는 핵심에 이르기까지 치열한 경쟁으로 이루어졌고, 어떤 이가 일단 그곳에 도착한 후에 그는 입는 것, 직업, 공적 행사와 연회 때 앉는 자리, 법률 시스템 안에서 살아가는 방식 등으로 자신의 지위를 표시했다.[16] 실제적인 쿠르수스 호노룸은 아주 소수의 사람에게만 해당되었으나, 그것은 사회 전체의 체계가 되었다. 가족의 노예들을 포함해서 다양한 협회와 클럽과 하위문화 모두가 명예와 수치라는 체계를 채택했기 때문이다.

---

16 이에 대한 간략한 논의를 위해서는 Joseph H. Hellerman, *Reconstructing Honor in Roman Philippi: Carmen Christi as Cursus Pudorum*, SNTSMS 132 (Cambridge: Cambridge University Press, 2005), 11-32를 보라.

고린도 교회 안에서 나타난 명예의 추구

명예를 위한 경쟁의 이런 경로는 고린도 사람들의 공적인 삶을 형성했을 뿐 아니라 고린도의 기독교 교회에도 영향을 주었다. 쿠르수스 호노룸이 적어도, 대부분은 아닐지라도, 바울에 대한 비난의 일부를 형성했다고 말하는 것은 과장이 아니다. 바울은 조셉 헬러맨(Joseph Hellerman)이 "쿠르수스 푸도룸"(*cursus pudorum*, 수치 혹은 비하에 이르는 경로)이라고 불렀던 것으로서 쿠르수스 호노룸을 훼손하려고 했던 것으로 보인다![17] 시드니에 있는 몰링 칼리지에서 신약성경을 가르치는 데이비드 스탈링(David Starling)은 고린도의 가정 교회들에서 나타난 명예에 대한 추구를 리더십의 "고린도화"(Corinthianization)라고 부른다.[18] 그의 정의가 이 단락의 주제를 요약해준다. "리더십의 '고린도화'는 주변 문화의 사고방식과 권력 구조—특히 1세기 로마의 고린도에서 유력하고 영향력 있었던 사고방식과 권력 구조—에 대한 무비판적인 흡수와 모방이다."[19] 고린도인들에게는 지위가 중요했다. 그것이 바울이 무시할 만한 사람들과 고귀한 사람들에게 동시에 눈길을 주면서 다음과 같이 말해야 했던 이유다. "형제들아, 너희를 부르심을 보라. 육체를 따라 지혜로운 자가 많지 아니하며 능한 자가 많지 아니하며 문벌 좋은 자가 많지 아니하도다"(고

---

17 Hellerman, *Reconstructing Honor*.
18 David I. Starling, *UnCorinthian Leadership: Thematic Reflections on 1 Corinthians* (Eugene, OR: Cascade, 2014), 11–13.
19 Starling, *UnCorinthian Leadership*, 12.

전 1:26).[20] 그가 이렇게 말하는 이유는 그 교회의 어떤 이들(에라스도, 가이오, 그리스보, 스데바나)은 지위가 높았고 교회의 문화에 대해 일방적인 영향력을 갖고 있었던 반면, 대다수의 사람은 아무런 지위도 갖고 있지 않았기 때문이다. 양쪽 사람들 모두에게 눈길을 보내면서 바울은 낮은 계급의 사람들에게는 그들이 중요하다고, 높은 지위의 사람들에게는 자기가 그들을 주시하고 있다고 상기시켰다! 그러나 당시에 고린도 교회에서 형성되고 있던 문화는 바울보다는 로마와 더 가까웠다.

자랑과 지위

명예를 추구하는 것이 로마의 방식이라면, 그것을 자랑하는 것은 불가피했다. 자랑하는 것은 용납되었을 뿐 아니라 어떤 자격을 얻기 위해서는 요구되기도 했다. 아래에서 나는 세 개의 완전한 예를 통해 이 점을 상세히 설명하려고 하는데, 자랑이 무엇에 대한 것인지를 알아야 하고 그래야 바울의 대응이 무엇에 대한 것인지도 알 수 있기 때문이다.

---

20 이에 대한 좋은 논의를 위해서는 Andrew D. Clarke, *Secular and Christian Leadership in Corinth: A Socio-Historical and Exegetical Study of 1 Corinthians 1-6*, Paternoster Biblical Monographs (Milton Keynes, UK: Paternoster, 2006), 41-45를 보라.

아우구스투스의 자랑

약 30만 명의 군대와 수천 명의 해군과 근위대를 거느린 군사령관이었던 아우구스투스 황제는 생애 말년에 『신성한 아우구스투스의 업적』(*Res Gestae Divi Augusti*)이라고 불리는 그 자신이 이룬 성취에 관한 이야기를 썼다.[21] 그의 업적에 대한 기록은 군사적 정복, 로마인들을 위한 자선, 그가 건축한 건물들에 초점이 맞춰졌다.[22]

> 나는 두 차례나 승리의 갈채를 받았고 세 차례나 승리의 전차를 몰았으며 스물한 차례나 승리한 장군으로 인정받았다. 원로원은 내가 그보다 훨씬 더 많은 승리를 거뒀다고 인정했으나 내가 그 모든 자격을 포기했다. 나는 각각의 전투에서 했던 맹세를 이행하기 위해 나의 권표(*fasces*)에서 월계수 가지를 떼어내 카피톨리노 신전에 보관했다. 내가 혹은 나의 대리자들이 나의 보호를 받으며 땅과 바다에서 성공적으로 이뤄낸 일들 때문에 원로원은 쉰다섯 차례나 우리가 불멸하는 신들에게 감사를 드려야 한다고 명했다. 원로원의 명령으로 그렇게 감사가

---

21 Alison E. Cooley, *Res Gestae Divi Augusti: Text, Translation, and Commentary* (Cambridge: Cambridge University Press, 2009). 아우구스투스에 대한 연구를 위해서는 다음을 보라. Anthony Everitt, *Augustus: The Life of Rome's First Emperor* (New York: Random House, 2006); Karl Galinsky, *Augustus: Introduction to the Life of an Emperor* (New York: Cambridge University Press, 2012); J. S. Richardson, *Augustan Rome, 44 BC to AD 14: The Restoration of the Republic and the Establishment of the Empire* (Edinburgh: Edinburgh University Press, 2012). 키케로가 언급하는 예를 위해서는 *Letters to Friends* 22를 보라.

22 이에 대한 한 가지 훌륭한 간략한 언급이 Beard, *SPQR*, 360-67에서 발견된다. Beard는 성공에 대한 자기중심적 기록 안에서 자기에 대한 언급이 100여 개에 이른다고 주장한다(368쪽을 보라).

드려진 날들은 890일이나 되었다. 나의 승리로 인해 아홉 명의 왕들 혹은 왕의 자식들이 나의 전차 앞으로 끌려 나왔다. 나는 이 책을 쓰는 동안 열세 차례나 집정관 노릇을 했고 [기원후 14년 현재까지] 서른일 곱 차례나 호민관 노릇을 했다. (4.1-4)

당신은 이 글에서 깊은 인상을 받을 것이다. 그러나 여기서 우리가 보아야 할 것은 이런 형태의 자기 홍보가 기대되었다는 점이다. 아 우구스투스는 지위와 자랑하는 문화를 육성했고, 고린도 사람들은 그것을 따랐고, 바울은 그것에 맞섰다.

요세푸스의 자랑

자랑은 황제들만 했던 게 아니다. 유대인 제사장이자 학자 겸 역사 가였던 요세푸스는 그의 자서전을 다음과 같은 자랑으로 시작한다. "나의 가문은 비천하지 않다. 우리 가문의 기품 있는 족보는 제사장 조상들에게까지 거슬러 올라간다. 다른 민족들은 다양한 근거를 바 탕으로 자신들의 고귀함을 주장한다. 우리는 제사장직과의 연관성 이 걸출한 계통에 대한 징표다. 그러나 나의 조상들은 제사장이었을 뿐 아니라 스물네 반열 중 첫 번째에 속했고―이것은 특별한 영예 다―또한 그 반열 중에서도 가장 탁월한 씨족에 속해 있었다. 더 나 아가 어머니 편에서 보자면, 나는 왕족이다"(『생애』[*The Life*] 1-2). 계 속해서 그는 다음과 같이 말한다. "나의 양친에 의해 태어난 나의 형 제 마티아스와 함께 자라면서 나는 교육에서 큰 진전을 이뤘고 탁월 한 기억력과 이해력으로 명성을 얻었다. 14살 경 소년이었을 때는 문서에 대한 사랑 때문에 많은 이들로부터 갈채를 받았는데, 우리 도시의 중요한 제사장들과 지도급 인사들이 계속해서 나를 찾아와 우리의 법령에 들어 있는 특정한 사항에 관한 정확한 정보를 얻으려 했다"(『생애』 89).

바울과 자랑

빌립보서 3:4-6에서 사도 바울은 우리에게 자신의 이야기를 하는 한 가지 방식을 알려준다. "그러나 나도 육체를 신뢰할 만하며 만일 누구든지 다른 이가 육체를 신뢰할 것이 있는 줄로 생각하면 나는 더욱 그러하리니, 나는 팔 일 만에 할례를 받고 이스라엘 족속이요 베냐민 지파요 히브리인 중의 히브리인이요 율법으로는 바리새인이요 열심으로는 교회를 박해하고 율법의 의로는 흠이 없는 자라." 이어지는 구절에서 그가 이 이야기를 뒤집는 것은 중요하지 않다. 왜냐하면 이 구절에서 우리는 바울의 이전 자랑을 엿볼 수 있기 때문이다. 고린도 가정 교회들의 영향력 있고 부유하고 강력한 이들은 자랑을 통해 강화되는 충성과 열정을 특징으로 하는 생색내기 혹은 당파 시스템을 발전시켰는데, 이것은 고린도전서 1:12에서 가장 두드러지게 드러난다. "내가 이것을 말하거니와 너희가 각각 이르되 '나는 바울에게, 나는 아볼로에게, 나는 게바에게, 나는 그리스도에게 속한 자라' 한다는 것이니." 우리가 여기서 보는 것은 개인숭배의 실례다.[23] 로마 세계에서 쿠르수스 호노룸을 따라 올라가려는 사람

---

23   Winter, *After Paul Left Corinth*, 40-43; Clarke, *Secular and Christian Leadership*, 59-

은 지위 높은 누군가의 지지자가 되어야 했다. 그러므로 고린도 교회의 세속적인 지도자들에게 가장 중요했던 것은 어떤 이의 거룩함, 사랑, 지혜, 혹은 복음에 대한 신실함이 아니라 그의 지위였다. 바울이 비난하는 것은 세속성 혹은 육체성이다. "너희는 아직도 육신에 속한 자로다. 너희 가운데 시기와 분쟁이 있으니 어찌 육신에 속하여 사람을 따라 행함이 아니리요. 어떤 이는 말하되 '나는 바울에게라' 하고 다른 이는 '나는 아볼로에게라' 하니 너희가 육의 사람이 아니리요"(고전 3:3-4). 그들에게 중요한 것은 세속적인 **지혜**, 지위가 갖는 힘, 명예, 그런 것들 각각에 관해 자랑할 수 있는 능력이었다(4:10). 반면에 바울에게 중요한 것은 그들의 지혜가 **세속적**이라는 사실이었다.

고린도 신자들에게 문제는 바울이 지위, 업적, 명예를 자랑하는 그들의 모델에 들어맞지 않았다는 것이었다. 바울은 자기가 거기에 들어맞기를 바랐던 그들의 갈망에 어떻게 대응했을까? 사도의 전략은 그들에게 굴복하고, 리더십을 전복시키고, 예수의 삶, 십자가, 부활과 승천에 근거한 리더십 신학을 형성하는 것이었다.[24] 즉 교회를 어떻게 이끌 것인가에 대한 그의 신학은 **삶**-본받기(*bio*-formity), **십**

107.

24 David G. Horrell, *Solidarity and Difference: A Contemporary Reading of Paul's Ethics*, 2nd ed. (London: Bloomsbury T&T Clark, 2015), 136; Matthew R. Malcolm, "Paul's Pastoral Sensitivity in 1 Corinthians," Rosner, Malone, Burke, *Paul as Pastor*, 43-54. C. Kavin Rowe, *World Upside Down: Reading Acts in the Graeco-Roman Age* (New York: Oxford University Press, 2009)에 실려 있는 사도행전 내러티브를 위해서도 동일하게 뒤집힌 세상이 예시된다.

자가-본받기(*cruci*-formity), **부활**-본받기(*anastasi*-formity)였다. 다시 말해, 바울은 로마의 권력 체계를 파기하고 그리스도를 본받는 삶의 방식의 리더십을 제공했다. 바울의 대응은 그들의 세계에 대한 전복이나 다름없었다.[25]

그리스도를 본받는 목회자가 고린도의 세속성에 대응하다

많은 지도자가 만약 자기들이 포기한다면, 비난 앞에서 스스로 낮춘다면, 사람들의 기대를 따라 살지 않는다면, 자신들의 권위, 영향력, 사역이 감소할 것이라고 걱정한다. 바울은 리더십에 관한 그런 이론에 동의하지 않았다. 그는 고린도인들의 리더십 표시—부, 지위, 웅변, 힘, 혈통, 생색내기—를 취한 후 그것들을 전복시켰다.[26] 그러나 그것을 그리스도를 본받는 방식으로 전복시켰다. 앤드류 클라크(Andrew Clarke)의 결론처럼, "고린도 사람들에 대한 바울의 대응 중 많은 부분은 바울이 고린도 사회에서 크게 칭송되는 표준적인 기준에 부합하는 리더십에서 두각을 나타내지 않는다고 여기는 고린도 사람들에게 사실상 항복한다."[27] 전적으로 동의한다.

---

25   이에 대한 보다 깊은 논의를 위해서는 Finney, *Honour and Conflict in the Ancient World*, 69-109를 보라. 또한 본서 1장 "문화를 만드는 자로서의 목회자"를 보라.

26   Barnett, "Paul as Pastor." 바울의 자기 방어에 관한 설명은 58-61에서 찾아볼 수 있다.

27   Andrew D. Clarke, *Serve the Community of the Church: Christians as Leaders and Ministers*, First Century Christians in the Graeco-Roman World (Grand Rapids:

개인숭배의 문제를 살펴보자(고전 1:26-31; 3:18-23; 4:6-7). 바울은 자기가 사도와 지도자로서 어떻게 행동해야 하는지에 대한 고린도 사람들의 기대에 부응하는 생색내기와 개인숭배 체계도 인정하지 않는다. 혹은 메시지의 문제를 살펴보자. 유대인들은 누군가의 지위를 입증해주는 "표적"을 원했고, 그리스인들은 "지혜"를 원했다(1:22). 바울은 어떠한가? 그가 내세운 것은 십자가였다! "우리는 십자가에 못 박힌 그리스도를 전한다!"(23절)

고린도전서 4장: 전복적으로 읽기

고린도의 세속성에 대한 바울의 전복에 내포된 다섯 가지 요소를 살피기에 앞서 고린도전서 4:8-13을 전복적으로 읽는 방식을 제시하고자 한다.

> 너희가 이미 배부르며 이미 풍성하며 우리 없이도 왕이 되었도다. 우리가 너희와 함께 왕 노릇 하기 위하여 참으로 너희가 왕이 되기를 원하노라. 내가 생각하건대 하나님이 사도인 우리를 죽이기로 작정된 자 같이 끄트머리에 두셨으매 우리는 세계 곧 천사와 사람에게 구경거리가 되었노라. 우리는 그리스도 때문에 어리석으나 너희는 그리스도 안에서 지혜롭고 우리는 약하나 너희는 강하고 너희는 존귀하나 우리는 비천하여 바로 이 시각까지 우리가 주리고 목마르며 헐벗고 매 맞으며 정처가 없고 또 수고하여 친히 손으로 일을 하며 모욕을 당한즉 축복

Eerdmans, 2000), 217.

하고 박해를 받은즉 참고 비방을 받은즉 권면하니 우리가 지금까지 세상의 더러운 것과 만물의 찌꺼기 같이 되었도다.

바울은 그들의 용어와 정의—즉, 지위와 명예—를 취해 강력한 아이러니를 사용해서 그것들의 실체를 밝힌다. 즉 그는 이렇게 말한다. 너희는 "이미 풍성하며" "부유하고" "왕들"이다(8절). 이어서 그들의 용어와 정의가 자신을 패배자로 만든다는 것—그것이 그의 영광이다—을 보여준다. 8절의 두 번째 문장은 이렇게 말한다. "나는 너희가 왕이 되기를 원하노라"—이것은 그들이 실제로는 그렇지 않다는 것을 가리킨다—"우리가 너희와 함께 왕 노릇하기 위하여!" 확실히 그는 세상의 명예를 구하지 않는다. 하지만 그들의 언어 게임에 참여하는데, 그것은 그가 세상의 명예 체계를 전복시키고 싶어하기 때문이다. 8절 끝부분의 신랄한 비아냥거림을 넘어서 9절에 이르러 바울은 고린도 신자들에게 세상의 체계가 자신을 무엇으로 만들고 있는지를 보인다. "끄트머리"와 "죽이기로 작정된 자", "세계 곧 천사와 사람에게 구경거리." 10절에서 그는 자기가 "어리석고" "약하고" "비천한 자"가 되었다고 말한다. 그러나 고린도 신자들은 그들의 세속적인 명예 체계 안에서 "지혜롭고" "강하고" "존귀하다." 사실상 그는 생필품조차 갖고 있지 않으며(11절) 그로 인해 친히 손으로 일을 해야 한다(12절). 그의 복음 사역은 그가 "모욕을 당하고" "박해를 받고" "비방을 받는 것"으로 이어진다(12-13절). 그러나 이에 대한 그의 대응은 축복하고 인내하고 친절한 말을 하는 것이다(12-13절).

고든 피(Gordon Fee)가 말하듯 "[바울이] 두 차례에 걸쳐 능숙하게 과장해서 진술하는 것처럼(8, 10절), 그들이 자신을 이해하는 방식은 의심할 바 없이 그들이 마땅히 그렇게 되어야 하는 방식이다. 그러나 결론적인 수사학적 표현에서 설명되는 것처럼(11-13절) 그가 실제로 존재하는 방식은 그들 모두가 그렇게 되어야 하는 방식이다."[28] 바울이 그들의 체계를 취해 논리적 극단까지 밀어붙임으로써 나타나는 결과는 세속적인 명예 체계를 전복시키고 그것을 그리스도를 본받는 삶으로 대체하는 것이었다. 세속적 체계에 대한 빈정거림은 인용된 구절의 바로 앞 절에서 나타난다. "네게 있는 것 중에 받지 아니한 것이 무엇이냐. 네가 받았은즉 어찌하여 받지 아니한 것 같이 자랑하느냐"(4:7). 결국 모든 것이 선물이다. 그러므로 지위에 대한 그들의 자랑과 시끄러운 요구는 그 선물을 부정하는 것이다. 선물 혹은 은혜가 리더십을 포함해 교회의 관계들에 대한 바울의 패러다임 안에서 지배적인 개념이 될 때, 어떤 전복적인 힘이 풀려난다.[29]

그러므로 아래에서 나는 바울이 고린도인들의 리더십에 대한 접근법이 갖고 있는 세속성을 전복시키는 방식의 다섯 가지 요소를 개략할 것이다.

---

28 Gordon D. Fee, *The First Epistle to the Corinthians*, NICNT, rev. ed. (Grand Rapids: Eerdmans, 2014), 180(강조는 원저자의 것임). 『NICNT 고린도전서』(부흥과개혁사 역간, 2019).

29 상호 권한이 부여되는 전복적인 힘으로서 은혜의 중요성에 대해서는 특히 Kathy Ehrensperger, *Paul and the Dynamics of Power: Communication and Interaction in the Early Christ-Movement*, LNTS 325 (London: T&T Clark, 2007), 63-80을 보라. John M. G. Barclay, *Paul and the Gift* (Grand Rapids: Eerdmans, 2015)도 보라.

그리스도라는 패러다임

그리스도인과 목회자를 위한 바울의 전형은 그리스도다. 이것은 아무리 강조해도 지나치지 않다. 이것은 그리스도를 본받는 삶이 바울의 선교 교회들의 문화가 되어야 함을 의미하는데, 이는 결코 과장이 아니다. 고린도 신자들과 바울의 소통에서 작동하는 그리스도라는 전형은 고린도전서 1:18-25에서 발견된다. 그러나 나는 고린도 신자들의 세속성에 대한 바울의 전복적 대응 배후에 존재하는 신학적 패러다임으로서 보다 좁게 빌립보서 2:5-11에 나오는 유명한 찬가에 초점을 맞추고자 한다. 종종 그 찬가는 메모리 패킷에 들어 있는 일련의 성구들처럼 본래의 문맥에서 분리된 채 읽힌다. 따라서 여기서는 1절부터 시작해 그 구절 전체를 인용하고자 한다.

> 그러므로 그리스도 안에 무슨 권면이나 사랑의 무슨 위로나 성령의 무슨 교제나 긍휼이나 자비가 있거든 마음을 같이하여 같은 사랑을 가지고 뜻을 합하며 한마음을 품어 아무 일에든지 다툼이나 허영으로 하지 말고 오직 겸손한 마음으로 각각 자기보다 남을 낫게 여기고 각각 자기 일을 돌볼뿐더러 또한 각각 다른 사람들의 일을 돌보아 나의 기쁨을 충만하게 하라. 너희 안에 이 마음을 품으라. 곧 그리스도 예수의 마음이니
>
> 그는 근본 하나님의 본체시나
> 하나님과 동등됨을 취할 것으로 여기지 아니하시고
> 오히려 자기를 비워

종의 형체를 가지사 사람들과 같이 되셨고

사람의 모양으로 나타나사

자기를 낮추시고 죽기까지 복종하셨으니

곧 십자가에 죽으심이라.

이러므로 하나님이 그를 지극히 높여

모든 이름 위에 뛰어난 이름을 주사

하늘에 있는 자들과 땅에 있는 자들과 땅 아래에 있는 자들로

모든 무릎을 예수의 이름에 꿇게 하시고

모든 입으로 예수 그리스도를 주라 시인하여

하나님 아버지께 영광을 돌리게 하셨느니라.

자신에 대한 언어적 십자가형에 대한 바울의 대응은 그들을 깜짝 놀라게 했다. 어째서인가? 예상과 달리 그가 자신을 옹호하지 않고, 자신의 명예를 주장하지 않고, 자신을 자랑하지 않았기 때문이다. 오히려 그는 생색내기, 웅변, 명예와 같은 세속적 체계를 전복시키기 위해 자신을 낮췄다. 어째서인가? 위에 인용한 바울의 구절이 보여주듯이 하나님이 그분의 능력을 그리스도 안에서 계시하셨고, 그 능력은 십자가의 능력, 다른 이들을 위한 희생의 능력, 부활로 이어진 죽음을 향해 가는 길의 능력이었기 때문이다. 마크 피니(Mark Finney)의 말을 빌려 말하자면, "상황의 변화로 인해 발생하는 세상의 눈으로 볼 때의 상향 이동, 더 큰 영향력, 혹은 더 높은 지위를 향한 문화적 갈망은 이제는 포기해야 한다. 그것은 궁극적으로 적절하

지 않기 때문이다."[30] 바울에게 지위는 부적절한 것이었다.

마이클 고먼(Michael Gorman)은 십자가를 본받는 것을 그리스도를 본받는 삶뿐 아니라 신화(theosis, 하나님처럼 변화하는 것)의 정수로 여긴다.[31] 고먼은 이것이 바울의 "마스터 이야기"(master story)이고,[32] 그것이 너무나 그러하기에 바울이 고린도에 관한 내러티브에서 패배자들의 편에 설 때 그는 그리스도의 내러티브에 참여하고 있는 셈이라고 주장한다. 고먼의 말을 다시 인용해보자. "사도 바울의 지위는 그가—자신의 힘을 강압적으로 사용해 다른 이들이 특정한 방식으로 행동하도록 강요하거나 명령하면서—자신의 영향력을 행사하거나 재정적 지원을 얻을 권리를 사용할 때가 아니라, 그리스도처럼 자신을 내어주는 부모와 같은 사랑을 실천하거나(살전 2장), 다른 이들에게 부담을 주지 않기 위해 자신을 낮춰 자급자족할 때(고전 9장) 가장 참되고 온전하게 행사된다."[33] 아멘! 고린도 신자들이 가한 언어적 십자가형에 대한 바울의 목회적 대응은 그리스도인의 삶을 위한 모델로서 궁극적 비하인 그리스도의 십자가형에 호소함으로써 명예와 지위에 관한 그들의 이론을 전복시키는 것이었다. 이제 나는 그리스도라는 패러다임으로부터 고린도의 세속성에 대한 바울의 전복에서 나타나는 두 번째 요소로 넘어간다.

---

30 Finney, *Honour and Conflict in the Ancient World*, 145.

31 Michael J. Gorman, *Inhabiting the Cruciform God: Kenosis, Justification, and Theosis in Paul's Narrative Soteriology* (Grand Rapids: Eerdmans, 2009). 많은 신약성경 학자들과 달리 Gorman은 그의 용어를 엄격하게 정의한다.

32 Gorman, *Inhabiting the Cruciform God*, 12.

33 Gorman, *Inhabiting the Cruciform God*, 24-25.

웅변

TV와 인터넷 문화(계속해서 정보가 제공되는 곳)에서 자라난 이들이 고대 세계에서 공적 연설이 가졌던 힘과 의미를 이해하기란, 혹은 소위 소피스트들(sophists, 궤변론자들)의 매력을 이해하기란 어려운 일이다.[34] 공적 연설을 뛰어나게 하는 능력은 명예를 가져다주었다.[35] 한 가지 좋은 예가 키케로(Cicero)가 쓴 『브루투스』(*Brutus*)에서 발견된다.

> 내가 나의 웅변가를 위해 바라는 것은 이것이다. 그가 연설할 거라는 소식이 들리면, 사람들이 벤치의 모든 곳을 차지하고, 판사의 재판석이 가득 차고, 서기들이 분주하고 친절하게 움직이면서 장소를 배정하거나 포기하게 하고, 청중이 몰려들고, 주심 판사가 자세를 바로 한 후 주의 깊게 듣는다. 연사가 일어서면 온 군중은 침묵하고, 간간이 동의의 표현을 보내고, 자주 박수갈채를 보낸다. 청중은 그가 사람들을 웃

---

34 이에 대한 훌륭한 연구를 위해서는 Bruce W. Winter, *Philo and Paul among the Sophists: Alexandrian and Corinthian Responses to a Julio-Claudian Movement*, 2nd ed. (Grand Rapids: Eerdmans, 2002)를 보라.

35 그 주제에 관한 문헌은 계속해서 늘어나고 있으므로 여기서는 다음과 같은 것들만 언급하겠다. George A. Kennedy, *Classical Rhetoric and Its Christian and Secular Tradition from Ancient to Modern Times*, 2nd ed. (Chapel Hill: University of North Carolina Press, 1999); Winter, *After Paul Left Corinth*, 31-43; Thomas Habinek, *Ancient Rhetoric and Oratory* (Malden, MA: Wiley-Blackwell, 2004); Ben Witherington III, *New Testament Rhetoric: An Introductory Guide to the Art of Persuasion in and of the New Testament* (Eugene, OR: Wipf & Stock, 2009); Duane Litfin, *Paul's Theology of Preaching: The Apostle's Challenge to the Art of Persuasion in Ancient Corinth*, 2nd ed. (Downers Grove, IL: IVP Academic, 2015), 57-116.

기려고 하면 웃고, 울리려고 하면 운다. 그로 인해 멀찍이서 지나가면서 그 모습을 보는 사람조차, 비록 그 상황이 어떤 것인지 전혀 알지 못함에도, 그 웅변가가 연설에 성공하고 있다는 것, 그리고 로스키우스(Roscius, 로마 시대의 유명한 배우—역주) 같은 어떤 이가 무대에 올라와 있다는 것을 알아차린다. (290)[36]

수사학자들에게 청중은 완전한 참여자들이었다. 그런 청중에는 바울이 아레오바고에서 연설할 때 그 자리에 있었던 아테네인들과 바울이나 아볼로나 베드로가 연설할 때 그 자리에 있었던 고린도인들이 포함된다. 듀안 리핀(Duane Litfin)은 기원후 1세기 말의 웅변가였던 디온 크리소스토모스에 대한 기록을 살펴서 얻어낸 당시 청중의 반응에 관한 목록을 작성했다. 그가 작성한 목록의 내용은 이러하다. "청중은 열정적으로 환호하고 박수를 칠 수도 있고 소란을 피우고 고함을 쳐서 연설가를 주저앉힐 수도 있다. 그들은 관대하게 침묵하며 앉아 있을 수도 있고 분개하며 연설가에게 돌을 던질 수도 있다. 그들은 적절하게 놀라면서 들을 수도 있고 야유, 헛 소리, 조롱하는 웃음 혹은 잔인한 농담을 하면서 반응할 수도 있다. 요약하자면, 청중은 하고자 한다면 연사를 위협하고 지배할 힘을 갖고 있었는데, 그것이 연사들에게 효과가 없지 않았다."[37] 고린도 사람들은

---

36 Aristotle, *Rhetoric* 1.1.1, 14; Quintilian, *Institutio oratoria* 12.10.72; Cicero, *De inventione rhetorica* 1.6; *Brutus* 59; Dio Chrysostom, *Discourses* 34.6. 이 주제에 관해서는 Litfin, *Paul's Theology of Preaching*, 95-102를 보라.

37 Litfin, *Paul's Theology of Preaching*, 103.

그동안 훌륭한 연설이라는 특별한 음식을 경험해왔기 때문에 자기들이 최고 수준의 수사적 표현을 접할 자격이 있다고 여겼다. 웅변은 사람의 수준을 가늠하는 척도였다.

그러나—이것은 강조하는 "그러나"다—바울은 그들이 바라는 부류의 수사학자가 아니었다. 고린도 사람들은 바울에게 그 사실을 알렸다. 위에서 언급했던 언어적 십자가형의 목록 중 일부를 다시 인용해보자. 고린도후서 10:9-10은 이렇게 전한다. "이는 내가 편지들로 너희를 놀라게 하려는 것 같이 생각하지 않게 함이라. 그들의 말이 그의 편지들은 무게가 있고 힘이 있으나 그가 몸으로 대할 때는 약하고 그 말도 시원하지 않다 하니." 11:6의 내용은 이러하다. "내가 비록 말에는 부족하나 지식에는 그렇지 아니하니." 그런데 바울은 이런 (아마도 단지 일부만 정확했던) 비난에 어떻게 대응했을까? 그는 그런 비난에 굴복한다. 그리고 굴복함으로써 그들의 평가 기준을 전복시킨다.

형제들아, 내가 너희에게 나아가 하나님의 증거를 전할 때에 말과 지혜의 아름다운 것으로 아니하였나니, 내가 너희 중에서 예수 그리스도와 그가 십자가에 못 박히신 것 외에는 아무것도 알지 아니하기로 작정하였음이라. 내가 너희 가운데 거할 때에 약하고 두려워하고 심히 떨었노라. 내 말과 내 전도함이 설득력 있는 지혜의 말로 하지 아니하고 다만 성령의 나타나심과 능력으로 하여 너희 믿음이 사람의 지혜에 있지 아니하고 다만 하나님의 능력에 있게 하려 하였노라(고전 2:1-5).

더 나아가 바울은 자신의 가르치는 기술 때문에 고린도인들이 자신에게 명예와 칭호를 제공하게 하기보다 자기와 아볼로가 서로에게 기여했다고 말함으로써(3:5-15) 경쟁을 전복시켰다. 그러면서 바울은 자신을 "그리스도의 일꾼"이라고 부르는데(4:1), 이때 "일꾼"으로 번역한 단어는 고린도인들에게는 명예로운 용어가 결코 아니었다! 그렇게 그는 자신의 웅변을 격하시켰다.

비록 바울이 자신의 웅변을 격하시켰음을 인정할지라도, 바울 서신 어느 것이라도—특히 빌레몬서—꼼꼼하게 읽어본다면, 거기에서 고대 수사학의 핵심이었던 설득하는 능력을 지닌 한 사람을 발견하게 될 것이다.[38] 아마도 다소 혹은 예루살렘에서 그는 그리스나 로마의 수사학의 미묘한 차이에 대해 배우지 않았을 것이다. 그가 그것을 어디에서 혹은 얼마나 배웠든 간에, 그는 설득력을 지닌 사람이었고 때로는 아주 뛰어난 수사적 솜씨를 발휘했다(참고. 고전 4:6a[39]). 그러나 그는 고린도인들의 세속적인 지위 기준을 전복시키고 그리스도와 십자가에 초점을 맞추기 위해 자신과 자신의 수사적 기량을 비하했다.

여기서 우리가 그리스도를 본받는 삶의 문화를 위해 배울 수 있는 것은 무엇인가? 첫째, 공적 수행을 통해 유명세를 얻고자 하는 열망은 그리스도를 본받는 삶에 반한다는 것이다. 둘째, 자신의 지위

---

38 우리 세대에 Witherington, *New Testament Rhetoric*, 94-176보다 이것을 입증하려는 데 열정적인 이는 달리 없다.

39 Ben Witherington III, *Jesus the Sage: The Pilgrimage of Wisdom* (Minneapolis: Fortress, 1994), 306.

를 의도적으로 낮추면서 바울을 따르는 것은 목회자에게 상처를 입히지 않으리라는 것이다. 사람들에게 앤디 스탠리(Andy Stanley)가 당신보다 훌륭한 설교자라고, N. T. 라이트(N. T. Wright)의 저작이 훨씬 더 설득력 있다고 말하라. 사람들에게 당신은 평범하며 평범한 것은 좋은 것인데, 왜냐하면 하나님이 평범한 사람들도 사랑하시기 때문이라고 말하라. 사람들에게 당신의 설교는 자주 언급하지 않는 학자들로부터 많은 것을 끌어오는데, 사실 당신은 그것에 대해 잘 모른다고 말하라. 오늘날 설교자들과 저자들은 많은 경쟁을 벌인다. 그 경쟁에서 이기려고 하는 것은 바보들의 게임일 뿐이다. 신실하라. 위대해지려고 하지 말라.

이제 바울이 고린도인들의 세속성을 전복시키는 것과 관련한 또 다른 요소를 살펴보자.

육체노동

바울의 육체노동은 그가 자신의 사회적·문화적 자산을 의도적으로 포기하는 것이었고[40] 그와 동시에 고린도의 지도자들을 의도적으로 조롱하는 것이었다.[41] 바울이 빌립보 사람들에게서 오는 지원은 받

---

40 Douglas A. Campbell, *Paul: An Apostle's Journey* (Grand Rapids: Eerdmans, 2018), 56-59에 잘 설명되어 있다.

41 천막 만드는 자로서의 바울에 관해서는 Ronald F. Hock, *The Social Context of Paul's Ministry: Tentmaking and Apostleship* (Minneapolis: Fortress, 2007)을 보라. 바울이 어떻게 지원을 받았는지에 관해서는 Steve Walton, "Paul, Patronage, and Pay: What Do We Know about the Apostle's Financial Support?," *Paul as Missionary: Identity, Activity, Theology, and Practice*, ed. Trevor J. Burke, Brian S. Rosner, LNTS 420 (London: T&T Clark, 2011), 220-33를 보라. Walton은 다음 두 개의 노선에서 일관

으면서도 고린도 사람들의 지원은 받기를 거부하면서 육체노동을
한 것이 고린도 사람들을 심히 짜증나게 만들었다.[42] 비록 랍비들이
(훗날) 토라 연구와 더불어 상업적 거래를 하도록 기대되었다고 할
지라도(m. Avot 2:2; 4:5-7), 분명히 그것은 로마와 그리스 철학자들과
교사들 사이에서는 일반적인 관습이 아니었다. 육체노동은 교사의
지위보다 낮았다. 키케로는 우리의 관심사에 대해 다음과 같이 진술
한다.

> 상업적 거래와 생계를 위한 다른 수단들과 관련해서 어느 것은 신사
> 에게 어울리는 것으로, 어느 것은 점잖지 못한 것으로 간주되어야 한
> 다.…예술적 기교 때문이 아니라 단순한 육체노동 때문에 값을 치르는
> 모든 고용 일꾼들의 생계 수단은 신사에게 어울리지도 않고 점잖지 못
> 하다. 왜냐하면 그들의 경우 임금은 그들의 노예 신분을 보여주는 표
> 지이기 때문이다.…그리고 모든 임금 노동자들[opifices]은 점잖지 못한
> 상업적 거래에 종사하고 있다. **왜냐하면 모든 작업장에는 교양과 관련**
> **한 그 어떤 것도 있을 수 없기 때문이다.**…
>
> 그러나 높은 지성이 요구되거나 사회에 적지 않은 유익을 끼치는

성이 발견된다고 주장하는데, 하나는 복음을 모두에게 무상으로 제공하고자 하는 바
울의 바람이고, 다른 하나는 모든 관계를 변화시키는 그의 그리스도 중심성과 하나
님 중심성이다.

42 바울이 교회를 개척하는 동안 기금을 받았는지, 만약 받았다면 언제 받았는지
에 관한 여러 주장이 있다. 이에 대한 최근의 좋은 연구를 위해서는 Walton,
"Paul, Patronage and Pay"를 보라. 또한 G. W. Peterman, *Paul's Gift from Philippi:
Conventions of Gift Exchange and Christian Giving*, SNTSMS 92 (Cambridge:
Cambridge University Press, 1997)을 보라.

직업들—예컨대, 의료나 건축, **교육** 같은—은 그에 어울리는 사회적 지위를 지닌 이들에게 적합하다(『의무에 관하여』[*On Duties*] 1.150-51; 강조는 원저자의 것임).

교사에게는 몇 가지 용납될 만한 수입의 형태가 있었다. (1) 수업료, (2) 지위 있는 자의 집에 거주함(그 집에서 기식하는 것을 의미함—역주), (3) 혹은 심지어 특별히 견유학파(Cynics)처럼 구걸. 바울의 선택, 즉 육체노동은 지위를 가진 사람들에게는 용납될 수 없는 것이었다.[43]

바울은 고향 다소에서 이렇게 낮은 지위의 일을 배웠던 것일까? 디온 크리소스토모스(Dio Chrysostom)가 쓴 「다소 사람들과의 두 번째 담화」(*Second Tarsic Discourse*, 34.21-23)에는 아무런 지위도 없는 "섬유공들"(*linourgoi*)에 관한 논의가 나온다. 디온은 섬유공들을 "시민"(*politai*)으로 만드는 문제를 옹호하며 변호하는데, 그가 맞서 싸우는 섬유공들에 대한 평판은 그들이 "쓸모없는 폭도"라는 것이었다. 만약 우리가 섬유공들의 지위를 천막 만드는 사람(*skēnopoios*, 행 18:3)이었던 다소 사람 바울의 지위와 연관시킨다면—그것은 아주 타당한 일이다—바울이 택한 일에 대해 조금은 이해할 수 있을 것이다. 그는 시민에게 적합하지 않은 무언가를 택했고 대중 선동가들과 연계했던 것이었다. 바울은 자신의 육체노동과 관련한 연상들에 대해 알 수밖에 없었을 것이다.

---

43 Hock, *Social Context of Paul's Ministry*, 52-59.

바울은 자신의 지위를 낮추고 고린도인들에게 그리스도를 본받는 삶을 예시하기로 했다. 다음은 바울이 자신의 육체노동에 관해 한 말들이다.

형제들아, 우리의 수고와 애쓴 것을 너희가 기억하리니 너희 아무에게도 폐를 끼치지 아니하려고 밤낮으로 일하면서 너희에게 하나님의 복음을 전하였노라(살전 2:9).

[우리가] 수고하여 친히 손으로 일을 하며 모욕을 당한즉 축복하고 박해를 받은즉 참고(고전 4:12).

어찌 나와 바나바만 일하지 아니할 권리가 없겠느냐(9:6).

보라, 내가 이제 세 번째 너희에게 가기를 준비하였으나 너희에게 폐를 끼치지 아니하리라. 내가 구하는 것은 너희의 재물이 아니요 오직 너희니라. 어린아이가 부모를 위하여 재물을 저축하는 것이 아니요 부모가 어린아이를 위하여 하느니라(고후 12:14).

여기에 사도행전 18:3, 20:34, 28:30을 추가해보라. 그러면 당신은 바울이 에게해와 그 지역 너머에서 육체노동을 하면서 복음 전도의 사명을 이행했음을 보여주는 증거를 넘치게 얻을 수 있을 것이다.

우리의 결론은 이러하다. 바울은 교사였고, 이것은 그가 지위와 명예를 지닌 직업을 갖고 있었음을 의미했다. 하지만 바울은 지위

안에 머물지 않기로 결정했다. 그것은 세속적인 것이기 때문이었다. 언젠가 바울은 그 모든 것을 권리와 그런 권리를 부정하는 선택이라는 측면에서 묘사했다.

> 내가 자유인이 아니냐, 사도가 아니냐, 예수 우리 주를 보지 못하였느냐, 주 안에서 행한 나의 일이 너희가 아니냐? 다른 사람들에게는 내가 사도가 아닐지라도 너희에게는 사도이니 나의 사도 됨을 주 안에서 인친 것이 너희라. 나를 비판하는 자들에게 변명할 것이 이것이니 우리가 먹고 마실 권리가 없겠느냐? 우리가 다른 사도들과 주의 형제들과 게바와 같이 믿음의 자매 된 아내를 데리고 다닐 권리가 없겠느냐? 어찌 나와 바나바만 일하지 아니할 권리가 없겠느냐?(고전 9:1-6; 참고. 12절)

여기에 그는 교사의 권리에 대한 권위 있는 지지로 읽힐 수 있는 토라의 한 구절을 덧붙인다(고전 9:8-11). 그러나 바울은 "먹고 마실" 권리를 삼갔다. 그는 고린도인들의 말을 거꾸로 뒤집으면서 자신에게 지원이 없는 것을, 그로 인해 자신이 지위에 의존하거나 그것에 연연하지 않는 것을 자랑한다(12-17절). 즉, "그런즉 내 상이 무엇이냐? 내가 복음을 전할 때에 값없이 전하고 복음으로 말미암아 내게 있는 권리를 다 쓰지 아니하는 이것이로다"(18절). 다시 그들의 말을 뒤집으면서 바울은 지위에 몰두하는 고린도인들의 세상을 전복시킨다. "내가 모든 사람에게서 자유로우나 스스로 모든 사람에게 종이 된 것은 더 많은 사람을 얻고자 함이라"(19절). 그는 "자유롭게" 되

는 것 대신 "종"이 되는 쪽을 택한다.[44]

권리를 주장하지 않기로 하면서, 자유인으로 살지 않기로 하면서, 품위 없는 직업을 택해 손으로 일하고 그렇게 함으로써 복음을 위한 종이 되기로 하면서, 바울은 고린도 사람들의 명예와 지위를 추구하는 방식의 접근법을 전복시켰다. 분명히 그는 자신에 대해 설명해야 했다. 그의 설명이 고린도인들에게 확신을 주지 못했을 수도 있다. 하지만 그의 설명은 그들이 그의 삶의 모든 요소에 그리스도를 본받는 삶이 만연해 있음을 알게 해주었다. 우리는 그의 육체노동을 그리스도의 십자가에 대한 구체적인 비유로 여겨야 한다.

그 십자가는 또한 그가 고린도의 세속성을 전복시키는 자신의 소명을 위한 호칭과 이미지들을 택하도록 이끌었다.

호칭과 이미지

호칭이 중요했던 세상에서(가령, 마 23:8-10), 지위의 사다리 위에서의 서열이 다른 이들에게 언급되는 방식을 결정했던 세상에서, 사도 바울은 그런 호칭들을 산산조각냈다. 만약 어떤 이의 이미지가 그에 대한 호칭에 의해 형성된다면, 바울은 자신의 이미지를 받침대 밑으로 내동댕이친 셈이다.[45]

---

44 다른 이들은 다른 이유들—복음을 무상의 것으로 만들기 위해서, 다른 순회 교사들의 제안을 피하기 위해서, 게으름에 대한 거부 등—을 지적하지만, 나는 그가 재정적 지원을 멀리했던 주된 이유로, 고린도인들의 지위라는 맥락에서 그가 한 말에 의지해, 그리스도를 본받는 삶을 구현하려는 그의 헌신을 꼽고자 한다.

45 Andrew D. Clarke, *A Pauline Theology of Church Leadership* (London: Bloomsbury T&T Clark, 2008), 118-26.

받침대에 대해 말하자면, 고린도와 같은 로마의 식민지들은 쿠르수스 호로룸(*cursus honorum*)을 어떤 이에게 명예를 내리는 호칭들로 포장했다. 참사원 회원, 행정관이나 재판관, 조영관(造營官), 평의회 회원, 공급관, 재무관, 높이 존경받는 공적 경기의 기획관 등등. 고린도 사람들은 식민지에서 누가 누구인지 그리고 누가 무슨 일을 하는지 알았고, 그런 지위에 있는 사람들은 자기들이 대단한 사람이라는 것을 알았다. 바울은 자신이 세운 교회들이 지도자들, 즉 프로이스테미(*proistēmi*)를 갖게 되기를 꿈꿨는데, 그것은 "이끌다"에 해당하는 용어들 중 하나였다(롬 12:8; 살전 5:12; 딤전 3:4-5, 12; 5:17; 딛 3:8, 14에서는 "힘쓰다"로 번역함). 바울의 선교를 관통했던 것은 은사와 성령의 촉구로 인한 사역이었으나, 빌립보서 1:1에서는 분명하게 직책("감독들과 집사들")에 대한 언급이 나타나며 디모데전서 3:1-13과 디도서 1:5-9에서는 보다 분명하게 열거된다.[46] 이런 것들과 함께 바울은 동료들에게 "동역자"와 "종" 같은 애칭을 사용한다. 그러므로 바울의 교회들에는 지도자들이 있었고, 그들은 모종의 위계를 갖고 있었다. 바울은 호칭들에 반대하지 않았다. 그러나 지도자들을 위해 어떤 호칭과 이미지를 택할 것인가 하는 문제와 관련해서는 방향을 바꿔 다른 방향으로 걸어갔다.[47]

---

46 이에 대한 논의를 위해서는 Clarke, *Pauline Theology*, 42-78을 보라.

47 바울이 교회에서 자신의 역할을 가리키기 위해 "청지기"(그리스어 *oikonomos*)라는 호칭을 택하고 그것에 낮추는 역할과 힘을 부여하는 역할 모두의 의미를 부여하는 것에 관한 좋은 예를 위해서는 John Goodrich, *Paul as an Administrator of God in 1 Corinthians*, SNTSMS 152 (Cambridge: Cambridge University Press, 2012)를 보라.

이런 본문들 각각에 대해, 바울이 이처럼 노골적으로 호칭들을 격하시키는 것에 대해 길게 논할 이유는 없다. 그러나 적어도 아래에 인용한 구절들 중 강조 처리된 것들에 대해서는 주목할 필요가 있는데, 그것들이 고린도인들과 그들의 세속성에 맞서고 있기 때문이다.[48]

"우리가 지금까지 세상의 더러운 것과 만물의 **찌꺼기** 같이 되었도다"(고전 4:13).

"항상 우리를 그리스도의 개선 행렬에서 **포로**가 된 우리를 인도하시는 하나님께 감사하노라"(고후 2:14, NIV).

바울은 일상적으로 **약함**이라는 단어를 사용한다. "내가 너희 가운데 거할 때에 약하고 두려워하고 심히 떨었노라"(고전 2:3); "내가 부득불 자랑할진대 내가 약한 것을 자랑하리라"(고후 11:30; 참고. 12:5, 9-10).

"그리스도께서 약하심으로 십자가에 못 박히셨으나 하나님의 능력으로 살아 계시니 우리도 그 안에서 약하나 너희에게 대하여 하나님의 능력으로 그와 함께 살리라"(13:4).

---

48 바울이 자신의 사역에 대해 사용하는 이미지들에 대한 묘사를 위해서는 Stephen C. Barton, "Paul as Missionary and Pastor," *The Cambridge Companion to St. Paul*, ed. James D. G. Dunn (Cambridge: Cambridge University Press, 2003), 35-39를 보라.

"하나님의 **어리석음**이 사람보다 지혜롭고 하나님의 약하심이 사람보다 강하니라"(고전 1:25). "우리는 그리스도 때문에 **어리석으나** 너희는 그리스도 안에서 지혜롭고"(4:10). 또한 "이 세상의 지혜는 하나님께 **어리석은 것이니**"(3:19).

"하나님께서 **세상의 천한 것들과 멸시받는 것들과 없는 것들**을 택하사 있는 것들을 폐하려 하시나니"(고전 1:28).

고린도후서 4:7에 나오는 "**질그릇**"에 대한 전통적 해석은 그리스도라는 "보화"와 인간의 철저한 연약성 및 파멸 가능성 사이의 극적인 대조다.

바울은 "**종**"(고전 3:5), "**농사**"(3:6), "**지혜로운 건축자**"(3:10) 같은 용어들로 그리스도인들이 미천한 일을 수행하는 것을 가리킨다.

바울은 자신을 "**아비**"[49]로(고전 4:14-17; 고후 6:13; 12:14-15) 그리고 "**어미**"(고전 3:1-2; 갈 4:19; 살전 2:7)로 여긴다. 바울이 자신을 어미와 관련한 용어들로 묘사하는 것은 자신을 낮추는 것이다.[50]

---

49 Clarke, *Serve the Community of the Church*, 218-23; Ehrensperger, *Paul and the Dynamics of Power*, 126-35.
50 그 이미지를 위해서는 Beverly Gaventa, *Our Mother Saint Paul* (Louisville: Westminster John Knox, 2007)을 보라. Gaventa의 연구는 Ehrensperger, *Paul and the Dynamics of Power*, 126-34에서 되울린다.

고린도인들이 그가 자신들의 명예 게임에 참여하기를 거부한다는 이유 때문에 그를 말로써 십자가에 못 박을 정도로 지위에 사로잡힌 세상에서 사도 바울은 다시 한번 지위의 문제를 압박하기 위해 자신에 대한 호칭들을 낮춘다. 바울이 호칭과 이미지들을 이렇게 공격하는 것은 그들의 세속적인 지위 체계를 거부한다는 것을 분명하게 밝히기 위한 의도적인 도발이었다.

　어떻게 해야 하는가? 어느 목회자가 자신이 먼저 그리스도인이고, 먼저 제자이고, 먼저 예수의 추종자이며, 그 후에야 비로소 교회의 목회자라고 선언하는 것은 그에게 해가 되지 않을 것이다. 세상에서의 지위와 관련해서 목회자는 종이고, 노예이고, 포로이고, 찌꺼기라고 말하는 것도 해가 되지 않을 것이다. 이런 말을 계속할 수 있으나 그럴 필요는 없을 것이다. 목회자들은 빈칸을 채우고 나름의 방식으로 자신들의 문단을 완성시킬 수 있다. 이것이 허튼소리가 되지 않게 하기 위해 하는 말인데, 내가 이런 말로 의미하는 것은 목회자들은 존경을 받거나, 존경스러운 사람이 되거나, 지도력을 길러서는 안 된다는 것이 아니다. 오히려 나는 바울의 지도력의 한 가지 요소를 찾고 있는데, 그것은 세상의 지위 체계를 낮추고자 하는 그의 갈망이다. 그가 취했던 한 가지 방법은 자신에 대한 호칭을 낮추는 것이었다. 우리는 호칭에 대해서는 그다지 걱정하지 않아도 되지만, 세속성에 대해서는 걱정할 필요가 있다.

관점

바울의 전복성으로부터 나오는 빛은 이제 그가 고린도후서 5:16에서 의미하는 것을 비출 수 있다. "그러므로 **우리가 이제부터는 어떤 사람도 육신을 따라 알지 아니하노라.** 비록 우리가 그리스도도 육신을 따라 알았으나 이제부터는 그같이 알지 아니하노라." 적어도 "육신을 따라"(from human point of view, NRSV, 우리말로 번역하면 "인간의 관점에서"이다—역주)의 한 차원은 바울이 거부하는 로마의 쿠르수스 호노룸(*cursus honorum*)의 지위와 명예에 대한 의식이다. 언젠가—회심하기 전에—바울은 그리스도의 십자가형을 갈릴리 사람 예수가 지위를 갖고 있지 않았음을 보여주는 것으로 여겼다. 그러나 그가 부활의 권능을 입고 계신 메시아를 만난 후 그리스도에 대한 그런 관점은 폐기되었다. 바울에게는 다른 모든 인간과 관련해서 동일한 관점의 회심이 일어났다. 중요한 것은 세상의 관점이 아니라 그리스도의 관점이었다.

더 나아가 바울은 자신의 "패배"를 자랑함으로써 고린도인들의 자랑에 맞선다. 만약 그들이 자신들의 지위, 명예, 성취를 자랑한다면, 바울 역시 그럴 수 있다. 바울은 그들만큼이나 자랑할 수 있는 것들로 말문을 연다. "나는 우리가 약한 것 같이 욕되게 말하노라. 그러나 누가 무슨 일에 담대하면 어리석은 말이나마 나도 담대하리라. 그들이 히브리인이냐, 나도 그러하며 그들이 이스라엘인이냐, 나도 그러하며 그들이 아브라함의 후손이냐, 나도 그러하며 그들이 그리스도의 일꾼이냐, 정신없는 말을 하거니와 나는 더욱 그러하도다"(고후 11:21-23a). 그러나 11:23b-33에서 바울은 반대되는 자랑으로 자기와 그들이 함께 자랑할 수 있는 것을 전복시킨다. 고린도인들에게 문제가 되었던 것은 바울이 상황을 정확하게 거꾸로 돌려놓은 것이었다. 그런데 그들이 바울의 사역에서 구현된 그리스도를 본받는 삶을 보도록 문을 열어준 것은 바로 이런 후진이었다.

마지막으로, 사역의 모든 것은 지도자들이 아니라 그리스도를 가리킬 필요가 있다. 고린도의 개인숭배는 우리의 연예인급 목회자 문화와 아주 흡사했다. 그러나 바울은 그런 것을 수용할 생각이 없었다. "그런즉 누구든지 사람을 자랑하지 말라. 만물이 다 너희 것임이라. 바울이나 아볼로나 게바나 세계나 생명이나 사망이나 지금 것이나 장래 것이나 다 너희의 것이요, 너희는 그리스도의 것이요, 그리스도는 하나님의 것이니라"(고전 3:21-23). 성령을 통해 그리스도와 성부 하나님의 영광으로 이어지지 않는 그 어떤 사역이나 리더십도 복음을 전복시킨다. 십자가에 달리신 분의 영광을 위해 인간의 명성과 지위를 전복시키는 모든 사역은 참된 사역이다.

결론

C. S. 루이스(Lewis)는 『스크루테이프의 편지』(*The Screwtape Letters*) 1961년 판에 붙인 서문에서 다음과 같이 추정했다. "우리는 지옥을 모두가 영원히 자기 자신의 위엄과 업적에만 관심을 갖는 곳, 모두가 탐욕을 부리는 곳, 모두가 치명적일 만큼 심각한 질투, 거만함, 분

노로 가득 찬 채 살아가는 곳으로 그려야 한다."[51] 그는 고린도, 에베소, 로마, 혹은 심지어 예루살렘을 묘사하고 있는 것일 수 있다. 그는 어떤 목회자들, 어떤 교회들, 그리고 수많은 사업체들과 대학들을 묘사하고 있는 것일 수도 있다. 지위의 게임은 야심가들, 시기심이 많은 자들, 질투심이 많은 자들이 가장 잘 하는데, 마지막 두 용어는 같은 것을 의미하지 않는다.

언젠가 여러 권의 책을 쓴 유명한 로마 가톨릭 신학자 한 분과 전화 통화를 한 적이 있다. 그는 자기가 어디 출신인지, 십 대 시절에 어떤 곤경에 처했는지, 자신의 미래가 얼마나 어둡게 보였는지에서 시작해, 조금도 뻐기거나 자랑하지 않으면서 자기가 이룬 일들—신학교 학위와 박사학위를 취득하고, 책을 출판하고, 자기가 재직하는 학교에서 프로그램 책임자가 되고, 세계 전역을 여행했던 것(그중에는 몇 차례 교황과 사적으로 만난 것이 포함되었다)—에 대해 말했다. 그렇게 자신이 이룬 일들에 대해 말한 후에야 그는 비로소 진짜 말하고 싶었던 것을 말했다. "그리고 지금 나는 멍청이에 불과해요."

정확하게 그렇게 말했다.

그것은 바울이 했던 일과 아주 흡사하다. 어째서인가? 이 신학자는 자신이 이룬 무수한 가치 있는 일들—자신의 업적—을 드러내는 대신 하나님께서 복음을 전하는 일에 가장 적합하지 않았던 자신을 통해 하고 계신 일을 자랑하고 있기 때문이다.

---

51   C. S. Lewis, *The Screwtape Letters: Annotated Edition* (New York: HarperOne, 2013), xxxv, xxxvii. 『스크루테이프의 편지』(홍성사 역간, 2018).

바울이 고린도 사람들에게 한 일은 모든 교회의 갈등에 대한 해법이 아니다. 바울은 특정한 상황에서 그리스도를 본받는 삶을 철저하게 구현했다. 보다 일반적으로 말하자면, 목회자의 책임은 우리의 교회들 어디에 세속성이 숨어 있는지를 꿰뚫어 보고 그것을 다름 아닌 그리스도의 십자가로 전복시키는 것이다. 바울을 분노하게 만들었던 것은 당파심 혹은 불화, 사람들이 유명세를 추구하도록 만들었던 개인숭배에 대한 집착, 사람들을 사회적 계층의 사다리 위에서 그들이 차지하고 있는 자리나 그들이 습득한 세속적 지혜에 근거해서 평가하는 것, 지위와 권력과 부와 지혜를 사용하거나 남용함으로써 급진적으로 그리스도를 본받는 삶을 감소시키는 것 등이었다. 그리스도의 삶—하나님과 동등한 지위에서 십자가로 그리고 그 후에 다시 왕좌로 돌아갔던 삶—이 우리의 모델이 될 때, 우리는 그리스도를 본받는 삶을 육성한다.

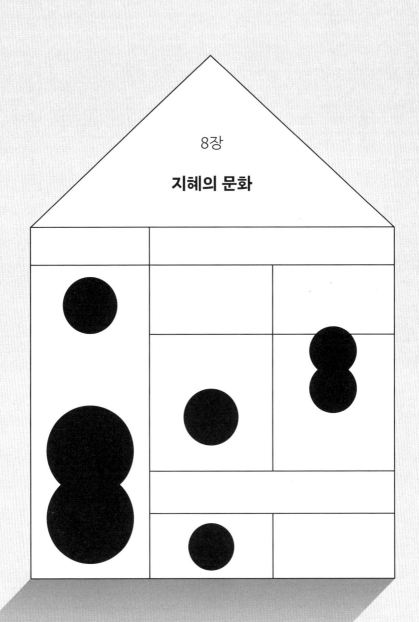

8장

지혜의 문화

8

내가 몇몇 친구들에게 현자 바울—다시 말해 바울의 지혜로운 목회적 실천—에 관해 무엇을 읽었는지 물었을 때, 어색한 침묵이 흘렀다.[1] 나는 **"정말로 아무도 이 주제에 관해 쓰지 않았던 것일까?"**라는 의문이 들었다. 이런 의문은 **"어째서?"**로 이어졌다. 이상한 일이었다. 왜냐하면 바울은 유대인이었고, 만약 삶에 대한 유대적 이해의 특징을 이루는 무언가가 있다면, 그것은 지혜이기 때문이다. 실제로 성경에 속한 몇 권의 책들과 우리가 외경과 위경이라고 부르는 책들은 지혜의 문제를 다룬다. 더욱이 오늘날 많은 이들은 지혜라는 주제가 지혜문학으로 분류된 책들만이 아니라 구약성경 전체에 퍼져 있다고 말한다.

그럼에도 구약성경의 지혜문학은 어째서 교회 안에서 그토록

---

1   두 명의 바울 학자 친구들이 나에게 다음의 책을 알려주었는데, 그것은 내가 이 주제와 관련해 찾을 수 있었던 유일한 자료였다. 이런 자료의 부족이야말로 내가 그들에게 그것에 관해 문의했던 이유였다. Ben Witherington III, *Jesus the Sage: The Pilgrimage of Wisdom* (Minneapolis: Fortress, 1994), 295-333. 나는 비록 이 장의 구성과 내용을 돕기에는 너무 늦었으나, 신약성경의 서신들과 지혜에 관한 두 개의 장으로 바울과 지혜라는 주제와 관련해 커다란 도약을 가능케 한 새롭고도 광범위한 내용을 담고 있는 책이 나왔음을 알리는 것이 기쁘다. J. de Waal Dryden, *A Hermeneutic of Wisdom: Recovering the Formative Agency of Scripture* (Grand Rapids: Baker Academic, 2018)를 보라.

널리 무시되는가, 그리고 어째서 바울 학자들 중 지혜라는 주제를 다루는 이들이 그토록 적은 것인가? 질문을 좀 더 발전시켜보자. 오늘날 교회에서 지혜는 어째서 그토록 낮게 평가되는가? 한 단어로 답할 수 있다. 청소년화(juvenilization). 그리 우아한 단어는 아니다.

청소년화

토마스 버글러(Thomas Bergler)는 최근 일련의 연구를 통해 미국 교회 문화의 "청소년화"(juvenilization 혹은 youthicization, 성적으로는 완전히 성숙한 개체이면서 비생식 기관은 미성숙한 현상을 가리킨다. 보통은 "유형성숙"으로 번역하는데 이 책에서는 좀 더 쉽게 "청소년화"로 번역한다―역주)를 꼬집었다.[2] 이 버글러의 말을 인용해 문제를 테이블 위에 올려놓는다.

---

2   Thomas E. Bergler, *The Juvenilization of American Christianity* (Grand Rapids: Eerdmans, 2012); *From Here to Maturity: Overcoming the Juvenilization of American Christianity* (Grand Rapids: Eerdmans, 2014). Bergler의 연구가 부분적으로 성취하는 교회의 영구적인 청소년기에 대한 연구보다 미국인의 영구적인 청소년기에 관한 연구들을 찾기가 더 쉽다. 청년들에 관한 문헌은 나의 전문 분야를 넘어서지만, 다음 작품은 표준으로 간주되며, 부인하기 어려울 만큼 계몽적이다. Jeffrey Jensen Arnett, *Emerging Adulthood: The Winding Road from the Late Teens through the Twenties*, 2nd ed. (New York: Oxford University Press, 2014). 청년과 신앙에 관한 중요한 연구를 위해서는 다음을 보라. Christian Smith, Patricia Snell, *Souls in Transition: The Religious and Spiritual Lives of Emerging Adults* (New York: Oxford University Press, 2009); Christian Smith, Melina Lundquist Denton, *Soul Searching: The Religious and Spiritual Lives of American Teenagers* (New York: Oxford University Press, 2009); Christian Smith et al., *Lost in Transition: The Dark Side of Emerging Adulthood* (New York: Oxford University Press, 2011).

"1930년대와 1940년대부터 나타나기 시작한 세 가지 요소가 합쳐져 미국 기독교의 청소년화를 만들어냈다." 그 세 가지 요소는 무엇인가? "첫째, 새롭고 보다 강력한 청년 문화가 성인과 청소년 사이의 거리를 만들었다." 둘째, "기독교인 성인들이 믿음을 청소년들의 취향에 적응시켰다. 이 첫 번째와 두 번째 요소로 인해, 재미와 게임을 간략하고 즐거움을 주는 종교적 메시지와 결합하는 틀에 박힌 청년 그룹이 태어났다." 그로 인한 결과는? 그는 세 번째 요소를 거론하며 결론을 내린다. "어른됨에 이르는 여행은 길고 혼란스러워졌다. 성숙은 여러 가지 선택지 중 하나일 뿐이다." 청년들 사이에서 믿음의 청소년화를 보는 것과 그것이 교회의 문화를 장악하는 것을 보는 일은 별개의 문제다. 이것이야말로 우리가 지혜와 목회자에 관한 연구에서 강조해야 할 내용이다. "그 결과는 청소년의 종교적 믿음, 실천, 발달상의 특성들이 **모든 세대의 그리스도인들에게 적절한 것으로 용납되는—혹은 심지어 경축되는—**과정인 청소년화였다."[3]

청소년화는 찰스 테일러(Charles Taylor)가 "진정성"(authenticity)[4]이라고 부르는 것에서 나오며 크리스천 스미스(Christian Smith)와 메린다 룬드퀴스트 덴턴(Melinda Lundquist Denton)이 "도덕주의적 치유적 이신론"(moralistic therapeutic deism)[5]이라고 부르는 것을 낳는다. 진

---

3   이 단락의 인용문들은 Bergler, *From Here to Maturity*, 1-2에서 가져왔다(강조는 덧붙인 것임).
4   Charles Taylor, *A Secular Age* (Cambridge: Belknap, 2007), 473-504.
5   Smith, Denton, *Soul Searching*.

정성과 젊음의 시대에 사역은 특별한 예민함을 요구한다.[6] 그러나 이 장의 초점은 그런 종류의 사역이 아니라 진정성/청소년화를 지혜문화와 비교하는 데 맞춰진다. 엘렌 데이비스(Ellen Davis)는 「하나님의 지혜에 놀라다」(Surprised by Wisdom)라는 멋진 에세이에서 "우리는 지혜의 위기를 겪고 있다"고 주장한다.[7] 나는 또한 혹시 모든 것을 젊은이들의 입맛에 맞게 만드는 이런 접근법이 우리를 소비자 지상주의자들로 만드는 과정의 일부가 아닌가 하는 의구심을 갖는다. 수잔 네이먼(Susan Neiman)은 그녀의 탁월한 책 『어째서 성장하는가?』(Why Grow Up?)에서 이 문제가 우리의 교회들에 뿌리를 내릴 때 어떤 일이 벌어질지에 대해 직설적으로 말한다. "일하는 것보다 물건을 소비하는 것이 문화의 초점이 될 때, 우리는 영원한 청소년의 사회를 만들어내거나 묵인하게 된다."[8]

오늘날 사람들은 성장이나 지혜를 얻는 것보다는 젊음을 유지하고, 적절성을 유지하고, 청년들의 최신 유행을 따라 옷을 입는 것에 더 많은 관심을 보인다. 늙고 약해지고 죽는 것을 원하는 이는 아무도 없다. 그러나 십 대 상태에 머물기를 바라는 것은 청소년화의 징후이지 지혜가 아니다. 여러 가지 관찰이 가능하겠지만, 여기서 나는 오직 하나에만 집중하고자 한다. 그것은 청년 문화가 지배적인

---

6 이 주제에 대해서는 Andrew Root, *Faith Formation in a Secular Age: Responding to the Church's Obsession with Youthfulness* (Grand Rapids: Baker Academic, 2017)를 보라.

7 Ellen F. Davis, *Preaching the Luminous Word: Biblical Sermons and Homiletical Essays*, ed. Austin McIver Dennis (Grand Rapids: Eerdmans, 2016), 141.

8 Susan Neiman, *Why Grow Up?: Subversive Thoughts for an Infantile Age*, rev. ed. (New York: Farrar, Straus and Giroux, 2016), 15.

문화가 되면 지혜 문화는 필연적으로 쇠퇴한다는 것이다. 만약 청년의 행동 방식이 "유행에 맞는 것"을 의미한다면, 장년의 행동 방식은 "유행에 맞지 않는 것"을 의미한다. 지적해두어야 할 것은, 어느 한 사람이나 교회가 청소년화된 것이 문제가 아니라는 점이다. 문제는 청소년화가 우리의 문화에 영향을 끼쳤다는 것인데, 그것은 공작을 키웠던 플래너리 오코너(Flannery O'Connor)가 말했던 재미있는 관찰을 떠올리게 한다. 언젠가 그녀는 이렇게 말했다. "새끼 공작 한 마리의 습관은 거의 눈에 띄지 않으나, 40마리가 같은 행동을 하면 그것은 상황이 된다."[9] 오늘날 우리가 교회에서 발견하는 것은 그녀의 말을 빌리자면 하나의 "상황"이다.

나는 내가 자주 경탄하는 미국 청년들의 신앙적 활기를 평가 절하하려는 생각은 눈곱만큼도 없고 청년 지도자들을 비난하고 싶지도 않다. 버글러는 그들을 버스 밑으로 내던지지 않는데, 나 역시 그러하다. 아니다, 오히려 내가 지적하고 싶은 것은 때가 왔을 때 (그 때는 계속해서 오고 있다) 장년들이 리더십을 발휘하지 못하는 것이다. 문제는 교회 안에서 나타나는 지혜 문화에 **대한** 관심의 부족, 그로 인한 지혜 문화**의** 부족이다. 성경 시대─유대인, 그리스인, 로마인의 세계─에 사람들은 어떤 통찰이 필요하면 장로들을 찾아갔다. 우리의 세상에서 통찰이 필요하면 우리는 최신의 사회학적 연구를 참고한다. 그리고 자주 과연 그것이 적절할지 걱정한다. 바로 이

---

9   Flannery O'Connor, "The King of Birds," *The Collected Works of Flannery O'Connor*, ed. Sally Fitzgerald (New York: Library of America, 1988), 832-42.

것이 엘렌 데이비스가 말하는 위기다. 그것은 과거에 세상이 교회로부터 무엇을 얻었는지 알 만큼 충분히 성숙하지 못한 교회의 문제이기도 하다. 아버지 짐 도일(Jim Doyle)과 아들 브라이언(Brian)이 함께 쓴 놀라운 책에서, 아들은 자신의 부모에 대해 이렇게 말한다. "대부분의 아이들처럼 나는 십 대가 되기 전까지 부모님을 무조건적으로 사랑했다. 십 대가 되었을 때 나는 부모님이 내 둘레에 쳐놓은 경계들 때문에 그분들을 미워하기 시작했다. 그 후 19살쯤 되었을 때 그런 상태에서 벗어났고, 다시 무조건 그러나 그분들이 나를 위해 자신들의 삶을 바쳤던 수많은 방식들에 대해 깊이 이해하면서 그분들을 사랑하기 시작했다."[10] 바로 이것이 성장해서 지혜 안으로 들어가는 청년의 모습이다.

목회자들은 그들의 회중 안에서 그리스도를 본받는 삶을 육성하도록 부르심을 받는다. 그리고 그리스도를 본받는 삶은 지혜다. 그러므로 목회자는 지혜의 문화를 육성하도록 부르심을 받는다. 그러나 바울과 지혜에 대해 살피기에 앞서 우리에게는 지혜에 대한 확실한 이해가 필요하다. 지혜의 문화를 육성하려면, 우선 그것이 무엇인지부터 알아야 하기 때문이다.

---

10   Jim Doyle, Brian Doyle, *Two Voices: A Father and Son Discuss Family and Faith* (Liguori, MO: Liguori Publications, 1996), xiv.

구약성경에서의 지혜

바울의 유산[11]

우리는 네 가지 주제를 살펴볼 것인데, 그것들 각각은 지혜로운 목회 신학에 대한 바울의 접근법에서 나타난다. **지혜**(히브리어 *hokmah*, 그리스어 *sophia*)에 대한 정의에서 시작하는 것이 지혜로울 것이다. 정의는 어떤 개념과 용어의 진상을 밝히는 작업이기 때문이다.[12]

정의

내가 좋아하는 정의가 하나 있다. 구약학 교수이자 설득력 있는 주석가인 엘렌 데이비스(Ellen Davis)는 **지혜**를 "우리가 행하는 모든 일을 통해 하나님을 시인하고, 더 나아가 그분이 세상을 향해 의도하

---

11 이 단락은 Scot McKnight, "James' Secret: Wisdom in James in the Mode of Receptive Reverence," *Preaching Character: Reclaiming Wisdom's Paradigmatic Imagination for Transformation*, ed. David Fleer, David Bland (Abilene, TX: Abilene Christian University Press, 2010), 201-16를 개정하고 업데이트한 것이다. 현재 진행되는 논의를 위해서는 새로 나온 다음의 책들을 참고하라. Tremper Longman III, *The Fear of the Lord Is Wisdom: A Theological Introduction to Wisdom in Israel* (Grand Rapids: Baker Academic, 2017); Glenn Pemberton, *A Life That Is Good: The Message of Proverbs in a World Wanting Wisdom* (Grand Rapids: Eerdmans, 2018).

12 이에 관한 최근의 연구에 대한 설명을 위해서는 다음을 보라. J. Crenshaw, *Old Testament Wisdom: An Introduction* (rev. ed., Louisville: Westminster John Knox, 1998), 1-19; B. K. Waltke, D. Diewert, "Wisdom Literature," *The Face of Old Testament Studies: A Survey of Contemporary Approaches*, ed. D. W. Baker, B. T. Arnold (Grand Rapids: Baker Academic, 1999), 295-328. 나는 Tremper Longman III, Peter Enns, eds., *Dictionary of the Old Testament: Wisdom, Poetry & Writings* (Downers Grove, IL: InterVarsity, 2008)를 설교자들에게 매우 유용한 도구가 될 것으로 적극 추천한다.

신 바를 시인하는 방식으로 세상에서 살아가는 것"이라고 말한다. 이것은 그녀가 현명하게 지적하듯이 모든 사람을 위한 것이다. "지혜의 열매인 질서 정연한 삶과 평화로운 마음은 높은 IQ가 아니라 이스라엘의 현자들(지혜의 교사들)이 매우 자주 '여호와에 대한 경외'라고 불렀던 마음의 성향으로부터 나온다."[13] 그녀의 말 중에서 내가 정말로 좋아하는 지혜로운 말은 다음과 같다. "이스라엘의 현자들은 현명해지고자 하는 사람은 권력이 아니라 선함을 목표로 삼아야 한다고 가르친다."[14] 내 자신이 제시하는 간략한 정의는 다음과 같다. 지혜는 하나님의 세상에서 하나님의 방식으로 사는 것이다.

지혜는 교육과 동일하지 않다. 아래에서 우리는 지혜에는 현자와의 관계에서 모방과 수용이 요구되며 이것은 단순히 교육과 동일시될 수 없음을 보일 것이다. 우리의 문화적 위기는 우리가 교육이 구속적(redemptive)이라고 믿기 때문에 악화된다. 조셉 엡스타인(Joseph Epstein)은 알렉시 드 토크빌(Alexis de Tocqueville, 1805-1859, 프랑스 정치철학자)에 관한 놀라운 책에서 이렇게 말했다. "우리 시대에는 물론 교육의 구속적 능력이라는 이 개념이 널리 퍼져 있다. 충분한 교육은 악을 몰아내고, 선을 촉진하고, 길을 보이면서 모두의 삶을 더 낫게 만들어줄 것이다. 교육하라, 교육하라, 교육하라, 그러면 달콤함과 빛이 뒤따라올 것이다."[15] 교육은 무엇을 알아야 하는지를

---

13   Ellen F. Davis, *Proverbs, Ecclesiastes, and the Song of Songs*, Westminster Bible Companion (Louisville: Westminster John Knox, 2000), 1.

14   Davis, *Proverbs, Ecclesiastes*, 27.

15   Joseph Epstein, *Alexis de Tocqueville: Democracy's Guide*, Eminent Lives (New York:

알려준다. 교육은 하나님 앞에서 용납될 수 있는 삶을 알려준다.

보수적인 것으로서의 지혜

지혜가 전통과 관련해 본질적으로 보수적이라는 것 혹은 지혜가 방부제 같은 역할을 한다는 것은 사실이다. 하지만 이것이 곧, 비록 변화에 대한 저항이 보수주의가 안고 있는 문제이기는 할지라도, 지혜가 변화에 반대한다는 의미는 아니다. 사실 보수주의는 변화의 이론이 아니며 유기적 변화의 이론은 확실히 아니다. 오히려 그것은 불변의 이론이다.[16] 보수주의자는 과거의 최상의 지혜를 보존하고 그 지혜가 미래를 내다보며 현재를 이끌게 하고자 한다. 환경주의자들은 사회 내의 현명한 보수주의자들의 가장 좋은 예다. 어째서 그러한가? 내가 좋아하는 보수주의자인 로저 스크러턴(Roger Scruton)은 언젠가 이렇게 말했다. "환경주의는 우리가 아는 세상에서 죽은 자와 산 자 그리고 아직 태어나지 않은 자가 협력하는 가장 본질적인 보수적 원인이자 가장 생생한 예다."[17] 정확히 말하자면, 환경주의자들은 과거를 존중하고 변함없는 미래를 갈망하며 따라서 지금 무언가를 과거와 미래의 빛 안에서 선택한다. 미국의 인디언들은 환경

HarperCollins, 2006), 173.

16 이론으로서의 보수주의에 관한 세 개의 중요한 연구들은 다음과 같다. Edmund Burke, *Reflections on the Revolution in France, and Other Writings*, ed. Jesse Norman (New York: Everyman's Library, 2015); Roger Scruton, *How to Be a Conservative* (London: Continuum, 2014); Scruton, *The Meaning of Conservatism*, 3rd ed. (South Bend, IN: St. Augustine's Press, 2014).

17 Roger Scruton, *Confessions of a Heretic: Selected Essays* (Honiton, UK: Notting Hill, 2016), 152.

주의를 경외심과 결합하는데, 이것을 윌라 캐더(Willa Cather)보다 더 예리하게 표현한 이는 달리 없다. 그녀는 『대주교에게 죽음이 오다』 (*Death Comes for the Archbishop*)에서 이렇게 말한다. "라투르 신부는 백인들이 어느 곳에서든 자신을 드러내고, 변화를 주고, 조금이라도 고치려고 (최소한 자기가 그곳에 머물렀음을 알려주는 징표라도 남기려고) 하는 반면, 인디언들은 아무것도 흩뜨리지 않은 채 그 지역을 지나치는 것, 마치 물고기가 물을 가르듯 혹은 새가 허공을 가르듯 그곳을 지나가되 아무런 흔적도 남기지 않으려고 한다는 것을 알게 되었다."[18] 여기에 한 가지 분명하게 대조되는 이미지가 있다. 백인 남자는 환경을 변화시키는 반면 미국의 인디언은 환경을 보존한다. 전자는 어리석고, 후자는 현명하다.

청소년화에 관한 버글러의 묘사로 돌아가 보면, 우리는 복음이 문화에 적응하기 시작했을 때 지혜가 방에서 떠났음을 알게 된다. 그것은 보존 대신 혁신에 초점을 맞췄다. **보수주의자**에 대해 생각할 때 나는 고린도전서 15:1-8에 실려 있는 복음과 관련한 유명한 구절을 떠올린다. 어째서인가? 거기서 우리는 바울이 복음을 한 세대에서 다른 세대로 넘김으로써 그것을 보존하는 모습을 보기 때문이다. "언제 어디서나 모든 사람들이 믿는 것"(*quod semper, quod ubique, quod ab omnibus creditum*)이라는 라틴어 공식이 의미하는 것은 지혜롭다고 생각하는 것을 보존하는 것이다. 지혜는 현명하게 보존하고 적응한다.

---

18   Willa Cather, *Death Comes for the Archbishop* (New York: Everyman's Library, 1992), 232-33.

그러나 지혜 전통은 변화에 저항하지 않으며 과거에 무작정 헌신하지도 않는다. 구약학자 조셉 블렌킨솝(Joseph Blenkinsopp)이 정의하듯이, "전통은 사회 안에서 연속성이라는 의식을 유지하기 위해 결합된 가정, 신념, 관습, 기풍의 결합체로 정의할 수 있다."[19] 그는 계속해서 지혜 전통이 갖고 있는 적응 능력을 지적하는데, 그것은 그 전통이 "여러 세대에 걸쳐 구두로 혹은 문서로 전달되고 그런 전달 과정에서 적응, 수정, 재해석, 그리고 아마도 논박의 대상이 되는 지식의 본체 혹은 주제들의 집합"이며 "혁신을 배제하지 않기" 때문이다.[20]

물론 때로는 장년들이 새로운 방식에 적응하거나 새로운 발전을 수용하거나 청년들의 말에 귀를 기울이려 하지 않는 것이 문제가 된다. 그리고 때로는 변화에 대한 청년들의 끈질긴 갈망이 문제가 되기도 한다. 우리는 매릴린 로빈슨(Marilynne Robinson)의 소설 『집』(Home)에서 아들 잭과 함께 변화에 관해 토론하는 늙은 목사처럼 체념하며 항복할 수도 있다. 잭이 분노하며 욕을 하자 아버지는 사람들은 집에서 그렇게 말하지 않는다고 한다. 잭이 사과하자 아버지가 말한다. "미안해할 필요 없다. 잭, 젊은이는 세상이 바뀌기를 원하고 늙은이는 세상이 예전과 같기를 바라지. 너와 나 사이를 누가 판단하겠니?"[21] 때때로 그것이 우리가 이를 수 있는 최선의 상태가 될 수도 있다. 하지만 기독교 지혜 전통의 목표는 아버지와 아들, 장년과

19   Joseph Blenkinsopp, *Sage, Priest, Prophet: Religious and Intellectual Leadership in Ancient Israel* (Louisville: Westminster John Knox, 1995), 14.
20   Blenkinsopp, *Sage, Priest, Prophet*, 14-15.
21   Marilynne Robinson, *Home* (New York: Farrar, Straus and Giroux, 2008), 98.

청년의 관계가 서로 듣고 배울 만큼 충분히 건전해질 때까지 지혜를 추구하는 것이다. 그런 일이 일어날 때 변화가 나타날 수 있다. 그것은 과거와의 건강한 연속성을 지닌 채 나타난다.

수용적 경외

지혜에 관한 모든 논의는 결국 잠언 1:1-7의 시험을 통과해야 한다.

> 다윗의 아들 이스라엘 왕 솔로몬의 잠언이라.
> 이는 지혜와 훈계를 알게 하며
> 명철의 말씀을 깨닫게 하며
> 지혜롭게, 공의롭게, 정의롭게, 정직하게 행할 일에 대하여
> 훈계를 받게 하며
> 어리석은 자를 슬기롭게 하며
> 젊은 자에게 지식과 근신함을 주기 위한 것이니
> 지혜 있는 자는 듣고 학식이 더할 것이요,
> 명철한 자는 지략을 얻을 것이라.
> 잠언과 비유와 지혜 있는 자의 말과
> 그 오묘한 말을 깨달으리라.
> 여호와를 경외하는 것이 지식의 근본이거늘,
> 미련한 자는 지혜와 훈계를 멸시하느니라.

잠언은 지혜를 정의하기보다는 그것을 묘사하고 그것의 가치를 선언한다. 우리는 지혜에 대한 이런 설명에서 무엇을 발견하는가? 첫

째, 지혜 있는 사람은 지혜롭게 행할 일에 대하여 훈계 혹은 교정을 "받는다"(1:3a). 둘째, 지혜 있는 사람은 공의, 정의, 정직이라는 특성을 지닌다(*tsedeq, mishpat, meshar*; 1:3b). 셋째, 지혜 있는 사람은 신중하며 분별력을 지닌다(*ormah, mezimmah*; 1:4; 참조. 8:12). 넷째, 지혜 있는 사람은 이런 다양한 특성들을 알 뿐 아니라 실천하는 기술을 갖고 있다(1:5b).[22]

지혜는 "수용적 경외"(receptive reverence)[23]라는 특성이 있다. 성경의 지혜 본문들에서 등장하는 중요한 용어 하나는 "듣다"이다. 그러므로 "수용적 경외"는 잠언 1:3a의 히브리어 원문인 "라카하트 무사르 하스켈"(*laqahath musar haskel*, 통찰[혹은 훈계]의 지시/교정을 취하다, 받다, 혹은 흡수하다)에 대한 나의 요약적 번역이다.[24] 학자들은 이스라엘의 지혜를 위한 고대의 맥락을 연구하는데, 내가 관찰을 통해 알게 된 것은 고대의 병행구들을 찾는 일이 때때로 지혜로운 자들로부터 지혜를 얻는 젊은 남녀가 취하는 수용적 자세에 초점을 맞춤으로써 이루어지지 않는다는 것이다.[25] 보다 직접적으로 나는 이렇게 말하고자 한다. 지혜 있는 사람은 그들의 선생들의 지혜 앞에서 수용

---

22 이에 대한 훌륭한 요약은 잠 9:7-12에서 발견할 수 있다. C. Kavin Rowe, *One True Life: The Stoics and Early Christians as Rival Traditions* (New Haven: Yale University Press, 2016)에서 지혜 전통이 무시된 것은 유감스럽다.

23 William P. Brown, *Wisdom's Wonder: Character, Creation, and Crisis in the Bible's Wisdom Literature* (Grand Rapids: Eerdmans, 2014), 24. 내가 이 표현을 어디에선가 들었다고 말하자 Brown의 책에서 그것을 찾아준 Jeff Blair에게 감사드린다.

24 "훈계" 혹은 "지시"(*musar*)에 관해서는 또한 1:8; 4:13; 8:10; 23:23; 24:32을 보라.

25 Blenkinsopp, *Sage, Priest, Prophet*, 9-65; Leo G. Perdue, *Wisdom Literature: A Theological History* (Louisville: Westminster John Knox, 2007), 1-36를 보라.

적이고, 적응성이 있고, 경외와 존경의 방식으로 순종적이다. 다시 말해 현자는 지혜롭고, 지혜로운 학생은 현자에 대해 수용적이다. 그것이 지혜가 작동하는 방식이다. 그것은 현자로부터 학생에게로, 그리고 학생에게서 현자에게로 작동한다. 지혜는 항상 관계적이다. 그것은 전통에 대해 말하는 이가 아니라 전통 안에서 걷는 이의 발치에서 습득된다.

하나님에 대한 경외

여기서 나는 경외적 수용성은 자연에 대한 관찰이나 지적 추론에서가 아니라 "여호와를 경외함"에서 시작된다는 것을 강조하고자 한다.[26] 수용적 경외는 자연에 대한 지혜로운 관찰과 경험을 통해 배우는 능력을 가능케 한다(6:6-8). 수용적 경외는 학습, 기억, 흡수, 그리고 우리가 그 안에서 양육되는 전통을 따라 사는 것과 연관된다(4:1-4; 22:17-21). 수용적 경외에는 실수를 통해 배우는 것과 교정이 포함된다(10:17). 마지막으로 수용적 경외는 계시로서 하나님의 말씀에 반응해야 한다는 것을 안다. 바로 그것이 모든 것이 여호와를 경외하는 것에서 시작되어야 하는 이유다(1:7).[27]

지혜 연구에서는 성경의 지혜조차 토라 혹은 하나님의 방식에 대한 세속화로 보는 것이 관례가 되었다. 즉 지혜는 창조를 살피고 창조 질서를 이해하는 모든 이에게 식별된다는 것이다. 그러나 롱맨

---

26 그것이 Longman, *Fear of the Lord Is Wisdom*의 주된 주제다.

27 Tremper Longman III, *Proverbs*, Baker Commentary on the Old Testament (Grand Rapids: Baker Academic, 2006), 74-79를 보라.

(Longman)은 이런 주장에 동의하지 않고 다음과 같이 결론짓는다.

> 분명한 것에서 시작하자. 우리는 약간의 변형과 함께 거듭 되풀이되고 다양한 방식으로 가르쳐지는 지혜의 핵심 주제가 "여호와를 경외하는 것이 지혜의 시작"이라는 것을 보았다. 이것은 잠언, 욥기, 전도서, 지혜 시편들, 신명기의 근본적 교훈이다.
>
> 여호와를 경외함이 지혜의 시작이다. 그 시작이 시간적인 것을 의미하든 근본적인 것을 의미하든, 분명한 것은 여호와께 대한 경외가 없다면 지혜도 없다는 사실이다. 그리고 경외의 대상은 "일반적으로 널리 알려진 하나님"이 아니라, 주님, 여호와, 곧 이스라엘의 하나님이시다.[28]

여호와께 대한 경외에 의해 형성된 삶은 지혜의 삶, 곧 그 안에서 모든 결정과 판단과 분별이 현자들의 지혜를 유기적으로 구현하고 또한 그들이 그랬던 것처럼 지혜가 새로운 맥락에서 살아나게 하는 삶이 된다. J. 드 월 드라이덴(J. de Waal Dryden)은 성서가 어떻게 지혜가 될 수 있는지에 대해 분명하게 정의함으로써 앞서 언급한 엘렌 데이비스의 지혜에 대한 정의와 우리가 방금 내린 결론을 보완한다. **지혜**는 "목적론적 준거틀 안에서 일반적인 원리를 적용함으로써 올바른 행동 과정을 인식하기 위해 도덕적 심의에서 활발하게 활동하는 분별의 기술이다." 이런 설명으로 드라이덴은 우리에게 하나님

28　Longman, *Fear of the Lord Is Wisdom*, 161.

나라를 가리키면서, 또한 덕의 습관을 개발함으로써 도덕적 진보를 도모한다.[29]

바울은 성경과 그것의 유대적 전통으로부터 지혜를 물려받았다. 보존? 그렇다. 각색? 그렇다. 아마도 혁명적으로 그럴 것이다.

바울과 지혜

그렇다면 우리가 바울이 현자 혹은 지혜 있는 사람이었다고 말할 때 그 말이 의미하는 것은 무엇이며, 그의 지혜는 무엇으로 이루어져 있는가? 목회자 바울이 현자였다고 말하는 것은 무슨 뜻인가? 그리스도를 본받는 삶의 문화 안에서 지혜를 육성한다는 것 혹은 그리스도를 본받는 삶의 지혜를 육성한다는 것은 무엇을 의미하는가?

모든 삶에는 선천적인 지혜가 필요하다. 우리에게는 국가를 이끄는 지혜가 필요하다. 올바른 시간에 올바른 결정을 내리는 지혜가 필요하다. 때때로 그런 지혜는 속담을 통해 표현되기도 한다. 어떤 경우에는 장인이 나무로 작업하는 지혜를 갖고 있는 것처럼, 특별한 기술을 위해 지혜가 요구된다. 지혜는 모든 삶에 필요하기 때문에 자연과 창조 세계에 대한 백과사전적 지식으로 이해될 수 있다.[30] 이 장에서 우리가 관심을 갖는 것은 바울이 하나님의 세상에서 하나님의 방

---

29 Dryden, *Hermeneutic of Wisdom*, 228; 또한 앞선 장들을 요약하는 단락인 234-39을 보라.

30 Witherington, *Jesus the Sage*, 4.

식으로 사는 방법, 그리고 (그가 목회자이자 서신들을 쓴 사람이기에) 그리스도 안에 있는 형제자매들에게 말해야 할 내용을 헤아리는 목회적 기술이다. 현자 바울을 이해하려면, 먼저 우리는 바울의 근본적인 메시지를 이해해야 한다. 앞에서 우리는 유대적 지혜가 여호와께 대한 경외에서 시작된다는 것을 보았다. 여호와께 대한 경외는 토라를 준수하는 문제에서 (비록 본질적으로는 아니지만) 규범적으로 표현되었고, 그로 인해 유대 전통에서 지혜는 토라와 확고하게 연결되었다. 그러나 가장 이른 시기 예수의 추종자들은 지혜를 토라가 아니라 그리스도와 성령과 관련해 다시 표현했다. 그들에게 지혜는 그리스도가 된다. 그리스도가 지혜다. 십자가에 달렸다가 부활한 예수가 하나님의 지혜다. 지혜는 실체에 근거한 분별력이다. 지혜의 실천은 그것의 내용에 의해 결정되는데, 바울에게 그 내용은 복음이다. 그리고 복음은 이스라엘의 지혜를 그리스도를 본받는 삶으로 재형성한다.

그리스도-지혜로서의 지혜를 육성함: 바울의 진술

잠언은 여호와께 대한 경외를 지혜의 시작으로 강조한다. 그리고 유대의 서기관 전통은 그것을 토라 준수 쪽으로 좀 더 돌려놓는다. 사도 바울은 지혜를 그리스도를 본받는 삶으로 변화시킨다.

　　바울이 쓴 글에서 그가 지혜를 이해하는 방식을 아래의 진술들보다 더 명확하게 표현하는 것들은 없다.

　　십자가의 도가 멸망하는 자들에게는 **미련한 것**[지혜와 반대되는 것]이요 구원을 받는 우리에게는 하나님의 능력이라(고전 1:18).

하나님의 지혜에 있어서는 이 세상이 자기 지혜로 하나님을 알지 못하므로 하나님께서 전도의 미련한 것으로 믿는 자들을 구원하시기를 기뻐하셨도다. 유대인은 표적을 구하고 헬라인은 지혜를 찾으나 우리는 십자가에 못 박힌 그리스도를 전하니 유대인에게는 거리끼는 것이요 이방인에게는 미련한 것이로되, 오직 부르심을 받은 자들에게는 유대인이나 헬라인이나 **그리스도는 하나님의 능력이요 하나님의 지혜니라.** 하나님의 어리석음이 사람보다 지혜롭고 하나님의 약하심이 사람보다 강하니라(고전 1:21-25).

너희는 하나님으로부터 나서 그리스도 예수 안에 있고 **예수는 하나님으로부터 나와서 우리에게 지혜와** 의로움과 거룩함과 구원함이 되셨으니(고전 1:30).

내가 너희와 라오디게아에 있는 자들과 무릇 내 육신의 얼굴을 보지 못한 자들을 위하여 얼마나 힘쓰는지를 너희가 알기를 원하노니, 이는 그들로 마음에 위안을 받고 사랑 안에서 연합하여 확실한 이해의 모든 풍성함과 **하나님의 비밀인 그리스도를 깨닫게 하려 함이니, 그 안에는 지혜와 지식의 모든 보화가 감추어져 있느니라**(골 2:1-3).

하나님의 지혜는 그리스도다. 실천적 차원에서 이 지혜는 그리스도를 본받는 삶이다. 그리고 지혜이신 그리스도는 바울의 목회적 출발점이다. 그러므로 지혜는 지적 구조도 아니고 철학적 추구도 아니다. 또 지혜는 분별력으로 축소되지도 않는다. 지혜는 그리스도다.

그리고 기독교적 지혜는 지혜가 무엇인지 알기 위해 그리스도를 바라본다.

지혜는 하나의 인격이다

바울에게 지혜는 그리스도다. 지혜는 하나의 인격이다. 바울이 속해 있던 유대교 세계에서 이것은 완전히 새로운 개념이 아니었다. 그러므로 나는 유대의 지혜 전통 안에서 지혜가 어떻게 의인화되었는지를 간략하게 설명할 것이다.[31] (1) 지혜는 하나님께 기원을 두고 있다. (2) 지혜는—여기서 우리는 의인화를 보기 시작한다—선재했고 창조 작업에서 어떤 역할을 했다. (3) 지혜는 창조 안에 스며들어 그것의 일관성과 내구성에 대한 책임을 떠맡는다. (4) 지혜는 하나님의 성령과 동일시되며 세상에 내재되어 있다. (5) 지혜는 독특한 사명을 지니고 인간 세상으로 온다. (a) 그 사명에는 세상을 인격적으로 다루는 일이 수반되며, (b) 지혜는 생명, 때로는 번영과 다른 복들을 제공한다. (6) 지혜는 특히 이스라엘과 관련되어 있다. (a) 하나님의 명령으로 지혜는 이스라엘 안에 거하며, (b) 토라와 동일시될 수 있으며, (c) 이스라엘의 역사 속에서 작동한다. (7) 지혜는 하나님으로부터 온 선물이지만 동시에 훈련된 노력을 통해 얻어진다(가령, 훈계[musar] 같은 것을 통해).[32] 이런 방식으로 유대교의 지혜 전통은 지

---

31 Witherington, *Jesus the Sage*, 114-15에서 완전한 참고문헌들과 함께 발견되는 것을 되풀이하는 중이다. Ben은 Roland Murphy가 요약한 것을 재작업하고 있다(다음 각주를 보라).

32 Murphy가 지적하는 여덟 번째 요점도 언급할 만한 가치가 있다. "지혜의 의인화

혜를 의인화했다. 바울이 "그리스도가 지혜이시다"라고 말할 때, 그는 완전히 유대적이며 동시에 그리스도에 대해 메시아적 주장을 하는 셈이다. 그러므로 바울은 지혜에 대한 유대적 의인화를 넘어서 한 걸음 더 나아간다.

여기서 다시 우리는 큰 개념에 유념해야 한다. 바울은 그리스도 안에서 지혜에 대한 의인화를 발견한다. 그로 인해 그에게는 그리스도 자신이 지혜가 된다. 지혜는 단순히 의인화되는 게 아니다. 지혜는 하나의 인격이다. 골로새서 1:15-20과 2:9 모두가 분명하게 밝히듯이, 바울에게 지혜 전통은 그것의 완성을 그리스도 안에서 발견한다. 그리고 그리스도 이후에 기독교의 목회적 지혜는 그리스도와 함께 시작된다.

지혜와 성령

우리가 지혜를 얻는 방법은 신학교에 다니거나 지혜에 관한 굉장한 책 한 권을 읽는 것을 통해서가 아니다. 지혜는 지식과 지적 성장 이상이다. 바울에게 목회적 지혜는 성령에 의한 것이다. 성령의 은사 목록에서 우리는 이렇게 읽는다. "어떤 사람에게는 **성령으로 말미암아** 지혜의 말씀을, 어떤 사람에게는 **같은 성령을 따라** 지식의 말씀을"(고전 12:8). 그러므로 지혜에 대한 바울의 이해 역시 성령 중심적

가 발견되는 구절의 목록: 욥 28장; 잠 1, 8, 9장; 집회서 1:9-10; 4:11-19; 6:18-31; 14:20-15:8; 51:13-21; 바룩서 3:9-4:4; 지혜서 6:12-11:1." Roland E. Murphy, *The Tree of Life: An Exploration of Biblical Wisdom Literature*, 3rd ed. (Grand Rapids: Eerdmans, 2002), 146를 보라.

이다.[33] 지혜는 바울이 그의 교회들을 위해 기도하는 하나님의 선물이다(엡 1:8-9, 17; 골 1:9, 28). 선물인 지혜는 훈련을 통해 얻을 수 있는 것이 아니다. 유대교 지혜 전통에서 그것이 아무리 중요했다고 하더라도 말이다. 나는 이 점을 분명히 분명히 하고 싶다. 바울이 말하는 그리스도-지혜(Christ-Wisdom)는 하나님이 그분의 성령을 통해 사람들에게 주시는 것이다. 그러므로 우리는 내가 인용하는 구절들을 통해 바울이 말하는 성령-지혜(Spirit-Wisdom)에 대해 살펴볼 것이다. 지혜는 종말론적 비밀이다. 그 비밀은 "만세와 만대로부터 감추어졌던 것인데 이제는 그의 성도들에게 나타났고 하나님이 그들로 하여금 이 비밀의 영광이 이방인 가운데 얼마나 풍성한지를 알게 하려 하심이라. 이 비밀은 너희 안에 계신 그리스도시니 곧 영광의 소망이니라"(골 1:26-27). 바울의 스토리텔링은 그리스도와 함께 시작된다. 그가 하나님의 성령을 통해 종말론적 비밀 안에서 하나님의 지혜를 볼 수 있는 것은 그가 그리스도와 함께 시작하기 때문이다. 바울이 이 지혜-비밀-복음에 대해 숙고할 때, 갑자기 성령이 다양한 성경과 성경 외의 유대적 자료들에 의지하여 그가 하나님을 찬양하도록 촉구한다.

---

33 나는 Craig S. Keener, *Spirit Hermeneutics: Reading Scripture in Light of Pentecost* (Grand Rapids: Eerdmans, 2016), 『성령 해석학』(새물결플러스 역간, 2020); *The Mind of the Spirit: Paul's Approach to Transformed Thinking* (Grand Rapids: Baker Academic, 2016) 안에 성령에 대한 강조가 비록 부재까지는 아니지만 부족한 것에 놀란다. 이 문제와 관련해서는 Craig보다는 John R. Levison, *Filled with the Spirit* (Grand Rapids: Eerdmans, 2009)이 더 낫다.

깊도다, 하나님의 지혜와 지식의 풍성함이여,

그의 판단은 헤아리지 못할 것이며 그의 길은 찾지 못할 것이로다.

누가 주의 마음을 알았느냐,

누가 그의 모사가 되었느냐,

누가 주께 먼저 드려서 갚으심을 받겠느냐.

이는 만물이 주에게서 나오고 주로 말미암고 주에게로 돌아감이라.

그에게 영광이 세세에 있을지어다.

아멘(롬 11:33-36; 참조. 16:25-27).

바울이 유대교의 쉐마 안에서 그리스도를 발견할 수 있게끔 하는 것은 바로 이 복음 중심적이며 그리스도가 형성하고 성령에 의해 촉발된 지혜다. "비록 하늘에나 땅에나 신이라 불리는 자가 있어 많은 신과 많은 주가 있으나, 그러나 우리에게는 한 하나님 곧 아버지가 계시니 만물이 그에게서 났고 우리도 그를 위하여 있고 또한 한 주 예수 그리스도께서 계시니 만물이 그로 말미암고 우리도 그로 말미암아 있느니라"(고전 8:5-6). 이 본문을 읽으면 읽을수록 나에게 그것은 더욱더 놀라운 것이 되었다. 바울은 그리스도를 하나님의 지혜(고전 1:24, 30; 골 2:3)와 창조주로(1:15-20) 보는 한편 신명기 6:4의 "한 주"(one Lord, "유일한 야웨")를 "예수 그리스도"와 동일시하고 그를 창조주로 인정한다(고전 8:6). 이것은 내가 판단하기로는 기독교의 목회적 지혜를 드러내는 것이다. 그러나 다시 말하지만 우리는 이것을 지적인 추론이나 설명을 통해서가 아니라 오직 하나님의 지혜인 그리스도 안에 계신 하나님을 아는 자들만 경험할 수 있는 성령에 의해 촉발되는 통찰의 순간에 알아차린다.

　간단하게 말해보자. 목회자들은 그리스도-지혜에 기초를 둔 그리스도를 본받는 삶을 육성하기 위해 무엇을 할 수 있는가? 만약 우리가 하나님의 행위로서의 창조—그것이 어떻게 일어났든 간에—의 기원에 관해 생각하기로 한다면 어떻게 될까?[34] 하나님의 행위를 바울이 골로새서 1:15-20에서 하듯이 그리스도의 관점에서 본다면 어떻게 될까? 우리의 창조주-그리스도를 성육신, 죽음, 부활, 통치라는 관점에서 정의한다면 창조에 대한 우리의 이해에는 어떤 일이 일어날까? 나는 이런 일련의 질문들은 만약 성령 안에 거하는 목회자들이 그것들에 대해 숙고한다면, 우리가 창조의 모든 것을 그리스도를 본받는 삶이라는 관점에서 이해하도록 이끌 수 있다고 확신한다. 그것으로 충분하다. 만약 우리가 교회에 관한 모든 것—회합, 예배, 설교, 전도, 선교 등—을 성령 안에서 그리스도-지혜라는 관점에서 숙고한다면 어떻게 될까? 바로 그것이 바울이 행했던 질문들이다. 그리고 이 책의 각 장은 성령에 의해 촉발되었던 바울의 그리스도-지혜가 목회적 지혜가 되어가는 것에 관한 예시다.

세상의 지혜를 얕보는 것으로서의 그리스도-지혜 육성하기

지혜는 그리스도이기에 그리고 세상의 지혜는 어리석기에(고전 1:18-25), 바울은 세상의 지혜를 얕본다(앞 장을 보라). 지혜의 심오한

34　Dennis R. Venema, Scot McKnight, *Adam and the Genome: Reading Scripture after Genetic Science* (Grand Rapids: Brazos, 2017).

주제 하나는 그것이 신학적이라는 것이다. 그것은 하나님께 대한 경외로부터 시작된다. 그러므로 그것은 창조나 자연의 기술에 대한 관찰 이상이다. 물론 그동안 많은 이들이 신속하게 성서가 이성과 신중한 사고에 위배되지 않는다는 것을 지적했다. 창세기의 내러티브 기술, 레위기의 신중한 사고, 욥기의 탁월하고 인내심 있는 질문들, 이사야의 환상들, 예수의 산상수훈, 요한의 말솜씨, 구약성경과 신약성경의 관계에 관한 히브리서 저자의 해박한 지식에 대해 살펴보라. 그리고 요한계시록이라는 심원한 상징적 건축물을 간과하지 말라. 사실 바울이 로마인들에게 보낸 편지는 이성과 신중한 사고라는 분야에서 이루어진 굉장한 활동이다. 빌레몬서는 오케스트라급 설득 행위다. 그러므로 바울의 문제는 단순히 수사학적인 것이 아니다. 성경은 탁월한 사상가들과 사고들로 가득 차 있다.

그러나 바울은 지혜라는 가면을 쓴 세속성과 수사적 웅변에 사로잡힌 설교에 반대한다.

형제들아, 내가 너희에게 나아가 하나님의 증거를 전할 때에 **말과 지혜의 아름다운 것**으로 아니하였나니(고전 2:1).

내 말과 내 전도함이 **설득력 있는 지혜의 말로** 하지 아니하고 다만 성령의 나타나심과 능력으로 하여 너희 믿음이 **사람의 지혜**에 있지 아니하고 다만 하나님의 능력에 있게 하려 하였노라. 그러나 우리가 온전한 자들 중에서는 지혜를 말하노니 이는 이 세상의 지혜가 아니요 또 **이 세상에서 없어질 통치자들의 지혜**도 아니요 오직 은밀한 가운데 있는 하나님의 지혜를 말하는 것으로서 곧 감추어졌던 것인데, 하나님이 우리의 영광을 위하여 만세 전에 미리 정하신 것이라(4-7절).

우리가 이것을 말하거니와 **사람의 지혜가 가르친 말**로 아니하고 오직 성령께서 가르치신 것으로 하니 영적인 일은 영적인 것으로 분별하느니라(13절).

그는 고린도인들에게 보낸 두 번째 편지를 동일한 어조로 시작한다. "우리가 세상에서 특별히 너희에 대하여 하나님의 거룩함과 진실함으로 행하되 육체의 지혜로 하지 아니하고 하나님의 은혜로 행함은 우리 양심이 증언하는 바니 이것이 우리의 자랑이라"(고후 1:12). 에바브라가 바울에게 골로새의 문제들에 대해 알렸을 때 그 문제들에 대한 바울의 답은 그리스도가 하나님의 구현된 지혜이며(골 2:2-3) 세상의 지혜는 도움이 되지 않는다는 것이었다. "내가 이것을 말함은 아무도 **교묘한 말로** 너희를 속이지 못하게 하려 함이니"(4절). 동일하게 두 개의 어조를 지닌 주제가 계속해서 되울린다.

아무도 꾸며낸 겸손과 천사 숭배를 이유로 너희를 정죄하지 못하게 하라. 그가 그 본 것에 의지하여 그 육신의 생각을 따라 헛되이 과장하고 머리를 붙들지 아니하는지라. 온 몸이 머리로 말미암아 마디와 힘줄로 공급함을 받고 연합하여 하나님이 자라게 하시므로 자라느니라(18-19절).

이런 것들은 자의적 숭배와 겸손과 몸을 괴롭게 하는 데는 **지혜 있는 모양**이나 오직 육체 따르는 것을 금하는 데는 조금도 유익이 없느니라 (23절).

그리스도와 함께 시작하지 않고, 그리스도와 함께 끝나지 않는 그어떤 지적인 노력도 기독교적인 지혜가 아니다. 카빈 로우(Kavin Rowe)는 "참된 지혜는 십자가에 달린 그리스도─세상의 앎의 방식에는 순전히 어리석어 보이는 것─의 신실하심을 신뢰함으로써 이성을 회복하는 것이다"라고 주장한다.[35] 그리스도가 바울의 목회적 지혜에서 그토록 중요했기에 그는 고린도인들에게 이렇게 말한다. "우리가 육신으로 행하나 **육신에 따라** 싸우지 아니하노니 우리의 싸우는 무기는 육신에 속한 것이 아니요 오직 어떤 견고한 진도 무너뜨리는 하나님의 능력이라. **모든 이론**을 무너뜨리며 하나님 아는 것을 대적하여 **높아진 것**을 다 무너뜨리고 모든 생각을 사로잡아 그리스도에게 복종하게 하니"(고후 10:3-5).

또한 지혜는 바울에게서 어떤 상징적인 재능을 발전시켰다. 즉 바울은 세상이 아름다움이나 지성이나 자연스러움으로 여기는 것을 그리스도 안에 있는 하나님의 진리에 대한 창(*eikōn*)으로 보았다. 그는─호메로스(Homer)의 말을 빌리자면─등받이가 넓은 에게해가 아니라 하나님의 창조세계, 마귀들의 "혼돈하고 공허함"(*tohu va bohu*, 창 1:2; 또한 렘 4:23), 그리스도의 부활에 의해 극복되는 죽음의

---

35   Rowe, *One True Life*, 221.

운명을 보았다. 그는 아테네의 아크로폴리스, 에베소의 도서관, 혹은 로마에서 퍼져 나가고 있던 광장에 깊은 인상을 받지 않았다. 아니, 그가 본 것은 하나님이 세우신 질서를 통제하고 있는 권세들(The Powers)이었다. 실제로 그는 그것들을 통해 유대인과 이방인들에게 높임을 받은 주님으로서 보좌에 앉으신 그리스도를 보았다. 그는 육신을 따라 이스라엘을 보지 않고 그 백성을 구속하고 이제 그들에게 충성을 요구하시는 메시아를 보았다. 그는 구약성경을 요세푸스나 필론 혹은 에세네파 사람들이 읽듯 읽지 않았고, 오히려 그 옛 언약을 자신의 삶과 죽음과 부활과 승천을 통해 구약성경 전체가 자신에 대한 증언임을 분명히 밝혔던 그리스도에 대한 증언으로 읽었다. 마지막으로 그는 아레오바고의 지식인들에게 깊은 인상을 받지 않았다. 오히려 그는 그리스도가 제공해주셔야만 하는 것, 즉 하나님의 참된 지혜, 곧 구현된 지혜를 찾아 헤매는 남자와 여자들을 보았다. 그는 그들이 지적 호기심을 품고 행하는 모든 노력은 결국 그리스도를 목표로 하고 있다고 설교했다.

사람들을 목양해 그리스도께로 이끌면서 그리스도-지혜에 기초를 둔 그리스도를 본받는 삶을 육성하는 목회자들은 모든 이에게 그리스도가 어떻게 모든 곳에 임재하며, 어떻게 모든 것이 그리스도의 영광에 대해 증언하는지를 보여준다. 보통 목회자들은 그들이 하는 말이 아니라 그들이 하는 일을 통해, 즉 그들의 손길, 연민, 명쾌함, 현존, 그리고 복음에 대한 신실한 구현을 통해 그것을 보여준다. 또한 그들은 이 세상을 통해 그리스도 안에 계신 하나님의 영광을 본다. 알렉산더 슈메만(Alexander Schmemann)은 이 세상을 "영원의 성배"라고 불렀다.[36] 이 세상을 통해 하나님의 영원을 보는 것이 그리스도-지혜다. 그렇다면 우리는 어떻게 해야 그리스도를 본받는 삶으로 이끌어가는 지혜 문화를 세울 수 있을까?

지혜의 수립 육성하기

그리스도-지혜는 인격적 구현을 통해서 가장 순전하고 깊게 문화 안에 수립되고 보존된다. 지혜는 영성 형성에 관한 과정을 이수함으로써 수립되지 않는다. 비록 그런 것이 도움은 될 수 있을지라도 말이다. 지혜는 성경을 읽거나 기도를 드리거나 금식을 하는 것으로도 수립되지 않는다. 비록 그것들 역시 도움은 될지라도 말이다. 지혜는—이것은 모방으로서의 목회적 육성(1장)을 반향한다—영원한 지혜의 사슬 안에서 지혜를 경외하며 수용하는 것을 통해 수립된다. 내가 이 지혜의 사슬을 보는 방식은 아래와 같다. 그리고 그것은 모두 하나님(께 대한 경외)과 함께 시작된다.

하나님(성부, 성자, 성령)

사도들, 예언자들

교회의 역사로부터 오는 지혜

지역 교회의 현자들

---

36 Alexander Schmemann, *The Journals of Father Alexander Schmemann, 1973-1983*, trans. Juliana Schmemann (Crestwood, NY: St. Vladimir's Seminary Press, 2000), 78.

지혜 문화는 이 지혜의 사슬에 대해 안다. 그에 대한 좋은 예가 고전적 랍비 문서인 미쉬나 아보트(Mishna Avot) 1:1에서 발견된다.

A. 모세가 시내산에서 토라를 받아 여호수아에게 넘겨주었다. 여호수아는 그것을 장로들에게, 장로들은 그것을 예언자들에게 넘겨주었다.

B. 예언자들은 그것을 위대한 총회에 속한 남자들에게 넘겨주었다.

C. 그들은 세 가지를 말했다. (1) "신중하게 판단하라." (2) "여러 제자들을 길러내라." (3) "토라를 위해 울타리를 치라."

여기서 우리는 유대교에 속한 유명한 전통의 사슬을 볼 수 있다.

기독교의 지혜의 사슬

기독교 전통에서 지혜는 자신을 그리스도 안에 있는 지혜로 계시하시는 하나님과 함께 시작한다. 그런 그리스도-지혜(Christ-Wisdom)는 오직 그리스도의 몸에 속한 이들의 마음과 영과 정신과 몸을 재생하고 조명하는 하나님의 성령을 통해서만 "전수된다." 그러므로 그리스도-지혜는 인간 안에서 불완전하지만 실제적인 방식으로 구현된다. 지혜는 그리스도이기 때문에 사도들이 그리스도 이후에 참된 지혜의 증인과 승인된 교사들로서 교회에 대한 첫 번째 연결고리를 형성한다. 바울은 다음으로 예언자들이 등장한다고 말한다(엡 2:20). 그들은 그리스도라는 토대 위에 세워진 첫 번째 블록일 뿐이고 그 지혜를 그리스도의 몸으로까지 확장시킨다. 전통이 되어 보존되고 그로 인해 그리스도의 몸에 속한 이들에게 경외의 대상이 되어 수용되는 지혜라는 이 주제는 에베소서 4:11-13에서 분명하게 표현된다. "그가 어떤 사람은 사도로, 어떤 사람은 선지자로, 어떤 사람은 복음 전하는 자로, 어떤 사람은 목사와 교사로 삼으셨으니, 이는 성도를 온전하게 하여 봉사의 일을 하게 하며 그리스도의 몸을 세우려 하심이라. **우리가 다 하나님의 아들을 믿는 것과 아는 일에 하나가 되어 온전한 사람을 이루어 그리스도의 장성한 분량이 충만한 데까지 이르리니.**" 강조체로 표기한 구절은 지혜 전통이라는 주제를 보여준다. 여기서 지혜 전통이 그 지혜를 "전승하는" 이들 곧 지도자들에게 초점을 맞춤으로써 발전된다는 것에 주목하라.

복음과 지혜

전통이라는 주제는 유대교 안에서만 중요했던 것이 아니라 복음 자체에 대해서도 근본적인 것이었다. 복음 전통의 "전승" 혹은 "물려줌"을 강조하는 다음 구절들에 주목하라.

> 하나님께 감사하리로다. 너희가 본래 죄의 종이더니 **너희에게 전하여준 바 교훈의 본을** 마음으로 순종하여(롬 6:17).

> 너희가 모든 일에 나를 기억하고 또 **내가 너희에게 전하여 준 대로 그 전통을 너희가 지키므로** 너희를 칭찬하노라(고전 11:2).

내가 너희에게 전한 것은 주께 받은 것이니 곧 주 예수께서 잡히시던 밤에 떡을 가지사(23절).

내가 받은 것을 먼저 너희에게 전하였노니 이는 성경대로 그리스도께 서 우리 죄를 위하여 죽으시고(15:3).

형제들아, 우리 주 예수 그리스도의 이름으로 너희를 명하노니 게으르 게 행하고 **우리에게서 받은 전통대로** 행하지 아니하는 모든 형제에게 서 떠나라(살후 3:6).

사도적 신앙의 지혜 전통은 비메시아적 유대교 전통(갈 1:14)과 이방 의 이교 전통(골 2:8) 모두와 맞섰다. 이 전통은 훗날 신조들로 귀결 된 내용의 초기 형태를 취하고 있었다(롬 10:9-10; 고전 15:3-8; 빌 2:6-11; 골 1:5-20; 딤전 3:16; 딤후 2:11-13). 이런 신조 이전의 진술들에 대 한 그 어떤 연구도 그것들이 갖고 있었던 그리스도-지혜를 분명하 게 보여준다. 신앙의 그리스도 중심적 본성을 육성하고 넘겨주는 것 은 지혜로운 목회자의 책임이다. 우리는 예수를 성부 하나님의 영광 에 이르기까지 주님으로 그리고 하나님으로 고백한다. 오직 성령의 기름 부음을 통해서만 그런 일을 할 수 있다. 목회자들은 바울처럼 비밀의 청지기들이다. 그리고 그 비밀은 지혜이신 그리스도와 연결 되어 있다. 바울은 고린도인들에게 이렇게 말한다. "사람이 마땅히 우리를 그리스도의 일꾼이요 하나님의 비밀을 맡은 자로 여길지어 다. 그리고 맡은 자들에게 구할 것은 충성이니라"(고전 4:1-2).

지금까지 살펴본 것을 요약해보자. 우리는 인격적 구현을 통해 지혜를 수립한다. 예수는 인격화된 지혜였고 지금도 그러하다. 성령은 그리스도의 옹호자다. 사도들, 예언자들, 전도자들, 목회자들, 교사들은 이 지혜를 경외하며 받은 (것으로 추정되는) 사람들이다. 이런 지도자들은 그 지혜를 육성해서 자기들이 맡은 이들에게 넘겨주어야 할 책임이 있다.

　청소년화에 사로잡혀 있는 우리의 문화는 지혜 사슬에 대해 짜증을 내거나 짜증을 넘어 반항으로 치닫는다. 많은 이들이 혁명을 원하고 교회의 깊은 지혜 전통을 깨뜨리고 있으며, 또한 장년들에 의해 밀려나고 그로 인해 지혜 전통을 거부한다. 장년들은 문제의 일부다. 왜냐하면 그들은 교회의 문화를 적절성에 굴복시켰거나 모방할 만한 가치가 있는 존재가 되지 못했기 때문이다. 이에 대한 해결책은 혁명이나 반항이 아니라 회개, 교회의 지혜로 돌아감, 그리고 장년과 함께 그것을 찾는 것이다.

장로들과 지혜

바로 여기가 장로들이 활동하기 시작하는 곳이다. 지금껏 우리는 장로와 주교/감독과 목회자와 교사의 관계에 관한 논의에 몰두하느라 유대교와 그리스-로마 세계에서 **장로들**이 갖고 있던 기본적인 의미를 살펴보지 못했다. 아래에 그 의미에 대한 조셉 블렌킨솝(Joseph Blenkinsopp)의 응축된 요약이 있다.[37]

37　Blenkinsopp, *Sage, Priest, Prophet*, 25.

부족의 장로들은 부족 전체와 관련한 문제들, 특히 비상 상황에서 심의기관 역할을 했다. 지역 단계에서 장로는 오늘날 팔레스타인 아랍 마을에서 무크타르(mukhtar)의 역할과 다소 유사하게 개별 가정 또는 마을 정착촌에서 권위를 행사했다. 족장들이나 장로들은 들키지 않은 살인(신 21:1-9), 통제되지 않는 아들들(신 21:18-21), 도피성(수 20:1-6), 부녀자들에 대한 성적 비위 혐의들(신 22:13-21), 결혼과 재산에 관한 분쟁(신 25:5-10; 왕상 21:8-14; 룻 4:2) 같은 문제들이 발생하는 경우 개인적·집단적으로 사법적 기능을 수행했다. 장로들은 또한 그 집단의 정체성을 구성하는 데 도움이 되는 집단의 기풍 및 공유된 전통의 수탁자, 관리자, 전달자들이었다. 또한 그들은 특별히 제사 전문가가 요구되지 않는, 조상들과 관련한 가족 제의를 주관했다.

장로들은 다음과 같이 요약할 수 있는 책임을 갖고 있었다. 그들은 과거를 알고 미래에 대해 생각하면서 현재와 미래를 현명한 과거와 일치하도록 유지하기 위해 지금 판단을 내렸다. 말이 너무 복잡해지는 것을 원치 않으나, 내 말의 요점은 미래가 시간을 넘어서는 연속성을 형성하기 위해 오늘 내려지는 결정들이 과거의 유기적 지혜에 근거할 필요가 있다는 것이다. 시간을 넘어서는 연속성은 지혜다. 장로들은 이런 종류의 지혜에 대한 책임이 있다.

초기 기독교 리더십에 관해 능통한 신약학 전문가 앤드류 클락 (Andrew Clarke)은 신약성경의 장로들을 지혜와 관련한 기능이라는 관점에서 본다. 그의 말을 길게 인용해보자.

따라서 "장로직"은 개인적인 직책이 아니라 명예로운 지위이며, 그것과 더불어 영향력 있고 존경받는 집단의 회원 자격이 따라온다. 장로들의 협의회는 현명한 조언을 제공하는데, 각각의 장로들은 디도서 1:6에 나오는 짧은 목록에서 제공되는 자질을 드러내 보일 필요가 있다. 공관복음과 사도행전 전체에서 장로들은 강력하고 단호한, 심지어 위협적인 집단이라는 특징을 지닌다. 디모데전서 5:17-19은 장로들이 적절하게 존경을 받아야 하며 적어도 두 명의 증인이 있지 않은 한 고발을 당해서는 안 된다고 주장한다. 그러나 만약 어느 장로가 잘못이 있음이 밝혀진다면, 그에 대한 비난은 공개적으로 이루어져야 한다. 목회 서신들은 그들이 어떻게 이해되었는지 혹은 이해되어야 하는지에 관해 그 이상의 것을 알려주지 않는다.[38]

상당히 많은 수의 가정 교회들이 있었던 바울의 상황 속에는 또한 장로들의 협의회도 있었을 것이다. 그 협의회는 오직 합의제로만 행동했고, 가르칠 자격을 갖고 있지 않고 그들 자신의 가정 교회도 갖고 있지 않았으나 (따라서 감독들이 아니었지만) 그럼에도 자기 가족의 가장들이었던 다른 다수의 존경받는 남자들과 함께 감독단을 구성하는 집단이었다. 감독들과 구별되는 장로들의 의무와 책임은 목회 서신에서는 상술되지 않는다. 그러나 공관복음과 사도행전의 유대적 맥락 안에서 그들은 권위 있는 집단이었고, 그들의 역할은 주로 범공동체적 관점에서

---

38 Andrew D. Clarke, *A Pauline Theology of Church Leadership* (London: Bloomsbury T&T Clark, 2008), 56-57.

무언가를 결정하거나 판단하는 것이었다.[39]

다시 말해, 기독교 지도자들은 에베소나 고린도나 로마의 세속적인 장로들처럼 보였다. 그들은 자신들의 삶을 토대로 그들의 사회에서 기능적 현자가 된 은발의 혹은 대머리의 장년들이었다. 그들은 과거를 알았다. 그리고 미래를 위해 지금 판단을 했다.

결론은 이러하다. 장로들에게는 공동체의 지혜를 전수하고 유지할 책임이 있었다. 우리의 경우에 이것은 교회를 위해 그리스도를 본받는 삶의 지혜를 전수하고 유지하는 것을 의미한다. 목회자들은 그리스도-지혜가 우선시되는 문화를 육성해야 한다. 그들은 성령-지혜 안에서 지혜 전통과의 일치를 유지함으로써 그런 문화를 육성한다.

지혜의 표현 육성하기

지혜는 두 가지 방법으로 표현된다. 하나는 지혜롭게 행동하는 것이고, 다른 하나는 지혜롭게 말하는 것이다. 바울은 골로새의 그리스도인들을 일종의 할라카적 신비주의(halakic mysticism, 할라카는 성경의 613개의 계명과 탈무드, 랍비법, 관습과 전통을 포함한 유대교의 종교법을 가리킨다—역주)[40]로 이끌어가고 있던 적대자들의 주장을 반박한 후, 골로새인들을 향해 이렇게 말한다. "외인에게 대해서는 지혜로 행하여 세월을 아끼라. 너희 말을 항상 은혜 가운데서 소금으로 맛을 냄

---

39 Clarke, *Pauline Theology*, 59-60.
40 나는 이 문제를 Scot McKnight, *The Letter to the Colossians*, NICNT (Grand Rapids: Eerdmans, 2018), 25-34에서 논한 바 있다.

과 같이 하라. 그리하면 각 사람에게 마땅히 대답할 것을 알리라"(골 4:5-6). 주목할 만하게도 여기서 바울은 행동에 대해 그리고 말에 대해 말한다. 구현된 지혜는 지혜의 실체에 대한 최고의 변증이다. 이 경우에 그것은 황제들의 주장을 넘어서고 유대인과 이방인, 남자와 여자, 종과 자유인, 모든 민족과 언어를 포괄하는 새로운 공동체에 속한 모든 이들에게 구속을 제공하는 그리스도 중심적인 복음이다. 카빈 로우(Kavin Rowe)가 『하나의 진실한 삶』(One True Life)에서 보여 주는 강력한 특징 하나는 그가 스토아주의적 전통과 기독교 전통 모두를 살아 있는 전통으로 여긴다는 점이다. 그는 이렇게 결론짓는다. "스토아주의와 기독교는 삶의 진실에 대한 주장들이다. 그것들이 가르치는 것을 알기 위해서는 참된 삶이 필요하다."[41] 키에르케고르(Kierkegaard)를 좋아하는 로우는 이렇게 말한다. "이렇게 혹은 저렇게 살아가기 위해 우리가 발견하는 기준들이 얼마나 많든 간에, 우리는 스스로 그런 삶을 살아내기 전에는 참된 삶에 관한 판단에 그것들을 덧붙여서는 안 된다."[42] 나는 그 말에 거의 대부분 동의한다. 그의 말 중 나의 관심을 끄는 것은 살아낸 삶(a lived life)이 무언가에 대한 구현이라는 것이다. 그 무언가—즉 그리스도-지혜—는 그 삶과 구별될 수 있다. 그러므로, 옳다, 나는 동의한다. 행동이 복음을 구현한다. 그러나 그것이 구현하는 것은 분리가 가능한 복음이다.

　　행동을 수반하는 지혜에 대한 구두 표현과 함께 우리는 바울의

41　Rowe, *One True Life*, 257.

42　Rowe, *One True Life*, 257.

편지들에 대한 장황한 주석을 제공할 수 있다. 여기에 지혜의 순간들에 대한 간략한 샘플링이 있다. 고린도전서 8장에서 바울은 우상에게 바쳐진 음식의 문제를 다룬다. 먹을 것인가, 말 것인가? 우상숭배인가, 아니면 아디아포라(*adiaphora*, 아무렇게나 해도 상관없는 비본질적인 문제—역주)인가? 여기에 8:1로부터 가져온 바울의 모두 발언이 있다. 그것은 (아마도) 글로에가 보내온 편지에 대한 인용으로 시작된다. "우리는 '우리가 다 지식이 있는 줄을' 안다." 바울의 대답은 이러하다. "지식은 교만하게 하며 사랑은 덕을 세운다." 이와 동일한 인용과 응답의 사이클이 고린도전서 10:23-24에서 발견된다.

> "모든 것이 가하나", 모든 것이 유익한 것은 아니요
> "모든 것이 가하나", 모든 것이 덕을 세우는 것은 아니니
> 누구든지 자기의 유익을 구하지 말고 남의 유익을 구하라.

고린도인들에게 그들의 자원으로 예루살렘에 있는 성도들에게 관대하게 베풀라고 권하고 심지어 꼬드기느라 최선을 다하면서 바울은 이렇게 말한다. "이것이 곧 적게 심는 자는 적게 거두고 많이 심는 자는 많이 거둔다 하는 말이로다"(고후 9:6). 이것은 바울이 유대교의 지혜 전통과 연관된 형태로 한 잠언적 진술이지만, 거기에는 그 이상의 무언가가 있다. 이것은 그리스도-지혜에 그리고 그런 까닭에 그리스도를 본받는 삶에 깊이 잠긴 잠언이다. 중요한 것은 사랑이지 지식이 아니다(지식은 고린도에서 높이 칭송되었다). 중요한 것은 모두에게 이로운 것, 세우는 것, 다른 이들에게 좋은 것이다. 이것은 다

른 이들을 위해 자신을 줌으로써 그리스도처럼 형성된 삶에 대한 예다. "성육신적" 삶에 관한 오늘날의 수다에도 불구하고, 성육신이 참으로 의미하는 것은 바로 다른 이들의 구속을 위해 자신을 희생하는 삶(참조. 빌 2:6-11)이다.[43]

앞서 말했듯이, 우리는 각각의 문자들을 주해할 수 있다. 이제 나는 골로새서에서 찾을 수 있는 무작위로 식별할 수 있는 지혜의 순간—거기에서 그리스도-지혜, 성령-지혜, 목회적 지혜가 하나로 수렴한다—을 살피는 것으로 이 장을 마무리할 것이다. 1:7에서 바울은 골로새인들에게 그들이 사도 바울로부터 지혜이신 그리스도를 경외하며 받아 "동료 종"과 "신실한 일꾼"이 된 "에바브라에게" 복음을 배웠음을 상기시킨다. 그러므로 바울은 이렇게 말한다. "이로써 우리도 듣던 날부터 너희를 위하여 기도하기를 그치지 아니하고 구하노니 너희로 하여금 모든 신령한 지혜와 총명에 하나님의 뜻을 아는 것으로 채우게 하시고 주께 합당하게 행하여 범사에 기쁘시게 하고 모든 선한 일에 열매를 맺게 하시며 하나님을 아는 것에 자라게 하시고"(1:9-10). 하나님으로부터 온 선물인 지혜는 "주님께 합당한" 삶을 낳는다. 골로새의 할라카적 신비주의자들에 대한 바울의 목회적 대응은 1:15-20의 찬가를 통해 유명해진 **그리스도 중심성**(Christocentricity)인데, 거기에서 나는 오직 이런 말들만 강조하고자 한다. "그는 보이지 아니하는 하나님의 형상이시요 모든 피조물보다

---

43 나는 Scot McKnight, *Kingdom Conspiracy: Returning to the Radical Mission of the Local Church* (Grand Rapids: Brazos, 2014), 138-42에서 성육신적 삶에 대한 이런 이해를 발전시켰다.

먼저 나신 이시니 만물이 그에게서 창조되되…만물이 다 그로 말미암고 그를 위하여 창조되었고 또한 그가 만물보다 먼저 계시고 만물이 그 안에 함께 섰느니라. 그는 몸인 교회의 머리시라.…이는 친히 만물의 으뜸이 되려 하심이요 아버지께서는 모든 충만으로 예수 안에 거하게 하시고 그의 십자가의 피로 화평을 이루사 만물 곧 땅에 있는 것들이나 하늘에 있는 것들이 그로 말미암아 자기와 화목하게 되기를 기뻐하심이라." 만약 이것이 그리스도 중심성이 아니라면, 다른 아무것도 그럴 수 없다. 그것이 그리스도 중심성이기에 여기서 우리는 기독교적 지혜의 목회 전략을 배운다. 거짓된 가르침과 맞서 싸우는 길은 모든 영광 중에 계신 그리스도를 제시하고 그분을 (거짓된 지혜를 구현하는) 거짓 교사들이 제공하는 것과 비교하는 것이다.

골로새인들은 (그리스도와의) 공동 죽음과 공동 부활에 관해 가르침을 받는다(2:12-15; 2:20-3:11). 즉 바울의 지혜 안에서 도덕적 삶은 그리스도를 본받는 삶이다. 바울은 그들이 천사들과 함께 예배할 수 있기 위해 신비적 경험을 할 수 있는 방법이 무엇인지 혹은 어떤 관습들이 습관이 되어야 하는지에 대해 말하지 않는다. 그는 그들에게 거듭해서 십자가와 부활을 가리키면서 기독교적 삶을 그리스도-지혜에 의해 형성되는 것으로 표현한다. 가정 규율과 관련한 유명 구절(3:18-4:1)에서 우리는 가족과 가정생활에 관한 로마식 방법의 전복을 발견한다. 왜냐하면 이 단락에서 지위가 향상되는 쪽은 아랫사람들(아내, 자녀, 종)인 반면, 윗사람들(남편, 부모, 주인)은 십자가의 길에 대한 가르침을 받기 때문이다. 주인이 종을 "의롭고 공평하게" 다뤄야 한다고 가르치는 것보다 더 혁명적인 것은 없다. 여기서 "공평하게"에 해당하는 그리스어는 이소테스(*isotēs*)인데, 그것은 "평등하게"를 의미한다. 이것은 바울이 빌레몬에게 그의 새로운 형제 오네시모를 어떻게 다뤄야 하는지 말할 때 사용했던 바로 그 단어다 (빌 1:6). 혹자는 아랫사람들에게는 부활이 주어지고 윗사람들에게는 십자가가 주어지며 그런 식으로 가정이 기독교적 지혜를 구현한다고 말할 수도 있을 것이다. 여기서 가장 중요한 것은 우리가 이런 가르침의 순간에 발견하는 목회적 지혜. 계속해 나갈 수 있으나, 여기서는 올바른 방식으로, 올바른 사람들에게, 올바른 시간에, 올바른 내용(그리스도 중심성, 그리스도를 본받는 삶)을 예시하기 위해 앞서 말한 예들만 제공하겠다.

지혜는 구현된다. 그리고 그런 구현이 지역 교회 안에 그리스도-지혜를 수립한다. 목회자들은 그리스도를 본받는 삶의 문화를 육성하기 위해 그리스도-지혜를 육성해야 한다. 교회의 현자들로부터 오는 지혜를 향한 수용적 경외를 통해서가 아니라면, 그런 지혜를 어떻게 얻을 수 있겠는가? 그런 현자들은 지역적인 인물들—공동체 내의 나이 많고 머리가 흰 목회자들과 장로들—과 세계적인 인물들 모두여야 한다. 나는 이 "세계적" 인물들에 존 스토트, 팀 켈러, 유진 피터슨, 매릴린 로빈슨, 플레밍 러틀리지 같은 지혜로운 작가들 그리고, 그다음으로 당신을 포함시킨다.

그리스도를 본받는 삶 육성하기

8

이 책은 특별히 목회자들의 관심을 끌 것이고 나는 그들 중 하나가 아니므로, 이 책의 초반에 등장했던 간단한 개념 하나를 짧게나마 다시 언급할 필요가 있다. 나는 목회자들이 그들의 일을 어떻게 해야 하는지에 대해 말할 생각이 없고, 나에게 그럴 만한 능력이 있다고 생각하지도 않는다. 나는 예수 시대 이후 우리 모두가 놓쳤다가 오늘날 마침내 빛을 보게 된 목회에 관한 반짝거리는 새로운 이론을 찾으려 하지도 않았다. 나는 새로운 아이디어를 갖고 있지 않으며, 목회자들이 나에게 목회의 방법에 관해 들으려고 하는 것은 지혜로운 일도 아니다. 내가 하려고 했던 일은 바울에게 목회가 무엇이었는지 설명하고 바울의 그것과 일치하는 방식이 무엇인지 살피는 것이었다. 내가 제시한 것은 바울의 포괄적인 목회 이론이 아니라 그리스도를 본받는 삶이라는 주제와 관련한 몇 가지 예들에 불과하다.

이 책을 저술하는 일 자체가 내게는 즐겁고 유익했다. 나는 바울의 목회 생활에 관한 본문들을 숙고하는 것이 좋았다. 그렇게 많은 목회자들이 목회자 바울에 관해 말하는 것을 읽는 것이 좋았다. 그러나 무엇보다도 이 책을 씀으로써 이 책 안으로 내 생각의 길을 내는 과정이 좋았다. 나는 조셉 엡스타인의 팬이다. 그가 쓰기의 노동에 관해 쓴 위트 있는 글은 여기서 반복할 만한 가치가 있다. "만약 작가들에 관한 드라마가 최소한이라도 사실이라면, 어떤 이들은 어째서 그들이 그처럼 고된 소명을 붙잡고 있는지 궁금해할 것이다. 내가 틀릴 수도 있겠지만, 저술 작업의 복잡성과 어려움에도 불구하고 작가들이 그 일을 그만둘 수 없는 이유는 거기에 투자한 수고를 뛰어넘는 보상이 주어지기 때문일 것이다."[1] 설령 이 책을 쓰는 것이 노역이었다고 할지라도, 나는 그것을 알아차리지 못했다.

목회에 관해 혹은 목회자 바울에 관해 논하는 목회자들의 글을 읽으면서 나는 거듭해서 목회자들이 얼마나 사람 지향적 생각을 하는지 알 수 있었다. 나는 목회나 목회하는 바울 혹은 일반적으로 바울에 관해 말하는 교수들에게서는 그런 것을 발견하지 못했다. 교수들의 이른바 거리 두기와 객관성에 관한 이론들은 바울의 목회적 주제를 둔화시켜 무시할 만한 것으로, 때로는 눈에 띄지 않는 것으로 만든다. 그래서인지 『성직자의 죽음』(*Death in Holy Orders*)을 읽었을 때, 실제 사람을 목양하는 목회의 순간이 더욱 크게 나의 눈길을 끌었다.

> [그 목회자는] 오랜 병으로 집에 있는 교구민들을 두 시간에 걸쳐 방문하고 돌아왔다. 늘 그랬던 것처럼 그는 그들의 개별적이고 새로울 게 없는 필요들을 충족시켜주기 위해 의식적으로 노력했다. 시각 장애인인 올리버 부인은 그가 성경 한 구절을 읽고 자기와 함께 기도하

---

1   Joseph Epstein, *With My Trousers Rolled: Familiar Essays* (New York: Norton, 1995), 187.

는 것을 좋아했다. 나이가 많은 샘 포싱어는 그가 방문할 때마다 알라메인 전투(제2차 세계대전 때 북아프리카에서 벌어진 전투 — 역주) 얘기를 되풀이했다. 신체장애인용 보행 보조기에 묶여 있는 폴리 부인은 최근의 교구 소식을 듣고 싶어 했다. 칼 로마스는 신학교에 다닌 적이 없음에도 신학과 영국교회의 결함에 관해 논하기를 좋아했다. 폴리 부인은 그의 도움을 받아 힘겹게 부엌으로 가서 차를 끓이고 그를 위해 구워 놓은 생강 케이크를 통에서 꺼냈다. 4년 전 첫 방문 때 그는 지혜롭지 못하게도 그 케이크를 칭찬했는데, 그로 인해 요즘에는 사실은 자기가 그 케이크를 좋아하지 않는다고 말하는 게 불가능하다고 여기면서 매주 꾸역꾸역 그것을 먹고 있다. 그러나 뜨거우면서도 향이 강한 차는 마실 만했고 그가 집에서 손수 그것을 만드는 수고를 덜어주었다.[2]

이런 구절을 읽을 때 나는 과연 내가 그 목회자처럼 정례적으로 사람들을 방문해 그들의 손을 잡을 수 있을지 궁금해진다. 내가 사람들을 목양하는 목회자들을 존경하는 이유는 그들의 목양, 즉 이런 식의 그리스도를 본받는 삶 때문이다.

지금까지 우리는 바울을 안내자로 삼아 그가 목회의 과업을 그리스도를 본받는 삶을 육성하는 것으로 이해하고 있음을 보았다. 즉 바울과 우리들 각각은 그리고 모든 목회자들은 그리스도의 형상과 일치하라는 부르심을 받고 있다. 목회자들은 예수의 삶의 모든 면에서 드러나는 것을 따라 그리스도를 본받는 삶을 육성하는 자

---

2   P. D. James, *Death in Holy Orders* (New York: Knopf, 2001), 166.

들이다. 즉 그들은 예수의 삶, 죽음, 부활, 승천에 일치하도록, 그리고 그것들로 사람들을 육성하도록 부르심을 받은 자들이다. 다시 한 번 (1장에서 언급했던) 아무도 사용하지 않는 그리스어 용어들을 사용해 말하자면, 그들은 **삶**-본받기(*bio*-formity), **십자가**-본받기(*cruci*-formity), **부활**-본받기(*anastasi*-formity)를 육성하도록 부르심을 받았다. 이것들을 하나로 묶어보라. 그러면 당신은 그리스도를 본받는 삶(Christoformity)이 무엇인지 알게 될 것이다. 당신은 바울이 그의 동역자들과 그들이 섬기는 교회들 가운데서 무엇을 하고 있었는지 알게 될 것이다.

다시 떠올려 보자. 그리스도를 본받는 삶은 그 뿌리를 예수 자신의 말과 삶에 두고 있다. 예수는 이렇게 말했다.

제자가 그 선생보다, 또는 종이 그 상전보다 높지 못하나니 제자가 그 선생 같고 종이 그 상전 같으면 족하도다. 집 주인을 바알세불이라 하였거든 하물며 그 집 사람들이랴(마 10:24-25).

인자가 온 것은 섬김을 받으려 함이 아니라 도리어 섬기려 하고 자기 목숨을 많은 사람의 대속물로 주려 함이니라(막 10:45).

두 번째 본문을 먼저 읽는다면, 우리는 예수의 사명이 다른 이들을 섬기고 그들을 위해 자신을 내어주는 것이었음을 알게 된다. 첫 번째 본문은 우리가 예수와 같아지는 것으로 충분하다고 말한다. 그것이 그리스도를 본받는 삶이다. 만약 그리스도인의 삶이 그리스도를 본받는 것이라면, 그때 목회는 우리 자신과 다른 이들 안에서 그리스도를 본받는 삶을 육성하는 것이 된다.

그리스도를 본받는 삶은 올바른 습관을 형성함으로써 얻어지는 불가피한 결과가 아니다. 또 그것은 단순히 의도와 의지력의 결과도 아니다. 오히려 그리스도가 성령을 통해 우리의 세상 중심에 임재한다. 성령을 통해 역사하시는 하나님의 은혜야말로 그리스도를 본받는 삶의 유일한 길이다. 신학적으로 말하자면, 그리스도 중심성은 오직 성령 중심성을 통해서만 가능하다. 우리는 오직 우리를 그곳으로 이끌어가는 성령에 대해 열려 있을 때만 그 중심에서 그리스도를 발견할 수 있다. 성령의 모든 것에 관한 우리 세대의 "전문가"인 고든 피(Gordon Fee)는 이렇게 말한다.

> 우리는 살아계신 하나님 자신에 의해 침공을 당했다. 성령의 모습으로 다가오시는 그분의 목표는 우리를 하나님 자신의 형상으로 철저하게 감염시키는 것이다. 그런 감염을 가리키는 바울의 표현은 성령의 열매다. 성령의 오심은 우리의 마음을 새롭게 하면서 우리에게 이 열매에 대한 거룩한 욕구를 제공한다. 이 열매의 성장은 기독교적 회심의 여정이라는 먼 길, 즉 "동일한 방향으로의 오랜 순종"이며, 그것은 전적으로 우리의 삶 속에서 일어나는 성령의 역사다.[3]

3　Gordon D. Fee, *Paul, the Spirit, and the People of God* (Grand Rapids: Baker, 1996), 112. 『바울, 성령, 그리고 하나님의 백성』(좋은씨앗 역간, 2001).

언젠가 달라스 윌라드(Dallas Willard)와 대화하다가 그에게 물었다. "달라스, 당신은 아리스토텔레스적 덕 윤리학자인가요? 아니면 덕 윤리학자인가요?"(아리스토텔레스는 교육을 통해 형성되는 실천적 지혜인 지성적 덕과 반복과 습관을 통해 형성되는 품성적 덕을 강조했다 — 역주) 그의 대답이 잊히지 않는다. "아리스토텔레스는 너무 차가웠어요." 그가 계속해서 말했다. "나는 영적 실천이 우리가 자신을 하나님의 은혜와 우리를 변화시키기 위해 우리 안에서 역사하는 하나님의 성령을 얻을 수 있도록, 그리고 그것을 향해 열리도록 만드는 수단이라고 믿어요." 그렇다면 이 점을 분명히 해두자. 우리와 다른 이들이 그리스도를 본받는 일은 오직 성령을 통해서만 일어난다.

그리스도를 본받는 삶을 육성하는 일은 풀타임의 도전이다. 목회자들은 오늘 하기에 충분한 것 이상의, 그리고 종종 그들이 실제로 할 수 있는 것 이상의 일을 한다. 성공적인 교회를 위한 모델들은 너무 자주 "머릿수"와 "연말의 예산"으로 측정된다. 그것들은 함께 작동한다. 일요일 예배에 더 많은 사람이 오면, 우리는 더 많은 돈으로 더 많은 사역을 수행할 수 있을 것이다. 그것이 성공적인 교회의 모델이 아니라는 것을 나는 바울과 여러 현명한 목회자들로부터 배웠다. 한 종류의 공동체에 속한 한 가지 유형의 사람들에게 초점을 맞추는 동종 교회(homogeneous church)를 위한 원칙은 신약성경에서는 발견되지 않으며 교회를 고린도화시키는 또 다른 형태일 뿐이다. 그런 원칙들은 세속적이다. 성공을 숫자—머릿수나 예산 같은—로 헤아리는 것 역시 세속적이다. 바울에게 중요했던 것은 그가 세운 교회들을 그리스도 안에서 완전한 것으로 제시하는 일이었다. 바울에게 성숙은 그리스도를 본받는 삶이었다. 따라서 바울이 목회 사역에 대한 평가를 위해 알았던 유일한 기준은 이런 질문이었다. "그가 얼마나 그리스도를 본받고 있는가? 에베소 교회는 얼마나 그리스도를 본받고 있는가?" 그리스도를 본받는 삶은 로마의 방식에 맞서면서 회중 안에서 그리고 개인들 안에서 그리스도의 삶을 구현했다.

바울이 그리스도를 본받는 삶을 육성하는 것을 보여주는 여러 가지 예들이 있다. 그러나 내가 바라는 것은, 이 책의 2-8장에서 제시된 7가지 예들이 목회자들에게 그들이 그동안 해온 모든 일을 생각나게 하고, 더 나아가 그리스도를 본받는 삶을 육성하는 도전을 목회의 핵심으로 받아들이고자 하는 갈망을 품게 하는 것이다. 사람들을 목양하는 목회자들은 그런 순간을 인식할 것이고, 목회적 돌봄이 필요한 사람들을 알게 될 것이고, 윌라 캐더(Willar Cather)가 쓴 『대주교에게 죽음이 오다』(*Death Comes for the Archbishop*)에 나오는 늙은 사제처럼 그리스도를 본받는 삶을 육성할 것이다. 그 늙은 사제 곧 조셉 신부는 그가 섬기던 교회를 떠나 다른 상황에서 주교를 섬기라는 요구를 받았다. 그 상황에서 나눈 대화는 아래와 같다.

[조셉 신부:] "그 사람들을 속박에서 해방시키는 데 필요한 모든 것은 말씀, 기도, 예배입니다. 고백하건대, 저는 제가 그 사명을 감당하기를 갈망합니다. 저는 잃어버린 자녀들을 회복시켜 하나님께 인도하는 사람이 되기를 간절히 바랍니다. 그것은 제 삶의 가장 큰 행복이 될 것입니다."

주교는 이런 호소에 즉각 대응하지 않았다. 마침내 그가 엄숙하게 말했다. "조셉 신부, 자네는 내가 여기서 자네를 필요로 한다는 것을 알아야 하네. 내가 맡은 일은 한 사람이 감당하기에는 너무 많아."

"그러나 주교님은 그들만큼 저를 필요로 하지 않습니다!" 조셉 신부는 겉옷을 벗고 사제복을 입은 채 발을 땅에 대고 똑바로 앉았다. "몽페랑(Montferrand, 프랑스의 신학교—역주) 출신의 훌륭한 프랑스 사제들 중 누구라도 여기서 주교님을 도울 수 있습니다. 그것은 지성으로 할 수 있는 일입니다. 그러나 저 아래의 일은 마음 그리고 특별한 연민이 필요합니다. 우리의 새로운 사제들 중 누구도 저만큼 그 가난한 이들을 이해하지 못합니다. 저는 거의 멕시코인이 되었습니다! 저는 칠리 콜로라도(chili colorado, 멕시코 음식의 일종—역주)와 양고기 기름을 좋아할 정도가 되었습니다. 그들의 어리석은 삶의 방식이 더 이상 저에게 상처를 주지 않고, 그들이 행하는 잘못들이 저에게는 사랑스럽습니다. 저는 **그들의 사람**입니다!"

[주교] "…자네는 가장 큰 소리를 내는 의무를 따라야 하네."[4]

그리스도를 본받는 삶은 조용한 방식으로 가장 큰 소리를 내는 의무다.

---

4 Willa Cather, *Death Comes for the Archbishop* (New York: Everyman's Library, 1992), 207-8. 『대주교에게 죽음이 오다』(열린책들 역간, 2010).

참고문헌

Aasgaard, Reidar. *"My Beloved Brothers and Sisters!" Christian Siblingship in Paul.* JSNTSup 265. London: T&T Clark, 2004.

Abasciano, Brian J. "Diamonds in the Rough: A Reply to Christopher Stanley concerning the Reader Competency of Paul's Original Audiences." *NovT* 49 (2007): 153-83.

Adams, Edward. *The Earliest Christian Meeting Places: Almost Exclusively Houses?* Rev. ed. New York: Bloomsbury T&T Clark, 2015.

_____. "Paul's Story of God and Creation: The Story of How God Fulfils His Purposes in Creation." In B. Longenecker, *Narrative Dynamics in Paul*, 19-43.

Agrell, Goran. *Work, Toil and Sustenance.* Lund: Hakan Ohlssons, 1976.

Alcorn, Randy. *Managing God's Money: A Biblical Guide.* Carol Stream, IL: Tyndale, 2011.

Anderson, Gary A. *Charity: The Place of the Poor in the Biblical Tradition.* New Haven: Yale University Press, 2013.

_____. *Christian Doctrine and the Old Testament: Theology in the Service of Biblical Exegesis.* Grand Rapids: Baker Academic, 2017.

Aristotle. *Nicomachean Ethics.* Translated by H. Rackman. LCL 73. Cambridge: Harvard University Press, 1926.

Arnett, Jeffrey Jensen. *Emerging Adulthood: The Winding Road from the Late Teens through the Twenties.* 2nd ed. New York: Oxford University Press, 2014.

Arnold, Jeanne E., Anthony P. Graesch, Enzo Ragazzini, and Elinor Ochs. *Life at Home in the Twenty-First Century: Thirty-Two Families Open Their Doors.* Los Angeles: Cotsen Institute of Archaeology Press, 2017.

Ascough, Richard S. "The Completion of a Religious Duty: The Background of 2 Cor 8.1-15." *NTS* 42 (1996): 584-99.

_____. *The Formation of Pauline Churches.* New York: Paulist Press, 1998.

_____. "What Are They *Now* Saying about Christ Groups and Associations." *CurBR* 13 (2015): 207-44.

Ascough, Richard S., Philip A. Harland, and John S. Kloppenborg. *Associations* in the Greco-Roman World: A Sourcebook. Waco: Baylor University Press, 2012.

Balmer, Randall. God in the White House: A History; How Faith Shaped the Presidency from John F. Kennedy to George W. Bush. New York: HarperOne, 2008.

_____. Thy Kingdom Come: How the Religious Right Distorts Faith and Threatens America. New York: Basic Books, 2007.

Balthasar, Hans Urs von. Paul Struggles with His Congregation: The Pastoral Message of the Letters to the Corinthians. San Francisco: Ignatius Press, 1992.

Barclay, John M. G. "The Family as the Bearer of Religion in Judaism and Early Christianity." In Moxnes, Constructing Early Christian Families, 66-80.

_____. Paul and the Gift. Grand Rapids: Eerdmans, 2015.

_____. "Paul's Story: Theology as Testimony." In B. Longenecker, Narrative Dynamics in Paul, 133-56.

Barna Group, The. The State of Pastors: How Today's Faith Leaders Are Navigating Life and Leadership in an Age of Complexity. Ventura, CA: Barna, 2017.

Barnett, Paul. Paul: A Pastor's Heart in Second Corinthians. Sydney, Australia: Aquila Press, 2012.

_____. "Paul as Pastor in 2 Corinthians." In Rosner, Malone, and Burke, Paul as Pastor, 55-70.

Barth, Karl. Church Dogmatics, III.4: The Doctrine of Creation. Translated by G. W. Bromiley. Edinburgh: T&T Clark, 1961.

_____. Church Dogmatics, III.4: The Doctrine of Creation. Edited by Geoffrey W. Bromiley and T. F. Torrance. Study ed. London: T&T Clark, 2010.

Bartholomew, Craig G. Contours of the Kuyperian Tradition: A Systematic Introduction. Downers Grove, IL: IVP Academic, 2017.

Bartlett, David. Ministry in the New Testament. Overtures to Biblical Theology. Minneapolis: Fortress, 1993.

Barton, Stephen C. "Paul as Missionary and Pastor." In The Cambridge Companion to St. Paul, edited James D. G. Dunn, 34-48. Cambridge: Cambridge University Press, 2003.

_____. "The Relativisation of Family Ties in the Jewish and Graeco-Roman Traditions." In Moxnes, Constructing Early Christian Families, 81-100.

Bates, Matthew W. "A Christology of Incarnation and Enthronement: Romans 1:3- as Unified, Nonadoptionist, and Nonconciliatory." CBQ 77 (2015): 107-27.

_____. The Hermeneutics of the Apostolic Proclamation: The Center of Paul's Method of Scriptural Interpretation. Waco: Baylor University Press, 2012.

_____. *Salvation by Allegiance Alone: Rethinking Faith, Works, and the Gospel of Jesus the King*. Grand Rapids: Baker Academic, 2017.

Bauckham, Richard. "Reading Scripture as a Coherent Story." In *The Art of Reading Scripture*, edited by Ellen F. Davis and Richard B. Hays, 38-52. Grand Rapids: Eerdmans, 2003.

Beard, Mary. *The Fires of Vesuvius: Pompeii Lost and Found*. Cambridge, MA: Belknap, 2010.

_____. *The Roman Triumph*. Cambridge, MA: Belknap, 2007.

_____. *SPQR: A History of Ancient Rome*. New York: Liveright, 2015.

Bellah, Robert N., et al. *Habits of the Heart: Individualism and Commitment in American Life*. New York: Harper & Row, 1985.

Berger, Klaus. "Almosen Fur Israel." *NTS* 23 (1977): 180-204.

Bergler, Thomas E. *From Here to Maturity: Overcoming the Juvenilization of American Christianity*. Grand Rapids: Eerdmans, 2014.

_____. *The Juvenilization of American Christianity*. Grand Rapids: Eerdmans, 2012.

Berlin, Isaiah. *The Proper Study of Mankind: An Anthology of Essays*. Edited by Henry Hardy and Roger Hausheer. New York: Farrar, Straus and Giroux, 2000.

Berlin, Isaiah, and Michael Ignatieff. *The Hedgehog and the Fox: An Essay on Tolstoy's View of History*. Edited by Henry Hardy. 2nd. ed. Princeton: Princeton University Press, 2013.

Bernanos, Georges. *The Diary of a Country Priest: A Novel*. Cambridge, MA: Da Capo Press, 2002.

Best, Ernest. *Paul and His Converts*. The Sprunt Lectures 1985. Edinburgh: T&T Clark, 1988.

Bethge, Eberhard. *Dietrich Bonhoeffer: A Biography*. Rev. ed. Minneapolis: Fortress, 2000.

_____. *Friendship and Resistance: Essays on Dietrich Bonhoeffer*. Grand Rapids: Eerdmans, 1995.

Bird, Michael F. *An Anomalous Jew: Paul among Jews, Greeks, and Romans*. Grand Rapids: Eerdmans, 2016.

_____. *Crossing over Sea and Land: Jewish Missionary Activity in the Second Temple Period*. Peabody, MA: Hendrickson, 2010.

Birge, Mary Katherine. *The Language of Belonging: A Rhetorical Analysis of Kinship Language in First Corinthians*. CBET 31. Leuven: Peeters, 2002.

Blenkinsopp, Joseph. *Sage, Priest, Prophet: Religious and Intellectual Leadership in Ancient Israel*. Louisville: Westminster John Knox, 1995.

Boersma, Hans. *Sacramental Preaching: Sermons on the Hidden Presence of Christ.* Grand Rapids: Baker Academic, 2016.

_____. *Scripture as Real Presence: Sacramental Exegesis in the Early Church.* Grand Rapids: Baker Academic, 2017.

Bonhoeffer, Dietrich. *Discipleship.* Dietrich Bonhoeffer Works 4. Minneapolis: Fortress, 2001.

_____. *"Life Together" and "Prayerbook of the Bible."* Edited by Eberhard Bethge. Translated by G. L. Muller. Dietrich Bonhoeffer Works 5. Minneapolis: Fortress, 1996.

Bradshaw, Paul F., Maxwell E. Johnson, and L. Edward Phillips. *The Apostolic Tradition.* Hermeneia. Minneapolis: Fortress, 2002.

Briones, David E. *Paul's Financial Policy: A Socio-Theological Approach.* LNTS 494. London: Bloomsbury T&T Clark, 2013.

Brown, William P. *Wisdom's Wonder: Character, Creation, and Crisis in the Bible's Wisdom Literature.* Grand Rapids: Eerdmans, 2014.

Bruner, Michael Mears. *A Subversive Gospel: Flannery O'Connor and the Reimagining of Beauty, Goodness, and Truth.* Downers Grove, IL: IVP Academic, 2017.

Buber, Martin. *I and Thou.* Translated by Ronald Gregor Smith. 2nd ed. New York: Scribner's, 1958.

_____. *Tales of the Hasidim: The Early Masters.* New York: Schocken Books, 1961.

Buechner, Frederick. *Telling the Truth: The Gospel as Tragedy, Comedy, and Fairy Tale.* San Francisco: Harper & Row, 1977.

Burke, Edmund. *Reflections on the Revolution in France, and Other Writings.* Edited by Jesse Norman. New York: Everyman's Library, 2015.

Burke, Simeon R. "'Render to Caesar the Things of Caesar and to God the Things of God': Recent Perspectives on a Puzzling Command (1945-resent)." *CurBR* 16 (2018): 157-90.

Burke, Trevor J. "The Holy Spirit as the Controlling Dynamic in Paul's Role as Missionary to the Thessalonians." In Burke and Rosner, *Paul as Missionary*, 142-57.

_____. "Mother, Father, Infant, Orphan, Brother: Paul's Variegated Pastoral Strategy towards His Thessalonian Church Family." In Rosner, Malone, and Burke, *Paul as Pastor*, 123-41.

Burke, Trevor J., and Brian S. Rosner, eds. *Paul as Missionary: Identity, Activity, Theology, and Practice.* LNTS 420. London: T&T Clark, 2011.

Buxton, Graham. *Dancing in the Dark: The Privilege of Participating in God's Min-*

istry in the World. Rev. ed. Eugene, OR: Cascade, 2016.

_____. *An Uncertain Certainty: Snapshots in a Journey from "Either-Or" to "Both-And" in Christian Ministry*. Eugene, OR: Pickwick, 2014.

Campbell, Brian. *The Romans and Their World: A Short Introduction*. New Haven: Yale University Press, 2012.

Campbell, Douglas A. *Paul: An Apostle's Journey*. Grand Rapids: Eerdmans, 2018.

_____. *The Quest for Paul's Gospel*. London: T&T Clark, 2005.

_____. "The Story of Jesus in Romans and Galatians." In B. Longenecker, *Narrative Dynamics in Paul*, 97-124.

Campbell, Joan Cecelia. *Phoebe: Patron and Emissary*. Collegeville, MN: Michael Glazier, 2009.

Campbell, R. Alastair. *The Elders: Seniority within Earliest Christianity*. SNTW. Edinburgh: T&T Clark, 1994.

Carlson, Kent, and Mike Lueken. *Renovation of the Church: What Happens When a Seeker Church Discovers Spiritual Formation*. Foreword by Dallas Willard. Downers Grove, IL: InterVarsity, 2011.

Cather, Willa. *Death Comes for the Archbishop*. New York: Everyman's Library, 1992.

Chandler, Diane J. "The Perfect Storm of Leaders' Unethical Behavior: A Conceptual Framework." *International Journal of Leadership Studies* 5 (2009): 69-93.

Chester, Stephen J. *Reading Paul with the Reformers: Reconciling Old and New Perspectives*. Grand Rapids: Eerdmans, 2017.

Ciampa, Roy E. "'Flee Sexual Immorality': Sex and the City of Corinth." In *The Wisdom of the Cross: Exploring 1 Corinthians*, edited by Brian S. Rosner, 100-133. Nottingham, UK: Apollos/Inter-Varsity, 2011.

Ciampa, Roy E., and Brian S. Rosner. *The First Letter to the Corinthians*. Grand Rapids: Eerdmans, 2010.

Cicero. *Brutus. Orator*. Translated by G. L. Hendrickson and H. M. Hubbell. LCL 342. Cambridge: Harvard University Press, 1939.

_____. *On Friendship*. In *On Old Age. On Friendship. On Divination*. Translated by W. A. Falconer. LCL 154. Cambridge: Harvard University Press, 1923.

_____. *Letters to Atticus, Volume IV*. Edited and translated by D. R. Shackleton Bailey. LCL 491. Cambridge: Harvard University Press, 1999.

_____. *On Duties*. Translated by Walter Miller. LCL 30. Cambridge: Harvard University Press, 1913.

_____. *Tusculan Disputations*. Translated by J. E. King. LCL 141. Cambridge:

Harvard University Press, 1913.

Clarke, Andrew D. "Equality or Mutuality? Paul's Use of 'Brother' Language." In *The New Testament in Its First Century Setting: Essays in Honour of B. W. Winter on His 65th Birthday*, edited by P. J. Williams, Andrew D. Clarke, Peter M. Head, and David Instone-Brewer, 151-64. Grand Rapids: Eerdmans, 2004.

_____. *A Pauline Theology of Church Leadership*. London: Bloomsbury T&T Clark, 2008.

_____. *Secular and Christian Leadership in Corinth: A Socio-Historical and Exegetical Study of 1 Corinthians 1-6*. Paternoster Biblical Monographs. Milton Keynes, UK: Paternoster, 2006.

_____. *Serve the Community of the Church: Christians as Leaders and Ministers*. First Century Christians in the Graeco-Roman World. Grand Rapids: Eerdmans, 2000.

Cohick, Lynn H. *Women in the World of the Earliest Christians: Illuminating Ancient Ways of Life*. Grand Rapids: Baker Academic, 2009.

Collins, John N. *Diakonia: Re-Interpreting the Ancient Sources*. New York: Oxford University Press, 1990.

Conrad, Joseph. *Heart of Darkness*. Everyman's Library. New York: Knopf, 1993.

Cooley, Alison E. *Res Gestae Divi Augusti: Text, Translation, and Commentary*. Cambridge: Cambridge University Press, 2009.

Copan, Victor A. *Saint Paul as Spiritual Director: An Analysis of the Concept of the Imitation of Paul with Implications and Applications to the Practice of Spiritual Direction*. Reprint ed. Paternoster Biblical Monographs. Eugene, OR: Wipf & Stock, 2008.

Corley, B. "Interpreting Paul's Conversion—Then and Now." In R. Longenecker, *Road from Damascus*, 1-17.

Craddock, Fred B. *The Collected Sermons of Fred B. Craddock*. Louisville: Westminster John Knox, 2011.

_____. *Craddock on the Craft of Preaching*. St. Louis: Chalice Press, 2013.

Crenshaw, J. *Old Testament Wisdom: An Introduction*. Rev. ed. Louisville: Westminster John Knox, 1998.

Croasmun, Matthew. *The Emergence of Sin: The Cosmic Tyrant in Romans*. New York: Oxford University Press, 2017.

Culbertson, Philip L., and Arthur Bradford Shippee. *The Pastor: Readings from the Patristic Period*. Minneapolis: Augsburg Fortress, 2009.

Das, A. Andrew. *Paul and the Stories of Israel: Grand Thematic Narratives in Galatians*. Minneapolis: Fortress, 2016.

Davis, Ellen F. *Preaching the Luminous Word: Biblical Sermons and Homiletical Essays*. Edited by Austin McIver Dennis. Grand Rapids: Eerdmans, 2016.

_____. *Proverbs, Ecclesiastes, and the Song of Songs*. Westminster Bible Companion. Louisville: Westminster John Knox, 2000.

Deines, R. "Pharisees." In *Eerdmans Dictionary of Early Judaism*. Edited by J .J. Collins and D. C. Harlow, 1061-63. Grand Rapids: Eerdmans, 2010.

deSilva, David A. *Honor, Patronage, Kinship and Purity: Unlocking New Testament Culture*. Downers Grove, IL: IVP Academic, 2000.

_____. *Transformation: The Heart of Paul's Gospel*. Bellingham, WA: Lexham Press, 2014.

Dickson, John. *Humilitas: A Lost Key to Life, Love, and Leadership*. Grand Rapids: Zondervan, 2011.

Dio Chrysostom. *Discourses 1-11*. Translated by J. W. Cohoon. LCL 257. Cambridge: Harvard University Press, 1932.

_____. Oration 31, *To the People of Rhodes*. In *Discourses 31-36*. Translated by J. W. Cohoon and H. Lamar Crosby. LCL 358. Cambridge: Harvard University Press, 1940.

_____. *Second Tarsic Discourse*. In *Discourses 31-36*. Translated by J. W. Cohoon and H. Lamar Crosby. LCL 358. Cambridge: Harvard University Press, 1940.

Dodd, Brian. *Paul's Paradigmatic "I": Personal Example as Literary Strategy*. JSNT-Sup 177. Sheffield: Bloomsbury T&T Clark, 1999.

Downs, David J. *Alms: Charity, Reward, and Atonement in Early Christianity*. Waco: Baylor University Press, 2016.

_____. *The Offering of the Gentiles: Paul's Collection for Jerusalem in Its Chronological, Cultural, and Cultic Contexts*. Grand Rapids: Eerdmans, 2016.

Doyle, Jim, and Brian Doyle. *Two Voices: A Father and Son Discuss Family and Faith*. Liguori, MO: Liguori, 1996.

Dreisbach, Daniel L. *Reading the Bible with the Founding Fathers*. New York: Oxford University Press, 2016.

Dresner, Samuel H. *The Zaddik: The Doctrine of the Zaddik according to the Writings of Rabbi Yaakov Yosef of Polnoy*. Northvale, NJ: Jason Aronson, 1994.

Dryden, J. de Waal. *A Hermeneutic of Wisdom: Recovering the Formative Agency of Scripture*. Grand Rapids: Baker Academic, 2018.

Dulles, Avery. *Models of the Church*. 2nd ed. New York: Image, 1991.

Dunn, James D. G. *Christology in the Making: A New Testament Inquiry into the Origins of the Doctrine of the Incarnation*. 2nd ed. Philadelphia: Westminster John Knox, 1989.

_____. *Did the First Christians Worship Jesus? The New Testament Evidence*. Louisville: Westminster John Knox, 2010.

_____. "The Narrative Approach to Paul: Whose Story?" In B. Longenecker, *Narrative Dynamics in Paul*, 217-30.

_____. *The New Perspective on Paul*. Rev. ed. Grand Rapids: Eerdmans, 2008.

_____. *The Partings of the Ways: Between Christianity and Judaism and Their Significance for the Character of Christianity*. Philadelphia: Trinity Press International, 1991.

_____. *The Theology of Paul the Apostle*. Grand Rapids: Eerdmans, 1998.

_____. *Unity and Diversity in the New Testament: An Inquiry into the Character of Earliest Christianity*. 3rd ed. London: SCM, 2006.

Edwards, Dennis R. *1 Peter*. Grand Rapids: Zondervan, 2017.

Ehrensperger, Kathy. *Paul and the Dynamics of Power: Communication and Interaction in the Early Christ-Movement*. LNTS 325. London: T&T Clark, 2007.

Ellis, E. Earle. *Pauline Theology: Ministry and Society*. Grand Rapids: Eerdmans, 1989.

Enright, D. J., and David Rawlinson, eds. *The Oxford Book of Friendship*. New York: Oxford University Press, 1991.

Epstein, Joseph. *Alexis de Tocqueville: Democracy's Guide*. Eminent Lives. New York: HarperCollins, 2006.

_____. *Friendship: An Exposé*. Boston: Houghton Mifflin, 2006.

_____. *Life Sentences: Literary Essays*. New York: Norton, 1997.

_____, ed. *The Norton Book of Personal Essays*. New York: Norton, 1997.

_____. *With My Trousers Rolled: Familiar Essays*. New York: Norton, 1995.

Esler, P. F. "Family Imagery and Christian Identity in Galatians 5:13 to 6:10." In Moxnes, *Constructing Early Christian Families*, 121-49.

Everitt, Anthony. *Augustus: The Life of Rome's First Emperor*. New York: Random House, 2006.

Fee, Gordon D. *The First Epistle to the Corinthians*. NICNT. Rev. ed. Grand Rapids: Eerdmans, 2014.

_____. *New Testament Exegesis: A Handbook for Students and Pastors*. 3rd ed. Louisville: Westminster John Knox, 2002.

_____. "Paul's Conversion as Key to His Understanding of the Spirit." In R. Longenecker, *Road from Damascus*, 166-83.

_____. *Paul, the Spirit, and the People of God*. Grand Rapids: Baker Academic, 1996.

Fee, Gordon D., and Douglas Stuart. *How to Read the Bible for All Its Worth*. 4th ed. Grand Rapids: Zondervan, 2014.

Fellows, Richard G. "Name Giving by Paul and the Destination of Acts." *TynBul* 67 (2016): 247-68.

_____. "Renaming in Paul's Churches: The Case of Crispus-Sosthenes Revisited." *TynBul* 56 (2005): 111-30.

Finney, Mark T. *Honour and Conflict in the Ancient World: 1 Corinthians in Its Greco-Roman Social Setting.* LNTS 460. London: T&T Clark, 2012.

Fowler, J. S. *Becoming Adult, Becoming Christian: Adult Development and Christian Faith.* San Francisco: Jossey-Bass, 2000.

_____. *Stages of Faith: The Psychology of Human Development and the Quest for Meaning.* San Francisco: HarperSanFrancisco, 1981.

Franklin, Missy, with D. A. Franklin and Dick Franklin. *Relentless Spirit: The Unconventional Raising of a Champion.* New York: Dutton, 2016.

Galinsky, Karl. *Augustus: Introduction to the Life of an Emperor.* New York: Cambridge University Press, 2012.

Gaventa, Beverly R. *From Darkness to Light: Aspects of Conversion in the New Testament.* OBT. Philadelphia: Fortress, 1986.

_____. "Galatians 1 and 2: Autobiography as Paradigm." *NovT* 28 (1986): 309-26.

_____. "The Mission of God in Paul's Letter to the Romans." In Burke and Rosner, *Paul as Missionary*, 65-75.

_____. *Our Mother Saint Paul.* Louisville: Westminster John Knox, 2007.

Gehring, Roger W. *House Church and Mission: The Importance of Household Structures in Early Christianity.* Peabody, MA: Hendrickson, 2004.

Gibbon, Edward. *The Decline and Fall of the Roman Empire.* 6 vols. New York: Everyman's Library, 1993.

Giles, Kevin. *Patterns of Ministry among the First Christians.* 2nd ed. Eugene, OR: Cascade, 2017.

Gini, Al. *The Importance of Being Lazy: In Praise of Play, Leisure, and Vacation.* New York: Routledge, 2003.

Goldingay, John. *Do We Need the New Testament? Letting the Old Testament Speak for Itself.* Downers Grove, IL: IVP Academic, 2015.

_____. *The First Testament: A New Translation.* Downers Grove, IL: IVP Academic, 2018.

_____. *Old Testament Theology: Israel's Gospel.* Downers Grove, IL: IVP Academic, 2015.

_____. *Reading Jesus's Bible: How the New Testament Helps Us Understand the Old Testament.* Grand Rapids: Eerdmans, 2017.

Goldsworthy, Adrian. *Pax Romana: War, Peace and Conquest in the Roman World*. New Haven: Yale University Press, 2016.

Goodman, Martin. *Mission and Conversion: Proselytizing in the Religious History of the Roman Empire*. New York: Oxford University Press, 1994.

Goodrich, John K. "After Destroying Every Rule, Authority, and Power: Paul, Apocalyptic, and Politics in 1 Corinthians." In *Paul and the Apocalyptic Imagination*, edited by Ben C. Blackwell, John K. Goodrich, and Jason Maston, 275-95. Minneapolis: Fortress, 2016.

_____. *Paul as an Administrator of God in 1 Corinthians*. SNTSMS 152. Cambridge: Cambridge University Press, 2012.

Gordley, Matthew E. *Teaching through Song in Antiquity: Didactic Hymnody among Greeks, Romans, Jews, and Christians*. WUNT 2.302. Tubingen: Mohr Siebeck, 2011.

Gorman, Michael J. *Apostle of the Crucified Lord: A Theological Introduction to Paul and His Letters*. 2nd ed. Grand Rapids: Eerdmans, 2016.

_____. *Becoming the Gospel: Paul, Participation, and Mission*. Grand Rapids: Eerdmans, 2015.

_____. *Cruciformity: Paul's Narrative Spirituality of the Cross*. Grand Rapids: Eerdmans, 2001.

_____. *Inhabiting the Cruciform God: Kenosis, Justification, and Theosis in Paul's Narrative Soteriology*. Grand Rapids: Eerdmans, 2009.

Greenleaf, Robert K., and Stephen R. Covey. *Servant Leadership: A Journey into the Nature of Legitimate Power and Greatness*. Edited by Larry C. Spears. 25th anniversary ed. New York: Paulist Press, 2002.

Griffin, Miriam, and Brad Inwood, trans. *Seneca: On Benefits*. Chicago: University of Chicago Press, 2011.

Guinness, Alec. *Blessings in Disguise*. New York: Knopf, 1986.

Gundry, R. H. "The Moral Frustration of Paul before His Conversion: Sexual Lust in Romans 7.7-25." In *Pauline Studies: Essays Presented to F. F. Bruce*, edited by D. A. Hagner and M. J. Harris, 228-45. Grand Rapids: Eerdmans, 1980.

Habinek, Thomas. *Ancient Rhetoric and Oratory*. Malden, MA: Wiley-Blackwell, 2004.

Hanson, Anthony Tyrrell. *The Pioneer Ministry: The Relation of Church and Ministry*. Library of History and Doctrine. Philadelphia: Westminster, 1961.

Harland, Philip. *Associations, Synagogues, and Congregations: Claiming a Place in Ancient Mediterranean Society*. Minneapolis: Fortress, 2003.

Harris, Brian. *The Tortoise Usually Wins: Biblical Reflections on Quiet Leadership for Reluctant Leaders.* Milton Keynes, UK: Paternoster/Authentic Media, 2013.

Harris, Murray J. *The Second Epistle to the Corinthians.* NIGTC. Grand Rapids: Eerdmans, 2005.

Haruf, Kent. *Eventide.* New York: Vintage, 2005.

Hatch, Edwin. *The Organization of the Early Christian Churches.* Reprint ed. The Bampton Lectures 1880. Eugene, OR: Wipf & Stock, 1999.

Hays, Richard B. *The Conversion of the Imagination: Paul as Interpreter of Israel's Scripture.* Grand Rapids: Eerdmans, 2005.

_____. *Echoes of Scripture in the Letters of Paul.* New Haven: Yale University Press, 1993.

_____. *The Faith of Jesus Christ: The Narrative Substructure of Galatians 3:1-4:11.* 2nd ed. Grand Rapids: Eerdmans, 2002.

_____. *Reading Backwards: Figural Christology and the Fourfold Gospel Witness.* Waco: Baylor University Press, 2014.

Hellerman, Joseph H. *Reconstructing Honor in Roman Philippi: Carmen Christi as Cursus Pudorum.* SNTSMS 132. Cambridge: Cambridge University Press, 2005.

Hengel, Martin. *The Pre-Christian Paul.* Translated by John Bowden. Philadelphia: Trinity Press International, 1991.

Henry, Carl F. H. *Confessions of a Theologian: An Autobiography.* Waco: Word Books, 1986.

Henze, Matthias, ed. *A Companion to Biblical Interpretation in Early Judaism.* Grand Rapids: Eerdmans, 2012.

Heschel, Abraham Joshua. *The Prophets.* 2 vols. New York: HarperCollins, 2001.

Hill, Craig C. *Servant of All: Status, Ambition, and the Way of Jesus.* Grand Rapids: Eerdmans, 2016.

Hill, Graham. *Global Church: Reshaping Our Conversations, Renewing Our Mission, Revitalizing Our Churches.* Downers Grove, IL: IVP Academic, 2016.

Hill, Wesley. *Washed and Waiting: Reflections on Christian Faithfulness and Homosexuality.* Grand Rapids: Zondervan, 2010.

Hoag, Gary G. *Wealth in Ancient Ephesus and the First Letter to Timothy: Fresh Insights from "Ephesiaca" by Xenophon of Ephesus.* Winona Lake, IN: Eisenbrauns, 2015.

Hock, Ronald F. *The Social Context of Paul's Ministry: Tentmaking and Apostleship.* Minneapolis: Fortress, 2007.

Honan, Park. *Shakespeare: A Life.* Oxford: Clarendon, 1999.

Hood, Jason B. *Imitating God in Christ: Recapturing a Biblical Pattern.* Downers Grove, IL: IVP Academic, 2013.

Hood, Jason B., and Matthew Y. Emerson. "Summaries of Israel's Story: Reviewing a Compositional Category." *CurBR* 11 (2013): 328-48.

Horrell, David G. "From *adelphoi* to *oikos*: Social Transformation in Pauline Christianity." *JBL* 120 (2001): 293-311.

_____. *Solidarity and Difference: A Contemporary Reading of Paul's Ethics.* 2nd ed. London: Bloomsbury T&T Clark, 2015.

Hurtado, Larry W. *At the Origins of Christian Worship: The Context and Character of Earliest Christian Devotion.* Grand Rapids: Eerdmans, 1999.

_____. *Destroyer of the Gods: Early Christian Distinctiveness in the Roman World.* Waco: Baylor University Press, 2016.

_____. *How on Earth Did Jesus Become a God? Historical Questions about Earliest Devotion to Jesus.* Grand Rapids: Eerdmans, 2005.

_____. "The Jerusalem Collection and the Book of Galatians." *JSNT* 5 (1979): 46-62.

_____. *Lord Jesus Christ: Devotion to Jesus in Earliest Christianity.* Grand Rapids: Eerdmans, 2003.

Isocrates. *Letter 4, To Antipater.* LCL 373:414-15.

Jacob, Haley Goranson. *Conformed to the Image of His Son: Reconsidering Paul's Theology of Glory in Romans.* Downers Grove, IL: IVP Academic, 2018.

Jacobs, Alan. *Looking Before and After: Testimony and the Christian Life.* Stob Lectures. Grand Rapids: Eerdmans, 2008.

James, P. D. *Death in Holy Orders.* New York: Knopf, 2001.

Jewett, Robert. *Romans: A Commentary.* Hermeneia. Minneapolis: Fortress, 2007.

Jipp, Joshua W. "Ancient, Modern, and Future Interpretation of Romans 1:3-: Reception History and Biblical Interpretation." *JTI* 3 (2009): 241-59.

_____. *Christ Is King: Paul's Royal Ideology.* Minneapolis: Fortress, 2015.

John Chrysostom. *Treatise on the Priesthood.* NPNF1 9:33.

Josephus. *The Life. Against Apion.* Translated by H . St. J. Thackeray. LCL 186. Cambridge: Harvard University Press, 1926.

Joubert, Stephan. *Paul as Benefactor: Reciprocity, Strategy and Theological Reflection in Paul's Collection.* WUNT 2.124. Tubingen: Mohr Siebeck, 2000.

Karr, Mary. *The Art of Memoir.* New York: HarperCollins, 2015.

Kasemann, Ernst. "Paul and Early Catholicism." In *New Testament Questions of Today*, translated by W. J. Montague, 236-51. Philadelphia: Augsburg Fortress, 1979.

Keener, Craig S. *The Mind of the Spirit: Paul's Approach to Transformed Thinking.*

Grand Rapids: Baker Academic, 2016.

_____. *Spirit Hermeneutics: Reading Scripture in Light of Pentecost.* Grand Rapids: Eerdmans, 2016.

Keillor, Garrison. *Life among the Lutherans.* Edited by Holly Harden. Minneapolis: Augsburg Books, 2010.

Keith, Kent M. *The Case for Servant Leadership.* 2nd ed. Westfield, IN: Greenleaf Center, 2015.

_____. *Do It Anyway: Finding Personal Meaning and Deep Happiness by Living the Paradoxical Commandments.* Novato, CA: New World Library, 2008.

_____. *Jesus Did It Anyway.* New York: Putnam Adult, 2005.

Keller, Timothy. *Preaching: Communicating Faith in an Age of Skepticism.* New York: Penguin, 2016.

Kennedy, George A. *Classical Rhetoric and Its Christian and Secular Tradition from Ancient to Modern Times.* 2nd ed. Chapel Hill: University of North Carolina Press, 1999.

Kim, Seyoon. "Paul as an Eschatological Herald." In Burke and Rosner, *Paul as Missionary,* 9-24.

Kimball, Roger, ed. *Vox Populi: The Perils and Promises of Populism.* New York: Encounter Books, 2017.

Konstan, David. *Friendship in the Classical World.* New York: Cambridge University Press, 1997.

Koyzis, David T. *Political Visions and Illusions: A Survey and Christian Critique of Contemporary Ideologies.* Downers Grove, IL: InterVarsity, 2003.

Kruse, Colin. *New Testament Models for Ministry: Jesus and Paul.* Nashville: Nelson, 1983.

Kummel, W. G. *Römer 7 und die Bekehrung des Paulus* [Romans 7 and the conversion of Paul]. Leipzig: Hinrichs, 1929.

Kuyper, Abraham. *Lectures on Calvinism.* Grand Rapids: Eerdmans, 1931.

Lakoff, George, and Mark Johnson. *Metaphors We Live By.* Chicago: University of Chicago Press, 2003.

Laniak, Timothy. *Shepherds after My Own Heart: Pastoral Traditions and Leadership in the Bible.* Downers Grove, IL: IVP Academic, 2006.

Lartey, Emmanuel Y. *Pastoral Theology in an Intercultural World.* Reprint ed. Eugene, OR: Wipf & Stock, 2013.

"Letter of Aristeas." Translated by R. J. H. Shutt. In *The Old Testament Pseudepigrapha,* vol. 2. Edited by James H. Charlesworth, 7-34. New York: Doubleday, 1985.

Levenson, Jon D. *The Love of God: Divine Gift, Human Gratitude, and Mutual*

Faithfulness in Judaism. Princeton: Princeton University Press, 2016.

Levinskaya, Irina. *The Book of Acts in Its Diaspora Setting*. The Book of Acts in Its First Century Setting 5. Grand Rapids: Eerdmans, 1996.

Levison, John R. *Filled with the Spirit*. Grand Rapids: Eerdmans, 2009.

Lewis, C. S. *Mere Christianity*. New York: Macmillan, 1956.

_____. *The Screwtape Letters: Annotated Edition*. New York: HarperOne, 2013.

Lincoln, Andrew T. "Liberation from the Powers: Supernatural Spirits or Societal Structures?" In *The Bible in Human Society: Essays in Honour of John Rogerson*, edited by M. Daniel Carroll R., David J. A. Clines, and Philip R. Davies, 335-54. JSOTSup 200. Sheffield: Sheffield Academic Press, 1995.

Litfin, Duane. *Paul's Theology of Preaching: The Apostle's Challenge to the Art of Persuasion in Ancient Corinth*. 2nd ed. Downers Grove, IL: IVP Academic, 2015.

Long, Thomas G. *The Witness of Preaching*. 3rd ed. Louisville: Westminster John Knox, 2016.

Longenecker, Bruce W., ed. *Narrative Dynamics in Paul: A Critical Assessment*. Louisville: Westminster John Knox, 2002.

_____. "Prolegomena to Paul's Use of Scripture in Romans." *BBR* 7 (1997): 1-24.

_____. *Remember the Poor: Paul, Poverty, and the Greco-Roman World*. Grand Rapids: Eerdmans, 2010.

Longenecker, Richard N. *Biblical Exegesis in the Apostolic Period*. Rev. ed. Grand Rapids: Eerdmans, 1999.

_____, ed. *The Road from Damascus: The Impact of Paul's Conversion on His Life Thought, and Ministry*. Grand Rapids: Eerdmans, 1997.

Longman, Tremper, III. *The Fear of the Lord Is Wisdom: A Theological Introduction to Wisdom in Israel*. Grand Rapids: Baker Academic, 2017.

_____. *Proverbs*. Baker Commentary on the Old Testament Wisdom and Psalms. Grand Rapids: Baker Academic, 2006.

Longman, Tremper, III, and Peter Enns, eds. *Dictionary of the Old Testament: Wisdom, Poetry & Writings*. Downers Grove, IL: InterVarsity, 2008.

Longman, Tremper, III, and Daniel G. Reid. *God Is a Warrior*. Studies in Old Testament Biblical Theology. Grand Rapids: Zondervan, 1995.

Lopate, Phillip, ed. *The Art of the Personal Essay: An Anthology from the Classical Era to the Present*. New York: Anchor/Doubleday, 1994.

Mairs, Nancy. *Ordinary Time: Cycles in Marriage, Faith, and Renewal*. Boston: Beacon Press, 1993.

Malcolm, Matthew R. "Paul's Pastoral Sensitivity in 1 Corinthians." In Rosner,

Malone, and Burke, *Paul as Pastor*, 43-54.

Malherbe, Abraham J. *Paul and the Thessalonians: The Philosophic Tradition of Pastoral Care*. Reprint ed. Eugene, OR: Wipf & Stock, 2011.

Malina, Bruce J. *Christian Origins and Cultural Anthropology: Practical Models for Biblical Interpretation*. Atlanta: John Knox, 1986.

Marshall, I. Howard. *Jesus the Saviour: Studies in New Testament Theology*. Downers Grove, IL: InterVarsity, 1990.

Martin, Ralph P. *2 Corinthians*. 2nd ed. WBC 40. Grand Rapids: Zondervan, 2014.

Mbanda, Laurent. *From Barefoot to Bishop: A Rwandan Refugee's Journey*. Howard Beach, NY: Changing Lives Press, 2017.

McKnight, Scot. *A Community Called Atonement*. Nashville: Abingdon, 2007.

_____. *A Fellowship of Differents: Showing the World God's Design for Life Together*. Grand Rapids: Zondervan, 2014.

_____. "James' Secret: Wisdom in James in the Mode of Receptive Reverence." In *Preaching Character: Reclaiming Wisdom's Paradigmatic Imagination for Transformation*, edited by David Fleer and David Bland, 201-16. Abilene, TX: Abilene Christian University Press, 2010.

_____. *Kingdom Conspiracy: Returning to the Radical Mission of the Local Church*. Grand Rapids: Brazos, 2014.

_____. *The King Jesus Gospel: The Original Good News Revisited*. 2nd ed. Grand Rapids: Zondervan, 2015.

_____. *The Letter to Philemon*. NICNT. Grand Rapids: Eerdmans, 2017.

_____. *The Letter to the Colossians*. NICNT. Grand Rapids: Eerdmans, 2018.

_____. *A Light among the Gentiles: Jewish Missionary Activity in the Second Temple Period*. Minneapolis: Fortress, 1991.

_____. *A New Vision for Israel: The Teachings of Jesus in National Context*. Grand Rapids: Eerdmans, 1999.

_____. *Turning to Jesus: The Sociology of Conversion in the Gospels*. Louisville: Westminster John Knox, 2002.

_____. "Was Paul a Convert?" *Ex Auditu* 25 (2009): 110-32.

McKnight, Scot, and Joseph B. Modica. *Preaching Romans: Four Perspectives*. Grand Rapids: Eerdmans, 2019.

Meeks, Wayne A. *The First Urban Christians: The Social World of the Apostle Paul*. 2nd ed. New Haven: Yale University Press, 2003.

Meggitt, Justin. *Paul, Poverty and Survival*. SNTW. Edinburgh: T&T Clark, 1998.

Minear, Paul S. *Images of the Church in the New Testament*. Philadelphia: Westminster, 1960.

Moon, Gary W. *Becoming Dallas Willard: The Formation of a Philosopher, Teacher, and Christ Follower*. Downers Grove, IL: IVP Books, 2018.

Moore, Erin. *That's Not English: Britishisms, Americanisms, and What Our English Says about Us*. New York: Avery, 2015.

Morris, L. L. "The Theme of Romans." In *Apostolic History and the Gospel: Biblical and Historical Essays Presented to F. F. Bruce on His 60th Birthday*, edited by W. W. Gasque and R. P. Martin, 249-63. Grand Rapids: Eerdmans, 1970.

Moule, C. F. D. *The Birth of the New Testament*. 3rd ed. BNTC. London: Adam & Charles Black, 1981.

Moxnes, Halvor, ed. *Constructing Early Christian Families: Family as Social Reality and Metaphor*. London: Routledge, 1997.

Murphy, Roland E. *The Tree of Life: An Exploration of Biblical Wisdom Literature*. 3rd ed. Grand Rapids: Eerdmans, 2002.

Neiman, Susan. *Why Grow Up? Subversive Thoughts for an Infantile Age*. Rev. ed. New York: Farrar, Straus and Giroux, 2016.

Neusner, Jacob. *Fellowship in Judaism: The First Century and Today*. London: Vallentine and Mitchell, 1963.

_____. *The Rabbinic Traditions about the Pharisees before 70*. Reprint ed. 3 vols. Eugene, OR: Wipf & Stock, 2005.

Nickle, Keith Fullerton. *The Collection: A Study in Paul's Strategy*. SBT 48. Naperville, IL: Allenson, 1966.

Niebuhr, H. Richard. *Christ and Culture*. San Francisco: HarperSanFrancisco, 2001.

Noonan, Peggy. *The Time of Our Lives: Collected Writings*. New York: Twelve, 2015.

_____. *When Character Was King: A Story of Ronald Reagan*. New York: Penguin, 2002.

Nouwen, Henri J. M. *The Wounded Healer: Ministry in Contemporary Society*. New York: Doubleday, 1990.

Nugent, John C. *Endangered Gospel: How Fixing the World Is Killing the Church*. Eugene, OR: Cascade, 2016.

O'Connor, Flannery. "The King of Birds." In *The Collected Works of Flannery O'Connor*, edited by Sally Fitzgerald, 832-42. New York: Library of America, 1988.

Olyan, Saul M. *Friendship in the Hebrew Bible*. ABRL. New Haven: Yale University Press, 2017.

Payne, Philip Barton. *Man and Woman, One in Christ: An Exegetical and Theological Study of Paul's Letters.* Grand Rapids: Zondervan, 2009.

Pemberton, Glenn. *A Life That Is Good: The Message of Proverbs in a World Wanting Wisdom.* Grand Rapids: Eerdmans, 2018.

Perdue, Leo G. *Wisdom Literature: A Theological History.* Louisville: Westminster John Knox, 2007.

Peterman, G. W. *Paul's Gift from Philippi: Conventions of Gift Exchange and Christian Giving.* SNTSMS 92. Cambridge: Cambridge University Press, 1997.

Petersen, Norman R. *Rediscovering Paul: Philemon and the Sociology of Paul's Narrative World.* Philadelphia: Fortress, 1985.

Peterson, Eugene H. *As Kingfishers Catch Fire: A Conversation on the Ways of God Formed by the Words of God.* Colorado Springs: WaterBrook, 2017.

———. *The Contemplative Pastor: Returning to the Art of Spiritual Direction.* Grand Rapids: Eerdmans, 1993.

———. "Pastor Paul." In *Romans and the People of God: Essays in Honor of Gordon D. Fee on the Occasion of His 65th Birthday*, edited by Sven K. Soderlund and N. T. Wright, 283-94. Grand Rapids: Eerdmans, 1999.

———. *Working the Angles: The Shape of Pastoral Integrity.* Grand Rapids: Eerdmans, 1993.

Petronius: Satyricon; Seneca: Apocolocyntosis. Translated by Michael Heseltine and W. H. D. Rouse. Revised by E. H. Warmington. Rev. ed. LCL 15. Cambridge, MA: Harvard University Press, 1975.

Plutarch. *How a Man May Become Aware of His Progress in Virtue.* In *Moralia, Volume 1.* LCL 197. Cambridge: Harvard University Press, 1927.

———. *On Brotherly Love.* In *Moralia, Volume 6.* Translated by W. C. Helmbold. LCL 337. Cambridge: Harvard University Press, 1939.

———. *On the Sign of Socrates.* In *Moralia, Volume 7.* Translated by Phillip H. De Lacy. LCL 405. Cambridge: Harvard University Press, 1959.

Porter, Stanley E. "Allusions and Echoes." In *As It Is Written: Studying Paul's Use of Scripture*, edited by Stanley E. Porter and Christopher D. Stanley, 29-40. SBL Symposium 50. Atlanta: SBL, 2008.

———. "Reconciliation as the Heart of Paul's Missionary Theology." In Burke and Rosner, *Paul as Missionary*, 169-79.

Powell, Mark Allan. *What Do They Hear? Bridging the Gap between Pulpit and Pew.* Nashville: Abingdon, 2007.

Provan, Iain. *The Reformation and the Right Reading of Scripture.* Waco: Baylor University Press, 2017.

Putnam, Robert D. *Bowling Alone: The Collapse and Revival of American Community*. New York: Simon & Schuster, 2000.

Rambo, Lewis R. *Understanding Religious Conversion*. New Haven: Yale University Press, 1993.

Rambo, Lewis R., and Charles E. Farhadian, eds. *The Oxford Handbook of Religious Conversion*. New York: Oxford University Press, 2014.

Ramsey, Dave. *The Total Money Makeover, Classic Edition: A Proven Plan for Financial Fitness*. Nashville: Nelson, 2013.

Richards, E. Randolph. *Paul and First-Century Letter Writing: Secretaries, Composition and Collection*. Downers Grove, IL: InterVarsity, 2004.

_____. *The Secretary in the Letters of Paul*. WUNT 2.42. Tubingen: Mohr Siebeck, 1991.

Richardson, J. S. *Augustan Rome, 44 BC to AD 14: The Restoration of the Republic and the Establishment of the Empire*. Edinburgh: Edinburgh University Press, 2012.

Robinson, Haddon W. *Biblical Preaching: The Development and Delivery of Expository Messages*. 3rd ed. Grand Rapids: Baker Academic, 2014.

Robinson, Marilynne. *Gilead*. New York: Farrar, Straus and Giroux, 2004.

_____. *Home*. New York: Farrar, Straus and Giroux, 2008.

_____. *What Are We Doing Here? Essays*. New York: Farrar, Straus and Giroux, 2018.

Romm, James. *Dying Every Day: Seneca at the Court of Nero*. New York: Knopf, 2014.

Root, Andrew. *Faith Formation in a Secular Age: Responding to the Church's Obsession with Youthfulness*. Grand Rapids: Baker Academic, 2017.

Roseberry, David. *Giving Up: How Giving to God Renews Hearts, Changes Minds, and Empowers Ministry*. Franklin, TN: New Vantage, 2017.

Rosner, Brian S. "The Glory of God in Paul's Missionary Theology and Practice." In Burke and Rosner, *Paul as Missionary*, 158-68.

Rosner, Brian S., Andrew S. Malone, and Trevor J. Burke, eds. *Paul as Pastor*. New York: Bloomsbury T&T Clark, 2017.

Rowe, C. Kavin. *One True Life: The Stoics and Early Christians as Rival Traditions*. New Haven: Yale University Press, 2016.

_____. *World Upside Down: Reading Acts in the Graeco-Roman Age*. New York: Oxford University Press, 2009.

Rutledge, Fleming. *Not Ashamed of the Gospel: Sermons from Paul's Letter to the Romans*. Grand Rapids: Eerdmans, 2007.

Ryan, Alan. *On Politics: A History of Political Thought; From Herodotus to the Pres-*

ent. New York: Liveright, 2012.

Sanders, E. P. *Jewish Law from Jesus to the Mishnah: Five Studies*. Minneapolis: Fortress, 2016.

_____. *Judaism: Practice and Belief, 63 BCE-66 CE*. Minneapolis: Fortress, 2016.

Sanders, John. *Theology in the Flesh: How Embodiment and Culture Shape the Way We Think about Truth, Morality, and God*. Minneapolis: Fortress, 2016.

Sandnes, Karl Olav. "Equality within Patriarchal Structures: Some New Testament Perspectives on the Christian Fellowship as a Brother- or Sisterhood and a Family." In Moxnes, *Constructing Early Christian Families*, 150-65.

Sappho and Alcaeus. *Greek Lyric: Sappho and Alcaeus*. Translated by David A. Campbell. LCL 142. Cambridge: Harvard University Press, 1982.

Schaeffer, Francis A. *How Should We Then Live? The Rise and Decline of Western Thought and Culture*. Wheaton: Crossway, 2005.

Schmemann, Alexander. *The Journals of Father Alexander Schmemann, 1973-1983*. Translated by Juliana Schmemann. Crestwood, NY: St. Vladimir's Seminary Press, 2000.

Schulz, Kathryn. *Being Wrong: Adventures in the Margin of Error*. New York: Ecco, 2011.

Schweitzer, Albert. *The Quest of the Historical Jesus*. Edited by John Bowden. Minneapolis: Fortress, 2001.

Scruton, Roger. *Confessions of a Heretic: Selected Essays*. Honiton, UK: Notting Hill, 2016.

_____. *Gentle Regrets: Thoughts from a Life*. London: Continuum, 2006.

_____. *How to Be a Conservative*. London: Continuum, 2014.

_____. *The Meaning of Conservatism*. 3rd ed. South Bend, IN: St. Augustine's Press, 2014. First published by Palgrave in 2001.

Segal, A. F. *Paul the Convert: The Apostolate and Apostasy of Saul the Pharisee*. New Haven: Yale University Press, 1990.

Seneca. *Letters to Lucilius*. In *Epistles, Volume I: Epistles 1-65*. Translated by Richard M. Gummere. LCL 75. Cambridge: Harvard University Press, 1917.

Smith, Christian, Kari Christoffersen, Hilary Davidson, and Patricia Snell Herzog. *Lost in Transition: The Dark Side of Emerging Adulthood*. New York: Oxford University Press, 2011.

Smith, Christian, and Melina Lundquist Denton. *Soul Searching: The Religious and Spiritual Lives of American Teenagers*. New York: Oxford University Press, 2009.

Smith, Christian, and Patricia Snell. *Souls in Transition: The Religious and Spiritual*

Lives of Emerging Adults. New York: Oxford University Press, 2009.

Smith, James Bryan. *The Good and Beautiful Community: Following the Spirit, Extending Grace, Demonstrating Love.* Downers Grove, IL: IVP Books, 2010.

_____. *The Good and Beautiful God: Falling in Love with the God Jesus Knows.* Downers Grove, IL: IVP Books, 2009.

_____. *The Good and Beautiful Life: Putting on the Character of Christ.* Downers Grove, IL: IVP Books, 2010.

Smith, Mandy. *The Vulnerable Pastor: How Human Limitations Empower Our Ministry.* Downers Grove, IL: IVP Books, 2015.

Soulen, R. Kendall. *The God of Israel and Christian Theology.* Minneapolis: Fortress, 1996.

Stanley, Christopher D. "'Pearls before Swine': Did Paul's Audiences Understand His Biblical Quotations?" *NovT* 41 (1999): 124-44.

Starling, David I. *UnCorinthian Leadership: Thematic Reflections on 1 Corinthians.* Eugene, OR: Cascade, 2014.

Steinmetz, David. *Taking the Long View: Christian Theology in Historical Perspective.* New York: Oxford University Press, 2011.

Stendahl, Krister. *Paul among Jews and Gentiles, and Other Essays.* Philadelphia: Fortress, 1976.

Stewart, Alistair C. *The Original Bishops: Office and Order in the First Christian Communities.* Grand Rapids: Baker Academic, 2014.

Stewart, Bryan A. *Priests of My People: Levitical Paradigms for Early Christian Ministers.* Patristic Studies 11. New York: Peter Lang, 2015.

Still, Todd G. "Organizational Structures and Relational Struggles among the Saints: The Establishment and Exercise of Authority within Pauline Assemblies." In *After the First Urban Christians: The Social-Scientific Study of Pauline Christianity Twenty-Five Years Later,* edited by Todd G. Still and David G. Horrell, 79-98. London: T&T Clark, 2009.

Stott, John. *Between Two Worlds.* Reprint ed. Grand Rapids: Eerdmans, 2017.

Strabo. *Geography, Volume 6.* Translated by Horace Leonard Jones. LCL 223. Cambridge: Harvard University Press, 1929.

Strawn, Brent A. *The Old Testament Is Dying: A Diagnosis and Recommended Treatment.* Grand Rapids: Baker Academic, 2017.

Sumney, Jerry. *Identifying Paul's Opponents: The Question of Method in 2 Corinthians.* Reprint ed. Bloomsbury Academic Collections. Biblical Studies: The Epistles. London: Bloomsbury Academic, 2015.

Swartz, David R. *Moral Minority: The Evangelical Left in an Age of Conservatism.*

Philadelphia: University of Pennsylvania Press, 2012.

Taylor, Barbara Brown. *The Preaching Life*. Plymouth, UK: Cowley, 1992.

Taylor, Charles. *A Secular Age*. Cambridge, MA: Belknap, 2007.

Thompson, James W. *Pastoral Ministry according to Paul: A Biblical Vision*. Grand Rapids: Baker Academic, 2006.

Thompson, Michael B. *Owned by God: Paul's Pastoral Strategy in 1 Corinthians*. Cambridge: Grove Books, 2017.

Thrall, Margaret. *2 Corinthians 1-7*. ICC. London: Bloomsbury T&T Clark, 1994.

_____. *2 Corinthians 8-13*. ICC. London: Bloomsbury T&T Clark, 2000.

Tocqueville, Alexis de. *Democracy in America*. Translated by Harvey C. Mansfield and Delba Winthrop. Chicago: University of Chicago Press, 2000.

Tolkien, J. R. R. *Tree and Leaf*. Boston: Houghton Mifflin, 1989.

Trebilco, Paul. *Self-Designations and Group Identity in the New Testament*. Cambridge: Cambridge University Press, 2012.

Trollope, Anthony. *The Warden*. Reprint ed. Harmondsworth, UK: Penguin Classics, 1984.

Tyrtaeus, Solon, Theognis, and Mimnermus. *Greek Elegiac Poetry: From the Seventh to the Fifth Centuries B.C.* Translated by Douglas E. Gerber. LCL 258. Cambridge: Harvard University Press, 1999.

Useem, Jerry. "Power Causes Brain Damage." *The Atlantic*, July/August 2017, https://www .theatlantic.com/magazine/archive/2017/07/power-causes-brain-damage/528711/.

Vance, J. D. *Hillbilly Elegy: A Memoir of a Family and Culture in Crisis*. New York: Harper, 2016.

Venema, Dennis R., and Scot McKnight. *Adam and the Genome: Reading Scripture after Genetic Science*. Grand Rapids: Brazos, 2017.

Verbrugge, Verlyn D., and Keith R. Krell. *Paul and Money: A Biblical and Theological Analysis of the Apostle's Teachings and Practices*. Grand Rapids: Zondervan, 2015.

Vidal, Gore. "Some Memories of the Glorious Bird and an Earlier Self." In Lopate, *Art of the Personal Essay*, 623-39.

Wagner, J. Ross. "The Heralds of Isaiah and the Mission of Paul: An Investigation of Paul's Use of Isaiah 51-5 in Romans." In *Jesus and the Suffering Servant: Isaiah 53 and Christian Origins*, edited by William H. Bellinger Jr. and William R. Farmer, 193-222. Harrisburg, PA: Trinity Press International, 1998.

_____. *Heralds of the Good News: Isaiah and Paul in Concert in the Letter to the*

Romans. NovTSup 101. Leiden: Brill, 2000.

Wallace, David Foster. *This Is Water: Some Thoughts, Delivered on a Significant Occasion, about Living a Compassionate Life.* New York: Little, Brown, 2009.

Waltke, B. K., and D. Diewert. "Wisdom Literature." In *The Face of Old Testament Studies: A Survey of Contemporary Approaches,* edited by D. W. Baker and B. T. Arnold, 295-328. Grand Rapids: Baker Academic, 1999.

Weima, Jeffrey A. D. *Paul the Ancient Letter Writer: An Introduction to Epistolary Analysis.* Grand Rapids: Baker Academic, 2016.

Wesley, John. "Catholic Spirit." Sermon 39 in vol. 2 of *Bicentennial Edition of the Works of John Wesley,* 79-95. Nashville: Abingdon, 1985.

West, M. L., ed. *Iambi et Elegi Graeci: Ante Alexandrum Cantati.* Volume 1, *Archilochus, Hipponax, Theognidea.* Rev. ed. Oxford: Oxford University Press, 1989.

Westfall, Cynthia Long. *Paul and Gender: Reclaiming the Apostle's Vision for Men and Women in Christ.* Grand Rapids: Baker Academic, 2016.

Wheeler, Sondra. *The Minister as Moral Theologian: Ethical Dimensions of Pastoral Leadership.* Grand Rapids: Baker Academic, 2017.

Whipp, Margaret. *Pastoral Theology.* SCM Studyguide. London: SCM, 2013.

Williams, Ritva H. *Stewards, Prophets, Keepers of the Word: Leadership in the Early Church.* Peabody, MA: Hendrickson, 2006.

Willimon, William H. *Pastor: A Reader for Ordained Ministry.* Nashville: Abingdon, 2002.

_____. *Pastor: The Theology and Practice of Ordained Ministry.* Rev. ed. Nashville: Abingdon, 2016.

Wilson, Todd, and Gerald L. Hiestand, eds. *Becoming a Pastor Theologian: New Possibilities for Church Leadership.* Downers Grove, IL: IVP Academic, 2016.

Wink, Walter. *Naming the Powers: The Language of Power in the New Testament.* Minneapolis: Fortress, 1984.

Winter, Bruce W. *After Paul Left Corinth: The Influence of Secular Ethics and Social Change.* Grand Rapids: Eerdmans, 2001.

_____. *Philo and Paul among the Sophists: Alexandrian and Corinthian Responses to a Julio-Claudian Movement.* 2nd ed. Grand Rapids: Eerdmans, 2002.

_____. *Seek the Welfare of the City: Christians as Benefactors and Citizens.* First Century Christians in the Graeco-Roman World. Grand Rapids: Eerdmans, 1994.

Witherington, Ben, III. *Jesus and Money: A Guide for Times of Financial Crisis.* Reprint ed. Grand Rapids: Brazos, 2012.

_____. *Jesus the Sage: The Pilgrimage of Wisdom*. Minneapolis: Fortress, 1994.

_____. *New Testament Rhetoric: An Introductory Guide to the Art of Persuasion in and of the New Testament*. Eugene, OR: Wipf & Stock, 2009.

Wright, Christopher J. H., ed. *Portraits of a Radical Disciple: Recollections of John Stott's Life and Ministry*. Downers Grove, IL: IVP Books, 2011.

Wright, N. T. *Paul: A Biography*. San Francisco: HarperOne, 2018.

_____. *Paul and His Recent Interpreters*. Minneapolis: Fortress, 2015.

_____. *Paul and the Faithfulness of God*. 2 vols. Christian Origins and the Question of God 4. Minneapolis: Fortress, 2013.

_____. *Pauline Perspectives: Essays on Paul, 1978-2013*. Minneapolis: Fortress, 2013.

목회자 바울

교회에서 그리스도를 닮아가는 문화 만들기

Copyright © 새물결플러스 **2021**

1쇄 발행 2021년 9월 30일
2쇄 발행 2022년 3월 30일

지은이   스캇 맥나이트
옮긴이   김광남
펴낸이   김요한
펴낸곳   새물결플러스

편 집   왕희광 정인철 노재현 한바울 정혜인 이형일 나유영 노동래
디자인   박인미 황진주 김은경
마케팅   박성민 이원혁
총 무   김명화 이성순
영 상   최정호 곽상원
아카데미 차상희

홈페이지 www.holywaveplus.com
이메일   hwpbooks@hwpbooks.com
출판등록 2008년 8월 21일 제2008-24호
주 소   (우) 04118 서울시 마포구 마포대로19길 33
전 화   02) 2652-3161
팩 스   02) 2652-3191

ISBN 979-11-6129-215-1 03230